W0231794

Mark Roche ist Professor für deutsche Sprache und Literatur und zugleich Professor für Philosophie an der University of Notre Dame, USA. Er hat in Deutschland studiert, geforscht und gelehrt und neben zahlreichen Publikationen zur deutschen Literatur- und Geistesgeschichte vielbeachtete Bücher und Aufsätze zur Entwicklung von Lehre und Forschung veröffentlicht. Von 1997 bis 2008 war Roche Dean des College of Arts and Letters seiner Universität.

Mark Roche

Was die deutschen Universitäten von den amerikanischen lernen können und was sie vermeiden sollten

Aus dem Amerikanischen übersetzt von
Christiana Goldmann

Meiner

Bibliographische Information der Deutschen Nationalbibliothek

Die Deutsche Nationalbibliothek verzeichnet diese Publikation in der
Deutschen Nationalbibliographie; detaillierte bibliographische
Daten sind im Internet über ‹http://portal.dnb.de› abrufbar.
ISBN 978-3-7873-2492-7
ISBN eBook: 978-3-7873-2493-4

www.meiner.de
Satz: Type & Buch
Kusel, Hamburg. Druck und Bindung: Druckhaus Nomos, Sinzheim.
Werkdruckpapier: alterungsbeständig nach ANSI-Norm resp. DIN-ISO
9706, hergestellt aus 100 % chlorfrei gebleichtem Zellstoff. Printed in
Germany.

Inhalt

Vorwort

Nur wenige würden bestreiten, dass das deutsche Hochschulwesen in der Krise steckt, in einer Krise, deren Ende sich nicht absehen lässt. Von dem vielfältigen Echo auf Karl Jaspers' *Die Idee der Universität* (1923, 1946 und 1961) und Helmut Schelskys *Einsamkeit und Freiheit* (1963), ein ebenso kenntnisreiches wie im Grunde optimistisches Buch, auf das freilich Schelskys desillusionierter *Abschied von der Hochschulpolitik* (1969) folgte, bis hin zu Reinhard Brandts *Wozu noch Universitäten?* (2011) und den hochschulpolitischen Feuilletons unserer Tage bildet das Unbehagen am Zustand des deutschen Universitätssystems ein immer wiederkehrendes Thema.

Trotz dieses allgemeinen Krisengefühls besteht allerdings keine Übereinstimmung darüber, welches denn eigentlich die Probleme sind, geschweige denn, was Lösungen sein könnten. Professoren und Politiker geben unterschiedliche Erklärungen. Ist die Finanzierung das Problem? Wenn ja, sollte sie vom Bund oder von den Ländern kommen, von den Studenten oder von Sponsoren? Sind die Universitätsverwaltungen das Problem, denen es an unternehmerischem Geist, an überzeugenden Zielvorstellungen und an hinreichendem Sinn für Wettbewerb fehlt? Oder sollten die Universitäten sich selbst überlassen werden, unbehelligt von einer erstickenden staatlichen Bürokratie, die alles reguliert und ebenso prinzipienlos wie ziellos Hochschulreform betreibt?

Die Krise des gegenwärtigen deutschen Hochschulwesens ist in vielerlei Hinsicht eine Identitätskrise. Es besteht kaum Übereinstimmung darin, was Universitäten sein sollten und sein können. Die kollektive Erinnerung an eine vergangene Größe ist weitgehend geschwunden, ohne dass sich ein neues, praxistaugliches Ideal, eine Zukunftsvision, eingestellt hätte. Sofern eine Vorstellung davon, was eine Universität sein sollte, überhaupt noch artikuliert wird, werden die meisten Beobachter auf Diskrepanzen zwischen dieser Vorstellung und der Wirklichkeit, ja auf die Widersprüchlichkeit des normativen Ideals hinweisen, etwa darauf, dass die Universität gleichzeitig Eliteuniversität und Massenuniversität sein soll. Das Vertrauen wird außerdem durch die Außenperspektive auf das deutsche Hochschulwesen erschüttert, durch *Rankings*, die nicht eben schmeichelhaft sind. In einem weltweiten *Ranking* der Hochschulsysteme, das *Universitas21* im Jahr 2012 vorgelegt hat, rangiert Deutschland unter 48 Ländern auf Rang 17, in Europa auf Rang 11 (Williams et al.). Kein Wunder, dass zunehmend nach Alternativen zum bestehenden Zustand gesucht wird.

Welche Reformen muss Deutschland in Angriff nehmen, um sicherzustellen, dass seine Universitäten international wettbewerbsfähiger werden und seine Studenten die Bildung bekommen, die wir seit jeher mit den bedeutenden deutschen Universitäten verbinden? Was soll werden, wenn die Mittel aus der Exzellenzinitiative 2017 aufhören werden zu fließen? Sollte Deutschland seinen Blick auf die USA richten, die in einem weiten Fächerspektrum eine Führungsrolle übernommen haben und Studenten, Promovierte und Professoren von überall her auf der Welt anziehen? Sollte Deutschland nicht besser manchen Kuriositäten des amerikanischen Hochschulwesens, von denen man hört, Widerstand entgegensetzen, etwa sozial unausgewogenen Studiengebühren, einer nach Dollars jagenden Forschung und der gewaltigen Ungleichheit der Universitäten untereinander?

Während Deutschland mit Reformen ringt, werden amerikanische Universitäten immer wieder als mögliche Vorbilder empfohlen. Einige, die das tun, haben noch nie eine amerikanische Universität von innen gesehen. Andere verstehen sich nur bruchstückweise auf die eigentümlichen Schwierigkeiten des komplexen amerikanischen Hochschulwesens, nämlich auf die große Bandbreite der über Amerika verteilten Universitäten und Colleges, und auf die verschiedenen Faktoren, die seine anhaltende Weiterentwicklung praktisch bedingen.

Was sich in diesen Erörterungen allerdings sehr deutlich zeigt, ist der unzweideutig gute Ruf der besten amerikanischen Universitäten. In dem von *Universitas21* für 2012 vorgelegten *Ranking* stehen die USA auf Rang 1, sechzehn Ränge vor Deutschland (Williams et al.). Die Mehrheit der Nobelpreisgewinner besteht Jahr für Jahr aus Wissenschaftlern, die an amerikanischen Universitäten ausgebildet wurden oder dort tätig sind, obschon viele von ihnen nicht aus den USA stammen. Von den 117 zwischen 2000 und 2010 für Forschung vergebenen Nobelpreisen gingen 78 an Wissenschaftler, die in den USA tätig sind (darunter 57 gebürtige US-Bürger), zehn an Wissenschaftler im Vereinigten Königreich und sieben an Wissenschaftler in Japan. Kein anderes Land hat es auf mehr als fünf gebracht. Dem *Academic Ranking of World Universities 2013* zufolge, das von einer Forschergruppe in Schanghai stammt und sich auf die Naturwissenschaften konzentriert, sind 17 von 19 Universitäten an der Spitze amerikanische (Cambridge und Oxford sind die beiden anderen). Die darin am höchsten rangierende Universität, die TU München, liegt auf Rang 50. Keine einzige deutsche Universität gehört zur Gruppe der fünfzig Besten in den *QS World University Rankings 2012/2013*, und nur eine einzige deutsche Universität rangiert dort in den *Times Higher Education World University Rankings 2012–2013*: Die Ludwig-Maximilians-Universität in München landet auf Rang 48.[1] 1902, als das deutsche Universitätswesen in seiner Blüte stand, gab es an allen amerikanischen Universitäten zusammen gerade einmal 293 Promotionen (Thurgood et al. 6); heute verfügen die USA über fast ebenso viele promotionsberechtigte Forschungsuniversitäten.

Die Vereinigten Staaten haben es zu einer Stellung gebracht, welche derjenigen entspricht, derer sich die deutschen Universitäten im 19. und frühen 20. Jahrhundert erfreuten. Durch die Studiengebühren, die Drittmittel und ihr Stiftungskapital gehören die amerikanischen Universitäten außerdem zu den finanziell bestausgestatteten auf der Welt. Die USA geben fast doppelt so viel Geld pro Student aus wie Deutschland (*Education at a Glance 2012* Tabelle B1.1a), davon stammt ein beträchtlicher Teil aus privaten Quel-

---

[1] Im *Academic Ranking of World Universities 2013* belegen drei deutsche Universitäten Plätze zwischen 51 und 100: Heidelberg steht auf Platz 54, die LMU auf 61 und Freiburg auf 100; auch in den *Times Higher Education World University Rankings 2012–2013* tauchen drei deutsche Universitäten zwischen Rang 51 und 100 auf: Göttingen auf Rang 70, Heidelberg auf 78 und die Humboldt-Universität Berlin auf 99. In den *QS World University Rankings 2012/2013* belegt die TUM von allen deutschen Universitäten den besten Platz, nämlich 53, Heidelberg folgt auf Platz 55, die LMU auf 60 und die Freie Universität Berlin auf 87. Die bestplatzierte deutschsprachige Universität ist anhaltend die ETH Zürich, die in diesen drei Listen die Plätze 20 bzw. 12 und 13 belegt.

len.[2] Die finanzielle Ausstattung hat Einfluss auf die Studienbedingungen. In dem zuletzt von *U.S. News and World Report* vorgelegten *Ranking* der 50 besten amerikanischen Universitäten liegt das Verhältnis Studenten zu Professoren außer in vier Fällen unter 18:1, im Durchschnitt ist es 11:1, an einer Universität sogar 3:1 (70–71). Bezogen nicht nur auf Professoren, Dozenten und Assistenten, sondern auch auf Lehrkräfte für besondere Aufgaben, liegt das entsprechende Zahlenverhältnis für die deutschen Hochschulen bei 42:1 (*Statistisches Jahrbuch 2012*, 90; 94). In den Sprach- und Kulturwissenschaften liegt es in Deutschland bei 76:1 (*Statistisches Jahrbuch 2012*, 90; 94), speziell in der Germanistik sogar bei 133:1 (*Statistisches Jahrbuch 2011*, 149; 155).

Die US-amerikanischen Universitäten sind für die USA ein enormer Wirtschaftsfaktor. Jonathan Cole, dessen umfangreiche Untersuchung des amerikanischen Hochschulwesens sich auf die Forschungsproduktivität konzentriert, berichtete 2009, dass Professoren, Studenten und Ehemalige der Stanford University im Jahr 2008 mehr als 2.300 Unternehmen gegründet haben, von denen sechs, alle in Stanfords Nachbarschaft, nämlich im Silicon Valley, insgesamt 261,2 Milliarden Dollar verdient haben. Cole erwähnt auch, dass die 4.000 Unternehmen, die mit dem Massachusetts Institute of Technology (MIT) zusammenhängen, 1,1 Millionen Menschen beschäftigen und jährlich Waren im Wert von 232 Milliarden Dollar exportieren. Würde man diese Unternehmen, die von ihren Verbindungen zum MIT leben, mit einem Staat vergleichen, dann befände sich dieser weltweit unter den führenden 25 (196–98).

Die USA ziehen die meisten ausländischen Studenten an. Laut *Education at a Glance 2013* gehen 16,5 % aller Studenten, die im Ausland studieren, in die USA (Tabelle C4.4). Das Handelsministerium schätzt, dass durch diese Ausländer jährlich mehr als 15 Milliarden Dollar an Studiengebühren und Geldern für ihre Lebenshaltungskosten ins Land fließen (*Approaches* 9). Nicht weniger wichtig ist freilich, was die amerikanischen Universitäten für die amerikanische

---

[2] Wo es nur möglich ist, beziehe ich mich auf *Education at a Glance 2013*. Da jedoch die Ausgabe für 2013 in manchen Fällen keine vergleichenden Angaben zu Deutschland und den USA enthält, machen einige wenige Vergleiche den Rückgriff auf statistisches Material von 2012 nötig.

Außenpolitik und die internationale Verständigung tun, indem sie Menschen ausbilden, die weltweit Führungsaufgaben übernehmen.

Da viele Deutsche die USA als ein mögliches Vorbild ansehen, wird man sich hierzulande darüber klarwerden müssen, welches die bewegenden Kräfte im amerikanischen Hochschulsystem sind, worin seine Stärken und worin seine vermeidbaren Schwächen liegen und welche fortdauernden Herausforderungen es zu bewältigen hat. Das vorliegende Buch gibt Deutschen, denen an Verbesserungen ihres Hochschulwesens gelegen ist, einen Einblick in das amerikanische System.

*

Über viele Jahre habe ich Erfahrungen mit einem großen Spektrum amerikanischer Universitäten gesammelt. Mein Bakkalaureat machte ich am Williams College, einem der führenden Colleges der USA, das nicht einmal 2.000 Studenten hat. Promoviert habe ich an der Princeton University, einer erstrangigen privaten Forschungsuniversität. An der Ohio State University, einer der größten staatlichen Universitäten der USA, habe ich zwölf Jahre lang gelehrt und war überdies fünf Jahre in der dortigen Administration tätig. Heute zählt die Ohio State mehr als 55.000 Studenten. Seit siebzehn Jahren arbeite ich an der University of Notre Dame, einer Universität, die zu den besten 20 der Nation zählt und Amerikas führende katholische Universität ist. Die meiste Zeit über habe ich dort als Dean des *College of Arts and Letters* amtiert, als Vorgesetzter von etwa 500 Professoren und rund zwanzig Fachbereichen der Geistes- und Sozialwissenschaften sowie der Künste.

Mit Rücksicht auf den weit größeren Entscheidungs- und Handlungsspielraum, über den ein amerikanischer *dean* im Gegensatz zu einem deutschen Dekan verfügt, werde ich das englische Wort ›Dean‹ im Folgenden beibehalten. Dasselbe gilt für den in amerikanischen Universitäten sehr einflussreichen ›Provost‹, der über das akademische Profil und häufig auch den Haushalt der ganzen Universität wacht.

Das amerikanische Hochschulwesen zeichnet sich vor allem durch seine Vielfalt aus. Außer den klassischen Colleges, privaten Forschungsuniversitäten und großen staatlichen Universitäten kennt es auch zweijährige, an der Berufsausbildung bzw. Universitätsvorbereitung orientierte *community colleges*, zu denen der Zugang relativ leicht ist und wo die Studiengebühren bescheiden sind. Amerika profitiert entscheidend von dieser institutionellen Mannigfaltigkeit.

Reiche Erfahrungen habe ich auch an deutschen Universitäten sammeln können. Als Student verbrachte ich zunächst ein Semester im Rahmen eines amerikanischen Kooperationsprogramms an der Universität Bonn, später studierte ich zwei Jahre lang an der Universität Tübingen, wo ich auch meinen Magister machte. Einige Jahre später lehrte ich an der Universität Dresden und forschte, im Besitz eines Humboldt-Stipendiums, an der Universität Essen. 2009 war ich Christian-Wolff-Professor an der Martin-Luther-Universität Halle-Wittenberg. An diesen Universitäten habe ich die Qualität des Lehrkörpers, die den Studenten eingeräumte Selbständigkeit und die zahlreichen intellektuellen Zirkel, in denen man sich an einer deutschen Universität engagieren kann, sehr zu schätzen gelernt.

Da Vielfalt an und für sich ein Wert ist, wäre es jammerschade, wenn Deutschland seine Universitäten derart veränderte, dass der Universitätsartenreichtum dadurch global schrumpfte. Welche Reformen auch immer in Betracht gezogen werden – man sollte die Vorzüge des deutschen Systems erhalten bzw., im Fall von Stärken, die derzeit nicht mehr deutlich sichtbar sind, wiederherstellen. Nur eine schlechte Art der Internationalisierung, die in Wahrheit eine Form von Kolonisierung ist, würde solche Elemente kurzerhand abschaffen. Gleichzeitig kann Deutschland jedoch etwas von der Praxis in anderen Ländern lernen. Es kann einsehen, dass es gut ist, ein breiter gefächertes Spektrum von Universitäten zu haben, das Flexibilität und Innovation erhöht, belebende Wettbewerbsstrukturen sicherstellt und insgesamt nur zum Vorteil der Studenten ist. Als Wissenschaftler, akademischer Lehrer und Administrator, der beide Systeme gut kennt, möchte ich einen Beitrag zu dieser Debatte leisten.

*

Ein Buch über das Hochschulwesen kann sein Ziel auf mehr als eine Weise verfehlen. Manche sind sterbenslangweilig. Oft überladen mit abstoßendem Fachjargon, technischen Einzelheiten und Tabellenkram, bieten sie wenig, das von praktischem Nutzen wäre, geschweige denn Amüsantes. Solche Bücher sind wohl nur etwas für andere Akademiker, die sich auf Erziehungswissenschaft oder Hochschulverwaltung spezialisieren; selten habe ich einen hochgestellten Administrator an der Universität getroffen, der sie nützlich fände. Dann gibt es lockere Sammlungen von Gelegenheitsreden, die nicht organisch zusammenhängen und von Wiederholungen strotzen; sie sind wohl hauptsächlich für die Angehörigen einer lokalen akademischen Gemeinschaft interessant. Dann die überaus abstrakten Abhandlungen, die sich über das Hochschulwesen verbreiten, ohne irgendeine solide, konkrete Beziehung zur derzeitigen Situation und auch ohne ordentliche Verbesserungsvorschläge; was das betrifft, kann man nicht sagen, dass sie besonders anregend, informativ und horizonterweiternd wären. Und schließlich gibt es die Streitschriften, die gegen bestehende Missstände wettern, von der *political correctness* auf dem amerikanischen Campus bis hin zu den Bolognareformen in Europa. Sie haben über ihre kritische Diagnose hinaus selten etwas Positives oder Konkretes zu bieten. Unterhaltsam und oft instruktiv, ist ihr Nutzen gleichwohl begrenzt.

Wenn es so viele Weisen gibt, das Ziel zu verfehlen, warum sollte auch ich noch etwas zu dieser Sparte Literatur beisteuern? Das vorliegende Buch ist allerdings von anderer Art. Obwohl es Zahlen und Statistiken verarbeitet und auch von Forschungsergebnissen aus Pädagogik und Management Notiz nimmt, beruht meine Analyse der amerikanischen Situation doch hauptsächlich auf eigener Erfahrung und dem Nachdenken darüber. Es ist das Resümee aus 17 Jahren Verwaltungstätigkeit, davon sechs in der Eigenschaft als Leiter (*chairperson*) von Departments (an zwei verschiedenen Institutionen) und elf in der Funktion als Dean.

In dieser Zeit der Reformen und der Neubesinnung in Deutschland möchte mein Buch einen lesbaren, praktischen und konstruktiven Beitrag dazu leisten, sich in dem durch das Hochschulwesen markierten Problemfeld zu orientieren, einen Beitrag, der einschlägiges Zahlenmaterial und weitere Informationen bereitstellt, durch erfahrungsgestützte Reflexion bereichert und letztlich von der philosophischen Überzeugung getragen wird, dass die Artikulation und lebendige Verkörperung einer zielführenden Vision von ausschlaggebender Bedeutung für den Erfolg unserer Universitäten wie unseres höheren Bildungswesens insgesamt sind. Ich versuche in diesem Buch darzulegen, wie das amerikanische Hochschulwesen funktioniert, d. h. welches seine bestimmenden Prinzipien und Kategorien sind. Dazu greife ich auf persönliche Erfahrungen zurück, die die Sache anschaulich machen. Ich stelle ausdrücklich die Frage, was sich davon übernehmen lässt. Deutschland befindet sich derzeit in einer Übergangsperiode, wo vieles schon im Fluss ist, während andere Änderungen noch erwogen werden oder gar umstritten sind. Manche dieser Änderungen sind bloß kosmetischer Natur, andere bewegen sich kleinschrittig innerhalb längst eingeschlagener Bahnen, doch noch andere haben, wie wir sehen werden, tatsächlich das Zeug zu einer durchgreifenden, transformativen Strukturreform. Welche Verhältnisse und Verfahrensweisen sind denn nun eigentlich charakteristisch für die USA, was hingegen ist nur für bestimmte Typen amerikanischer Universitäten bezeichnend und was davon lässt sich überhaupt auf Deutschland übertragen? Mit Bezug auf die Beispiele für Letzteres: Wären Änderungen in dieser Richtung auch notwendig oder gar attraktiv, und wenn ja, wie ließe sich ihre praktische Umsetzung bewerkstelligen? Wenn Deutschland sich bestimmte amerikanische Grundsätze zu eigen macht, vor welchen Fallen sollte es auf der Hut sein?

Dieses Buch untersucht drei Themen, die miteinander zusammenhängen. Das erste Kapitel behandelt Idee und Geschichte der Universität, sowohl in Deutschland als auch in den Vereinigten Staaten. Es erörtert die historische Bedeutung des deutschen Hochschulwesens, das seinesgleichen nicht hatte, bestimmte Aspekte seiner bis heute anhaltenden Größe und seine drängendsten Probleme, sodann den noch nicht lange zurückliegenden Aufstieg des amerikanischen Hochschulwesens zu der Bedeutung, die es heute hat, sowie die darin versteckten Probleme. Das zweite Kapitel untersucht die bestimmenden Merkmale des amerikanischen Hochschulwesens der Gegenwart, einschließlich der sehr weitgehenden Vorteile und der vergleichsweise geringeren Herausforderungen und Probleme, die damit verbunden sind. Das Augenmerk gilt der Weise, wie jene Merkmale die amerikanische Universität stimulieren, und ebenso den Formen, in denen Deutschland hier abweicht. Das dritte Kapitel kehrt zur gegenwärtigen Lage in Deutschland zurück, es befasst sich mit chronischen Problemen hier und weist gangbare Auswege aus der gegenwärtigen Krise.

Gestützt auf das Manuskript dieses Buches habe ich in den vergangenen Jahren an verschiedenen deutschen Universitäten Vorträge gehalten, und die Resonanz zeigte mir, dass der Gegenstand bei Professoren, Administratoren und Studenten einen Grad des Interesses findet, der wohl größer ist als der für die spannendsten philosophischen, literarischen und historischen Themen. Ganz zu Recht ist die Sorge um den Erfolg des deutschen Hochschulwesens ein öffentliches Thema ersten Ranges. Ich darf also hoffen, dass mein Buch, durch das man auch Einblick in bestimmte Bereiche der amerikanischen Kultur überhaupt erhält, bei Politikern und einer breiteren Öffentlichkeit Aufmerksamkeit und positive Aufnahme finden wird.

I. Idee und Wirklichkeit der Universität

1. Die historische Größe der deutschen Universität

Von den Anfängen bis zur Versandung

Institutionen der höheren Bildung reichen zwar bis weit in die Antike und das frühe Mittelalter zurück – man denke an die platonische Akademie und die Klöster des Christentums –, die ersten Universitäten entstanden in Europa jedoch erst zwischen dem 12. und 13. Jahrhundert. Damals wuchs die Nachfrage nach Gelehrten, welche es verstanden, die Überlieferung der heidnischen Antike, die in zunehmendem Maß durch zeitgenössische Übersetzungen der hellenistischen Philosophie und Wissenschaft Verbreitung fand, mit der christlichen Offenbarung zu verschmelzen. Ferner ergab sich eine Nachfrage nach Fachleuten mit akademischer Berufsausbildung, speziell nach Juristen. Unter den ältesten Universitäten, denen in Italien und Frankreich, spezialisierte sich Bologna auf die Rechtswissenschaft, und Paris, schnell die angesehenste Universität überhaupt, spezialisierte sich auf Theologie, zusammen mit Logik und Naturphilosophie. Ohne eigene Gebäude oder Bibliotheken (Bücher wurden von den Studenten üblicherweise gegen Geld ausgeliehen), waren die ältesten Universitäten im Wesentlichen eine aus den Studenten und ihren Lehrern zusammengesetzte Körperschaft – *universitas magistrorum et scholarium* –, ein Gebilde, das sich spontan entwickelte. Eine solche häufig sehr überschaubare Körperschaft war flexibel genug, auch umzuziehen. Das geschah z. B. 1409, als Professoren und Studenten Prag verließen und eine Universität in Leipzig gründeten.

Im Lauf der Zeit nahm das Wort ›Universität‹ mehr und mehr die Bedeutung an, das curriculare Ganze zu bezeichnen: *universitas studiorum*. Der Lehrkörper gliederte sich in die *facultas artium* (was wir in den USA heute *arts and sciences* nennen und in Deutschland noch im 19. Jahrhundert die philosophische Fakultät hieß) sowie die medizinische, die theologische und die juristische Fakultät. Unterrichtet wurde auf Lateinisch. Studiert wurden zunächst die freien Künste: Die drei Elementarkünste, das *trivium*, nämlich Grammatik, Rhetorik und Dialektik, konzentrierten sich auf den Erwerb sprachlicher Fertigkeiten, für die Fortgeschrittenen schloss sich das *quadrivium* an, nämlich Geometrie, Arithmetik, Musik und Astronomie. Nach Abschluss ihres Studiums der freien Künste konnten die Studenten mit Medizin, Jurisprudenz oder Theologie weitermachen. In der Frühzeit war Wissensvermittlung, nicht Forschung, der universitäre Hauptzweck, auch wenn die beste Universität, Paris, berühmte Gelehrte berief, etwa Albertus Magnus, Thomas von Aquin und Bonaventura. Das ganze Mittelalter hindurch, bis in die frühe Neuzeit, war allen der stark konfessionelle Charakter der Universität gegenwärtig; die Theologie galt als die führende Disziplin.

Wie andere Institutionen mit solch einer langen Geschichte erlebte auch die Universität ihre Höhen und Tiefen. Das lag sowohl an wirtschaftlichen, sozialen und intellektuellen Konjunkturen als auch an nationalen und konfessionellen Faktoren und an den Konstellationen herausragender Persönlichkeiten. Humanismus und Reformation führten zur Gründung zahlreicher neuer Universitäten, Wittenberg z. B. und Königsberg, doch schwächten Reformation und Gegenreformation zugleich den Universalismus der Universitätskultur und führten an etlichen britischen und deutschen Universitäten zu konfessionellen Säuberungen.

Die ersten Universitäten im deutschsprachigen Gebiet, Prag, Wien und Heidelberg, waren Gründungen des 14. Jahrhunderts (Heidelberg ausdrücklich nach dem Pariser Vorbild). Da das Lateinische in ganz Europa die Verkehrssprache an den Universitäten war, war es jedoch nicht so wichtig wie später, als die Nationalsprachlichkeit sich durchsetzte, wo die Institutionen sich befanden, dennoch verdient es Beachtung, dass Universitäten in vielen europäischen Ländern, einschließlich Portugal, Polen und Ungarn, gegründet wurden, bevor das Deutschland in den Grenzen von heute in Heidelberg seine erste Universität erhielt. Der Unterricht auf Deutsch ist erfolgreich durch Christian Thomasius gegen Ende des 17. Jahrhunderts eingeführt worden. Um ihr jeweiliges Territorium zu fördern, ergriffen viele Fürsten und Städte die Initiative zur Gründung weiterer Universitäten. Mehr als ein halbes Dutzend, wie

Würzburg, Leipzig und Tübingen, wurden im Lauf des 15. Jahrhunderts gegründet. Gegen Ende des Jahrhunderts waren Wien, Köln und Leipzig die größten Universitäten im Reichsgebiet. An diesen drei studierte mehr als die Hälfte der deutschen Studenten (Eulenburg 54–55). Vom 16. bis zum 18. Jahrhundert hatten die meisten Universitäten nur ein paar hundert Studenten. Noch in den achtziger Jahren des 18. Jahrhunderts hatten mehr als ein halbes Dutzend deutscher Universitäten weniger als hundert Studenten.

Im 18. Jahrhundert machten Universitäten ganz allgemein, in Deutschland und auch sonst, keinen guten Eindruck. In der Regel hielt man die Universität für unfruchtbar, ihr Wissen galt als erstarrt, und von den Professoren dachte man, sie vermittelten den Studenten nichts anderes als dieses erstarrte Wissen. Die meisten Universitäten hatten den Studenten kaum mehr als erweiterten Schulunterricht zu bieten, wobei der Schwerpunkt auf den alten Sprachen und der Interpretation klassischer Texte lag. Sich in den Klassikern auszukennen, galt als intellektueller Befähigungsnachweis, und die Werke der Klassiker galten als wissenschaftliche Quellen. Doch um scharfsinniges Denken zu prüfen, gab es andere, scheinbar praktischere Mittel. Die Fortschritte in Astronomie und Physik ließen viele klassische Texte als überholt erscheinen. Die Unzufriedenheit mit dem fehlenden Praxisbezug und der fehlenden Einbeziehung der modernen Wissenschaft führte dazu, dass, häufig durch Autodidakten, die Forschung nach außen verlagert wurde, wobei es auch zur Gründung unabhängiger Einrichtungen der beruflichen Ausbildung kam, etwa für Ingenieure. Es wurde behauptet, jenes praktische, nützliche Wissen, nach dem so große Nachfrage bestand, lasse sich anderswo besser erwerben. Es verwundert denn auch nicht, dass die meisten bedeutenden Köpfe des 17. und 18. Jahrhunderts – man denke an Bacon, Hobbes, Descartes, Spinoza, Locke, Leibniz, Voltaire und Rousseau – außerhalb der Universitäten tätig waren.

Abgesehen davon, dass sie nur wenige Studenten hatten, waren die Universitäten auch finanziell schlecht ausgestattet. Ihrer schlechten Reputation halfen die studentischen Duelle und Tumulte gewiss nicht ab. Außerdem sah man in den Universitäten die Bewahrer alter Zöpfe. So kam es, dass 1793, im Zuge der Französischen Revolution, die französischen Universitäten abgeschafft wurden. Stattdessen schuf Frankreich eigene Fachhochschulen, die für die

Berufsausbildung von Ärzten, Ingenieuren, Juristen und Lehrern bestimmt waren. Erst 1896 wurde die Bezeichnung ›Universität‹ für mehrere Fakultäten unter einem Dach wieder eingeführt, und erst 1968 verschmolz Frankreich seine Fakultäten zu einer einzigen und nahm den Grundsatz der Einheit von Forschung und Lehre an (Ben-David, *Centers* 16 und 107). Die französischen Universitäten waren den staatlichen Behörden ganz und gar unterstellt, Prüfungen wurden von Beamten ausgerichtet und überwacht. Damals sah man in der Staatskontrolle die Befreiung von dem früheren Einfluss und der Kontrolle durch Kirche und Adel.

Trotz der Unfruchtbarkeit der Universität während des 18. Jahrhunderts kam es in manchen Gegenden Europas zu interessanten Entwicklungen. Ein Beispiel dafür war Schottland, ein wichtiges Zentrum der Aufklärungsphilosophie und -wissenschaft, dessen Wirkung auf das US-amerikanische College beträchtlich war. Die schottischen Universitäten bezogen moderne Gegenstände ein, einschließlich der Naturwissenschaft, doch aus verschiedenen Gründen erwies sich dieser Schwung als nicht nachhaltig genug (Sloan).

Die deutsche Umgestaltung der Universität

Auch Deutschland war eine Ausnahme. Deutschland entwickelte ein Modell, das nicht allein an Boden gewann, sondern die Idee der Universität revolutionierte, und zwar über Europa hinaus. In den vierziger Jahren des 18. Jahrhunderts erfreute sich Halle, ein Zentrum sowohl der Aufklärung als auch des Pietismus, des vermutlich besten Rufs aller deutschen Universitäten. Göttingen und Jena, mit 874 bzw. 561 Studenten, galten als groß, doch Halle war die größte deutsche Universität, mit 1.076 Studenten (Ellwein 332). Göttingen führte neue Fächer ein, z. B. Geschichte und Philologie, und verlegte sich stark sowohl auf Mathematik und Naturwissenschaft als auch auf die Rechtswissenschaft. Dafür wurde es berühmt. Göttingen stand nach 1750 an der Spitze (Turner 504). Auch Jena erlangte große Ausstrahlungskraft dank seiner Philosophie und Ästhetik, einer Kombination von Koryphäen und jüngeren Intellektuellen (Fichte, Schiller, Schelling, Hegel, den Gebrüdern Schlegel und Goethe im benachbarten Weimar).

Halle und Jena wurden während der napoleonischen Besatzungszeit geschlossen, doch ihre revolutionären Fortschritte trugen Früchte in der Gründung der Berliner Universität 1810, der es in vielen Fällen glückte, die besten Professoren zu berufen. Unter den ersten waren Fichte, Schleiermacher, Hegel und Schelling. *Göttingen, Halle, Jena und Berlin waren die Geburtsstätten der modernen Universität. Die deutschen Universitäten steigerten nicht nur ihre Qualität, sie gestalteten die Idee der Universität um. Man könnte mit Emphase sagen, dass die Universität auf christlichem Boden entstand, die moderne Universität aber auf deutschem Boden.*

Die quer durch Deutschland unternommenen Reformen unterschieden sich von denen in Frankreich. Statt die verschiedenen Fakultäten zum Zweck der Berufsausbildung auseinanderfallen zu lassen, war man in Berlin von Idealismus und Romantik beseelt, vom Vorrang der Wahrheit gegenüber anwendungsorientiertem Wissen, wie Kant ihn im *Streit der Fakultäten* verfochten hatte, und nicht zuletzt von der Suche nach Totalität. Es ging um die Einheit des Wissens über alle Disziplingrenzen hinweg und um den intrinsischen Wert der philosophischen Fakultät, die jetzt die Theologie von der Spitze verdrängte. Statt direkt staatlicher Kontrolle zu unterstehen, sicherten sich die deutschen Universitäten Autonomie. Anstatt, wie in Frankreich, die Universität und die Idee der Universität zu schwächen, stärkten auf diese Weise die deutschen Reformen die Universität in Theorie und Praxis. In Frankreich wurde das neue Curriculum von Fachhochschulen getragen. In Deutschland hingegen waren neue wissenschaftliche Ansätze und das Ideal der Forschung die Triebkräfte. Links des Rheins und rechts des Rheins spiegelte sich in der Hochschulreform die französische Abschaffung alter Privilegien. In Deutschland richtete sich das persönliche Ansehen nicht nach Herkommen und sozialem Stand, sondern bei den Professoren nach ihren wissenschaftlichen Leistungen und bei den Studenten nach ihren Prüfungsleistungen. Beide Gruppen wurden durch neue Freiheiten in ihrer Stellung gestärkt.

Sehr bald wurden die in Göttingen, Halle, Jena und Berlin zu beobachtenden Fortschritte für alle deutschsprachigen Universitäten vorbildlich. Das waren, wie gesagt, winzige Universitäten, verglichen mit dem, was wir heute kennen. 1830 hatte Bonn zum Beispiel 53 Professoren und 865 Studenten, Tübingen 37 Professoren und 823 Studenten, Kiel 27 Professoren und 311 Studenten (Ellwein 334). Doch gerade die beschränkte Größe erleichterte die Erneuerung.

An der deutschen Forschungsuniversität des 19. Jahrhunderts herrschte nicht länger der Geist der Wissensübermittlung; entscheidende Triebkraft war nun die Entdeckung neuer Wahrheiten. Die Verbindung von Forschung und Lehre, eine völlig neue Errungenschaft der deutschen Universität, wurde das Vorbild für die Universität der Zukunft. Schon 1749 schrieb die preußische Regierung vor, dass, wer Professor werden wollte, publiziert haben musste (Clark 259–260). Daraus wurde die Habilitation als die den deutschen Gelehrten ausweisende Qualifikation. In Deutschland hatte man die Vorstellung, dass die Professoren nicht das, was andere entdeckt oder gedacht hatten, lehrbuchmäßig aufbereiten, sondern selber wissenschaftlich als Vorbild wirken sollten, indem sie den Studenten zeigten, wie man das vorhandene Wissen erweitert. So sagte Schleiermacher: »Der Lehrer muß alles, was er sagt, vor den Zuhörern entstehen lassen; er muß nicht erzählen, was er weiß, sondern sein eignes Erkennen, die That selbst, reproduciren, damit sie beständig nicht etwa nur Kenntnisse sammlen, sondern die Thätigkeit der Vernunft im Hervorbringen der Erkenntniß unmittelbar anschauen und anschauend nachbilden.« (62–63)

Auch wenn sie mit den deutschen Denkern darin übereinstimmten, dass Bildung und Wissen Selbstzwecke seien, hielt Kardinal Newmans berühmte Schrift *Idea of a University* von 1852 noch immer an der Vorstellung fest, dass die Universität vorrangig mit der Lehre befasst sein müsse. An den deutschen Universitäten hingegen vereinigten sich Lehrer und Forscher in ein und derselben Person. Es wurde für wichtig gehalten, dass Studenten mit großen Gelehrten persönlich in Berührung kommen. Das vordringliche Erziehungsziel sei, Studenten an die Forschung heranzuführen und ihnen dabei zu helfen, selbständig zu werden. Für Fichte war »die Bildung des Vermögens zum Lernen« wichtiger als die erlangte Gelehrsamkeit selbst (131). Prüfungen und Hausarbeiten, behauptete Fichte, hätten nicht den Unterricht wiederzukäuen, sondern Zeugnis von der geistigen Eigenaktivität des Studenten abzulegen, von der Fähigkeit, das Gelernte sich anzueignen und auf den verschiedensten Gebieten weiterzuentwickeln (130–34).

Obwohl sie finanziell auf den Staat angewiesen waren, behaupteten die deutschen Universitäten in der Forschung und im Curriculum ihre Autonomie. Akademische Freiheit wurde ein beherrschendes Prinzip. Das schloss auch Autonomie unter dem Aspekt ein, dass zum einen der Staat sich nicht darin einzumischen habe, wie die Universität sich intern organisiert, und zum andern die Freiheit von der Kirche. Die akademische Freiheit schloss ferner die Autonomie jedes Einzelnen als Forscher und Lehrer ein. Anstatt sich der Tradition fügen zu müssen, sei er frei, in der Wahrheitssuche alle Positionen in Betracht zu ziehen. Indem er aus seiner eigenen Forschungstätigkeit heraus lehrte, würden die Studenten sich auch mit größerer Wahrscheinlichkeit von der Lehre begeistern lassen.

Die Seminarform, durch welche die Studenten als Lernende zum Zuge kamen, ursprünglich eingeführt in der Philologie, dann in der Geschichte, wurde ein Merkmal der deutschen Universität. Von Göttingen ist sie ausgegangen, schon in den siebziger Jahren des 18. Jahrhunderts, um dann binnen ein, zwei Generationen im deutschen Hochschulunterricht eine zentrale Stellung einzunehmen. Fichte verteidigte das Seminar aus philosophischen Gründen als eine Ergänzung zu den Vorlesungen und zum rein aufnehmenden Lernen (13–34).

Unter dem Einfluss Alexander von Humboldts, des Bruders des Berliner Universitätsgründers Wilhelm von Humboldt, kamen neue Forschungszweige hinzu. Angeregt von der idealistischen Philosophie verteidigte die Universität im philosophischen, nicht theologischen Sinn die Idee einer Einheitswissenschaft. Anreize gab es nicht nur für die Forschung, sondern auch für die Lehre. Noch in der ersten Hälfte des 19. Jahrhunderts verschafften größere Hörerzahlen auch ein höheres Einkommen. Während zu Anfang des 19. Jahrhunderts die Geisteswissenschaften erheblich ausgebaut wurden, führte in der zweiten Jahrhunderthälfte die Errichtung moderner Forschungseinrichtungen, etwa von Laboratorien, auf breiter Basis zur Entwicklung der Naturwissenschaften. Weltberühmt war das chemische Labor von Justus Liebig in Gießen, das ab 1826 über Jahrzehnte bestand. Hier überflügelte Deutschland seine Nachbarn Frankreich und England, die immer noch im Stückwerk, in behelfsmäßigen Laboratorien und in der Tätigkeit von Amateuren, den wissenschaftlichen Fortschritt vorantrieben. Deutschland hingegen hatte großartige Laboratorien zu bieten mit Heerscharen qualifizierten wissenschaftlichen Nachwuchses. Leuchten der Wissenschaft, wie Liebig und der große Mathematiker Carl Friedrich Gauss in Göttingen, förderten die Reputation der deutschen Universität. Diese Entwicklung hielt über mehrere Generationen an. Im frühen 20. Jahrhundert forschten und lehrten in Berlin zwei der größten Physiker aller Zeiten, Max Planck und Albert Einstein.

In den dreißiger Jahren des 19. Jahrhunderts war das deutsche Modell ausgereift, und es war allem überlegen. Übernommen wurde es nicht nur in den anderen deutschsprachigen Ländern, sondern auch in Teilen Nord-, Süd- und Osteuropas, so etwa von Skandinavien, Griechenland und Russland (Clark 28–29). Bis Ende des 19. Jahrhunderts war Deutschland das Modell für England und die Vereinigten Staaten geworden. Dort veranlasste es Änderungen in den überkommenen Strukturen. Schließlich geriet auch Frankreich unter deutschen Einfluss. Sogar Japan, trotz seines, wie in Frankreich, ausgeprägten Zentralismus, entschied sich für das deutsche, nicht das französische System. Aus der ganzen Welt strömten die Studenten nach Deutschland, wo neue Methoden in der Altphilologie, der vergleichenden Literaturwissenschaft, der Bibelkritik, der Geschichte und den Naturwissenschaften entwickelt wurden, um dort bei Meistern ihres Faches zu studieren. Von der ersten Blüte der deutschen Universitäten bis zum Zweiten Weltkrieg zog es etwa zehntausend amerikanische Studenten nach Deutschland (Thwing 40). Das *fin de siècle* bildete hier den Höhepunkt. 1895/96 waren 517 Amerikaner an deutschen Universitäten eingeschrieben (Veysey 130). »Dass Deutschland der Alleininhaber der Wissenschaft sei«, schrieb Bliss Perry, »darüber gab es für uns junge Leute der achtziger Jahre ebenso wenig einen Zweifel, wie es einen solchen für George Ticknor und Edward Everett gegeben hatte, als sie 1814 von Boston nach Göttingen aufgebrochen waren« (88–89). Der deutsche Begriff der ›Wissenschaft‹ hatte für Amerikaner jener Zeit einen nahezu magischen Zauber. James Morgan Hart erinnerte sich seiner deutschen Studienjahre: »Unter ›Wissenschaft‹ verstehen die Deutschen das Wissen im höchsten Sinn des Wortes, nämlich die leidenschaftliche, methodische, unabhängige Wahrheitssuche in jeder nur möglichen Gestalt, aber unter völliger Absehung von jeder Nutzanwendung« (250). In einer Disziplin nach der andern setzten Deutsche die Maßstäbe, in der Geschichte beispielsweise durch Leopold von Ranke und Theodor Mommsen, in der Altphilologie durch Ulrich von Wilamowitz, in der Soziologie durch Max Weber und Georg Simmel.

Fünf Prinzipien bilden die wesentlichen Merkmale der Idee der Universität. Zwei davon, die fächerübergreifende Einheit des Wissens und das Wissen als Selbstzweck, sind aus der langen Glanzzeit der deutschen Universitäten gestärkt und neu hervorgegangen. Die drei anderen, nämlich die Einheit von Forschung und Lehre, die akademische Freiheit und das Bildungsideal, sind geradezu deutsche Erfindungen.

Wie sie die mittelalterliche, theologisch bestimmte Idee der Einheit von Sein und Wissen beerbt hat und wie dies aufgenommen und weitergeführt worden ist – erstens im enzyklopädischen Ansatz des deutschen Idealismus, zweitens in der heute zunehmend anerkannten Forderung nach Interdisziplinarität –, ist die Universität durch die Integration der Disziplinen und die Suche nicht nur nach Fachwissen, sondern nach den Beziehungen zwischen den verschiedenen Wissenszweigen bestimmt. Eben das spornt zur Suche nach immer einfacheren und zugleich umfassenderen Theorien an, und das ist auch der Grund, warum die verschiedenen Fächer – Mathematik, Naturwissenschaften, Sozialwissenschaften, Philosophie, dazu Architektur, Betriebswirtschaftslehre, Ingenieurwissenschaften, Rechtswissenschaft und Medizin – sich institutionell unter einem Dach befinden. Insofern unterscheidet sich die Universität von solchen Einrichtungen, die sich auf einzelne Fächer konzentrieren, auf die Künste etwa, Erziehungswissenschaft, Managerausbildung oder Technik, also von der während der Aufstiegsphase der deutschen Universität in Frankreich üblichen Praxis – einer Praxis, die in den Entwicklungsländern und in privatwirtschaftlich organisierten Lehrinstitutionen inzwischen zunehmend üblich ist. Die Einheit weicht hier isolierten Anwendungen. Hingegen macht die Durchlässigkeit der Fachgrenzen und die Suche nach Einheit, wie schwierig sie sich auch gestalten mag, nach wie vor die Idee und das Ideal der Universität aus.

Wie schon die Griechen und die frühen Christen die Kontemplation zum Wert erhoben haben, so anerkennt die Universität, dass das wissenschaftliche Studium intrinsischen Wert hat und Erkenntnis ihren Sinn und Zweck in sich selbst trägt. Die Universität fördert daher die Grundlagenforschung, ohne nach einer Nutzanwendung zu fragen. Allen voran förderte die deutsche Universität die reine Forschung und rückte die philosophische Fakultät systematisch ins Zentrum. Diese Umwertung kehrte die aus dem Mittelalter überkommene Rangordnung der Fakultäten um. Infolge der deutschen Revolution des höheren Bildungswesens erschien die Anwendung, verglichen mit der reinen Wahrheitssuche und der Fähigkeit der Lehrenden und Lernenden, die Wahrheit zu entdecken, zweitrangig.

Natürlich fügte die heutige Universität der Einsicht in den intrinsischen Wert des Wissens und der Forschung auch die Einsicht in ihren sozialen Nutzen hinzu. Er umfasst im Wesentlichen zwei Momente: die Ausbildung einer vielfältig einsetzbaren Bevölkerungsgruppe, die zur sozialen Mobilität und zu einer gebildeten Bürgerschaft beiträgt, und die Anwendung von Wissenschaft und Technik, um die Gesellschaft in ihren zivilisatorischen Lebensbedingungen voranzubringen. Die Studenten erfahren nicht nur den intrinsischen Wert des Studiums und die Wissenschaft als Selbstzweck, sie entwickeln auch Fertigkeiten, die es ihnen erlauben, eine Stelle zu bekommen und einen Beruf zu ergreifen. Wenn ihre Fähigkeiten vielfach auch in einem allgemeinen Bildungswissen bestehen, werden sie dadurch zu wohlunterrichteten und verantwortlichen Mitbürgern. Kant spricht vom »Besitz eines Vermögens, welches zu allen beliebigen Zwecken zureichend ist. Sie [die Geschicklichkeit] bestimmt also gar keine Zwecke, sondern überlässt das nachher den Umständen« (12.706). Außerdem bildeten ja auch dieselben deutschen Universitäten, die der philosophischen Fakultät diese zentrale Stellung einräumten, die Studenten weiterhin berufsbezogen in Medizin, Recht und Theologie aus. Heutzutage herrscht kein Mangel an vielen zusätzlichen praktischen Anwendungsfeldern, man denke nur ans Ingenieurwesen oder die Ökologie. Außer dass die Universität gebildete Bürger heranzieht und als Motor der sozialen Mobilität fungiert, dient die an ihr betriebene Forschung der Gesellschaft in verschiedener Hinsicht: indem sie Lösungen für Menschheitsprobleme entdeckt, die wirtschaftliche Entwicklung stärkt und Fortschritte in Medizin und Technik sichert, durch die ihrerseits die Lebenserwartung verlängert, der Lebensstandard

erhöht wird und es zu neuen Industrien und einem entsprechend
erweiterten Arbeitsplatzangebot kommt. Weder der eine noch der
andere Nutzen steht zum intrinsischen Wert des Studiums und
der Wissenschaft in einem Widerspruch, vielmehr resultiert er
daraus.

Abgesehen davon, dass sie die Einheit der Wahrheitserkennt-
nis und ihren intrinsischen Wert kultivierten, revolutionierten die
deutschen Universitäten den Begriff der Universität auf drei wichtigen Gebieten. Um die Universitäten untereinander wettbewerbsfähig und das Studium bei den Professoren für Studenten attraktiv
zu machen, hatte der universitäre Unterricht erstens neues und interessantes Material zu verarbeiten. Die sterile Vermittlung von in
der Vergangenheit aufgehäuftem Wissen und nur aus zweiter Hand
geschöpften Kenntnissen ist aus den deutschen Vorlesungssälen
und Seminaren des 19. Jahrhunderts so gut wie völlig verschwun-
den. Die Vorstellung, dass der Lehrer zugleich Forscher ist, ist seit-
dem ein wesentlicher Bestandteil dessen, was wir eine ›Universität‹ nennen, nämlich im Unterschied zu einem Forschungsinstitut
oder zu einem College, von denen jenes sich der Forschung, dieses sich der Lehre widmet, aber selten beidem zusammen. Oxford
und Cambridge hingegen, genauso Harvard, Yale und Princeton
wären ohne das Prinzip der Einheit von Forschung und Lehre un-
vorstellbar. Die Hochschullehrer geben sich Mühe, den Studenten
Wissen zu vermitteln, indem sie sowohl die kulturellen Zeugnisse
der Vergangenheit bewahren und deuten als auch die jüngsten Fortschritte und noch ungelösten Probleme auf ihrem Forschungsge-
biet begreiflich machen. Zugleich aber wollen sie durch ihr Tun, ihr
Wissen und ihre Kreativität Neues entdecken. Kurz, die Universität
fördert beides, sowohl die Wissensvermittlung als auch die Schaffung neuen Wissens, und ihre besten, am weitesten fortgeschrittenen Studenten motiviert sie nicht nur zur Wissensaufnahme, sondern begeistert sie auch für die Forschung. Das Forschungslabor
und das Forschungsseminar sind essenzielle Teile des Lehrauftrags,
den die Universität hat. Indem sie Forschung und Lehre integriert,
stärkt die Universität auch die Gemeinschaft zwischen Studenten
und Professoren.

Forscher als Lehrer zu haben, die einen mit dem modernsten
Wissen auf ihrem Gebiet, mit den Techniken und Leidenschaf-

ten ihres Tuns vertraut machen, ist das Ideal auch für den heutigen Studenten. Nicht nur bereichert die Forschung das studentische Lernen, die Lehre hilft auch der Forschung. Indem man sich als Professor den Studenten widmet, durch Vorlesung wie Seminar, ist man gezwungen, die Grundlagen des eigenen Fachs zu reflektieren, dabei nicht vor lauter Bäumen den Wald zu übersehen und den eigenen Gedanken eine prägnante Fassung zu geben. Der Philosoph und Pädagoge Friedrich Paulsen sagt es sehr bündig: »Wäre die Vorlesung nicht um der Studenten willen notwendig, so wäre sie es um der Docenten willen« (247). Die Lehre zwingt die Mitglieder des Lehrkörpers, sich verständlich auszudrücken. Wer zugänglich schreibt, von dem kann man durchaus sagen, dass er lehre, und die größten Lehrer sind oft die besten Stilisten. Es kommt hinzu, dass der Lehrer, der zugleich Forscher ist, den Vorteil hat, seine Ideen schon an einem größeren Publikum erprobt zu haben. Während die Ausformulierung neuen Wissens die Abschließung und Stille der Gelehrtenklause erfordern mag, fordern seine Entstehung und kritische Erprobung ganz sicher das Gespräch und die Diskussion unter gleichberechtigten Partnern.

Zweitens hat Deutschland den Gedanken der korporativen Autonomie der Universität geschärft: erstens in Gestalt der ›akademischen Selbstverwaltung‹, die sicherstellen soll, dass Entscheidungen von Personen getroffen werden, die dazu befähigt sind; sodann in Gestalt der ›Lehrfreiheit‹ der Professoren und der ›Lernfreiheit‹ für die Studenten. Deutschland hat die Lehrfreiheit erfunden. In den USA kennen wir sie als die ›academic freedom‹. Es ist das Recht des Wissenschaftlers, seinen Forschungsinteressen nachzugehen – in der Wahl des Forschungsgegenstands und darin, der Richtung zu folgen, in die ihn seine Forschungen führen –, die eigenen Ergebnisse nach Gutdünken zu verbreiten, aber auch, in seiner Eigenschaft als akademischer Lehrer, bei der Auswahl seines Lehrangebots weitgehend frei zu sein. Der Staat behielt sich die Finanzierung, die Kontrolle über einige berufsqualifizierende Abschlüsse und die letzte Entscheidung in Berufungsfragen vor. Die ›Lernfreiheit‹, eine deutsche Erfindung, legte wenig Wert auf Pflichtkurse, dafür umso mehr auf die studentische Freiheit, sich seine Kurse und Lehrer zu wählen, von einer Universität zur andern zu wechseln und selbständig, ohne Zwischenprüfungen, zu studieren. Zum Thema studentische Freiheit bemerkt Schleiermacher, »daß ein ganz neues Leben, daß ein höherer, der wahrhaft wissenschaftliche Geist, soll erregt werden«. Das könne nicht gelingen »im Zwang; sondern der Versuch kann nur angestellt werden in der Temperatur einer völligen Freiheit des Geistes« (110). An einer berühmt gewordenen Stelle äußert sich Wilhelm von Humboldt über Einsamkeit und Freiheit des deutschen Professors: »Da diese Anstalten ihren Zweck indess nur erreichen können, wenn jede, soviel als immer möglich, der reinen Idee der Wissenschaft gegenübersteht, so sind Einsamkeit und Freiheit die in ihrem Kreise vorwaltenden Principien« (4.255).

Einsamkeit und Freiheit wurden auch dem Studenten zuteil. Er sollte frei sein, bis zu den Abschlussprüfungen seinen eigenen Weg zu verfolgen: »Freiheit und Selbstthätigkeit« und damit verbunden die erwachende »Sehnsucht [...] zur Wissenschaft«, wovon er während der Schulzeit nur einen blassen Schimmer gehabt hatte, sollten den Studenten auf der Universität leiten (4.261). Die ›Lernfreiheit‹ stiftete daher »das primäre, Professoren und Studenten in sozialer Gleichheit vereinende, soziale Grundgesetz der Humboldtschen Universität« (Schelsky 92). Bis Mitte des 20. Jahrhunderts gab es daher außerhalb einer kleinen Anzahl von Fächern, der Medizin etwa, wenig Pflichtveranstaltungen. Die Idee dahinter war, dass die Studenten zur Selbstbestimmung zu erziehen seien. Mehr noch, die Seminarform stand unter der Leitidee, dass das Streben nach Wissen Professoren und Studenten gemeinsam beseelt und sie zu einem gemeinsamen Vorhaben vereinigt. Die Professoren, meint Humboldt, seien nicht allein dazu da, die Studenten anzuleiten, vielmehr seien die Studenten ihrerseits dazu da, den Professoren bei der Forschung zu helfen: »Es ist ferner eine Eigenthümlichkeit der höheren wissenschaftlichen Anstalten, dass sie die Wissenschaft immer als ein noch nicht ganz aufgelöstes Problem behandeln und daher immer im Forschen bleiben, da die Schule es nur mit fertigen und abgemachten Kenntnissen zu thun hat [...] Das Verhältnis zwischen Lehrer und Schüler wird daher durchaus ein anderes als vorher. Der erstere ist nicht für die letzteren, beide sind für die Wissenschaft da« (4.256).

Drittens waren für das von den Vertretern des deutschen Idealismus in den Vordergrund gestellte Bildungskonzept geistige Regsamkeit, schöpferischer Geist und der Wert des Individuums absolut zentral. Kein Hochschulunterricht, der diesen Namen verdient, kann sich in ›Ausbildung‹ erschöpfen, er muss ›Bildung‹ einschließen. Bildung durch Wissenschaft war freilich auf studentische Eigeninitiative angewiesen, und diese zielte auch auf die Erziehung und Kultivierung des Selbst. Nicht bloß auf Gelehrsamkeit oder auf gute Berufsaussichten kam es der Pädagogik des deutschen Idealismus an, sondern auf die Persönlichkeitsentwicklung. In den geisteswissenschaftlichen Disziplinen etwa erwirbt der Student nicht nur Wissen über die betreffenden Gegenstände, er lernt auch von ihnen. Dass er sich kognitiv im weitesten Sinn des Wortes auf die Welt einlässt, auf die Welt, wie sie ist, und auf die Welt, wie sie sein soll, das galt als zentral für die Idee des gebildeten Menschen, wie sie von den Idealisten und den Romantikern verstanden wurde. Obgleich der Universitätsalltag die wissenschaftliche Forschung seit Langem über das Ideal der Bildung einer allseitigen Persönlichkeit gestellt hat, leuchtet die normativ gehaltvolle Absage an eine Reduktion von Bildung auf Ausbildung nach wie vor ein.

Die institutionelle und intellektuelle Überlegenheit der deutschen Universitäten im Zeitraum zwischen dem frühen 19. Jahrhundert und der Weimarer Republik war allgemein anerkannt. Von 1901 bis 1932 erhielt Deutschland fünfunddreißigmal den Nobelpreis auf naturwissenschaftlichem Gebiet. Danach kamen Großbritannien mit 18 Preisträgern, Frankreich mit 13, die USA mit sieben und die Niederlande mit sechs. Zu Anfang des 20. Jahrhunderts gab es gewiss manche bedenkliche Entwicklung, etwa die ersten Anzeichen der Massenuniversität und eine Tendenz, die Forschung aus der Universität hinauszuverlegen (Ash 46), doch behaupteten die deutschen Universitäten noch immer ihre führende Stellung.

Deutschland fällt zurück

Mit der Zerstörung und Selbstzerstörung der deutschen Universitäten während der Nazizeit und mit den Erschütterungen verschiedener Art seit dem Ende des Zweiten Weltkriegs, darunter die Ausweitung der Studentenzahlen ohne ausgleichende Investitionen, verlor Deutschland seine Spitzenposition, die in den Augen der meisten Beobachter heute an die US-amerikanischen Universitäten übergegangen ist. Diese wurden in der Nachkriegszeit radikal modernisiert und profitierten in der Anfangsphase ihres Aufstiegs zudem von der Anwesenheit vieler Emigranten aus Deutschland.

Die Nazizeit bedeutete unter etlichen Gesichtspunkten für die deutschen Universitäten den Ruin. Geistfeindliche Schandtaten, wie die studentische Bücherverbrennung 1933, sind weltweit ein Symbol der Zerstörung des geistigen Lebens geblieben. Viele Mitglieder des Lehrkörpers, die dablieben und entweder Kompromisse eingingen oder, wenn auch nur zeitweilig, das System begeistert unterstützten, verloren ihre wissenschaftliche Glaubwürdigkeit. Die Universitäten wurden nicht nur gleichgeschaltet, sie schalteten sich selbst gleich. Während der Nazizeit isolierten sich die deutschen Gelehrten zudem von der internationalen Gemeinschaft.

Wohl am folgenreichsten und nicht ohne Einfluss auf den Aufstieg der amerikanischen Universität war der Verlust so vieler bedeutender Wissenschaftler, die freiwillig oder gezwungenermaßen die deutschen Universitäten verließen. Der Verlust an jüdischen Gelehrten und Wissenschaftlern sowie an Systemgegnern war enorm. Etwa ein Viertel der Physiker von vor 1933 und zwanzig gegenwärtige oder zukünftige Nobelpreisträger, darunter elf in Physik, wurden vertrieben (Beyerchen 47). Das Verzeichnis der Geistes- und Sozialwissenschaftler, die aus Deutschland fliehen mussten oder zu verschiedenen Zeitpunkten aus ihren Universitätsämtern entlassen wurden, liest sich wie ein *Who's Who* der modernen deutschen Geistesgeschichte: Theodor W. Adorno, Hannah Arendt, Rudolf Arnheim, Erich Auerbach, Walter Benjamin, Ernst Bloch, Martin Buber, Rudolf Carnap, Ernst Cassirer, Erik Erikson, Sigmund Freud, Erich Fromm, Max Horkheimer, Karl Jaspers, Hans Jonas, Erich v. Kahler, Siegried Kracauer, Paul Oskar Kristeller, Karl Löwith, Karl Mannheim, Herbert Marcuse, Erwin Panofsky, Leo Spitzer, Leo Strauss,

Paul Tillich und Alfred Weber. Und nicht nur die Gelehrten dieser Generation, auch viele Kinder der Emigranten, die sich in den USA niedergelassen hatten, machten ihrerseits wieder glänzende akademische Karrieren. Von diesen Kindern war es fünfzehnmal wahrscheinlicher, dass sie im *Who's Who* stehen würden, als von einem Durchschnittsamerikaner. Mindestens vier von ihnen, Eric Kandel, Walter Kohn, Arno Penzias und Jack Steinberger, sind nobelpreisgekrönte Naturwissenschaftler (Sonnert und Holton 2–3 und 66). Manche dieser Emigrantenkinder, Henry Kissinger z. B., aber auch die bedeutenden Ideenhistoriker Peter Gay und Fritz Stern, sind der gebildeten Öffentlichkeit auf beiden Seiten des Atlantiks bekannt. In diese Gruppe gehört auch der Verfasser eines der besten Bücher über das amerikanische Hochschulwesen, Henry Rosovsky, früher Dean von *Arts and Sciences* an der Harvard Universität.

Als Deutschland sich nach dem Krieg an den Wiederaufbau seiner Universitäten machte, sah es sich vielen Herausforderungen gegenüber. Die schwerste war der Anstieg der Studentenzahlen seit den sechziger Jahren. 1950 studierten nur 4 % eines Jahrgangs. Bis 1960 waren es 8 %, bis 1970 15 %, bis 1980 20 %, bis 1995 27 %, bis 2005 37 %, bis 2010 45 % und bis 2011 51 % (Heinzel 26; und *Bildung und Forschung* 50). Das ist eine gewaltige Steigerung. Auch die Errichtung neuer Universitäten und die Schaffung neuer Stellen konnten mit dem Anstieg der Studentenzahlen nicht Schritt halten. Die Immatrikulationszahlen waren von 1840 bis etwa 1870 so ziemlich gleich geblieben. Dann erhöhten sie sich leicht bis zum Ersten Weltkrieg und danach wieder während der Zwischenkriegszeit. Doch die Expansion in den Jahrzehnten nach dem Zweiten Weltkrieg hat die Verhältnisse grundlegend verändert. Während es 1860/61 bezogen auf 10.000 Einwohner 3,3 Studenten gab, waren es 1925/26 9,6, und bis 1980/81 stieg die Zahl auf 95,3 (Ellwein 335–36). 1875/76 kam in Tübingen ein Professor auf 14 Studenten, in Bonn sogar auf nur 9 Studenten. 1980/81 waren es in Tübingen hingegen 94 Studenten und in Bonn 117 (Ellwein 338–39).

So drastische quantitative Veränderungen können nicht ohne Folgen für die Qualität bleiben. Die traditionelle deutsche Universität war dazu bestimmt, wissenschaftliche Eliten heranzuziehen. Das inzwischen entstandene Missverhältnis zwischen der Zahl der Professoren und der der Studenten sowie das Hineinfluten leistungsschwächerer und geringer motivierter Studenten sind groteske Erscheinungen. Man könnte darüber lachen, wären die Folgen nicht so ernst. Deutsche Professoren beklagen diese Situation häufig, aber so weit von ihrem Professor entfernt, wie die Studierenden es in der Regel sind, sind sie im Durchschnitt ja genauso übel dran. Eine damit zusammenhängende Herausforderung, die sich aus der Größe, dem Verwaltungsaufwand, aufwendigeren Verfahrensvorschriften und dem erhöhten internationalen Wettbewerbsdruck ergab, war die steigende Komplexität der modernen Universität. Das erhöhte den Druck, Gelder zu beschaffen, und die Notwendigkeit, Werbung zu machen. Die relativ kleine Zahl der Professoren wurde so mit drückenden Pflichten immer mehr überhäuft. All das führte zu einer Schwächung der Forschung, zu einer Verringerung der dem einzelnen Studenten zuteilwerdenden Aufmerksamkeit und zu einer Abwanderung der Professoren ins Ausland.

Die anhaltende Größe der deutschen Universität

Manches Großartige hat sich trotzdem erhalten. Dazu gehört, dass das geistige Vermächtnis der deutschen Idealisten und Humboldts sicherstellt, dass auch das heutige Deutschland darum weiß, was eine Universität sein sollte. Gerade von Humboldts Wirkung lässt sich behaupten, dass sie im 20. Jahrhundert größer gewesen ist als zu seiner eigenen Zeit (Paletschek). So weit auf etlichen Gebieten die Lücke zwischen Anspruch und Wirklichkeit auch klafft, bleibt an der deutschen Universität doch vieles sehr anziehend oder ist dies zumindest bis vor Kurzem geblieben. Bevor ich mich der amerikanischen Universität und der Frage zuwende, ob sie Deutschland nicht einiges zu sagen hätte, möchte ich die anhaltende Größe und die Zukunftsfähigkeit der deutschen Universität nachdrücklich betonen.

Selbständigkeit und Flexibilität, die seit jeher Merkmale studentischer Existenz in Deutschland waren, haben infolge des Bologna-Prozesses gelitten, der auf einen Beschluss europäischer Abgeordneter im Jahr 1999 zurückgeht (*Der Europäische Hochschulraum*). Beide Qualitäten müssten, bis zu einem bestimmten Punkt zumindest, wiedergewonnen werden. Deutsche Studenten hatten die

Freiheit, sich geistigen Fragen gleichsam organisch zu widmen, auf ganz andere Weise mithin, als dies die Schülermentalität an den meisten amerikanischen Universitäten ermöglicht, wo viele Hausaufgaben verteilt werden, die den Studenten nicht immer dabei behilflich sind, sich in ein Thema um seiner selbst willen zu vertiefen oder aus eigenem Antrieb die weiterführenden Fragen, die sich aus dem Studium ergeben, zu verfolgen. Die besten deutschen Studenten haben sich dank dieser Selbständigkeit als motiviert und eigenverantwortlich erwiesen. Selbsterziehung setzt nun einmal Freiheit voraus. Früher konnten deutsche Studenten ungehindert von einer Universität zur andern wechseln, indem sie sich dafür entschieden, ein Semester lang bei diesem oder jenem Wissenschaftler zu verbringen, bevor sie an ihre Heimatuniversität zurückkehrten oder an eine dritte Universität weiterzogen. Gewiss, ein Ziel des Bologna-Prozesses war die Erhöhung der Mobilität über Ländergrenzen hinweg (*Der europäische Hochschulraum*), aber wie viel davon in den kommenden Jahren sich verwirklichen wird, ist eine offene Frage. Nicht wenige Studenten klagen ja über Probleme bei der Anrechnung von Studienleistungen, wenn sie andernorts studiert haben. Während die stärkere Ausrichtung an Überblickskursen im Grundstudium eine Verbesserung darstellt, müssen doch Mittel und Wege gefunden werden, um zumindest etwas von der Selbständigkeit zu bewahren, die das frühere deutsche System beseelte. Sonst werden viele deutsche Universitäten geistig auf Fachhochschulen reduziert und um das gebracht werden, was sie gerade auszeichnet. Die Rückkehr zu diesem Erbe, einst Zeichen ihrer Größe, wird einiger Anstrengung bedürfen. In einer Umfrage unter Studenten von 2012 rangierten »Selbständigkeit in der Studiengestaltung« und »eigenes Engagement« sehr weit unten (Woisch et al. 17).

Obwohl amerikanische Studenten als *undergraduates* ein breiter angelegtes Grundstudium absolvieren, gilt ihr Graduiertenstudium in der Regel nur einem Fach.[3] Dagegen haben deutsche Studenten

---

3 ›Undergraduates‹ sind Studenten, die entweder einen ›associate degree‹ erwerben wollen (dieser wird nach zweijährigem Studium an Community Colleges verliehen) oder den Bachelor (der BA oder BS wird nach vier Jahren Studium verliehen), wohingegen ›graduate students‹ einen höheren Abschluss in *Arts and Sciences* oder Ingenieurwissenschaften anstreben (MA, MS oder PhD). ›Professional students‹, die ebenso wie die ›graduate students‹ bereits

auch nach dem Grundstudium traditionell ein zweites Hauptfach oder zwei Nebenfächer studiert, was entsprechend qualifizierten Akademikern einen viel breiteren geistigen Horizont gab. Sogar nach der Promotion setzte sich dies fort. Die Habilitation verlangt von jedem Professor, noch eine zweite Qualifikationsschrift auf einem von der Thematik der ersten verschiedenen Gebiet geschrieben zu haben. Als Literaturwissenschaftler z. b. muss man sich typischerweise noch mit einer anderen Epoche und einer anderen literarischen Gattung befasst haben.

Auch die wissenschaftliche Gründlichkeit des deutschen Gelehrten, mit seiner Beherrschung mehrerer Fremdsprachen, seinem intellektuellen Horizont und häufig sehr hohen Maßstäben, sollte nie verloren gehen. Nicht alle Professoren in den USA, auch nicht an den guten Universitäten, können, wie in Deutschland, mit mindestens zwei Büchern aufwarten. Noch ein Beispiel: Auf eine Theologieprofessur in Deutschland würde niemand berufen werden, der nicht des Hebräischen und des Griechischen kundig ist. In den USA kann man auch ohne das einen Lehrstuhl in Theologie erhalten, indem man sich auf Ethik oder Systematik spezialisiert. Deutschland hat schlicht und einfach den überlegenen akademischen Standard, und von seinen Professoren wird im Allgemeinen erwartet, dass sie ihr jeweiliges Fach in seiner ganzen Breite vertreten können. Das hat zum Teil auch etwas mit der Größe der Fachbereiche zu tun. In großen amerikanischen Fachbereichen findet man eine Spezialisierung, die in Deutschland einfach nicht möglich wäre.

Die große Wertschätzung, die in Deutschland selbständiger Forschung und hoher Qualität entgegengebracht wird, zeigt sich schon bei der Promotion. Die deutschen Akademiker, die Mediziner aus-

---

einen BA oder BS gemacht haben, studieren in berufsbezogenen Fakultäten auf einen höheren Abschluss hin, am häufigsten Betriebswirtschaftslehre, Jura und Medizin, aber auch etwa Erziehungswissenschaft und Internationale Beziehungen. An einigen Universitäten deckt der Ausdruck ›graduate student‹ sowohl die *Arts and Sciences* als auch die berufsbezogenen Fakultäten ab. Da die Unterscheidung zwischen ›undergraduate‹ und ›graduate‹ im Deutschen kein Äquivalent hat, tauchen die Ausdrücke sogar in offiziellen deutschen Dokumenten des Bologna-Abkommens auf. Denn für diese Reformen ist der Unterschied zwischen ›undergraduate‹ und ›graduate‹ wesentlich (*Der Europäische Hochschulraum*).

genommen, bei denen die Dissertation nicht übermäßig anspruchs-voll zu sein pflegt, reden von einer »Promotionsphase« oder von der »ersten Phase der Berufstätigkeit«. Doktoranden werden schon wie jüngere Kollegen behandelt. Das stärkt und ermutigt sie in ihrer Selbständigkeit und gewissermaßen auch in der Auffassung ihrer Berufspflichten. Amerikanische Professoren dagegen sprechen von »*doctoral students*«. Damit hängt zusammen, dass das Jura- und Medizinstudium in Deutschland auf die Anfertigung einer Doktor-arbeit angelegt ist, während in den USA in diesen Fächern auf der Basis von Studienleistungen und Prüfungen die Doktorwürde ver-liehen wird.

In Deutschland ist die Freiheit von Forschung und Lehre im Grundgesetz verankert (Art. 5 Abs. 3 GG). Das stärkt die Universi-tät. Auch die Verbeamtung des deutschen Professors ist ein Zeichen der öffentlichen Anerkennung. In der Tat spiegelt sie das Sozial-prestige des Professors und die in der deutschen Gesellschaft über-haupt größere Bedeutung des geistigen Lebens wider. Statusabhän-gig, aber im Durchschnitt doch besser als die ihrer amerikanischen Kollegen, ist die institutionelle Ausstattung der deutschen Profes-soren. Jeder Lehrstuhl hat seine Sekretärin, oder einige wenige Kol-legen teilen sich eine. Erfolgreiche Professoren sind von Scharen talentierter Assistenten und Studenten umgeben. Akademische Freiheit und Unkündbarkeit spielen in den USA eine vergleichbare Rolle, aber es entspricht dem kulturellen Unterschied zwischen bei-den Ländern, dass die Amerikaner beides mehr aus Gewohnheit und auf dem Weg freiwilliger Selbstregulierung hochhalten, wäh-rend es in Deutschland verfassungsgesetzlich gewährleistet wird.

Ein weiterer Vorteil des deutschen Systems war, dass Seminare sich häufig äußerst speziellen Themen widmeten, die es den Studen-ten erlaubten, außerordentlich viel über bestimmte Forschungsge-biete zu lernen, und zwar so, dass es ihrer eigenen künftigen wissen-schaftlichen Praxis zum Vorbild gereichen konnte. In den USA wäre es nichts Ungewöhnliches, im Grundstudium einen einsemestrigen Kurs in neuzeitlicher Philosophie mit den großen Werken von Ba-con, Descartes, Hobbes, Spinoza, Locke, Leibniz, Berkeley, Hume und Kant zu belegen. Ich selber habe einen solchen Kurs am Wil-liams College absolviert. Während meines ersten Semesters in Tü-bingen habe ich dagegen an einem Seminar teilgenommen, in dem wir weniger als 100 Seiten von Hegels *Wissenschaft der Logik* schafften. Nur in diesem Kurs habe ich aber einen Text wirklich zu lesen gelernt.

Wir wissen, dass Studenten mehr lernen, wenn sie in dem Lernprozess aktiv sind. Gleichwohl behauptet eine hervorragende Vorlesung ihr gutes Recht, und in Deutschland wird mehr als in den meisten Ländern die gute Vorlesung geschätzt, zu welcher die Studenten in Massen strömen, insbesondere auch aus anderen Fächern. Die deutsche Gepflogenheit, eine fachfremde Vorlesung zu besuchen, einfach, um einen bestimmten Gegenstand dargelegt zu bekommen oder einen großen Lehrer zu hören, ganz ohne Rücksicht auf den Scheinerwerb, ist in den USA nie verbreitet gewesen. Vorlesungen können lehrökonomisch effizient sein. Zahlenmäßig große Gruppen von Studenten können bedeutende Denker und charismatische Persönlichkeiten erleben und sich über den Stand der Wissenschaft in anderen Fächern orientieren, wobei aktive Zuhörer viel lernen können.

Die Campuskultur ist in Deutschland zwar schwächer, aber dafür ist die Verbindung von Stadt und Universität in der Regel ausgeprägter als in Amerika, wo Colleges häufig zur Abschottung neigen. Der Campus sollte so etwas wie eine Oase sein, die einen Schnitt zum städtischen Leben hin markiert. Die Einstellung dazu hat sich in den letzten Jahren zwar zugunsten von mehr bürgerschaftlichem Engagement gewandelt, dennoch ist die Verbindung von akademischem und städtischem Leben in Deutschland in der Regel stärker, erst recht an den besonders traditionsreichen Universitäten.

Im Unterschied zu den meisten Ländern besitzt Deutschland eine große Zahl sehr guter Universitäten, was dem Studenten die Qual der Wahl bereitet. Auch an kleineren Universitäten, die weniger im Rampenlicht stehen, findet man erstrangige Professoren, Leute, die ohne Weiteres in Oxford oder Cambridge, Princeton oder Stanford unterrichten könnten.

Während in den USA Internationalisierung häufig damit gleichgesetzt wird, dass man amerikanische Studenten ins Ausland schickt und nichtamerikanische Studenten bei sich immatrikuliert, hat man in Deutschland einen viel ambitionierteren Begriff von der Sache, indem man sich für den Akademikeraustausch und gemeinsame Studiengänge einsetzt. Die finanzielle Ausstattung des Deutschen

Akademischen Austauschdiensts (DAAD) und der Humboldtstiftung sucht in der Welt ihresgleichen. Guter Wille und positive Wirkungen bleiben infolgedessen nicht aus. Die Marketing-Initiative GATE-Germany kurbelte die Immatrikulationszahlen aus dem Ausland an. Zusätzlich eröffnete Deutschland Verbindungsstellen zur Stärkung der wissenschaftlichen Zusammenarbeit in Metropolen wie Moskau, Neu-Delhi, New York, São Paulo und Tokio. Trotzdem engagieren sich viele Universitäten noch zusätzlich aus eigenen Mitteln innovativ für die Internationalisierung. Beispielsweise ermöglicht es die RWTH Aachen, dass amerikanische Undergraduate-Studenten in Laboratorien Seite an Seite mit Doktoranden arbeiten.

Aufgrund der an den deutschen Universitäten sowohl für Professoren als auch für Studenten größeren Selbstbestimmung, aufgrund eines Systems verhältnismäßig weniger äußerer Anreize und nicht zuletzt aufgrund der traditionellen Höherschätzung der reinen gegenüber der angewandten Wissenschaft ist der Sinn für intrinsische Werte an den deutschen Universitäten wohl stärker entwickelt. Wie Schelsky mit Rekurs auf Kategorien des Soziologen David Riesman bemerkt, ist der deutsche Professor eher »innengeleitet«, d. h. eher von Grundsätzen und Ideen in seinem Handeln bestimmt als durch die äußere Situation (79–81). Tatsächlich ist der deutsche Professor auch heute noch weniger außengeleitet und mehr intrinsisch motiviert und unabhängig. Das ist schon an und für sich von Vorteil. Während er Status und Unabhängigkeit hat und dabei in der Tradition des deutschen Ideals steht, demzufolge die Forscherexistenz eine Berufung, ja etwas Charismatisches ist, ist der amerikanische Professor eher ein Angestellter, der oft genug den Studenten zu gefallen sucht oder sich danach richtet, was die Zunft oder die Geldgeber von ihm erwarten, d. h. er ist häufiger außengeleitet.

All dies sind nur einige wenige Beispiele zur Veranschaulichung, worin Deutschlands große Tradition besteht, die unbedingt beibehalten und an die auch in Zukunft angeschlossen werden muss.

2. Die Entstehung der amerikanischen Universität

Die amerikanischen Universitäten haben von ihren europäischen Vorgängerinnen und vielfach gerade von deutschen Vorbildern stark profitiert. Erstens leitet sich die große Zahl katholischer Universitäten in den USA, nämlich ungefähr 230, von dem älteren europäischen Vorbild eines ganzheitlichen Studiums her, das religiös und theologisch bestimmt wurde. Zweitens war die Schaffung des *liberal arts college*, einer sehr amerikanischen Angelegenheit, zu welcher die meisten amerikanischen Colleges der Frühphase ihren Anteil beigesteuert haben und in welcher noch heute ein enormer Teil von Amerikas Führungsschicht erzogen wird, historisch zuerst von der mittelalterlichen Vorstellung bestimmt, dass die freien Künste auf das weitere Studium vorbereiten, dann von der Tradition des universitären Zusammenlebens der britischen Colleges – mit Wohnungen auf dem Campus –, und in der Zeit vor dem Sezes-sionskrieg waren die Colleges von der schottischen *common-sense*-Philosophie beeinflusst sowie im späteren 19. Jahrhundert von Humboldts Bildungsgedanken – mit seiner Betonung des Zusammenhangs zwischen Erkenntnis und Charakter, zwischen ›objektiver Wissenschaft‹ und ›subjektiver Bildung‹ (4.255) – und sogar von einigen der integrierenden Motive des deutschen Idealismus. Noch heute ist das Ideal das einer Persönlichkeit mit Allgemeinbildung, die sich sowohl Charakter- als auch Verstandestugenden erworben hat. Vor allem jedoch ist die amerikanische Forschungsuniversität sehr stark von dem deutschen Vorbild geprägt. Vier Jahre, nachdem Harvard seine ersten Graduiertenprogramme aufgelegt hatte, wurde 1876 die Johns Hopkins University als eine amerikanische Version der deutschen Forschungsuniversität gegründet. Etliche Professoren hatten ihren Abschluss an deutschen Universitäten gemacht, so dass man Johns Hopkins bisweilen auch das amerikanische Göttingen nannte (Röhrs 80 u. 83). Es ist eine Ironie der Geschichte (und vielleicht eine List der Vernunft), dass im Lauf der Zeit Einflüsse von einem Kontinent zum andern hin- und hergehen.

Der Aufstieg des amerikanischen Universitätswesens verhält sich fast spiegelverkehrt zum deutschen. Viele amerikanische Universitäten sind relativ bescheidene Gründungen des 17. und 18. Jahrhunderts. Die zwei wichtigsten Etappen in der Entwicklung des amerikanischen Universitätswesens lagen, kann man sagen, gegen Ende des 19. Jahrhunderts, als das Modell der Forschungsuniversität aus Deutschland eingeführt wurde, und in der Zeit ab dem Zweiten Weltkrieg, als die deutschen Emigranten ankamen und die Universitäten erheblich ausgebaut wurden.

Amerikas Colleges der Kolonialzeit waren konfessionelle Gründungen: Harvard wurde von den Puritanern gegründet, Yale von den Kongregationalisten, Princeton von den Presbyterianern, Columbia von den Anglikanern, Brown von den Baptisten. Bei keiner von ihnen war der Zugang allerdings konfessionell beschränkt, und bei allen lag der Schwerpunkt zunächst auf der Lehre. Der Lehrplan war in erster Linie auf den geistlichen Nachwuchs abgestimmt, ferner auf eine bürgerliche Führungsschicht, die für das neue Amerika Maßstäbe setzen sollte. Der Unterricht konzentrierte sich auf die alten Sprachen und auf Mathematik, mit geringerer Betonung von Geschichte, Naturwissenschaften und Moralphilosophie. Auswendiglernen und mechanisches Aufsagen waren üblich. Von Anbeginn fehlte es indessen auch nicht an anderen Ansätzen: Benjamin Franklin gründete die University of Pennsylvania mit dem Ziel, nicht die Geistlichkeit heranzubilden, sondern Leute, die etwas von Naturwissenschaften und praktischen Dingen verstünden, inklusive Agrikultur und Wirtschaft. Wie in Deutschland sind auch in Amerika einige der bedeutendsten Universitäten spätere Gründungen. Chicago, Duke und Stanford beispielsweise wurden im 19. Jahrhundert gegründet. Fast das ganze 19. Jahrhundert über blieb die Lehre an so gut wie allen amerikanischen Universitäten die Hauptsache. Das wissenschaftliche Niveau, sofern man davon sprechen kann, war bescheiden, und das Curriculum blieb noch auf die alten Sprachen fixiert, als Deutschland schon längst über dieses Modell hinaus war. Die beiden wichtigsten Faktoren des Wandels gegen Ende des Jahrhunderts waren die Erfahrung, die amerikanische Wissenschaftler mit deutschen Universitäten gemacht hatten, und die Tüchtigkeit fähiger Collegepräsidenten, eine Änderung des Systems ins Auge zu fassen und auch umzusetzen.

Das 19. Jahrhundert hindurch kennzeichneten Mittelmäßigkeit und fehlende Wissenschaftlichkeit auch die staatlichen Universitäten. Dass es Bundesmittel für Universitäten gibt, ist im Wesentlichen eine Erfindung aus der Zeit nach dem Zweiten Weltkrieg, da die staatlichen Universitäten ja von den Einzelstaaten unterhalten werden. Es gibt allerdings eine bedeutende, ja geradezu entscheidende Rolle, die von der Bundesregierung schon im 19. Jahrhundert übernommen wurde. Der Morrill Land Grant College Act von 1862, der während des Sezessionskriegs durch den Kongress ging und von Abraham Lincoln zum Gesetz erhoben wurde, bewilligte den Einzelstaaten Land aus Bundeseigentum. Dieses Land sollten sie, so die Absicht, ihrerseits verkaufen, und zwar mit der Maßgabe, den Erlös dafür zu nutzen, öffentliche Colleges und Universitäten zu errichten, um so die Allgemeinbildung wie die Fachausbildung zu fördern, sowie zur Erforschung und praktischen Förderung der Landwirtschaft (Thelin 75–79). Die darauf folgende Bundesgesetzgebung dehnte diese Förderprogramme auch auf einen Personenkreis außerhalb des College aus. Das Ziel war, die Versorgung mit gut ausgebildeten Ingenieuren und Farmern sicherzustellen und der Lehraufgabe der Colleges eine öffentliche Dienstleistungsfunktion hinzuzufügen. Von diesen Universitäten gibt es etwa siebzig, darunter zählen manche, wie Cornell, California, Wisconsin und Illinois, zur Oberliga der amerikanischen Forschungsuniversitäten. Wenngleich die frühesten staatlichen Universitäten schon eher gegründet worden waren, etwa die University of North Carolina 1789 und die University of Virginia 1819, hat diese Gesetzgebung doch gewaltig zur Entstehung der amerikanischen Forschungsuniversitäten beigetragen, besonders eben derjenigen in staatlicher Hand.

Die Amerikanisierung des deutschen Modells

Zwei weitere Entwicklungen im 19. Jahrhundert schärften das Eigenprofil des amerikanischen Hochschulwesens. Erstens wurde der BA allmählich die Voraussetzung für eine Aufnahme des Rechts- und des Medizinstudiums sowie für weitere Berufsfelder. Das erhöhte sein Ansehen. Noch Ende der sechziger Jahre des 19. Jahrhunderts hatte die Mehrheit der Jura- und Medizinstudenten in Harvard keinen Bachelor. Erst 1900 wurde er an der Harvard Medical School zur Zulassungsvoraussetzung. Unter dem neuen System hatten die Studenten vier Jahre auf das Grundstudium (*liberal education*) zu verwenden. Zweitens, und damit zusammenhängend, bildete sich

im amerikanischen Hochschulwesen ein Zweiphasenmodell heraus: eine erste Phase mit breit angelegtem Studium und beträchtlicher Flexibilität, die zum BA führt, und anschließend, für einige
Studenten, eine Phase des Graduiertenstudiums in der alten philosophischen Fakultät (*arts and sciences*) oder in den höheren, berufsbezogenen Fakultäten (*professional schools*). Amerika hat zwar das
deutsche Modell der Universität, mit seiner Wertschätzung der Forschung und der Studierenden im Aufbaustudium, übernommen,
dies aber unter der Bedingung einer strikten Trennung zwischen
undergraduate und *graduate*, wie sie dem deutschen System fremd
war (Turner und Bernard).

So gut wie alle führenden Universitätspräsidenten im ausgehenden 19. Jahrhundert hatten in Deutschland studiert (Lucas 177).
Schon in den fünfziger Jahren wurde das deutsche Modell eifrig
erörtert, und ab den siebziger Jahren fing man an, es nachzuah-
men. Harvard führte 1872 die Promotion ein. Bald darauf verwan-
delten sich eine Reihe eigentlich klassischer Colleges (*liberal arts
colleges*) in Universitäten. Die vier Jahre später gegründete Johns
Hopkins University, die eigens für die Forschung und das Graduiertenstudium bestimmt wurde, erwarb sich schnell einen bemerkenswerten Ruf und Einfluss. Nicht nur, dass dort viele der zu ihrer Zeit bedeutenden Wissenschaftler und Politiker studierten, Jahr
um Jahr entstanden dort bedeutende Gelehrtengesellschaften, deren jede ihr eigenes wissenschaftliches Organ hat: die *Modern Lan-
guage Association* (1883), die *American Historical Association* (1884)
und die *American Economic Association* (1885). Bis heute spielen sie
im akademischen Leben Amerikas eine wichtige Rolle. Ebenfalls
mit dem deutschen Modell im Kopf wurden im Anschluss an Johns
Hopkins die Clark University und die University of Chicago zum
Zwecke des Graduiertenstudiums gegründet. Charles William Eliot,
der Studienreformer in Harvard, und der Gründungspräsident der
Clark University, G. Stanley Hall, hatten beide zeitweilig an deutschen Universitäten studiert (Rüegg 3.169).

Das deutsche Modell wurde schnell amerikanisiert. Derselbe Professor, der graduierte Studenten unterrichtete und Forschung betrieb, versorgte auch das Bachelorstudium, und zwar einschließlich
solcher Studenten, die nicht die Absicht hatten, in dem betreffenden Gebiet ein Hauptfach oder Nebenfach zu wählen. Das britische

Modell des akademischen Zusammenlebens wurde mit dem deutschen Modell der herausgehobenen Stellung der Professoren und des Vorrangs der philosophischen Fakultät verknüpft. So finden sich in Amerika bis heute Wohnheime, Studentenvereinigungen, Sportmannschaften, akademische Klubs, Beratungszentren und dergleichen mehr. *Während die Universitäten in den USA und Deutschland Ähnlichkeiten haben, besonders auf dem Graduiertenniveau, kennt Deutschland kaum etwas dem amerikanischen College Vergleichbares. Dabei ist gerade dieses bei den Ehemaligen die Hauptquelle dankbarer Erinnerung.* Mit dem Begriff ›College‹ kann sowohl auf eine eigene Einrichtung Bezug genommen sein, etwa auf das kleine *liberal arts college* oder auf den *undergraduate*-Kernstudiengang *arts and sciences* an einer Universität. An den besten amerikanischen Colleges sind bis heute Elemente von Humboldts Programm lebendig, d. h. forschendes Lernen und Persönlichkeitsentwicklung. Auch in den USA müssen sich die großen Universitäten sehr anstrengen, um etwas von der alten Collegeatmosphäre zu bewahren, aber vielen gelingt das auch, besonders den kleineren privaten Universitäten und denjenigen staatlichen Universitäten, die ein *honors college* für besonders begabte Studenten innerhalb der Universität anbieten.

Außerdem entwickelte sich zwischen den amerikanischen Universitäten, den privaten zumal, ein gewaltiges Konkurrenzdenken, das dem deutschen Klima fremd war, wie übrigens auch sonst den weitaus meisten staatlichen Universitäten auf der Welt. Die Entwicklung des Forschungsideals regte den Wettbewerb zwischen den Professoren an, und die im *undergraduate*-Studium gemachte Erfahrung regte das Konkurrieren um Studenten an, deren Studiengebühren und deren zukünftige Spendenbereitschaft es den Professoren überhaupt erst ermöglichten, ihrem Forschungsehrgeiz nachzugehen. Zu Beginn einer akademischen Karriere pflegte man häufig von einer Institution zur andern zu wechseln. Denn es war eher unüblich, eigene Absolventen als Assistenzprofessoren einzustellen. Vielmehr konkurrierten die Universitäten sowohl um die besten promovierten Absolventen als auch um die Besten unter den schon arrivierten Wissenschaftlern. Wie sie dabei abschnitten, danach richtete sich ihr Ruf. Die Clark University etwa hat sich nie davon erholt, dass die University of Chicago in den frühen neunziger

Jahren des 19. Jahrhunderts ihr nahezu den gesamten Lehrkörper abwarb (Hall 295–98). Dass man sich als Professor in verschiedenen Institutionen umgesehen hat, in privaten wie in staatlichen, hat sicherlich zu der Flexibilität beigetragen, die ein Teil des amerikanischen Ethos geworden ist. Während in Deutschland sich akademisch alles um die Lehrstuhlinhaber drehte, kultivierte das amerikanische Modell das *department,* den Fachbereich. Das förderte den geistigen Austausch und die Zusammenarbeit. Außerdem erleichterte es die Einführung von Neuerungen. Deutschland punktete dadurch, dass es die Wissenschaft eher von dem überragenden Einzelnen abhängig machte. Durch Innovationsbedarf, Zusammenarbeit und ein für den wissenschaftlichen Nachwuchs günstigeres Klima gewannen die amerikanischen Universitäten einen Vorteil. Auch das eher demokratische Ethos und die persönlichere Atmosphäre an den amerikanischen Universitäten, verstärkt durch das System der Studiengebühren, hatte zur Folge, dass die Studenten mit größerer Wahrscheinlichkeit Fragen stellten, anstatt dass sie einfach nur zuhörten. Das verbesserte die Umstände, unter denen gelehrt und gelernt wurde.

Ferner bestand aus Sicht des amerikanischen Pragmatismus durchaus kein großer Gegensatz zwischen Grundlagenforschung und angewandter Wissenschaft. Er hat ziemlich schnell die Verbindung zwischen der theoretischen Medizin und der klinischen Arbeit in den Universitätskliniken hergestellt und für eine ähnliche Anwendungsorientierung im Landwirtschafts-, Ingenieurs- und Erziehungswesen gesorgt. Während die deutschen Universitäten das Ingenieurfach auf Abstand hielten (die Technischen Hochschulen erhielten erst 1899 den Namen Universität) und erst in den sechziger Jahren des 20. Jahrhunderts sich für anwendungsbezogene Fächer wie Landwirtschaft, Betriebswirtschaft und Sozialarbeit öffneten (Ben-David, *Centers* 48), haben die amerikanischen Universitäten bereitwillig Grundlagenforschung und angewandte Wissenschaft integriert. *So leidenschaftlich Amerikas Akademiker auch für die Übernahme des deutschen Modells plädierten, so ist die Idee spezialisierter Forschung doch in eine Umgebung versetzt worden, die vom Wert der Collegeerziehung ebenso sehr wie vom Utilitarismus und Pragmatismus durchdrungen blieb. Für Deutschland blieben dies Fremdworte.*

Das moderne amerikanische Universitätswesen hat, so könnte man sagen, drei Traditionen miteinander verschmolzen: die große, für die ganze Persönlichkeit erzieherische Bedeutung des studentischen Lebens auf der *undergraduate*-Ebene, also eine vor allem britische Tradition; die große Bedeutung von Wissenschaft und Forschung, also die deutsche Tradition; und die *land-grant*-Tradition der zugunsten von Landwirtschaft und Industrie angewandten Wissenschaft, etwas entschieden Amerikanisches. Weil sie den Studenten eine besondere *undergraduate*-Erfahrung des akademischen Lebens ermöglichten, kamen die Colleges, gerade auch für ihren Forschungsehrgeiz, in den Genuss finanzieller Zuwendungen vonseiten derer, die sich dankbar ihrer Alma Mater erinnerten. So ist bei einer Elite von Universitäten eines durch das andere bedingt: Je größer die finanzielle Ausstattung ist, desto besser ist der Lehrkörper und desto größer sind die Investitionen in das studentische Leben; und je bessere Erfahrungen der Einzelne als *undergraduate* gemacht hat, desto üppiger sprudeln später die Schenkungen der Alumni. Vielleicht, weil sie sich so anhaltend um die *undergraduates* bemühten, haben amerikanische Professoren den Graduierten nie das Maß von Freiheit gelassen, dessen sich ihre deutschen Kommilitonen erfreuten: Amerikanische Graduierte hatten benotete Pflichtveranstaltungen zu besuchen. Was immerhin etwas an Deutschland erinnerte, war die Wahlfreiheit, die Charles W. Eliot im Harvard der siebziger Jahre des 19. Jahrhunderts einführte: Statt ihren Stundenplan haarklein vorgeschrieben zu bekommen, durften sich die *undergraduates* aus einem fächerübergreifenden Studienangebot manche Kurse selber aussuchen.

Das klassische amerikanische College in Kombination mit dem deutschen Forschungsmodell führte zu jener inzwischen weitverbreiteten institutionellen Struktur: Für die *undergraduates* befindet sich auf dem Campus das *college of arts and sciences,* und mit diesem verbindet sich dann für die Fortgeschrittenen eine forschungsorientierte *graduate school* sowie, in Fächern wie Architektur, Betriebswirtschaft, Erziehungswissenschaft, Ingenieurwesen, Jura und Medizin, verschiedene berufsausbildende Schulen. Die Erziehung des mündigen Bürgers und die Erziehung des künftigen Forschers und Fachmanns liegen damit institutionell in einer Hand. In der Regel werden beide Gruppen von demselben Lehrkörper versorgt. Auch von solchen *undergraduates*, deren Hauptfach auf ein bestimmtes Berufsfeld zugeschnitten ist, etwa Betriebswirtschaftslehre, wurde und wird verlangt, dass sie eine Anzahl Kurse in *arts and sciences* belegen. Diese sollen ihnen, im eigentlichen Sinn, ›Bildung‹ vermitteln. Im Fall der staatlichen Universitäten bildete sich, jenseits des *undergraduate-* und Graduiertenstudiums, noch eine dritte Dimension heraus, nämlich eine anspruchsvolle Dienstleistungsebene (*a high level of public outreach*), auf der es nicht etwa bloß um sozial relevante Forschung, sondern darum ging, etwas Praktisches z. B. für die Landwirtschaft und die Veterinärmedizin zu leisten. Die Formel dafür hieß: Grundlagenforschung und angewandte Wissenschaft an ein und derselben Institution.

Die amerikanische Transformation der Universität

Erst nach dem Ersten Weltkrieg änderte sich demografisch das Gesicht der amerikanischen Universität. Vor dem Kriegsausbruch hatte ein *liberal arts college* im Durchschnitt gerade einmal vierzehn Lehrkräfte und 165 Studenten (Levine 38). Mit Wehmut denkt man daran zurück, dass es damals einem College- oder Universitätspräsidenten, der ja auch selber unterrichtete und jeden, Dozenten wie Studenten, persönlich kannte, unbenommen war, sich im Mai nach Europa einzuschiffen und nicht vor August zurückzukehren.

Das 20. Jahrhundert erlebte einen rasanten institutionellen Ausbau: Die Zulassungsvoraussetzungen wurden angehoben, im Lehrplan tauchten verschiedenste technische Fächer auf, der Lehrkörper professionalisierte sich zunehmend und, was den Collegeabschluss betraf, so erhielten größere Kreise die Chance, einen solchen zu machen. Zugleich stieg das mit ihm verbundene Sozialprestige. Alle diese Entwicklungen halten bis heute an. Noch 1910 besuchten lediglich etwa 2 % der jungen Amerikaner ein College. Bis 1940 hatte sich die Zahl auf etwa 12 % erhöht, das Ergebnis eines Nachkriegsbooms während der zwanziger Jahre. 1925 war die US-Bevölkerung, mit 117 Millionen, um den Faktor 1,7 größer als die deutsche, mit 63 Millionen. Dagegen gab es, mit etwa 800.000, eine um den Faktor 11,7 größere Studentenschaft als in Deutschland, mit nur 68.000 Studenten (Levine 42). Amerika war auf dem Weg von einer Universität für die Elite zur Massenuniversität. Heute besuchen etwa 72 % der amerikanischen Jugendlichen ein College (*Education at a Glance 2013*, Tabelle C3.1). Die amerikanischen Universitäten waren nicht nur demokratischer, sie waren auch sehr viel gemischter und im Durchschnitt akademisch weniger hochstehend als die europäischen. Seitens der Studenten wurde eine beträchtliche Zeit mit Dingen außerhalb des Studiums verbracht, mit Sport und Geselligkeit. Das langsame Reifen der amerikanischen Universitäten während der ersten Hälfte des 20. Jahrhunderts hat indessen die Entwicklungen seit dem Zweiten Weltkrieg vorbereitet. Allmählich wurde die nachschulische Ausbildung »die säkulare Religion« der amerikanischen Gesellschaft (Levine 87).

Die wichtigsten Faktoren, die das amerikanische Universitätswesen nach dem Zweiten Weltkrieg bestimmten, waren äußere Umstände. Erstens waren die ersten beiden Nachkriegsjahrzehnte Jahre eines gewaltigen wirtschaftlichen Wachstums, das die wirtschaftliche Aktivität in jeder Form beflügelte, auch an den Universitäten. Zweitens stieg die Zahl der Studenten dramatisch. Eine Ursache dafür war die *GI-Bill*, d. h. das Wiedereingliederungsgesetz für Militärdienstleistende von 1944, wonach jedem Veteranen an einem College seiner Wahl Zuschüsse zu den Studiengebühren, den Lernmitteln und zum Lebensunterhalt gewährt wurden. Das erleichterte den Veteranen den Collegebesuch. 1947 waren 69 % der männlichen Studenten und 49 % aller in Colleges Immatrikulierten Veteranen (Olson 26). Hinzu kamen der *baby boom*, d. h. die ungewöhnliche Erhöhung der Geburtenrate zwischen 1946 und 1964, die zunehmende Gleichberechtigung der Frauen, so dass mehr und mehr Frauen das College besuchten, sowie eine Erweiterung des »amerikanischen Traums«, nämlich um die Erwartung, dass ein immer größerer Prozentsatz der Bevölkerung das College besuchen werde. Diese Veränderungen führten dazu, dass alles größer wurde: der Campus, der Lehrkörper, das Heer der nichtakademischen Angestellten und die Bürokratie. Während die steigenden Studentenzahlen für die deutschen Universitäten eine Last wurden, profitierten die meisten amerikanischen Universitäten von der Erzielung höherer Einnahmen durch Studiengebühren und größere staatliche Zuschüsse, da diese sich in vielen Fällen nach den Immatrikulationszahlen bemaßen. Die Zahlen sind überwältigend: Um die Wende zum 20. Jahrhundert gab es weniger als 250.000 Collegestudenten, 1930 waren es 1,1 Millionen, 1970 bereits 8 Millionen, 2000 14,8 Millionen, 2005 17,5 und 2010 war man bei 21 Millionen angelangt (*Digest of Education* Abb. 220).

Ein letzter Transformationsaspekt ist etwas komplizierter. Er hatte mit einem tiefgreifenden Wandel in der Beziehung zwischen der Bundesregierung und den Universitäten zu tun, besonders in Bezug auf die Forschungsfinanzierung. Die amerikanische Mission im Zweiten Weltkrieg war zu sehr wesentlichen Teilen von wissenschaftlichen Fortschritten begleitet, z. B. der Entwicklung der Atombombe. Zu der Zeit arbeiteten viele Universitätsprofessoren im Dienst der Regierung. Die militärische Forschung unterstand gleichfalls der Generalität.

Nach dem Krieg wurde ein neues Modell ins Auge gefasst. Präsident Franklin Delano Roosevelt bat Vannevar Bush, den früheren Dean des Massachusetts Institute of Technology (MIT), um ein Gutachten, wie die Universitätsforschung der Nation auch in Friedenszeiten nützlich sein könnte. Während des Krieges hatte Bush das *U.S. Office of Scientific Research and Development* geleitet. Bushs Vorstellung war es, diese Forschung den Universitäten und anderen wissenschaftlichen Institutionen anzugliedern. Sein Bericht *Science – the Endless Frontier*, 1945 erschienen, war ein Plädoyer für die universitäre Forschung. Sie sei unabdingbar für Fortschritte im öffentlichen Gesundheitswesen, in der nationalen Sicherheit, in der Erhöhung des Lebensstandards, in der Schaffung neuer Stellen, in der Kultur und in der Talentförderung. Nicht nur die anwendungsbezogene Forschung, sondern auch die Grundlagenforschung sei zu unterstützen, da ihre Resultate zu unvorhergesehenen Anwendungen führen können. Drittmittel seien ausschließlich leistungsbezogen zu vergeben, ohne Rücksicht darauf, woher jemand käme. Nach langer Diskussion im Kongress führten diese Empfehlungen 1947 zum Ausbau der *National Institutes of Health* (NIH), zur Schaffung der *National Science Foundation* (NSF) im Jahre 1950 und dazu, dass erhebliche finanzielle Bundesmittel nicht der Industrie oder unabhängigen Forschungseinrichtungen zuflossen, sondern den Universitäten. Gewissermaßen war auch dies eine Fortsetzung des deutschen Ansatzes, dass nämlich Forschung und Lehre ineinandergreifen sollten, andererseits war es ein Bruch mit der deutschen

Entwicklung, die dazu geführt hatte, dass universitätsunabhängige Forschungseinrichtungen entstanden waren. Es war aber auch ein Bruch mit der neuesten amerikanischen Tendenz, dass die Wissenschaftler die Universität verließen, um direkt für die Bundesregierung zu arbeiten. Das Ergebnis war eine gewaltige Unterstützung für die Universitätswissenschaft aus Bundesmitteln, nicht nur für deren direkte Kosten, wie die Besoldung des Lehrkörpers, Postdoktorandenstellen, Graduiertenstipendien, Reisen und projektbezogene Ausstattung, sondern auch für die indirekten Kosten. Die US-Regierung übernimmt also, außer den direkten Kosten eines Projekts, auch die indirekten oder laufenden Ausgaben, was bedeutet, dass zusätzlich zu der jeweiligen Grundförderung ein gewisser Prozentsatz gewährt wird, um die im Universitätsbetrieb anfallenden Kosten der Forschung zu bestreiten, welche sich praktisch nicht auf einzelne Projekte umlegen lassen, solche also für den Bau, den Erhalt und den Betrieb von Gebäuden neben denen für die allgemeine Verwaltung, die Bibliotheken, die technische Ausstattung, die Finanzverwaltung und andere Dienststellen. Von den gesamten Finanzmitteln, die amerikanische Universitäten von der Bundesregierung für ihre Forschung erhalten, entfallen historisch etwa 25 % auf »Einrichtungs- und Verwaltungskosten«, wie es im Fachjargon der Bundesregierung heißt (Office of Science 3).

Nachdem die Russen 1957 ihren Sputnik ins All geschossen hatten, entschloss sich Amerika, noch mehr in das Bildungswesen zu investieren. Im Ergebnis hatte die Rivalität zur Folge, dass noch mehr Mittel zur Verfügung gestellt wurden. Der Haushalt der NSF im Haushaltsjahr 1959 wurde von 40 Millionen Dollar auf 130 Millionen Dollar aufgestockt (Geiger, *Research* 174). Eine weitere Folge war 1958 der *National Defense Education Act*. Dieser brachte eine direkte Finanzierung der Hochschulen, nicht nur für Vertragsforschung. In den sechziger Jahren wurde die Bundesunterstützung auf die Künste sowie auf die Geistes- und Sozialwissenschaften ausgeweitet. Doch nicht nur eine bereits bestehende Elite von Institutionen wurde weiter unterstützt, unter Präsident Lyndon B. Johnson war es die erklärte Absicht, die Zahl sehr guter Forschungsuniversitäten zu erhöhen und die Palette der Institutionen zu vergrößern, die imstande wären, sich erfolgreich um Drittmittel zu bewerben (Graham und Diamond 40).

Heutzutage fördern eine Menge Bundesbehörden die Forschung. In der Reihenfolge der von ihnen ausgeschütteten Summen sind dies die *National Institutes of Health* (NIH), die *National Science Foundation* (NSF), das Verteidigungsministerium, das Energieministerium, die *National Aeronautics and Space Administration* (NASA), das Landwirtschaftsministerium, die Umweltschutzbehörde (EPA), das Gesundheitsministerium, das Heimatschutzministerium, das Handelsministerium, das *National Endowment for the Humanities* (NEH) und das *National Endowment for the Arts* (NEA). Hinzu kommen die Spenden vonseiten solcher Stiftungen und Korporationen, die, noch bevor die Bundesmittel zu fließen begannen, zusammen mit dem privaten Sponsorenwesen Colleges und Universitäten von außen gefördert hatten. Auch heute werden beträchtliche Summen von Stiftungen wie Annenberg, Gates, Hewlett und Mellon aufgebracht. Zusätzliche Einkünfte stammen aus privaten Spenden, aus Studiengebühren, Geschäftstätigkeit und, an Eliteuniversitäten, aus Patenten. Dem *Almanac 2011–12* zufolge belief sich im Jahr 2010/11 das gesamte Spendenaufkommen zugunsten der Forschung an Colleges und Universitäten auf 54,9 Milliarden Dollar, wobei 59 % von der Bundesregierung, 20 % von den betreffenden Institutionen selbst, 7 % von den Einzelstaaten und Kommunen und 6 % von der Industrie kamen (4).[4] Diese Finanzierung aus mehreren Quellen hat verschiedene Vorteile, darunter die, dass der Wettbewerb erhöht wird und dass der Antragsteller mehrere Eisen im Feuer behält, sollte auf eine der Quellen finanziell weniger Verlass sein oder sie in ihrer Vergabepraxis restriktiver werden.

An europäischen Standards gemessen haben die USA einen Wohlfahrtsstaat nur auf äußerst bescheidenem Niveau. Hingegen hat Amerika mehr in Universitäten investiert, da sich seit der *GI-Bill* die Überzeugung durchgesetzt hat, dass Bildung das entscheidende Mittel sowohl für den Einzelnen ist, sein Los zu verbessern, als auch für die Steigerung der sozialen Mobilität im Großen. Jedes System hat seine Vorteile, aber klar ist, dass das US-Modell bes-

---

[4] Wo nichts anderes angegeben ist, beziehen sich Almanac-Zitate auf die letzte Ausgabe, die von 2013–14. Da aber nicht alle Statistiken Jahr für Jahr wiederabgedruckt werden, ist es manchmal erforderlich, auf ältere Ausgaben zurückzugreifen.

ser abschneidet, wenn es um Investitionen in das Hochschulwesen und um dessen Verbesserung geht. Nicht nur in Forschungsuniversitäten investiert die Bundesregierung gewaltige Summen, auch in Community Colleges und, durch die Vergabe von Stipendien und Krediten, direkt in die Studenten.

In zweierlei Hinsichten hat das amerikanische Modell die Integration von Forschung und Lehre auf eine Weise weiterentwickelt, gegen die Deutschland sich sperrte. Erstens: Ungeachtet der Tatsache, dass die amerikanischen Universitäten in der Forschung erstarkten, wurde die Lehre unmissverständlich ein Teil der Lehrkörperevaluation. Gewiss, häufig hört man die Klage, dass an vielen erstrangigen amerikanischen Universitäten das Pendel zu weit in Richtung Forschung ausgeschlagen sei; trotzdem ist die Vorstellung ungebrochen, dass Lehre und Forschung die zwei Säulen der modernen Universität sind, und an manchen Universitäten werden sie auch tatsächlich gleich gewichtet. Während ich als Dean an der University of Notre Dame amtierte, wussten meine Kollegen, dass ich mir bei allen Berufungskandidaten die Nachweise für ihre Lehrbefähigung sehr genau ansah und dass ich, um sicherzustellen, dass dieser Punkt nicht zu kurz kam, jedes Gutachten in Sachen Festanstellung mit Bemerkungen zu der Lehre der Betreffenden begann. Zweitens: Als die US-Regierung in die Forschung investierte, unterstützte sie damit die Universitäten. In Deutschland hingegen wurden, mit der 1911 gegründeten Kaiser-Wilhelm-Gesellschaft, die 1948 in Max-Planck-Gesellschaft umbenannt wurde, Forschungseinrichtungen errichtet, die sich zwar großartig entwickelten, die aber auch eine Forscherelite vom Kontakt mit Studenten entfernten und den Universitäten finanzielle Mittel entzogen; damit wurden die Ausbildungschancen für den wissenschaftlichen Nachwuchs geschmälert und das organische Band von Forschung und Lehre durchschnitten.

Ein wichtiges Merkmal des florierenden amerikanischen Hochschulwesens sind die autonomen Hochschulräte (*boards of trustees*), das Fehlen einer strikten Regierungskontrolle und die große Macht des Präsidenten, des ›Provost‹,[5] des Deans und manchmal auch der

---

[5] Der Provost ist nach dem Präsidenten der ranghöchste Administrator einer Universität. In seinen Zuständigkeitsbereich fallen sämtliche akademischen Angelegenheiten und in der Regel die Finanzverwaltung.

Leiter der Departments (*department chairperson*). Die Grundeinheit ist der Fachbereich, das *department*, nicht der einzelne Professor, und die Departments werden unternehmerisch geführt. Wegen der relativ großen Zahl von Professoren ist die Konkurrenz höher, und durch das leistungsabhängige Vergütungssystem ist dafür gesorgt, dass alles ordentlich im Schwung bleibt. Die größere Personalstärke wirkt sich auch positiv auf die vor allem in den Naturwissenschaften übliche Forschung im Team aus.

Zwischen dem Präsidenten und den Departments vermitteln der Provost und der Dean, der vieles in Bewegung setzt. Der Präsident widmet sich immer mehr der Geldbeschaffung, er muss sich auch, über die Universität hinaus, um deren Umfeld kümmern, angefangen vom Studentenwerk und der Pflege der Beziehungen zu den Ehemaligen bis hin zu Haushalt, Bauten, Grundstücksverwaltung, Sport und Öffentlichkeitsarbeit. Der Provost ist für das eigentlich akademische Geschäft zuständig, da er aber nicht direkt mit den Departments zu tun hat, ist er weiter von deren Alltagsbetrieb entfernt und in dieser Beziehung auf den Dean angewiesen. An zahlreichen Universitäten verbringt freilich auch der Provost zunehmend viel Zeit mit der Geldbeschaffung und der Pflege externer Kontakte.

Im Grunde genommen, so könnte man sagen, sind die Deans das Rückgrat des akademischen Fortschritts. Das deutsche System kennt nichts ihnen Vergleichbares. Das Aufgabengebiet eines deutschen ›Dekans‹ entspricht eher dem der amerikanischen ›Departmentsleiter‹ als dem eines amerikanischen Deans. An Universitäten, an denen es keine zwei Deans gibt, einen für die Belange des *undergraduate*-Studiums und einen für die Belange des Lehrkörpers, sind die Collegedeans für das gesamte innerakademische Aufgabenspektrum zuständig, angefangen vom akademischen Personal und der Studienorganisation bis hin zu Finanzen und politischen Regularien. Im Unterschied zu den Administratoren in der Zentralverwaltung kennen sie in der Regel alle Mitglieder des Lehrkörpers, für den sie zuständig sind, und sie haben kolossale Gestaltungsmöglichkeiten. Ganz unabhängig vom Provost und dem Präsidenten können sie kreativ wirken und selbständig Initiativen entwickeln. Dass man Autonomie genießt, d.h. keiner staatlichen Regulierung unterliegt, weder auf einzelstaatlicher noch bundesstaatlicher Ebene, dass die Departments von einem Geist des Wettbewerbs beseelt sind, und dass akademische Administratoren – Präsident, Provost und Dean – freie Hand haben, um Zielvorstellungen zu formulieren, Anreize zu schaffen, Rechenschaftspflichten festzulegen und den Gemeinschaftsgeist zu stärken, hat in entscheidendem Maße zum Aufstieg der amerikanischen Universität beigetragen.

Ein anderer Faktor, der die neuere Überlegenheit der amerikanischen Universitäten erklärt, ist ihre Finanzkraft. Es besteht kein Zweifel daran, dass die USA heute pro Student mehr für ihr Hochschulsystem ausgeben als andere Länder. Nach *Education at a Glance 2012* investieren die USA 29.201 Dollar pro Student, Deutschland hingegen 15.711 Dollar (Tabelle B1.1a). Der OECD-Durchschnitt liegt bei 13.728 Dollar. Die einzigen Länder, die den USA nahekommen, sind die Schweiz mit 21.577 Dollar, Kanada mit 20.932 Dollar, Schweden mit 19.961 Dollar und Norwegen mit 19.269 Dollar (Tabelle B1.1a). Auch im Verhältnis zum Bruttosozialprodukt sind die USA mit ihren Ausgaben für das Hochschulwesen Weltspitze. Laut Statistik verwenden die USA 2,64 % darauf, vor Korea mit 2,58 %, Kanada mit 2,45 % und Chile mit 2,45 %. Kein anderes Land sonst liegt über 2 %. Mit seinen 1,28 % liegt Deutschland unter dem OECD-Durchschnitt von 1,58 % (Tabelle B2.4).

Während die staatlichen Ausgaben annähernd vergleichbar hoch sind, nämlich 1,1 % des Bruttosozialprodukts in Deutschland und 1 % in den USA, ist der Anteil des amerikanischen Privatsektors, nämlich 1,6 %, eine Zahl, die alles überragt, mit Ausnahme von Korea und Chile. Die entsprechende Zahl in Deutschland beträgt gerade einmal 0,2 %, also noch unter dem OECD-Durchschnitt von 0,5 % (Education at a Glance 2012, Tabelle B2.3). Die Mittel aus dem Privatsektor stammen aus den Studiengebühren, aus Spenden von Einzelpersonen, Stiftungen und Unternehmen und selbstverständlich aus den Stiftungsvermögen. Nach deutschen Maßstäben sind das enorme Summen. Im Jahr 2012, einem Jahr beträchtlicher Börsenverluste, hatten 71 amerikanische Universitäten ein Stiftungsvermögen von jeweils mindestens 1 Milliarde Dollar. Bei weiteren 160 betrug es über 250 Millionen Dollar (*Almanac 56*). Im Jahr 2009 gab es sechs amerikanische Colleges, Seminare oder Universitäten, allesamt privat, die pro Student ein Stiftungsvermögen von 1 Million Dollar oder mehr hatten (*Almanac 2010–11*, 12). Im Jahr 2011 erhielten amerikanische Universitäten mehr als 30 Milliarden Dollar an privaten Zuwendungen (Biemiller).

Die finanziellen Mittel der am meisten geschätzten Universitäten kommen vorwiegend von Alumni, die nun einmal ihre Collegezeit zu lieben gelernt und von ihr in ihrem beruflichen Erfolg und ihrer Lebensauffassung profitiert haben. Es ist bezeichnend, dass die Universitäten diese Schenkungen teilweise für die Studiengebühren bedürftiger Studenten verwenden. Die Ehemaligen sehen eben zu, dass auch die künftigen Generationen in den Genuss der Möglichkeiten kommen, die sie selber hatten. Bei etwa fünfzig der erstrangigen Colleges und Universitäten spielt für die Zulassung von Studenten deren Zahlungsfähigkeit überhaupt keine Rolle; die Studiengebühren werden im Bedürftigkeitsfall von ihnen übernommen. Amerikas Eliteuniversitäten bemühen sich darum, einen gewissen Prozentsatz von Studenten aus bisher bildungsfernen Schichten und aus historisch unterrepräsentierten Minderheiten aufzunehmen. Diese Mischung bedeutet für alle Studenten eine soziale und intellektuelle Bereicherung. Da die Erträge aus dem Stiftungskapital der Universität selten die Vollkosten decken, führt der deswegen erforderliche teilweise oder ganze Verzicht auf die Erhebung von Studiengebühren häufig zu einer Umverteilung von den Studenten, die die volle Summe zahlen, zu denen, die dazu nicht in der Lage sind.

Außer an den Eliteuniversitäten gehören auch Darlehen zu dem sozialen Hilfspaket. Die von den Einzelstaaten vergebenen Darlehen sind niedrig verzinst und bieten den Landeskindern unter den Studenten verschiedene Rückzahlungsoptionen. Die großzügige Vergabe von Krediten aus Bundesmitteln erklärt sich zum Teil daraus, dass sich die zwei großen Parteien hier in seltener Weise ergänzen: Die Demokraten loben die Hilfe für arme und bürgerliche Familien, während die Republikaner mehr für Mobilität und freien Markt sind, was dann fast wie ein Gutscheinsystem funktioniert (den Studenten steht es ja frei, ihr College zu wählen). Beide Seiten wollen auf ihre Weise in die Zukunft investieren. Ein noch anderer Weg eröffnet manchen Studenten unter bestimmten Umständen die Möglichkeit, dass der Staat auf die Rückzahlung von Krediten verzichtet. Dieses Programm ist für Absolventen gedacht, die dem Gemeinwohl verpflichtete Berufe ergreifen, etwa die Arbeit für bestimmte Organisationen, die nicht auf Gewinn aus sind, oder die Vorschulpädagogik.

Dass Colleges und Universitäten für Studenten erschwinglich bleiben, liegt auch daran, dass die Höhe der erhobenen Studiengebühren durchaus unterschiedlich ist. In den Jahren 2012/13 waren nur 16,7 % der Studenten an Colleges und Universitäten eingeschrieben, an denen die Studiengebühren über 30.000 Dollar betrugen (*Almanac* 51). Die überwältigende Mehrheit besuchte Colleges mit viel niedrigeren Sätzen (*Almanac* 51). Davon abgesehen ist das, was für das Studium zu entrichten ist, sogar an einer sehr guten privaten Universität in der Regel mitnichten kostendeckend. Man betrachte das folgende Beispiel. In den Jahren 2008–09 betrugen die vom Williams College aufzubringenden Kosten pro Student annähernd 100.000 Dollar, während die Studiengebühren alles in allem (für Unterricht, Unterbringung, Verpflegung, Aktivitäten) bei 45.140 Dollar lagen. Würde man demnach fragen, was das Studium an diesem College kostet, dürfte dieses wohl antworten: »Was Sie sich leisten können, aber höchstens die Hälfte dessen, was das Williams College ausgibt, um diese Ausbildung anzubieten« (Kolesar). Viele zahlen weniger, und zwar, bezogen auf die Jahre 2008/09, durchschnittlich netto 11.413 Dollar; die Hälfte der Studenten erhielt Zuschüsse. Ein Grund für den um so viel niedrigeren Nettopreis ist das Bedürfnis, Studenten zu unterstützen und zu gewährleisten, dass man selber erschwinglich bleibt; ein anderer jedoch ist der Konkurrenzdruck. Die Kehrseite der Medaille ist freilich, dass eine Universität ohne viel Geld im Hintergrund gar nicht konkurrenzfähig ist.

Trends in Student Aid 2012 berichtet, dass *undergraduates* und Graduierten 2011–2012 insgesamt 236,7 Milliarden Dollar an finanzieller Unterstützung zugeflossen sind, sowohl an Stipendien aus allen möglichen Quellen als auch in Form staatlicher Vergünstigungen, z. B. durch Kredite, Steuererleichterungen und Arbeitsstellen für Studenten auf dem Campus (3). Das Geld stammt in erster Linie von der Bundesregierung, jedoch auch von den Colleges und Universitäten selber, von Unternehmern und anderen privaten Quellen sowie von den Einzelstaaten. Zwei Drittel der Studenten an amerikanischen Universitäten werden auf diese oder jene Weise bezuschusst (*Almanac 2011–12*, 46), ein Anteil, der über die Jahre zugenommen hat (Creech und Davis 128).

Obwohl die amerikanischen Colleges kostspielig sind, haben sich die Studiennettokosten nicht als Hindernis dafür erwiesen, dass der Collegebesuch zunimmt. Während im Jahr 1800 nur 2 % der Bevölkerung und noch 1900 gerade einmal 4 % ein College oder eine Universität besucht hatten, waren es 1940 16 %, 1970 48 %, und heute können 74 % irgendeine Form von höherer Ausbildung vorweisen (Wilkinson 39–40 und *Education at a Glance 2012* Tabelle C3.3). Minderbemittelte Studenten erhalten im Durchschnitt ein genügend hohes Stipendium, um in voller Höhe die Studiengebühren an staatlichen Colleges entrichten zu können (Baum und Schwartz). Inzwischen haben etwa 42 % der erwachsenen Amerikaner einen Collegeabschluss (*Education at a Glance 2013* Tabelle A1.1a). Auch wenn es problematisch ist, Äpfel mit Birnen zu vergleichen, sieht das doch besser aus als in Deutschland, wo Akademiker 27 % der Bevölkerung ausmachen (Tabelle A1.1a).

Gewiss sind die Studiengebühren an den berufsbildenden Hochschulen, z. B. für Wirtschaft, Medizin und Recht, in der Regel hoch; ihre Absolventen können jedoch seit jeher ein Einkommensniveau erwarten, das es ihnen erlaubt, Studienkredite mühelos zurückzuzahlen. Unterstützt durch Schenkungen seitens der Ehemaligen führt der Wettbewerb um hervorragende Studenten hier überdies dazu, dass in bestimmten Fällen, teils aufgrund nachgewiesener Bedürftigkeit, teils aufgrund nachgewiesener Leistungen, Zuschüsse gewährt werden, die sich mit den Angeboten aus anderen Programmen durchaus messen können.

Im Aufbaustudium zahlt man in den USA typischerweise nur an den minder angesehenen Universitäten Studiengebühren. Hingegen sind alle hochnotierten Aufbaustudiengänge in den Geistes-, Natur- und Sozialwissenschaften sowie im Ingenieurwesen tendenziell voll finanziert, d. h. die Studenten zahlen keine Studiengebühren, sondern erhalten sogar Stipendien, in der Regel für fünf Jahre. Um es noch einmal zu wiederholen: *An so gut wie jeder führenden amerikanischen Universität ist den Studenten im Aufbaustudium garantiert, dass sie keine Studiengebühren zahlen, und, was die konkurrenzfähigsten Universitäten betrifft, ist es sogar meistens so, dass Studierende im Aufbaustudium dort ein Stipendium erhalten.* Die amerikanische Situation ist insoweit deutlich besser als in Deutschland, wo solche Unterstützung fast immer den Masterabschluss voraussetzt und in den Geistes- und Sozialwissenschaften nicht auf breiter Front zu finden ist, vor allem bei den siebzehn neuerlich von der DFG in den Geistes- und Sozialwissenschaften geförderten Graduiertenschulen, die nicht selten thematisch spezialisiert sind, und bei Stipendien, um die man sich bei Stiftungen bewerben kann. Das in den USA weitverbreitete Förderinstrument voll finanzierter Aufbaustudiengänge ist auch deshalb von großer Bedeutung, weil aus Statistiken hervorgeht, dass eine ausreichende finanzielle Unterstützung der wichtigste Faktor dafür ist, dass Studenten ihr Studium zügig abschließen, wichtiger sogar als gute Betreuung (*Ph.D. Completion* 14–15).

3. Probleme und Herausforderungen der deutschen Universitäten

Worin bestehen die wichtigsten Herausforderungen des deutschen Hochschulwesens? Zwei Mängel überragen alles andere. Mehr finanzielle Mittel sind nötig und mehr Professoren pro Student; überdies bedarf es weiterer Strukturreformen, um für stärkeren Wettbewerb zu sorgen, die bereits bestehenden Leistungsanreize auszuweiten, Flexibilität sinnvoll zu erhöhen und herausragende Leistung angemessen zu honorieren.

Es stimmt zwar, dass tüchtige Studenten in Anbetracht des hohen Niveaus an den erstrangigen deutschen Universitäten Erfolg haben können, zumal begabte Studenten sich in jedem System durchsetzen, besonders in einem, das traditionell der Kreativität und Selbständigkeit so viel Spielraum gewährt. Doch auch tüchtige Studenten profitieren von guter Betreuung, sie profitieren davon, dass sie ordentliche Hausarbeiten anfertigen, die auch zeitnah beurteilt, zensiert und zur Überarbeitung zurückgegeben werden. Studenten lernen mehr, wenn sie aktiv gefordert sind, mit ihren Anliegen und Leistungen ein Echo finden und eine persönliche Beziehung zu ihren Professoren entwickeln (Kuh, Kinzie, et al.). Die heutige deutsche Universität hat sich von der Idee entfernt, die über den ersten Universitäten stand, nämlich eine Gemeinschaft der Lehrenden und der Lernenden zu sein. Die Anonymität, wie sie sich an jeder großen Institution einstellt, wird noch empfindlich verschärft durch das zahlenmäßige Missverhältnis zwischen Studenten und Professoren und dadurch, dass es viel zu wenig Kontakt mit den Professoren gibt. An der Betreuungsqualität etwas zu ändern, heißt entweder, dass mehr Professoren eingestellt werden oder dass die fortgeschrittenen Studenten eine größere Rolle bei der Betreuung der Anfänger spielen müssen.

Deutschland hat noch keine Lösung für diesen offensichtlichen Widerspruch gefunden: Eine kleine Anzahl gut qualifizierter Studenten kann lernend an der Forschung teilhaben, aber die Steigerung der Studentenzahl von unter 5 % eines Jahrgangs auf über 30 % verringert zwangsläufig sowohl das durchschnittliche Niveau der studentischen Befähigung für wissenschaftliche Tätigkeit als auch den durchschnittlichen Grad des studentischen Interesses, und zweifellos verschlechtern die gestiegenen Zahlen geradezu dramatisch die Chancen dafür, in der Forschung Fuß fassen zu können. *Der größte Skandal des deutschen Hochschulwesens ist nicht, dass es seinen Spitzenrang in der Forschung verloren hat – das ist bei der Mittelknappheit vorhersehbar. Dass es trotz so bescheidener Mittel sich in dieser Beziehung noch immer sehen lassen kann, spricht vielmehr für das anhaltende Selbstverständnis der deutschen Universität als einer Stätte der Forschung wie für den beträchtlichen Einsatz der Professoren. Der Skandal ist die Lehre. Würde diese bewertet werden, dann stiegen die deutschen Universitäten fast mit Sicherheit noch weiter ab.*

Ursprünglich ist die Idee des deutschen Professors die gewesen, mehr ein »Mann der Wissenschaft« als ein »Lehrer« zu sein (Paulsen 213), genau umgekehrt wie in Amerika also. Tatsächlich hat eine 2013 veröffentlichte Untersuchung ergeben, dass 65 % der deutschen Professoren antworten, ihre Präferenzen lägen in der Forschung oder sie hätten mehr Neigung dazu, wohingegen 58 % der amerikanischen Professoren antworten, sie seien vorrangig an der Lehre interessiert oder hätten mehr Neigung dazu (Teichler et al. 20). Die deutsche Konzentration auf die Forschung hat dazu geführt, dass auf die Lehre weniger Aufmerksamkeit verwendet wird. Deutsche Professoren dürften nicht eben ideale Betreuer für die weniger zielstrebigen unter ihren Studenten sein, was hohen Abschlusszahlen sicherlich nicht entgegenkommt. Laut *Education at a Glance 2013* steigt nun zwar der Anteil der Deutschen mit Hochschulabschluss

stetig, und zwar von 14 % im Jahr 1995 auf 18 % im Jahr 2000, 20 %
im Jahr 2005, 25 % im Jahr 2008, 28 % im Jahr 2009, 30 % im Jahr
2010 und 31 % im Jahr 2011 (Tabelle A3.2). Trotz dieser erstaunlichen
Entwicklung, die sich gewiss auch durch die vereinigte Anstrengung, mehr Schüler zur Aufnahme eines Studiums zu bewegen, und
durch die Entscheidung zugunsten einer Einführung des BA erklärt,
bleibt die Quote aber immer noch weltweit im unteren Bereich, unter dem letzten OECD-Durchschnittswert von 39 % und dem EU-
Durchschnittswert von 41 % (Tabelle A3.2). Auch wenn auf diesem
Gebiet, wie auf anderen auch, vergleichende Statistiken kulturelle
Differenzen verschleiern, z. B. was denn genau als Abschluss zählt,
ist die Quote selbst unter Berücksichtigung eines daher rührenden
Korrekturbedarfs immer noch niedriger als wünschenswert. Da die
Abbrecherquote traditionell hoch liegt, haben die Professoren nicht
selten in Studenten investiert, die nie einen Abschluss machen werden. Ein anderes Folgeproblem der Höherrangigkeit der Forschung
gegenüber die Lehre ist, dass mögliche Sponsoren, die zwar die
Hochschule von innen kennen, nicht aber in der Forschung beruflich ihren Weg gemacht haben, weniger daran interessiert sein
dürften, die Universitätsforschung, als vielmehr gute Lehre zu unterstützen.

Der Vorrang der Forschung in Deutschland hat in der Vergangenheit dazu geführt, dass die Professoren je nach ihren Forschungsinteressen spezialisierte Lehrveranstaltungen offerierten und dass
darüber die von den Studenten benötigten Einführungskurse in ihr
Fach zu kurz kamen. Ein besser strukturiertes Curriculum, wie es
inzwischen üblich geworden ist, hat sich als für solche Fächer dringend nötig erwiesen, wo die Professoren oft genug dazu tendierten, ohne Rücksicht auf die studentischen Bedürfnisse in der Lehre
ihre Steckenpferde zu reiten. Wenn ein Amerikaner lehrt, schätzt
er es natürlich auch, Mittel und Wege zu finden, Lehre und Forschung miteinander zu verknüpfen, aber die erste Frage ist doch
immer, was die Studenten des betreffenden Studienabschnitts wissen müssen. Deutschland fehlt überhaupt eine Tradition des strukturierten Grundstudiums. Von jeher war zwar, unbestimmt genug,
von einer »Erweiterung und Vertiefung der allgemeinen Bildung«
(Paulsen 413) die Rede, und nach dem Zweiten Weltkrieg wurde
für eine kurze Zeit der Versuch unternommen, das Studium ge-

nerale wiederzubeleben und Wissenschaftlichkeit mit einem breiten humanistischen Erziehungsauftrag zu verknüpfen, doch das Interesse der Studenten daran war mäßig und die Initiative versickerte um die Mitte der fünfziger Jahre (Paletschek 202). Heute sind Ambitionen in dieser Richtung seltener denn je, auch wenn eine solche Auffassung des Grundstudiums für künftige Geschäftsleute sehr wünschenswert sein könnte. Deutschland fehlen eben die College-Strukturen, es fehlt ihm die starke Stellung von Dekanen, ohne die ein breiteres Lehrveranstaltungsangebot, d. h. auch mit Kursen für Nichtspezialisten, nicht sicherzustellen ist. Im Übrigen fehlt in Deutschland die Tradition, die Qualität der universitären Lehre kontinuierlich zu evaluieren, sie genoss einfach keinen Vorrang in der Aufmerksamkeit der Beteiligten, es sei denn, der jeweilige Professor erkannte ihr von sich aus einen solchen zu. In den 1990er Jahren hat eine vergleichende Studie ergeben, dass 97 % der amerikanischen Professoren der Aussage zustimmten, dass die Lehre regelmäßig evaluiert werden sollte. Bei den deutschen Professoren war die entsprechende Zahl nur 42 % (Altbach 34). Obwohl inzwischen mehr deutsche Universitäten angefangen haben, die Lehre zu evaluieren, spielt sie bei Neuberufungen nach wie vor kaum eine oder gar keine Rolle. Die Tatsache, dass es zu wenig Professoren gibt, um eine ausreichende Betreuung sicherzustellen, geht mit einer traditionellen Unterschätzung der Lehre einher. Wenn die Lehre bei Neuberufungen keine Rolle spielt, dann ist es nur wahrscheinlich, dass tüchtige Lehrer, die auf intensive Betreuung ihrer Studenten Wert legen, die Ausnahme bleiben. Es kostet Zeit, Studenten zu betreuen und gut zu unterrichten, doch die Kultur und das System der Anreize weisen in eine andere Richtung.

Seit den Bologna-Reformen ist das Studium von einer selbständigen Aktivität, die zur Forschung hinführte, zu einer Serie von Kursen, Prüfungen und Reifen, durch die man zu springen hat, verkommen. Reinhard Brandt beklagt, im Ergebnis sei die »aktive Erkenntnis« zu »passivem Wissen« degeneriert. Während die Amerikaner heute die Forschung immer stärker gewichten, auch schon im Grundstudium, bewegen sich die Deutschen in Richtung Verschulung und haben zum großen Teil die Betonung des selbständigen Lernens und studentischen Forschens aufgegeben, die sie früher auszeichnete (Krautz).

Während Amerikas Hochschulwesen sich auf eine breite Palette von Finanzquellen stützen kann, nicht nur auf den Staat, sondern auch auf Philanthropie, Patente, Einkünfte aus Geschäftstätigkeit und auf die Studenten selber, verfügt Deutschland im Grunde nur über eine Finanzquelle, den Staat, was die Handlungsmöglichkeiten ausgesprochen einschränkt.

Das Finanzierungsproblem wird verschärft durch den Entzug von Ressourcen (und auch potenzieller Mitglieder des Lehrkörpers) zugunsten der gut ausgestatteten Forschungseinrichtungen, die damit werben, dass es bei ihnen keine Lehrverpflichtung gibt. Ich denke dabei an die Max-Planck-Institute, die unter anderem zu dem Zweck errichtet worden sind, ihrerseits sicherzustellen, dass neue Gebiete der Grundlagenforschung, auch die Interdisziplinarität, nicht nur abhängig von den jeweiligen Interessen der universitären Lehrstuhlinhaber gepflegt werden. Am 1. Januar 2013 gab es 82 Max-Planck-Institute und Forschungseinrichtungen mit nahezu 17.000 Stellen, davon 5.500 festangestellte Wissenschaftler und 4.500 Stipendiaten und Gastprofessoren. Ähnlich erhalten die 66 Institute der Fraunhofer-Gesellschaft, die sich der angewandten Forschung widmen und mehr als 22.000 Stellen haben, vorwiegend für Naturwissenschaftler und Ingenieure, 30 % ihrer Mittel aus Steuergeldern. Die Leibniz-Gemeinschaft, zur Pflege gesellschaftlich relevanter Forschungsprojekte, verfügt über weitere 86 Institute mit etwa 16.500 Stellen, davon 7.700 wissenschaftlichen; zu 75 % finanziert sie sich aus Bundes- und Ländermitteln. Und schließlich die Helmholtz-Gemeinschaft, mit 18 Instituten in den Naturwissenschaften und der Medizin und 34.000 Stellen, von denen etwas weniger als ein Drittel wissenschaftliche sind: Auch hier stammen 70 % des Budgets aus Bundes- und Ländermitteln. Das bedeutet einen empfindlichen Verlust für die Universitäten, auch wenn die Zusammenarbeit zwischen Forschungsinstituten und Universitäten neuerdings zugenommen hat.

Was in Deutschland nötig wäre, ist eine größere Flexibilität und Autonomie inmitten langsamer und einschnürender bürokratischer Prozeduren. Das Schneckentempo bei Berufungsverfahren z. B. erlaubt es den Universitäten nicht, schnell zu reagieren, um hervorragende Leute für sich an Land zu ziehen, oder auch wendig genug zu sein, um ihnen attraktive, auf sie zugeschnittene Angebote zu machen. An meinem Department an der University of Notre Dame ging es im vorvergangenen Jahr um die Besetzung einer einzelnen Assistenzprofessur. Kaum hatte der letzte Kandidat seinen Campusbesuch absolviert, machten wir noch an demselben Tag zwei Angebote, das eine als das Ergebnis der ursprünglichen Ausschreibung, das andere als das Ergebnis einer Verhandlung mit dem Dean über die vorgezogene Neubesetzung für ein Mitglied des Lehrkörpers, das in den Ruhestand ging. Ein deutscher Besucher, der bei dem letzten Kandidatenvortrag anwesend war, meinte, ich machte Witze, als ich ihm eine Woche später mitteilte, dass es inzwischen um die Besetzung von zwei Stellen ginge und eine davon inzwischen auch schon besetzt sei. Es gibt entschieden zu wenig Flexibilität in Deutschland, um Kollegen Anerkennung für ihre hervorragenden Leistungen an der eigenen Institution zu zollen – es sei denn, sie können mit Berufungen nach auswärts die eigene Attraktivität erhöhen. Neue Studiengänge, die in den USA einfach von den Professoren akzeptiert werden, benötigen in Deutschland die Zulassung von einer unabhängigen Akkreditierungsagentur, was Zeit und Geld verschlingt (Kaube). Reinhard Brandt spricht insoweit ganz richtig von einer »Fremdbestimmung der Universitäten« (15). Für Amerikaner ist dieser Mangel an Autonomie geradezu schockierend.

Während man als amerikanischer Akademiker normalerweise sein Grundstudium an einer Institution absolviert hat, das Graduiertenstudium an einer oder zwei weiteren und dann als Assistenzprofessor an noch einer anderen Universität angestellt wird, sind solche Lebensläufe in Deutschland, im Unterschied zu früher, heute nicht eben weit verbreitet. Während jeder amerikanische Student ferner eine ganze Reihe von Betreuern hat und jeder Jungprofessor nicht etwa einem arrivierten Professor, sondern dem ganzen Department zugeordnet ist, bleibt in Deutschland eine beträchtliche Abhängigkeit von Einzelpersonen. Die deutsche Lehrzeit unter einem einzelnen Professor beginnt früher und dauert viel länger als in anderen Ländern, was zu einer starken Bindung führt, die nicht immer gesund ist und manchmal sozial wie psychologisch die Dinge kompliziert. Was aus jemandem akademisch wird, ist dadurch recht unsicher, es bleibt bis zu einem relativ vorgerückten Stadium der akademischen Entwicklung tatsächlich offen.

Der akademische Mittelbau hat in Deutschland fachbereichs-intern kaum etwas zu sagen. Es überrascht nicht, dass er dazu neigt, seine berufliche Situation düsterer zu beurteilen, als seine Standes-genossen in anderen Ländern es tun (Altbach 492). An amerika-nischen Universitäten, mit ihrer relativ unhierarchischen Depart-mentstruktur, ist das Klima vergleichsweise demokratisch. Ein As-sistenzprofessor ist ein vollwertiges Mitglied des Departments und kann über fast alles mitbestimmen. Nur von Entscheidungen über Beförderung und Daueranstellung ist er zu Recht ausgeschlossen. Für Europäer, die ihre Karriere in den USA beginnen, hat sich das als attraktiv erwiesen.

Die Selbständigkeit und relative Sicherheit, die der amerika-nische Assistenzprofessor genießt, unterscheidet sich vorteilhaft von der unsicheren Zukunft eines Assistenten in Deutschland und von den Drittmittelzwängen, denen der junge Wissenschaftler un-terliegt und die ihn von seinen eigentlichen Interessen unter Um-ständen weit abführen. Auch wenn es, wie an manchen erstrangi-gen amerikanischen Universitäten, selten zu einer Festanstellung kommt, kennt der Assistenzprofessor doch wenigstens die Risiken und könnte, sofern es ihm auf Sicherheit ankommt, sich mit einer weniger angesehenen Universität begnügen, was auch immer noch intellektuell seine Reize haben mag. Kurz, die Karriereplanung fällt einem in den USA leichter.

Der Anteil der Frauen, die promovieren und danach an der Uni-versität weitermachen, ist in Deutschland viel geringer als in den USA. Während in den USA heutzutage mehr Frauen als Männer promovieren, sind es in Deutschland 45 %, bevor es dann zu dem starken Abknicken bei den Habilitationen kommt, mit nämlich nur noch 25 % (Bell 47 und *Bildung und Forschung* 62). Das wirkt sich selbstverständlich drastisch auf den Anteil an Professorinnen und deren Möglichkeit aus, Studierenden zum Vorbild zu dienen.

In Deutschland ist, auch an erstrangigen Universitäten, der An-teil des Lehrkörpers, der es zum Professor gebracht hat, im Ver-gleich zu den USA gering, und die große Zahl der Assistenten und anderer befristet Beschäftigter führt in Verbindung mit der gerin-gen Zahl von Professoren zu trüben Aussichten. Die vier Grade des professoralen Daseins in den USA – ›assistant‹, ›associate‹, ›full‹ und ›endowed‹ – geben den Universitäten viel mehr Stabilität und gleichzeitig Flexibilität. Sie sorgen für eine sehr viel attraktivere Professoren-Studenten-Quote.

Da es nun einmal zu Lasten des eigenen Selbstwertgefühls gehen kann, wenn durch die Berufung der wirklich besten Leute die Qualität des heimischen Lehrkörpers steigt, gibt es in Deutschland, d. h. wo die in den USA dafür anfallenden Vorteile – größere Mittel für anspruchsvolle Programme und bessere Studenten auch für einen selber – fehlen, die leider allzumenschliche, schon von Karl Jaspers mit Spott bedachte Versuchung, sich als seine zukünftigen Kollegen eben nicht die besten auszusuchen (66). Jochen Hörisch fasst das Problem treffend so: »Wie kann ich verhindern, dass jemand berufen wird, der klüger und erfolgreicher ist als ich?« (81).

In vielen Fällen ist das Lehrdeputat eines deutschen Professors relativ hoch, nämlich entschieden höher als die sechs (oder noch weniger) Wochenstunden, die an Amerikas führenden Universitäten einem Professor abverlangt werden. In Deutschland kommt noch hinzu, dass man sich mit einem Seminar bisweilen die Last aufbürdet, hundert oder mehr Teilnehmer zu betreuen.

Die USA besitzen einige ganz hervorragende Universitäten. Gegenwärtig ist das deutsche System nicht von der Art, dass es sich damit vergleichen könnte, und die ›Exzellenzinitiative‹ wird für sich genommen daran auch nicht viel ändern. Ferner haben viele deutsche Universitäten kein klares Profil, sie unterscheiden sich zu wenig voneinander – ich komme darauf noch zurück.

Etliche jüngere Reformen in Deutschland sind fehlgeleitet und bedeuten nur einen Traditionsverlust. Humboldt war nicht für die Massen bestimmt, und Deutschland, scheint es, hat jetzt das Konzept der Massenhochschule, ohne dass viel darüber nachgedacht wurde, ob und wie dieses Konzept mit den Idealen der Humboldt'schen Universität verträglich sei. Die Flexibilität der deutschen Studenten hat an vielen Universitäten insofern gelitten, als es viel schwieriger geworden ist, das Hauptfach zu wechseln. In einer bizarren Sprachverdrehung heißen die ersten paar Wochen, in denen ein Wechsel noch möglich ist, die ›Shopping-Phase‹, was etwa so ansprechend klingt wie die in Amerika gelegentlich zu hörende Rhetorik, den Studenten als ›Kunden‹ zu behandeln. In Deutschlands traditionellem System waren die Studenten eben nicht einfach passiv, sondern von ihnen wurde Initiative erwartet, auch in der Zusammenstellung ihrer Veranstaltungen. Statt hektisch Scheine zu sammeln, hatten sie bis vor Kurzem etwas von jener »äusseren Muße«, die Humboldt mit dem »inneren Streben zur Wissenschaft und Forschung« verband (4.256). Examen im traditionellen deutschen Stil waren wunderbar zur Gewährleistung sowohl fachlicher Tüchtigkeit als auch behaltener Übersicht. Sie sind inzwischen zunehmend durch das Sammeln von Scheinen ersetzt worden.

Heute wird im deutschen Masterstudiengang häufig nur noch ein Fach studiert, was nicht nur für den einzelnen Studenten nachteilig ist, sondern auch zur Folge hat, dass in den Seminaren für Fortgeschrittene nicht mehr, sagen wir, Literaturwissenschaftler, Historiker, Philosophen und Theologen zusammensitzen. Ebenfalls voneinander getrennt sind jetzt jüngere und ältere Semester, während früher die älteren Studenten den jüngeren zum Vorbild dienten. Alles in allem ergeben sich nur selten und vereinzelt Gelegenheiten zu einem längeren Austausch zwischen Studenten und Professoren. Die Massenuniversität hatte schon diesen Kontakt und die Einbeziehung in die Forschung schwierig gemacht; die Bologna-Reformen haben die Universitäten nun noch weiter von Humboldts Ideal entfernt. »Tatsächlich sind alle Schlagwörter der Bologna-Reform – Berufsorientierung, Modularisierung, Leistungspunktsystem – ein ausdrückliches Kontrastprogramm zur humboldtschen Universität« (Matuschek 130).

Das sind nur ein paar Punkte. Jeder hochschulpolitisch interessierte Deutsche kennt, direkt oder indirekt, die Klagen schon aus dem Effeff. Im dritten und letzten Kapitel dieses Buches, das sich der Gegenwart und Zukunft der deutschen Universität widmet, werde ich auf manches davon zurückkommen, jedoch erst, nachdem ich mich mit dem amerikanischen System beschäftigt habe. Um eine Krise konstruktiv zu erörtern, ist es beinahe immer sinnvoll, bestehende Alternativen zu kennen. Man wird mir das vielleicht eher abnehmen, da ich gern einräume, dass ich zwar gewisse Aspekte des amerikanischen Hochschulsystems sehr schätze, dass man aber durchaus auch die Gegenrechnung aufmachen kann. Manche Aspekte des deutschen Bildungssystems, sowohl im Hochschulbereich als auch im Schul- und Ausbildungsbereich, sind unzweifelhaft dem, was man in den USA findet, überlegen, und die USA täten gut daran, das anzuerkennen.

4. Probleme und Herausforderungen des amerikanischen Hochschulsystems

Es ist wichtig, dass Deutschland, indem es manche Aspekte des amerikanischen Systems bei sich einführt, die in der Tat nachahmenswert sind, sich dabei möglicher Schwächen, Gefahren und nichtintendierter Folgen bewusst bleibt. Dazu ist es nötig, auch die Schwächen und Herausforderungen des amerikanischen Systems zu kennen.

Die Erziehung auf der Sekundarstufe in den USA (Highschool) schwankt in ihrer Qualität erheblich. Auch wenn manche Amerikaner eine vorzügliche Schulbildung empfangen, die es mit jeder aufnehmen kann, ist das Durchschnittsniveau niedriger als in Deutschland, was bedeutet, dass die Hochschulerziehung insgesamt mit einem Nachteil startet. Viele Studenten sind schlicht und einfach nicht reif für das College. Daran ändert sich aktuell auch nichts zum Besseren. In einer Untersuchung von 2011 haben 58 % der amerikanischen College- und Universitätspräsidenten zu Protokoll gegeben, dass die staatlichen Schulen für die Vorbereitung ihrer Schüler aufs Studium, verglichen mit der Situation vor zehn Jahren, schlechter geworden seien (Pew 73). Doch die Universitäten reagieren darauf kaum, sie konzentrieren sich auf die Herausforderungen, vor denen sie selber stehen, und viele Bundesstaaten kümmern sich nur sehr unzureichend um die Abstimmung zwischen diesen beiden Ebenen des Bildungssystems. Das Ergebnis ist, dass viele Studenten unvorbereitet auf die Universität kommen, und die Professoren mögen keine Nachhilfekurse geben. Eine weitere offensichtliche Fehlstelle im amerikanischen Bildungswesen sind die schlechten Sprachkenntnisse selbst vieler gebildeter Amerikaner, die gerade einmal eine Fremdsprache lesen können. Es gibt wohl an manchen Colleges einen obligatorischen dreisemestrigen Sprachkurs, aber das genügt kaum, wenn man voraussetzt, dass erst nach vier oder fünf Semestern davon die Rede sein kann, dass man eine Sprache zu beherrschen anfängt. Das wirkt sich dann auch auf die Fähigkeit aus, andere Kulturen verstehen zu können.

Obwohl es am Zulassungsverfahren der amerikanischen Universitäten in der Regel nichts auszusetzen gibt, werden im Einzelfall doch Ausnahmen gemacht, etwa zugunsten der Kinder von

Spendern, wenn nicht sogar von nur potenziellen Spendern, von Berühmtheiten oder von Eltern mit politischen Beziehungen (Golden). Während die staatlichen Universitäten traditionell für ihr Engagement in Bezug auf Zugänglichkeit bekannt sind, beobachten wir neuerdings verstärkt Anstrengungen, vorzugsweise solche Studenten zu werben, darunter auch Nichtlandeskinder, die zur Entrichtung der vollen Studiengebühren imstande sind, denen also nicht finanziell unter die Arme gegriffen werden muss (Green 7). Das ist durch einen doppelten Umstand bedingt: zum einen dadurch, dass viele Universitäten ihren Schwerpunkt von der Zugänglichkeit auf die Leistungsstärke verlegen, denn dazu braucht es Geld, zum anderen durch die Kürzung der staatlichen Mittel. Ähnlich ist die Situation bei den weniger begüterten privaten Universitäten, wo es vorkommt, dass zahlungskräftige Studenten auch mit schwächeren Zeugnissen bevorzugt aufgenommen werden (Green 10). Die Universität kennt ihren finanziellen Spielraum, und sie nimmt einen gewissen Prozentsatz zahlungskräftiger Studenten und einen gewissen Prozentsatz bedürftiger auf. Das erhöht die Aufnahmechancen für die Wohlhabenden und verringert sie für die Bedürftigen. In Deutschland verstieße all das gegen das Grundgesetz, und das spricht für Deutschland, nicht für die USA.

Weil es wichtiger ist, wo man studiert, als was man studiert, führt der Druck, nur ja an eine angesehene Universität zu kommen, an der Highschool zu einer Fixierung auf die Zensuren, zu einer Häufung von Aktivitäten außerhalb des Stundenplans und bei wohlhabenden Familien sogar zur Anstellung von Nachhilfelehrern, die einen auf die standardisierten Prüfungen und die Probeessays fürs College vorbereiten. Die scharfe Konkurrenz um einen Platz an den besten Colleges und Universitäten und um gute Leistungen dort hat zu einem Anstieg der psychischen Störungen bei Studenten geführt, darunter nicht zuletzt der Essstörungen. Das ist die Wirkung eines die amerikanische Kultur überhaupt durchdringenden Erfolgs- und Prestigedenkens, das im Leben der *undergraduates* besonders auffällig und zugespitzt ist.

Chancengleichheit gibt es in der amerikanischen Hochschulbildung so nicht. Weiße machen zu einem viel höheren Prozentsatz einen Abschluss als Afroamerikaner und Latinos. Zwischen 1975 und 2010 erhöhte sich diesbezüglich das Gefälle zwischen Afroamerikanern und Weißen von 13 % auf 19 % und das zwischen Latinos und Weißen von 15 % auf 25 % (Aud et al. 74). Trotz der ansehnlichen Ressourcen der amerikanischen Universitäten und dem erklärten Willen der Eliteuniversitäten, Studenten aus weniger privilegierten Verhältnissen zu immatrikulieren, sind die Ergebnisse ernüchternd. Eine Studie von 2003 zeigte, dass an den 146 anspruchsvollsten Colleges und Universitäten mehr als 90 % der Frischimmatrikulierten aus der oberen Hälfte der sozioökonomischen Bevölkerungspyramide stammen, 74 % sogar aus dem obersten Viertel, dagegen nur 3 % aus dem untersten Viertel (Carnevale und Rose 46). Obwohl zwischen 1995 und 2009 die Zahl der Studienanfänger, die Latinos und Afroamerikaner sind, um 107 bzw. 73 % angestiegen ist, die der Weißen aber nur um 15 %, haben 82 % von diesen, aber nur 13 % der Latinos und 9 % der Afroamerikaner ein Studium an den 468 anspruchsvollsten und bestdotierten Colleges mit Vierjahresprogramm aufgenommen (Carnevale und Strohl 9 und 16). Auch wenn die Studenten aus den einkommensschwächeren Familien schulisch inzwischen besser abschneiden, so gilt das Gleiche doch auch für die aus einkommensstärkeren Familien, so dass diese ihren relativen Vorteil, was die begrenzte Zahl freier Plätze an den besten Colleges betrifft, gewahrt haben. Per saldo hat sich die Zugänglichkeit also bestenfalls geringfügig erhöht (Bastedo und Jaquette). Von Menschen mit niedrigerem Einkommen ist es weniger wahrscheinlich, dass sie ein College besuchen, und wenn doch, dann landen sie mit größerer Wahrscheinlichkeit auf irgendwelchen örtlichen *community colleges.*

Die Zugangsprobleme für die ärmeren *Highschool*-Absolventen haben viel mit dem Milieu zu tun, in dem sie aufgewachsen sind: Elternhaus, Schule, Wohnort. Die Hochschulreife korreliert stark mit dem elterlichen Einkommen.[6] Die besseren Schulen liegen nun ein-

---

[6] Die Durchschnittsergebnisse im *Scholastic Aptitude Test* (SAT), einem standardisierten Collegezulassungstest, der die Fähigkeiten in Lesen, Schreiben und Mathematik misst und bei der Entscheidung über die Collegetauglichkeit hilft, erhöhen sich auf einer Skala von unter 20.000 Dollar bis über 200.000 Dollar durchschnittlich, und zwar ausnahmslos, mit jeder um 20.000 Dollar höheren Einkommensstufe, außerdem mit dem Bildungsabschluss der Eltern, nämlich *Highschool*, zweijähriger Collegebesuch, Bachelor, Magister und Promotion (*2011 College-Bound Seniors* 4).

mal in den wohlhabenderen Vierteln, und in manchen Gegenden haben die Jugendlichen mit Drogen, Gewalt und anderen Misslichkeiten zu kämpfen. Außerdem ist es den Universitäten insgesamt nicht gelungen, unter Schülern mit Collegepotenzial durch ihre Stipendienangebote zu punkten. 42 % der Collegepräsidenten, aber nur 22 % der Amerikaner sind der Ansicht, dass ein Collegestudium für breite Schichten heute erschwinglich sei (Pew 5). Schüler aus weniger privilegierten Schichten und deren Familien wissen häufig nichts von dem Bewerbungsverfahren und den Stipendienmöglichkeiten eines College, was dazu führt, dass sie sich lieber gleich an den weniger anspruchsvollen Colleges immatrikulieren. Insgesamt wissen die Schüler aus unterprivilegierten Schichten und ihre Eltern zu wenig über die Qualität, die Zugänglichkeit oder die finanziellen Hilfsangebote der verschiedenen Universitäten; die Frage, wo sie am passendsten studieren sollten, vermögen sie also in der Regel zu ihrem eigenen Nachteil nicht wohlinformiert zu beantworten. Je niedriger das familiäre Einkommen ist, mit desto größerer Wahrscheinlichkeit finden die Schüler nicht das ihren Fähigkeiten angemessene College, und je niedriger das elterliche Bildungsniveau ist, desto wahrscheinlicher ist eine schlechte Wahl; im Durchschnitt wählen sie eine Universität unter ihrem Niveau (Bowen, Chingos und McPherson 103). Dieser Trend ist bedauerlich, weil Schüler, die bei gleicher Leistung weniger anspruchsvolle Colleges besuchen, dort zu einem geringeren Prozentsatz ihren Abschluss machen werden als Schüler, die anspruchsvollere Hochschulen besuchen.

Eine weitere Herausforderung rührt von der für die meisten Colleges bestehenden Unmöglichkeit her, bei der Zulassung von Studenten den Gesichtspunkt ihrer Zahlungsfähigkeit bzw. Unterstützungsbedürftigkeit ganz außer Acht zu lassen. Ein Problem, das, sofern es das Finanzielle betrifft, damit zusammenhängt, ist, dass die Universitäten zunehmend dazu übergehen, Studenten durch die Vergabe leistungsabhängiger Stipendien zu werben, solcher Stipendien also, für die nicht die Bedürftigkeit, sondern das akademische Niveau maßgeblich ist, ganz unabhängig von der persönlichen finanziellen Situation. Obwohl die von der Bedürftigkeit abhängige Unterstützung zwischen 1995/96 und 2007/08 ebenfalls zugenommen hat, hat die leistungsabhängige doch erheblich stärker zugenommen. Während 1995/96 an den staatlichen Colleges 8 % der Vollzeitstudenten im Grundstudium leistungsabhängige Stipendien erhielten, hat sich bis 2007/08 die Zahl auf 24 % erhöht. In dem gleichen Zeitraum ist sie an den privaten Universitäten von 24 % auf 44 % gestiegen (Woo und Choy 9). Leistungsabhängige Stipendien sind besonders verbreitet an Colleges des mittleren Niveaus, die die besten Studenten gleichsam einzukaufen versuchen. Zwischen 2007/08 und 2010/11 waren es bei den Eliteeinrichtungen nur 7 bis 10 % der Stipendien, die leistungsabhängig vergeben wurden, während es bei den weniger anspruchsvollen Colleges und Universitäten 25 bis 30 % waren (*Trends in Student Aid 2011*, 27). Nicht nur private Universitäten, sondern auch staatliche bzw. die jeweiligen Staatsregierungen ziehen zunehmend populistisch den Leistungsgesichtspunkt bei der Stipendienvergabe dem Bedürftigkeitsgesichtspunkt vor (*Empty Promises* 37).

Die Colleges verteidigen diesen Ansatz mit der Behauptung, dass ein wenig Förderung in dieser Richtung Studenten anzuwerben hilft, das intellektuelle Klima eines Colleges anzuheben. Da außerdem leistungsabhängige Stipendien weniger kostspielig sind als die aus Bedürftigkeitsgründen gewährten, könnten solche Studenten in der Lage sein, die Studiengebühren größtenteils zu entrichten, mit denen dann wiederum den bedürftigeren Studenten unter die Arme gegriffen werden könne. Solche Studenten zu gewinnen, könne auch helfen, das Ansehen eines College zu heben, was für dieses unter Umständen sogar überlebenswichtig sei. Auf der anderen Seite könnte man einwenden, dass, wenn finanzielle Unterstützung schon rar ist, eine leistungsabhängige viel weniger wünschenswert, ja ein moralisch illegitimer Ressourcenverbrauch sei: unter der Voraussetzung nämlich, dass die finanzielle Unterstützung Studenten zugutekommt, die sich sonst eben an einem anderen College immatrikuliert hätten, während die ärmeren Studenten vielleicht überhaupt außerstande sind, sich eine gute Ausbildung zu leisten. Hier führe die Förderungspolitik der Institution dazu, dass die Prinzipien der sozialen Billigkeit zurücktreten.

Was den Zugang für ärmere Studenten blockiert, ist schließlich auch der Umstand, dass es falsche Anreize gibt. Ein College könnte im *ranking* fallen, wenn es riskierte, einen höheren Prozentsatz weniger bevorzugter Studenten aufzunehmen, die zwar das Gleiche leisten mögen wie die wohlhabenderen Studenten, aber nicht mit gleich hohen Testergebnissen aufwarten können. Es bedürfte, wenn es darum geht, die Zusammensetzung der eigenen Studentenschaft vielfältiger zu gestalten, an einer Universität schon des Mutes, sich um ihr *ranking* nicht zu kümmern. Die Marktgegebenheiten zu überwinden, ist in der Tat nur möglich durch eine Verbindung von Vision, Mut und, in diesem Fall, auch Geld.

Sportstipendien werden an vielen Universitäten vergeben, nicht an den vornehmen Colleges oder der »Ivy League«, aber doch an hervorragenden staatlichen und vielen guten privaten Universitäten, etwa an Duke, Stanford und Notre Dame. Man könnte das in Bezug auf einträgliche Sportarten wie Football und Basketball vielleicht noch verstehen, da die Universitäten mit guten Teams Geld verdienen, kaum vertretbar ist das jedoch in Bezug auf Dutzende anderer Sportarten, in denen die Colleges miteinander wetteifern. Ist Sport denn für eine Universität wichtiger als Biologie oder Philosophie? Manche Universitäten schätzen einen relativ guten Studenten, der ein erstklassiger Hockeyspieler ist, mehr als einen erstklassigen Studenten, der nur ein relativ guter Hockeyspieler ist. Das ist mit einer nach Prioritäten geordneten Mittelverwendung kaum vereinbar. Es ist eher ein Amoklauf des Wettbewerbs, und doch gibt es kaum mehr ein Zurück, wenn eine Universität erst einmal in Sportstätten und Trainer investiert, studentische Sportler rekrutiert und die Erwartungen der Ehemaligen hochgeschraubt hat.

Für viele amerikanische Familien sind die Studiengebühren, nach dem Hauskauf, der zweithöchste Ausgabenposten im Leben. Es wundert daher nicht, dass sie für die Eltern ein Gegenstand der Sorge sind (Clotfelter, *Buying the Best* 1). Obwohl es finanzielle Unterstützung auf allen möglichen Ebenen gibt – der bundesstaatlichen, der einzelstaatlichen, der von Stiftungen und der von einzelnen Institutionen, außerdem seitens privater und kommunaler Organisationen und Arbeitgeber –, erhalten nicht alle amerikanischen Schüler, die dazu befähigt wären, Zugang zu einer Hochschulausbildung. Ein mit dem Titel *Empty Promises* versehener US-Regierungsbericht von 2002 behauptet, jedes Jahr wären 400.000 Schüler mit der formellen Berechtigung zum Besuch eines vierjährigen College dazu faktisch nicht in der Lage, und 170.000 von ihnen würden überhaupt nie ein College besuchen (v).

Für diejenigen, die tatsächlich ein Studium aufnehmen, hat sich die Finanzierung durch Darlehen massiv ausgeweitet. Zwei Drittel der Absolventen privater Colleges hatten 2010/11 Darlehen von durchschnittlich 29.900 Dollar in Anspruch genommen und 57 % derjenigen an staatlichen Colleges, wobei die durchschnittliche Höhe der Darlehen hier bei 23.800 Dollar lag (*Trends in Student Aid 2012*, 4). Während in den siebziger Jahren die von der US-Regierung gewährte finanzielle Unterstützung zum größten Teil aus Stipendien bestand, die, im Unterschied zu Darlehen, nicht zurückgezahlt werden müssen, nämlich bei zeitweilig 70 %, wohingegen der Darlehensanteil sich auf nur 20 % belief, war es 1990 so weit, dass der Stipendienanteil nur noch 15 % betrug, der Darlehensanteil hingegen auf 60 % gestiegen war. Wobei jeweils der Rest auf von der Hochschule selber gewährte Stipendien bzw. Darlehen entfiel (Vest 61–62).

Da die USA studentische Darlehen nach Art von Hypothekenschulden behandeln, die nach einem festen Terminplan zurückgezahlt werden müssen, statt dass man die Rückzahlung von den Umständen abhängig gemacht hätte, davon nämlich, dass tatsächlich ein angemessenes Einkommensniveau erreicht worden ist, bestehen in vielen ärmeren Familien Hemmungen, sich auf eine solche Darlehensfinanzierung einzulassen, und viele Menschen haben in der Tat zu kämpfen, wenn die Rückzahlung fällig wird. Es kommt hinzu, dass die Regierung bei der finanziellen Unterstützung zunehmend darauf setzt, dass die Ausbildungskosten steuerlich absetzbar sind. Davon profitieren in der Regel die politisch wichtigen Mittelklasse- und Oberklassefamilien, nicht hingegen die ärmeren Familien, die doch in erster Linie die Hilfe bräuchten (Russo 87).

Etwa 45 % der amerikanischen Studenten an vierjährigen Colleges arbeiten pro Woche 20 Stunden oder mehr auf dem Campus, um ihren Beitrag zur Bestreitung der Kosten zu leisten (Johnson et al. 4). Obwohl in diese Zahl auch der Anteil der Teilzeitstudenten einfließt, die mehr als 20 Wochenstunden arbeiten (62 %), ist der Anteil der Vollzeitstudenten, die 20 Wochenstunden oder mehr arbeiten, mit 23 % immer noch hoch (*Almanac 2011–12*, 38). Das ist mit optimalen Studienbedingungen kaum vereinbar. Der Stress, Arbeit und Studium aufeinander abstimmen zu müssen, ist eine wichtige

Ursache für die Abbrecherquote an amerikanischen Colleges und Universitäten.

In zunehmendem Maß wird an vielen Universitäten die Lehre von Teilzeitkräften oder Lehrbeauftragten erteilt, von Personen, die weder eine Festanstellung haben noch auf dem Weg dorthin sind (*tenure-track*). Obwohl an den besten Universitäten diese Zahl selten höher als 15 % ist, liegt sie im Landesdurchschnitt, laut der *American Association of University Professors* (AAUP), bei über 60 %. Diese Zahl ist insofern irreführend, als die AAUP nicht Veranstaltungen oder Unterrichtsstunden zählt, sondern die einzelnen Lehrkräfte, so dass, wenn eine Universität einen Wirtschaftsexperten oder einen Journalisten für einen Kurs anstellt, so jemand genauso viel zählt wie ein richtiger Professor mit einem Lehrdeputat von normalerweise vier bis acht Kursen jährlich. Und wenn ein Professor für ein Jahr ausscheidet, um sich seiner Forschung zu widmen, und währenddessen von einem Gastprofessor vertreten wird, figuriert auch dieser Gastprofessor in der offiziellen Statistik. Aber ganz gleich, welche Zahl man letztlich zugrunde legt, sie ist allemal zu hoch und unbefriedigend – das Ergebnis eines stetigen Anwachsens über die letzten 40 Jahre (Schuster und Finkelstein 233). Dieser Trend ist die Folge nicht nur von Rationalisierung, sondern auch anderer, von Fall zu Fall sehr verschiedener Umstände, z. B. der Reduktion der Lehrverpflichtung für die besten Forscher, der Überlassung von Zeitstellen an Leute, die an der betreffenden Universität promoviert haben, nun aber Schwierigkeiten haben, irgendwo unterzukommen, der Erweiterung von Lehrmöglichkeiten für Emeritierte und des Wunsches, universitätsextern Tätige dabeizuhaben, die ihre Erfahrung in die Lehre einfließen lassen können (Cross und Goldenberg 30–32). Das Problem stellt sich besonders in Städten, wo Teilzeitkräfte in Hülle und Fülle zur Verfügung stehen. Die New York University, die den Großteil ihrer Veranstaltungen von Lehrbeauftragten erteilen lässt, beschäftigt pro Jahr mehr als 3.000 Teilzeitkräfte (Washburn 200). Das Ideal der Einheit von Forschung und Lehre erodiert ferner durch den Umstand, dass mehr und mehr Professoren sich entweder ganz auf das eine oder auf das andere verlegen (Schuster und Finkelstein 232–33), indem die einen sich relativ schlecht bezahlt in der Lehre verausgaben (denn der Wettbewerb um solche Lehrkräfte ist nicht übermäßig groß) und die anderen in drittmittelfinanzierten Forschungsprojekten vollauf zu tun haben.

In den USA gibt es zunehmend das Gefühl, dass die primäre Aufgabe, *undergraduates* eine vorzügliche Lehre zuteilwerden zu lassen, hinter die Forschung zurücktritt. Obwohl das eine häufige Klage seitens derer ist, die überhaupt etwas gegen die Akademisierung haben, besteht die Sorge auch in akademischen Zirkeln (Kronman; Lewis; Sperber). Auch wenn die USA in dieser Beziehung besser dastehen als Deutschland, sind auch sie alles andere als vorbildlich. Es wundert nicht, dass Jonathan Coles Buch *The Great American University* auf die Lehre kaum eingeht. An manchen Universitäten ist es möglich, dass jemand allein aufgrund seiner Forschungsleistungen eine Festanstellung erhält. Ich habe das an manchen Professoren gesehen, deren Berufung ich abgelehnt habe, obwohl sie bereit gewesen wären, auch von höher rangierenden Universitäten nach Notre Dame zu wechseln. Obwohl sich in dieser Beziehung in den letzten Jahren immerhin einiges getan hat, mangelt es in Amerika an einer Vorbereitung der fortgeschrittenen Studenten auf die Lehre. Im Graduiertenstudium liegt der Schwerpunkt bei der Forschung, und wenn diese künftigen Professoren dann von Universitäten eine Anstellung bekommen, neigen sie dazu, keine Veranstaltungen im Rahmen des Studium generale abhalten zu wollen, in denen von ihnen erwartet würde, über den Tellerrand ihres Fachs hinauszublicken oder ihr Fach auch Studenten anderer Hauptfächer zu vermitteln. Landesweit eine der größten Schwachstellen ist die Popularisierung der Naturwissenschaften (Bok 260–61), eine Herausforderung, die für das deutsche System nicht existiert, die aber für das Collegeideal essenziell ist.

Amerikanische Studenten haben einen vollen, oft überladenen Stundenplan, weswegen sie auch dann, wenn sie sich weit lieber in eine bedeutende Frage vertiefen würden, an die Bewältigung der nächsten Aufgaben denken müssen. An einer beträchtlichen Anzahl amerikanischer Universitäten belegen Studenten fünf Veranstaltungen pro Semester, was mehr ist als an vielen Elitecolleges und -universitäten, wo bezogen auf das Gebotene vermutlich auch mehr verlangt wird und man es aber gleichwohl mit vier belegten Veranstaltungen gut sein lässt. Viele Studenten betrachten das Studium generale nicht als die Vorbereitung auf ein lebenslanges Lernen, sondern als ein möglichst gute Noten einbringendes und alsdann schnell vergessenes Pensum. Als amerikanischer Student macht man eine Prüfung nach der andern. Dass man regelmäßig Hausarbeiten einreicht, ist zwar hilfreich, besonders, wenn es den Studenten ermöglicht wird, sie zunächst in einer ersten Fassung und dann in der endgültigen Version vorzulegen – denn Neuschreiben verbessert das Schreiben –, aber dieses Hochpäppeln und die Schülermentalität stehen auch der Selbständigkeit und der inneren Motivation im Wege, die Merkmale eines echten Studiums sind.

Obwohl sie eine notwendige, wenn auch ungeliebte, Unterrichtsform an den größeren staatlichen Universitäten ist, ist die Vorlesung, deren Vorteile ich schon dargelegt habe, in den USA inzwischen nahezu tabu. Auf Ausnahmen stößt man nur selten. An nur wenigen Colleges und Universitäten gibt es Vorlesungen, von denen jeder sagt, man müsse sie gehört haben. Am Williams College hat z. B. die Einführung in die Kunstgeschichte diese prominente Rolle gespielt. Es ist noch gar nicht so lange her, im Absolventenjahrgang 1988, dass 58 % dieses Jahrgangs, mit über das ganze wissenschaftliche Spektrum verteilten Hauptfächern, den einjährigen Kurs belegten, der die Studenten in die Kunstgeschichte einführte (Toomajian). Als ich Dean wurde, schlug ich vor, die Professoren, die die besten Vorlesungen halten, mit einem auf Zeit zu verleihenden Ehrentitel auszuzeichnen: *Notre Dame Master Lecturer*. Dieser Titel sollte Kollegen verliehen werden, die sich als exzellente Wissenschaftler bei den Studenten größter Beliebtheit erfreuten und regelmäßig Veranstaltungen mit mehr als hundert Hörern durchführten, ohne dabei auf inflationäre Weise gute Noten zu vergeben. Meine Kollegen waren entsetzt, dass ich so etwas einer Institution vorschlug, die stolz auf kleine Veranstaltungen ist. Sie erteilten dem Gedanken eine überwältigende Absage.

Auch die studentische Kultur ist in Amerika nicht ideal. Aus neueren Umfragen geht ganz klar hervor, dass Karrierismus eine verbreitete studentische Einstellung ist. Materielle Motive rangieren dabei sehr deutlich vor der Entwicklung einer philosophischen Lebenseinstellung oder der Beschäftigung mit den großen Fragen (Pryor 72–73 und *Almanac 2009–10*, 18). An die besonders guten Colleges wollen viele nur, weil sie der Königsweg zum beruflichen und finanziellen Erfolg sind. Man hofft, dort seine sozialen Beziehungen auszubauen, anstatt dass man von den sich bietenden Möglichkeiten, etwas zu lernen, begeistert wäre. Dieser Befund wird von Douthats kürzlich erschienenen Erinnerungen an das *undergraduate*-Leben in Harvard exemplarisch unterstrichen.

Mit ihren Darlehen am Hals kommen die Studenten manchmal dahin, Karrieregesichtspunkte und praktische Zwecke über den intrinsischen Wert des Wissens zu stellen. Ihre Verschuldung in Kombination mit dem für die amerikanische Gesellschaft so charakteristischen Antiintellektualismus und Pragmatismus ist der Grund dafür, dass mehr amerikanische Studenten im Hauptfach Betriebswirtschaft studieren als irgendein anderes Fach, einschließlich alles dessen, was einen intrinsischen Wert hat. Hinzu kommt, dass Studenten der Betriebswirtschaftslehre typischerweise weniger Zeit als andere auf das Studium verwenden und überhaupt weniger substanzielle Arbeit, etwa beim Lesen und bei der Textproduktion, erledigen (Arum und Roksa), was das intellektuelle Klima auf dem Campus noch weiter belastet.

Die Inflation guter Noten ist ein ernstes Problem in den USA. Der Notendurchschnitt hat sich im Verlauf der letzten dreißig Jahre erhöht, und ein »A« ist heutzutage die Allerweltsnote, obwohl die Professoren sich doch über die Qualität der Studenten beklagen (Rojstaczer und Healy). Die Studenten interessieren sich häufig mehr für die Noten als für den Lehrstoff, und die Inflation guter Noten verschärft das Problem nur. Die betreffenden Professoren haben keine Lust, zwischen ihren Studenten Unterschiede zu machen, sich mit Beschwerden von Studenten abzugeben, von den Studenten ihrerseits negativ begutachtet zu werden, und sie bringen auch schlicht nicht genügend Mut auf. Obwohl der Notendurchschnitt gestiegen ist, verbringen die Studenten im Durchschnitt, unabhängig von der Fachrichtung, heute weniger Stunden mit ihrem Studium als je zuvor (Arum und Roksa).

Amerika blickt stolz auf eine Tradition von Campusaktivitäten zurück, auf *social events* außerhalb des Stundenplans, darunter Sport, worüber das Studium und die Forschung freilich leicht zu kurz kommen. Das war auch an den Ivy League Colleges zwischen den achtziger Jahren des 19. Jahrhunderts und dem Ersten Weltkrieg der Fall. In den Anfangsjahren seiner Präsidentschaft an der Princeton University einmal gefragt, wie viele Studenten denn dort wären, versetzte Woodrow Wilson: »etwa 10 Prozent« (Oberdorfer 102). Die übergroße Wichtigkeit des gesellschaftlichen Lebens auf dem Campus ist gut eingefangen in F. Scott Fitzgeralds Roman *This Side of Paradise* (1920). Im Verlauf des 20. Jahrhunderts gelang es den besseren amerikanischen Colleges und Universitäten, von dem bis dahin so stark im Vordergrund stehenden Interesse an Sport, Club- und Campusleben mehr und mehr wegzukommen, hin zu den eigentlich akademischen Dingen. Um es in den Worten von Wilson zu sagen, der so viel dafür getan hat, die akademischen Standards zu heben, war das der Wechsel in der Einstellung von der »guten Kameradschaft« zu »Erkenntnis und Aufklärung« (Baker 148). Dennoch stellt sich die richtige Balance zwischen dem akademischen und dem Campusleben eben durchaus nicht immer ein. Alkoholmissbrauch und Schikanen in Studentenverbindungen sind Probleme auf so manchem Campus. Selbst Gemeinschaftsdienste und andere, an sich durchaus sinnvolle Aktivitäten außerhalb des Studiums nehmen im Vergleich zur geistigen Arbeit oft unverhältnismäßig viel Platz ein. Die Ehemaligen wiederum neigen dazu, sich mit der Universität als einer Institution der *undergraduate*-Ausbildung, mit dem studentischen Leben in Wohnheimen und mit Sport zu identifizieren. Es ist daher gar nicht so einfach, die von den Ehemaligen und anderen Spendern kommenden Geldmittel auf das Graduiertenstudium und die Forschung umzulenken.

Der Sport, die prominenteste nichtakademische Aktivität auf vielen Campus, stärkt die Gemeinschaft und stellt sicher, dass die Universität weithin sichtbar ist. Der Sport sorgt auch für erhebliche Mittelzuflüsse zu einer kleinen Anzahl der erfolgreichsten Universitäten. Dennoch erwirtschaften die meisten Universitäten durch ihn nicht direkt einen Profit, vielmehr wenden sie dem Sport Mittel zu, die sonst akademisch produktiv hätten verwendet werden können. Es ist tatsächlich so, dass nicht einmal zwanzig Universitäten durch Sport regelmäßig per saldo Gewinn machen; die anderen, Hunderte, verlieren Geld. Übrigens mögen die Zahlen für diejenigen, deren Einnahmen dadurch die Ausgaben übersteigen, sogar geschönt sein, was zu vermuten steht, wenn man die Gemeinkosten und die oft versteckten Kosten für die Anlagen und den Unterhaltungsaufwand hinzurechnet. Im Haushaltsjahr 2009 waren an drei staatlichen Universitäten jeweils mehr als 100 Millionen Dollar für

Sport eingeplant, an mehr als 50 privaten und staatlichen Universitäten 50 Millionen Dollar oder mehr (Clotfelter, *Big-Time Sports* 18–19). 2011 erschütterte den amerikanischen Football landesweit die Enthüllung eines sexuellen Missbrauchsskandals an der Penn State University, der zum Rücktritt etlicher Personen führte, einschließlich des Präsidenten und eines legendären Trainers. Sport kann eben von der Hauptaufgabe einer Bildungseinrichtung ablenken. Das vor Kurzem erschienene Buch von Bowen und Levin belegt die bemerkenswerten Vorteile, die Sportler sogar bei der Zulassung zu erstrangigen Universitäten genießen, was zulasten der Chancen akademisch besser qualifizierter Studenten geht. In der Ivy League machen die Sportler, obwohl sie keine Stipendien bekommen, immerhin etwa 14 % der relativ kleinen Studentenschaft aus, und an den besten Colleges, die noch kleiner sind, beläuft sich diese Zahl auf sogar 20 %. An diesen Colleges nehmen prozentual noch mehr Studenten am Mannschaftssport teil, und zwar 22 % bzw. 38 %, denn die vorher genannten Zahlen bezogen sich auf das Aufnahmeverfahren (Bowen und Levin 286). Selbst die These, Sport sei der Charakterbildung rundum förderlich, ist im Licht der Belege dafür, dass das Sportlerdasein sehr unschöne Seiten aufweisen kann, etwa fehlendes Mitgefühl und ein ausgeprägtes Schwarz-Weiß-Denken (Edmundson), nicht ohne Weiteres akzeptabel.

Während die Absolventenzahlen in den USA während des ersten Dreivierteljahrhunderts dramatisch stiegen und weit über denen anderer Länder lagen, haben sie sich im letzten Viertel des 20. Jahrhunderts nur bescheiden erhöht. Andere Länder dagegen haben eine deutliche Erhöhung ihrer Absolventenzahlen erlebt, so dass die USA nicht mehr die Spitzenstellung behaupten.

Die gegenwärtige Abschlussquote schwankt in den USA beträchtlich von Institution zu Institution, je nach Qualität und Selektivität, und die Durchschnittszahl, 58 %, ist nicht eindrucksvoll (*Digest of Education* Tabelle 376).[7] Bei den Promotionen, d. h. bezogen

---

[7] Je strenger bei der Zulassung gesiebt worden ist, desto höher sind die Abschlussquoten. An Universitäten ohne Zulassungsbeschränkung machen 31 % der Studenten ihren Abschluss; an solchen, die zwischen 50 % und 75 % der Bewerber annehmen, 61 %; und an solchen, die weniger als 25 % annehmen, 88 % (*Digest of Education*, Tabelle 376).

auf diejenigen, die mit einem Bachelor- oder Mastergrad auch noch die Promotion anstreben, sind die Zahlen weniger verlässlich, aber über Institutionen und Fächer hinweg liegen sie bei schätzungsweise 50 %, was eine beträchtliche Verschwendung sowohl der von Professoren investierten Zeit als auch finanzieller Mittel darstellt, denn die meisten Graduierten brauchen viel Betreuung und empfangen großzügige finanzielle Hilfe. Diese ernüchternde Zahl steht im Kontrast zu der Abschlussquote von 95 % in Jura und Medizin, von der man regelmäßig liest.

Während die Universitäten normalerweise sehr genau verfolgen, was aus ihren ehemaligen *undergraduates* geworden ist, bleibt dies bezogen auf die ehemaligen graduierten Studenten in aller Regel den Departments überlassen und wird dort eher nachlässig betrieben. Dadurch wird die Transparenz für künftige Studenten und die kritische Bewertung der betreffenden Studiengänge beträchtlich gemindert. Einen Doktor gemacht zu haben, ist in Deutschland hochangesehen, und die Professoren freuen sich, wenn die von ihnen Promovierten eine Stelle außerhalb der Universität bekommen. Wenn man von Naturwissenschaften und Technik absieht, sind die Professoren in den USA dagegen geneigt, alle Promovierten, die einen außeruniversitären Beruf anstreben, für zweitklassig zu halten. Das ist nicht nur für die Gesellschaft nachteilig, sondern auch für graduierte Studenten, die vielleicht Schwierigkeiten dabei haben, eine Stelle an einer Universität zu finden, oder es überhaupt vorziehen, an Institutionen anderen Typs, z. B. Museen oder Archiven, ihren Weg zu machen, oder auch in anderen Berufsfeldern, etwa im Journalismus, im Verlagswesen, in der Wirtschaft (Bender).

In einem erheblichen Umfang strömen die graduierten Studenten aus Asien und anderswoher in die USA. Obschon diese Studenten für die USA eine wirkliche Bereicherung sind, verdeckt ihre große Zahl das Problem der mangelhaft vorgebildeten und unzureichend motivierten amerikanischen Studenten. Den USA gelingt es nicht, *undergraduates* an ihren eigenen Institutionen derart zu motivieren, dass ein hinreichend großer Prozentsatz von ihnen auch promovieren will oder kann, woraus möglicherweise in der Zukunft ein Problem entstehen könnte. Die in Rede stehende Lücke besagt etwas über die Qualität der amerikanischen *Highschool* und über das intellektuelle Niveau an den Colleges und Universitäten. 1977 waren die Promovierten noch zu 82 % amerikanische Staatsbürger, bis 2007 ist diese Zahl auf 57 % gefallen. Von den Promovierten speziell in den Ingenieurwissenschaften waren 2007 nur noch 29 % amerikanische Staatsbürger, während es dreißig Jahre vorher noch 56 % waren. In den Naturwissenschaften fiel der Anteil im selben Zeitraum von 76 % auf 43 % (Wendler et al. 21). Viele ausländische Studenten bleiben, aber die Zahl derjenigen, die herkommen und bleiben, ist geringer, als es der Fall wäre, wenn die USA nach dem 11. September 2001 nicht eine restriktivere Ausländerpolitik eingeführt hätte (Alden). Die Beschränkungen sind in den letzten Jahren zum Teil zwar gefallen, aber etwas von dem Schwung in der Anwerbung ausländischer Studenten und Wissenschaftler ist sicherlich verloren gegangen, und ein gewisses Misstrauen und höhere Hürden haben sich im US-System verfestigt.

Die große Zahl ausländischer Doktoranden, besonders in den Natur- und Ingenieurwissenschaften, hat dazu geführt, dass die Studenten im Grundstudium sich über ihre Lehrer, die nicht Muttersprachler sind, beschweren. *Undergraduates* berichten häufig von Schwierigkeiten, das Englisch solcher Lehrer zu verstehen. Obwohl eingeräumt werden muss, dass amerikanische *undergraduates* in dieser Beziehung nicht immer sonderlich tolerant eingestellt sind, haben die Universitäten doch viel zu wenig getan, um solchen ausländischen Lehrkräften durch die Vermittlung von Sprachunterricht zu helfen. Das Ergebnis ist, dass viele Studenten der größeren Universitäten, vorwiegend derjenigen des mittleren Drittels, mit ihrem Unterricht unzufrieden sind.

Obwohl amerikanische Professoren weniger Unterrichtsstunden abzuhalten haben als ihre deutschen Kollegen und oft auch in kleineren Veranstaltungen lehren, ist die Arbeitsbelastung durch die Studenten, einschließlich der Aufgaben kontinuierlicher Rückmeldung, während des Semesters viel höher als in Deutschland. Oft haben amerikanische Professoren Tag für Tag schriftliche Hausaufgaben zu korrigieren. In einer meiner Veranstaltungen während des soeben zu Ende gegangenen Semesters legten die Studenten drei Hausarbeiten von jeweils fünf bis sieben Seiten vor. Nachdem sie die Korrekturen erhalten hatten, überarbeiteten sie wenigstens eine davon, meistens aber zwei, so dass ich in einer Veranstaltung für 16 Studenten 78 Hausarbeiten zu lesen hatte. Hinzu kamen für jede

Seminarsitzung kleine schriftliche Beiträge, so dass es für mich davon insgesamt 512 zu begutachten gab. Hinzu kommen eine 45-minütige mündliche Prüfung, der jeder einzelne Student unterzogen wird, sowie ein mindestens dreiseitiges Gutachten, das jeder Student zur Evaluierung seiner mündlichen Mitarbeit, seiner mündlichen Prüfung und seiner schriftlichen Leistungen von mir erhält.

Bei dem breiten Spektrum der Veranstaltungen, die sie abhalten, und dem an Amerikas Colleges üblichen großen Lesepensum liegen die Thematiken, in denen sich die Professoren auf die Lehre vorbereiten müssen, nicht selten außerhalb ihrer eigenen Forschungsinteressen. Im akademischen Jahr 2011–12 habe ich selber jenseits meiner Kernkompetenz für deutsche Literatur und Philosophie sowie für deutschen und amerikanischen Film sowohl Deutschunterricht gegeben als auch zu folgenden Autoren unterrichtet: Homer, Aischylos, Sophokles, Aristophanes, Platon, Aristoteles, Mark Aurel, Augustin, Dante, Machiavelli, Shakespeare, Molière, Kierkegaard und Oscar Wilde. Auch das nimmt der Forschung Zeit weg. Man gibt Veranstaltungen zu allgemeineren Themen, die über das eigene Fach hinausreichen. In meiner einjährigen *honors*-Veranstaltung mit 16 Studenten habe ich vielleicht einen Teilnehmer, der sich für Germanistik als Hauptfach entscheiden wird.

Das Verwaltungsethos, das sich infolge der hohen Erwartungen an das korrekte und faire Verfahren einstellt, kann ausgesprochen anstrengend sein. Es verlangt z. B., Studenten zu treffen, Veranstaltungen von Kollegen zu besuchen, dicke Promotionsakten durchzuarbeiten, sich über den gemeinsamen Lehrplan zu verständigen, Events für die Studenten und manchmal auch für deren Eltern vorzubereiten, sich mit Kollegen über Gastvorträge zu einigen, Mitarbeit an der Rückmeldung für jüngere Kollegen zu leisten und ihnen informell mit Rat und Tat zur Seite zu stehen, Gremienarbeit auf der Department-, College- und Universitätsebene zu leisten, Anfragen seitens der Universität zu beantworten, etwa nach Unterlagen für die langfristige Planung oder für die Spendeneinwerbung, sich mit der Anwerbung von Studenten, der Öffentlichkeitsarbeit, dem Marketing zu befassen und überdies auch noch Berufungsverhandlungen zu führen. Dafür opfert man als Professor eine Menge Zeit, da man nicht nur Hunderte von Bewerbungen liest, bei mehr als zwanzig von ihnen auch die eingesandten Sonderdrucke, man interviewt ein Dutzend Kandidaten, die in die engere Wahl kommen, und bringt dann mit jedem der drei oder vier Finalisten oft zwei volle Tage auf dem Campus zu. Weil der Lehrkörper groß ist, sind auch häufig Berufungsverhandlungen zu führen – ja, sie stehen fast immer an. In manchen Departments hilft ein Haushalts- oder Personalausschuss dem Departmentsleiter bei der jährlichen Evaluierung der Professoren. Es wundert nicht, dass nach einer vergleichenden Studie amerikanische Professoren weit häufiger als Professoren aller anderen Länder sagen würden, dass diese Art von Verwaltung (bei uns heißen diese eher informellen Verwaltungsaufgaben *service*) ein Teil ihrer täglichen Arbeit und Beurteilung sei (Altbach 34).

Die Anforderungen an die Administratoren sind so groß, dass es selten vorkommt, dass jemand während seiner Zeit als Leiter eines Departments wissenschaftlich noch völlig aktiv ist. Noch seltener kommt es vor, dass jemand die Amtsgeschäfte eines Dean, Provosten oder Präsidenten führt und während dieser Zeit auch unterrichtet oder irgendwie forscht, um sich nach seiner Amtszeit erneut als tätiger Wissenschaftler unter seine Kollegen einzureihen. Dies verschärft die schon existierenden Spannungen zwischen den Professoren und den Administratoren. An manchen Universitäten führt das Anforderungsprofil erfolgreicher Administration zur Einstellung von immer mehr Vollzeitspezialisten, auch in Führungspositionen (Ginsberg). Die ungeheure Last, die auf den Schultern der Administratoren liegt, erklärt sich von selbst und ist vielleicht unvermeidlich: Anspruchsvoll sind die Kenntnisse und Fertigkeiten, deren es bedarf: juristische, kommerzielle, betriebswirtschaftliche, solche über Bundesgesetze und Informationssysteme, die Drittmittelverwaltung und -verträge, Rationalisierungsmöglichkeiten, die Organisation der finanziellen Hilfe für Studenten, das Einwerben von Spenden und verschiedene andere Arten zunehmend spezialisierten Sachwissens und Know-hows. Unaufhörlich wird man bestürmt mit Forderungen der verschiedenen Gruppen, die etwas von einem wollen. Nicht nur haben sich viele Administratoren der Professorenrolle entfremdet, sofern sie überhaupt etwas mit dieser verbindet, die besten Professoren schrecken häufig davor zurück, sich solchen Aufgaben noch zu unterziehen, und verknappen so das Reservoir möglicher Administratoren. Wenn sie sich aber doch dazu bereitfinden, dann sind sie regelmäßig entsetzt über die

Arbeitslast und die Hektik. Um diesem Missverhältnis zwischen Angebot und Nachfrage Rechnung zu tragen und die Administratoren für ihre ungewöhnlich hohe Arbeitszeit zu entschädigen, tendiert ihre Bezahlung dazu, schneller zu steigen als die der Professoren, was die Spannungen weiter erhöht. 2009–10 lag das Gehalt für die in der Verwaltung tätigen Professoren um den Faktor 4,9-mal höher als das für die anderen Professoren, während es 1999–2000 erst 3,2-mal so hoch gewesen war. Sechs Universitätspräsidenten haben zehnmal so viel verdient wie ihre Professorenkollegen (Stripling und Fuller A1). 36 Universitätspräsidenten sind Einkommensmillionäre (Stripling und Fuller A3).

Obwohl die Idee eines unabhängigen Hochschulrats in der Praxis recht gut funktioniert, ist sie sicherlich verbesserungsfähig. Eine landesweite Untersuchung von 2007 hat enthüllt, dass 40 % der Ratsmitglieder sich selber für kaum oder gar nicht auf diese Tätigkeit vorbereitet hielten (»Trustees: More Willing than Ready« A11).

Der wissenschaftliche Horizont tendiert in den USA dazu, eher provinziell und national als international zu sein, wie es doch sonst üblich ist, selbst in England (Evans). Trotz einer, im weitesten Sinn, globalen Orientierung ist der Anteil der Kollegen, die innerhalb solcher Fachbereiche wie Geschichte, Soziologie und Politische Wissenschaft sich mit Amerika beschäftigen oder sich, wie nicht zuletzt auch Philosophen, auf das Studium englischsprachiger Texte beschränken, bemerkenswert hoch. In einer vergleichenden Studie aus den neunziger Jahren haben sich zwischen 91 und 99 % der Professoren jedes der in die Untersuchung einbezogenen Länder zu der Auffassung bekannt, dass man als Wissenschaftler, um mit den Entwicklungen in seinem Fach Schritt zu halten, auch ausländische Bücher und Zeitschriften lesen müsse. Bei dem einzigen Ausreißer, den USA, belief sich diese Zahl auf 62 % (Altbach 42). Wenn man die Zitationen zweier bedeutender Fachzeitschriften in Soziologie, einer amerikanischen und einer deutschen, miteinander vergleicht, dann ergibt sich, dass die Beiträge in der deutschen Zeitschrift mit viel größerer Wahrscheinlichkeit ausländische Beiträge berücksichtigen und auch zitieren, dass sie also, in diesem Sinn, einen höheren Internationalitätsstandard repräsentieren (Münch, *Akademischer Kapitalismus* 134). Die Gründe für die Borniertheit amerikanischer Wissenschaftler sind zahlreich. Darunter sind eine geringere Vertrautheit mit Fremdsprachen und ein ausgeprägtes Gefühl für die Bedeutung des eigenen Landes und seiner Traditionen. Das ist nicht die beste Voraussetzung für den globalen Wettbewerb der Zukunft.

Eine Schwäche der amerikanischen Departmentstruktur, auch der oft beträchtlichen Größe, ist, dass die einzelnen Wissenschaftler selten den Antrieb haben, das Fach in seiner ganzen Breite vertreten zu können. Stattdessen können sie, bei der großen Zahl von Kollegen, die von ihren Interessen her Fehlendes schon ergänzen werden, es sich leisten, reine Spezialisten zu werden – nicht immer zum Vorteil eines Wissenschaftlerideals, das Umsicht und die Suche nach der Einheit der Erkenntnis schätzt. Wie der Philosoph Alasdair MacIntyre bei einer Veranstaltung in Notre Dame anlässlich seines 80. Geburtstages spöttelte: »If you have a doctorate, you must work very hard to become an educated person.« Man stelle sich ein anglistisches Department mit mehr als vierzig Professoren vor, von denen manche sich in der Forschung ausschließlich ihrer persönlichen Epoche oder ihrer literarischen Gattung oder ihrem theoretischen Ansatz widmen. Das unterscheidet sich grundlegend von der deutschen Vorstellung, wonach Professoren ihr Fach in seiner ganzen Breite zu vertreten haben. Diese deutsche Tradition schützt auch davor, dass das betreffende Fach, wie tendenziell in den USA, sei es unter dem Druck der Überspezialisierung (wie im Fach Philosophie) oder der Modeabhängigkeit (wie im Fach Anglistik) zerbröselt.

Denn manche geisteswissenschaftlichen Fächer sind doch sehr stark für Moden anfällig. Dazu steht der wissenschaftliche Ernst an den deutschen Universitäten im Kontrast, auch die stärkere Betonung der Geschichte, was dabei hilft, Moden nicht allzu leicht zu erliegen. Ebenso hat die Erfahrung mit dem Nationalsozialismus deutsche Gelehrte gegen bestimmte geisteswissenschaftliche Ansätze eingenommen, durch die Legitimations- und Begründungsfragen abgeschnitten werden, denn letztlich würde so ja auch der Schutz der Menschenrechte fragwürdig. Mit der Anfälligkeit für Moden hängt die *political correctness* zusammen, die zwar nicht so weitverbreitet ist, wie die Medienberichterstattung bisweilen glauben macht, aber doch eine lebendige intellektuelle Auseinandersetzung unterdrücken kann. Während ich die sogenannten *culture studies* durchaus im Hinblick darauf schätze, was sie solchen *under-*

graduates vermitteln können, die andere Sprachen und Kulturen kennenlernen wollen, ohne sich deswegen auch für die jeweilige Literatur zu interessieren, muss man es doch beklagen, dass an vielen Universitäten und in vielen Departments *culture studies* die Literaturwissenschaft nicht etwa produktiv ergänzt, sondern verdrängt haben. Dieses Phänomen ist in Deutschland erfreulicherweise weniger häufig (Roche, *Why Literature Matters*).

Die vielberufene finanzielle Stärke des amerikanischen Hochschulwesens ist keineswegs unerschütterlich. Mindestens drei Punkte sind gefährlich oder können es zumindest werden. Erstens sind die privaten Universitäten stark abhängig von ihrem Wertpapiervermögen, dessen Wert vom Markt bestimmt wird und in den vergangenen Jahren großen Schwankungen unterlag. Im Juni 2009 zum Beispiel lag das gesamte Wertpapiervermögen der privaten Colleges und Universitäten inflationsbereinigt etwa 27 % unter dem Wert von 2008 (*Trends in College Pricing 2010*, 23). Die schwierige finanzielle Situation hat an verschiedenen Universitäten zu Kürzungen geführt, die in manchen Fällen sogar die Idee der Universität in Frage stellen. Die University of Southern California beispielsweise hat ihr Department für Germanistik geschlossen. An der Washington State University kann man Germanistik nicht mehr im Hauptfach studieren.

Infolge gelegentlicher Vermögenseinbußen sahen sich viele amerikanische Universitäten gezwungen, Personal abzubauen, Berufungen einzustellen und Gehälter einzufrieren. Paradoxerweise waren die wohlhabendsten, d. h. diejenigen mit dem höchsten Stiftungsvermögen, unter den am schwersten Betroffenen, da bei ihnen ein größerer Anteil ihres Jahreshaushalts aus Kapitalerträgen stammt, die, anders als die Studiengebühren an den meisten Universitäten, nicht stiegen, sondern sanken. Alle Universitäten der *Ivy League* hatten mit Kürzungen zu kämpfen (Munk; Kaplan). Die Geldknappheit führte zu Entlassungen, dem Einfrieren von Gehältern und der Verschiebung von Bauvorhaben. Auch wurden kurzfristig Anreize eingeführt, damit ältere und höher bezahlte Universitätsmitglieder früher in den Ruhestand gehen; sie konnten dann nämlich durch Anfänger, die typischerweise weniger kosten, ersetzt werden. Besonders schwer traf es Harvard, wo die Kürzungen in *arts and sciences* über zwei Jahre hinweg 19 % betrugen.

Die privaten Universitäten finanzieren Stipendien alternativ aus zwei Quellen, dem Stiftungsvermögen oder den Betriebsmitteln. Bei Letzterem handelt es sich implizit um einen Rabatt auf die Studiengebühren. Wenn das Stiftungsvermögen die Quelle ist, werden die Studiengebühren tatsächlich entrichtet, die Kapitalerträge gehen in die Betriebsmittel der Universität ein. Bei einem Rabatt auf die Studiengebühren sind diese reduziert oder ganz erlassen. Manche Studenten entrichten Studiengebühren im vollen Umfang, doch andere, die finanziell unterstützt werden, entrichten weniger, und das bedeutet: weniger Dollars für die zur Verfügung stehenden Betriebsmittel. Wenn konjunkturell bedingt das Stiftungsvermögen im Wert sinkt und die Eltern in finanziell bedrängte Umstände geraten und daher mehr Hilfe benötigen, muss diese aufgebracht werden. Folglich muss in der Universität an anderer Stelle gekürzt werden, um diese finanzielle Hilfe subventionieren zu können. Um die Kürzungen auszugleichen, setzen dann manche Universitäten die Studiengebühren weiter herauf, doch viel von diesen zusätzlichen Einnahmen verschwindet wieder in der Finanzierung der Hilfen (McPherson und Schapiro 68). Aus diesem Teufelskreis gibt es so leicht keinen Ausweg. Eine Erhöhung der Studiengebühren beunruhigt die Öffentlichkeit, knappere Betriebsmittel aber schmälern die akademische Qualität.

Zweitens haben die staatlichen Universitäten eine dramatische Kürzung ihrer Mittelzuweisungen erlebt. Das staatliche Finanzaufkommen pro Vollzeitstudent an einer staatlichen Universität sank inflationsbereinigt von 1990/91 bis 2009/10 landesweit um 26,1 % (Quinterno, *The Great Cost* 2). Staatliche Universitäten hängen nun einmal an der Gesundheit der Staatshaushalte, und wenn Haushaltskrisen entstehen, wie in den letzten Jahren, dann haben die staatlichen Universitäten mit Kürzungen zu kämpfen, die ihrerseits zu Entlassungen, Gehaltskürzungen, der Einstellung von Studiengängen, die ohnehin auf der Kippe standen, einer Erhöhung des Lehrdeputats, Einstellungsstopps und zu kräftigen Erhöhungen der Studiengebühren führen. Ich habe mit der notorischen Unzuverlässigkeit der staatlichen Finanzierung meine Erfahrung gemacht, als nach dem plötzlichen Auftreten eines Haushaltslochs im Januar 1992 der zuständige Dean der Ohio State University mich bat, einen in Yale lehrenden Professor, der für jenes Frühjahr als Gastprofessor eingeladen worden war, anzurufen und ihn zu fragen, ob es nicht irgendeine Möglichkeit für ihn gäbe, sein Gehalt weiter von Yale zu beziehen. Wir suchten damals nach Einsparungsmöglichkeiten in Millionenhöhe und waren gehalten, alle einschlägigen Mittel und Wege zu prüfen. Es war, um es gelinde zu sagen, ein peinlicher Telefonanruf. Über die Jahre hinweg hat es an staatlichen Universitäten ständig Kürzungen gegeben. Andere Haushaltspositionen – Gefängnisse, Schulen, Gesundheitsdienst für Bedürftige (*Medicaid*) – stehen im Wettbewerb um die knappen Mittel. In Gefängnisse zu investieren anstatt in Bildung, ist nicht eben eine weitblickende Strategie, zumal wenn man die hohe Rate an Gefängnisinsassen in den USA mit der in der restlichen westlichen Welt vergleicht. Trotzdem sind die Staatsausgaben für das Gefängniswesen zwischen 1985 und 2000 sechsmal so hoch gestiegen wie die für das Hochschulwesen (Putting 5). In Kalifornien, das das größte staatliche Universitätssystem besitzt, stiegen die Ausgaben für Gefängnisse von 4 % im Jahr 1985 auf 9,5 % im Jahr 2010. In demselben Zeitraum fielen die Ausgaben für die Universitäten von 11 % auf 5,7 % (»Jailhouse Blues«).

Drittens wird die Bundesbezuschussung der Forschung und der finanziellen Hilfe für Studenten vermutlich nicht mit den Erwartungen seitens der Universitäten bzw. der Studenten Schritt halten, es sei denn, Washington erwiese sich als fähig, die Steuereinnahmen zu steigern oder die vorhandenen Mittel umzuschichten. Da das Mantra »Keine neuen Steuern!« eine Art republikanischer Glaubensartikel geworden ist und Verteidigung, Gesundheitswesen, Infrastruktur und andere Bereiche mit den Ausgaben für Forschung konkurrieren, sind diese von Washington in den letzten Jahren nicht wesentlich erhöht worden. *Science and Engineering Indicators 2012* zeigt, dass in dem Fünfjahreszeitraum 2004–09 die Bundesmittel für Forschung jährlich inflationsbereinigt im Schnitt um 0,8 % erhöht wurden (5–9). Das wichtigste Bundesstipendium für bedürftige Studenten ist das *Pell Grant*. Es wurde 1972 eingeführt, um es Studenten aus sozial schwachen Schichten zu ermöglichen, das College zu besuchen. Pell-Stipendien werden also ausschließlich nach dem Kriterium der Bedürftigkeit vergeben. 1976 deckte ein Pell-Stipendium fast 90 % der Kosten für den Besuch eines vierjährigen College, 2004 hingegen waren es nur noch 24 % (Sacks 178). Wegen der steigenden Nachfrage erhöhte Washington die Haushaltsmittel für Pell-Stipendien von 10 Milliarden Dollar in den Jahren 2001/02 auf 30 Milliarden Dollar in den Jahren 2009/10 (1976 waren es unter 1,5 Milliarden Dollar gewesen). Da der Bundeshaushalt von vielen Seiten stark unter Druck steht, sind die Mittel, die nötig wären, um das Programm so fortzuführen wie ursprünglich gedacht, auf die Dauer wohl nicht aufzubringen.

Jedes Andauern oder jede Wiederkehr der Wirtschaftskrise wird zur Folge haben, dass die Familien es vermutlich immer schwerer haben werden, die Studiengebühren aufzubringen. Das wird deren Erhöhung bremsen und könnte dazu führen, dass finanziell weniger gut gestellte private Universitäten schließen müssten. Es kommt hinzu, dass, wenn die Aktien fallen, davon nicht nur die bestehenden Stiftungsvermögen betroffen sind, sondern auch Spender weniger freigebig sind, zumal die meisten Geschenke den Universitäten in Form von Dividendenpapieren gemacht werden. Problemverschärfend ist außerdem, dass die Universitäten bei dem Konkurrenzdruck, dem sie unterliegen, nur schwer die Kosten reduzieren und von einer Erhöhung der Studiengebühren absehen können. Kürzungen, die nicht unbedingt sein müssen, haben es schwer in jedem Milieu, das eine eher kollegiale als eine hierarchische Entscheidungsstruktur hat. Die Kostensteigerungen haben einen solchen Problemdruck erzeugt, dass die Regierung inzwischen Anhörungen veranstaltet, Präsident Obama die Collegepräsidenten im Weißen Haus empfängt und er in seinem Bericht zur Lage der Nation 2012 die Sache eigens angesprochen hat. Ungeachtet seiner vergleichsweise größeren Stärke sieht sich das amerikanische Hochschulwesen also zahlreichen Schwierigkeiten gegenüber, die in mancher Beziehung komplexer sind als die seiner europäischen Gegenstücke, und wie diese muss sich auch das amerikanische Universitätssystem über sein Bild in der Öffentlichkeit Sorgen machen.

Wenn das Geld an der Universität eine derart wichtige Rolle spielt, kann dies das Verhalten beeinflussen. Die Suche nach Dollars kann zu einer überaus engen, möglicherweise unethischen Verflechtung von Industrie und Forschung führen, so dass die Jagd nach Drittmitteln und Patenten wichtiger erscheint als die Suche nach der Wahrheit und deren Verbreitung (Washburn). Der *Bayh-Dole-Act* von 1980, der es den Universitäten gestattete, ja sie gewissermaßen dazu drängte, sich Entdeckungen patentieren zu lassen, die von Forschern gemacht wurden, die für ihre Projekte Bundes-mittel in Anspruch genommen hatten, hat zu einer dermaßen en-gen Partnerschaft zwischen Universität und Industrie geführt, dass befürchtet wird, Publikationen würden hinausgezögert oder gar blockiert, um den Sponsoren aufseiten der Industrie Zeit zur Pa-tentanmeldung zu lassen. Man hört davon, dass Professoren ihre Ergebnisse manipulieren oder bei der Publikation im eigenen oder im kommerziellen Interesse ihrer Sponsoren hinter dem Berge hal-ten. Manche Universitäten seien inzwischen mehr daran interes-siert, Beziehungen zur Industrie zu knüpfen und neue Geldquellen zu erschließen, als daran, für einen schnellen Zugang zu den For-schungsergebnissen zu sorgen und Interessenkonflikte zu vermei-den. Fraglos sind die Universitäten zunehmend unternehmerisch daran interessiert, was bei der Forschung herauskommt. Eine ergeb-nisoffene Forschung gerät mit der Fortsetzung ihrer Finanzierung und den gewaltigen Einnahmen in Konflikt, die besonders in der Medizin winken. Finanzierungschancen können in manchen Be-reichen die Richtung der Forschung weit mehr bestimmen als die theoretische Neugierde. Spender sind manchmal versucht, auf das System der Anreize einer Universität Einfluss zu nehmen, indem sie ihre eigenen Prioritäten durchzusetzen versuchen. Mehr Leute für die Spendenwerbung, das Marketing und andere verwertungsnahe Bereiche einzustellen, kann dazu führen, dass das Gleichgewicht verloren geht (Kirp).

In Deutschland sind die staatlichen Ausgaben für die Geisteswis-senschaften ansehnlich, in den Vereinigten Staaten sind sie hinge-gen bescheiden. Die Kargheit in Amerika rührt vermutlich daher, dass in der Prioritätenliste der Politiker die Erzielung praktisch und technisch verwertbarer Ergebnisse Vorrang hat, besonders in den Bereichen Sicherheit und Medizin, was mit einer langen US-ameri-kanischen Tradition der Höhergewichtung des praktischen Wissens gegenüber dem theoretischen Wissen korreliert. Die USA sind eine an den Geisteswissenschaften dermaßen uninteressierte Kultur, dass eine hochrangige Kommission 2013 einen Bericht veröffent-lichte, in dem die Nation dazu aufgerufen wurde, »mehr Zeit, Ener-gie und Mittel in die Forschung und Erziehung in die Geistes- und Sozialwissenschaften zu stecken« (Commission 9). In Deutschland entfielen zwischen 2009 und 2012 8,4 % bis 9 % der Förderung sei-

tens der Deutschen Forschungsgemeinschaft (DFG) auf die Geisteswissenschaften, und der Trend zeigt weiter nach oben (*DFG, Jahresbericht* 2012, 160 und 162; *DFG, Jahresbericht* 2011, 166 und 168). In
einem Bericht von 2009 hat die DFG überdies festgestellt, dass im
Kontext der ›Exzellenzinitiative‹ die Geisteswissenschaften bis dato
einen sogar noch höheren Anteil bekommen hatten, nämlich 14 %
(*Förder-Ranking* 27–28). In den USA verteilt sich die Forschungsförderung aus Washington folgendermaßen: *Life sciences* 60 %, Ingenieurwissenschaften 16 %, Physik 8 %, Umweltwissenschaften 5 %,
Mathematik und Informatik 4 %, Sozialwissenschaften 4 %, Psycho-
logie 2 %. Die Unterstützung für die Geisteswissenschaften ist in
den USA so bescheiden, dass sie noch nicht einmal ausgewiesen ist
(*Almanac 2011–12*, 4). Im Haushaltsjahr 2012 hat das *National Endowment for the Humanities* (NEH) 146 Millionen Dollar erhalten,
verglichen mit 30,9 Milliarden Dollar für die *National Institutes of
Health* (NIH) und 7,033 Milliarden Dollar für die *National Science
Foundation* (NSF). Der Etat des NEH beträgt 0,38 % der von Washington für alle drei Behörden bewilligten Etatsumme und gerade
einmal 0,1 % dessen, was Washington 2012 insgesamt, einschließlich z. B. des Verteidigungsministeriums, für Forschung und Entwicklung ausgegeben hat. Weil es in Gestalt privater Stiftungen und
Einzelspender andere Finanzierungsquellen gibt, ist die Situation
nicht ganz und gar düster, aber es ist doch ein Zeichen dafür, dass
wir es hier mit verschiedenen Wertsystemen zu tun haben, und ein
Zeichen für Deutschlands Stärke. Es wundert daher nicht, dass in
Deutschland ein hoher Anteil der Studenten Geisteswissenschaften studiert, nämlich 24,9 % verglichen mit 15,3 % in den USA (*Education at a Glance 2012* Tabelle A2.4).

Wenngleich die Begutachtung durch Fachkollegen – *peer review* –
eigentlich das für die Bewertung von Forschungsvorhaben einzig
richtige Verfahren ist, ist das Ausmaß, in dem Politiker versuchen,
dabei Gelder für ihren Wahlkreis einzuheimsen, einer der uner-
freulichen Aspekte des amerikanischen politischen Systems. Dabei
handelt es sich häufig um das Ergebnis von Kungeleien. Es ist das
beste Mittel, die eigene Wiederwahl zu sichern und wird von den
Wählern erwartet. Je mehr Geld, desto größer die Wahrscheinlichkeit der Wiederwahl. Je höher hinauf im Establishment, desto mehr
Geld. Diese Geldzuweisungen, häufig in Form obskurer Anhänge

zu Überweisungen, die inhaltlich sonst gar nichts mit diesem Posten zu tun haben, nennt man »earmarks« oder, noch sprechender, »pork«. Solche Zuweisungen unterlaufen das fachinterne Begutachtungsverfahren und sind ein durchaus unzweckmäßiges Mittel, die Projekte zu fördern, welche es am meisten verdienen. Im Haushalt 2011 und 2012 wurde diese Praxis gestoppt, trotzdem könnten die *earmarks* wiederkehren. Im Haushaltsjahr 2010 waren immerhin 1,9 Milliarden Dollar auf diese Weise zugewiesen worden. Die Universitäten mit den besten Verbindungen erhielten das meiste Geld. Die University of Alabama in Tuscaloosa lag mit eingefahrenen 58,7 Millionen Dollar Drittmitteln an der Spitze, drei Mississippi-Universitäten befanden sich unter den obersten zwölf, während keine einzige der 25 führenden amerikanischen Universitäten unter den 25 Höchstdotierten figurierte (Lederman). Angesichts so gewaltiger Summen, die Universitäten auf diese Weise zufließen, beschäftigen inzwischen mehr und mehr Universitäten Lobbyisten, die sich darum kümmern, dass ihre Universität von dem Segen etwas abbekommt.

Diese kurze Übersicht über anhaltende Probleme und Herausforderungen des amerikanischen Systems dürfte deutlich machen, dass Deutschland schlecht beraten wäre, es einfach zu kopieren; vielmehr sollte man so umsichtig wie möglich zwischen amerikanischen Stärken und Schwächen unterscheiden. Am Ende jedes Abschnitts des folgenden Kapitels werde ich weitere Probleme benennen, auch in Bereichen wie Wettbewerb und Gemeinschaftsgeist, in denen das amerikanische Hochschulwesen im Allgemeinen sehr gut dasteht.

II. Die Hauptmerkmale des amerikanischen Universitätswesens

Welche hauptsächlichen Merkmale kennzeichnen die lebendige Universitätslandschaft in den USA? Zunächst einmal wäre da die Vielfalt zu nennen, die verschiedenen Arten von Universitäten, seien sie privat oder öffentlich, die höchst unterschiedliche Ausrichtungen und Ziele haben. Zweitens Flexibilität und Autonomie, die schnelle und wirksame Entscheidungen ermöglichen und damit Posten in der Verwaltung attraktiver machen. Drittens der Wettbewerb, die starke Konkurrenz unter den und teilweise auch innerhalb der Universitäten, von der sich das Ethos der ständigen Verbesserung nährt, wie es im amerikanischen Hochschulwesen herrscht. Viertens die Anreizstrukturen, die eine wichtige Rolle spielen, wenn es darum geht, andere zum Erreichen bestimmter Ziele zu motivieren. Fünftens Verantwortlichkeit und Rechenschaftspflicht, die sicherstellen, dass die Universitäten klar definierten Zwecken dienen, und die deutlich machen, in welchem Maße diese erfüllt werden. Sechstens die Studentenzentriertheit, die dem Lernen in hohem Maße förderlich ist und nachweislich die Zahl derer erhöht, die ihr Studium erfolgreich abschließen. Und schließlich der Gemeinschaftsgeist, der die kollektive Identität der Universitätsangehörigen stärkt und langfristig dazu beiträgt, dass Geld in Form von Spenden an die Universitäten zurückfließt.

1. Vielfalt

Anders als in Deutschland, wo ein bestimmtes Universitätsmodell vorherrscht, gibt es in den USA enorme Unterschiede zwischen den Colleges und Universitäten: private und öffentliche, große und kleine, solche, die international, national oder nur regional bekannt sind. In den USA finden sich Institutionen mit weniger als 500 Studenten und andere mit mehr als 50.000. An einigen Universitäten betragen die Studiengebühren nicht einmal 1.500 Dollar pro Jahr und an anderen mehr als 55.000 Dollar. An manchen Institutionen macht praktisch jeder Student nach vier Jahren seinen Abschluss, während an anderen die Studenten mehrheitlich einer Nebentätigkeit nachgehen, folglich sehr viel länger brauchen und die Abbrecherquote höher ist. Auch die Auswahlkriterien weisen eine große Bandbreite auf: Einige renommierte Privatuniversitäten nehmen nicht einmal 10 % der Bewerber auf, während andere einen jeden mit einem Highschool-Abschluss zulassen, und selbstverständlich rangieren viele Institutionstypen irgendwo dazwischen.

Die Größe des Landes kam dieser Vielfalt ebenso entgegen wie die Konkurrenz erst zwischen den Kolonien und später dann zwischen den Bundesstaaten, wie die religiösen Unterschiede und die Kühnheit sowohl der Universitätsgründer als auch der frühen Förderer. Diese weite Fächerung der Institutionen, ein Markenzeichen der amerikanischen Hochschullandschaft, hat zur Folge, dass jeder Student, dem daran gelegen ist, diesen oder jenen Weg zur Auswahl hat, um seine intellektuelle Laufbahn zu gestalten. Die verschiedenen Bedürfnisse der Gesellschaft lassen sich nicht mit einem einzigen Modell befriedigen. Länder, in denen es traditionell an solch einer Verschiedenartigkeit gefehlt hat, haben sich schlechter entwickelt.

Amerikas College- und Universitätslandschaft

Es gibt heute in den USA 4.634 Hochschulen, angefangen von zweijährigen *community colleges* bis hin zu Forschungsuniversitäten (*Almanac* 19). Die Zahl der privaten und staatlichen Einrichtungen ist nahezu gleich, nämlich 1.713 zu 1.705 (*Almanac* 19).[8] Obgleich die

---

[8] Ich verwende das Wort »Privatuniversität« so, wie es bis jüngst allgemein verwendet wurde, d. h. als Kurzbezeichnung für eine private gemeinnützige Universität. Wenn ich weiter unten von privaten gewinnorientierten Universitäten rede, werde ich einfach »gewinnorientierte Universitäten« sagen; es versteht sich von selbst, dass es keine staatlichen gewinnorientierten Universitäten gibt. Heutzutage existieren in den USA mehr als 1.200 gewinnorientierte Universitäten (*Almanac* 19).

Zahl privater Colleges leicht höher ist, sind weniger Studenten an ihnen immatrikuliert. 73 % aller Studenten – *undergraduates*, Graduierte und solche an berufsbezogenen Einrichtungen – besuchen staatliche Colleges und Universitäten (*Almanac 2011–12*, 4). Ob die Studenten in großer Zahl entweder in staatliche oder private Universitäten drängen, hängt von den einzelnen Bundesstaaten ebenso ab wie von der Zahl ihrer privaten Universitäten, der Qualität des staatlichen Angebots und von weiter gespannten kulturellen Fragen. Während sich in Kalifornien mit seinem hervorragenden staatlichen Universitätssystem 84 % der Studenten an staatlichen Universitäten immatrikulieren, besuchen in Massachusetts mit seiner Fülle herausragender Privatuniversitäten nur rund 44 % eine staatliche Einrichtung (*Almanac 2011–12*, 61 und 73). Nicht nur den Studenten lässt dieses Mosaik die Wahl, es ermöglicht auch den Professoren, verschiedene Karrierewege einzuschlagen, wovon einige den Schwerpunkt auf das Engagement in der Lehre, andere auf die Beteiligung an der Forschung und wieder andere auf eine Mischung von beidem legen.

Von den mehr als 4.500 Universitäten sind weniger als 300 Forschungsuniversitäten, und nicht einmal die Hälfte davon, vielleicht etwa 125, betreibt Spitzenforschung. Aus den nationalen Forschungsuniversitäten geht eine große Zahl von Promotionen hervor und praktisch alle Professoren arbeiten tatkräftig an Forschungsprogrammen, wobei von der Professorenschaft in den Natur- und Ingenieurwissenschaften erwartet wird, Drittmittel einzuwerben. Die amerikanische Forschungsuniversität weist die größte Ähnlichkeit mit der deutschen Universität auf, ja dieser Ausschnitt des amerikanischen Hochschulsystems folgt am stärksten dem früheren deutschen Modell. An ihr herrscht die Einheit von Forschung und Lehre. Trotz beträchtlicher Schwankungen, es gibt solche mit weniger als 5.000 und solche mit mehr als 50.000 Studenten, tendieren die Forschungsuniversitäten wie die deutschen Universitäten heute dazu, sehr groß zu sein. Neben dem Bachelor bieten sie die Möglichkeit, höhere Abschlüsse bis hin zur Promotion zu machen. Dazu gehören die Ivy-League-Universitäten, andere Privatuniversitäten wie Stanford und Duke sowie viele große staatliche Universitäten, etwa die University of California in Berkeley und die University of Michigan.

Den Rang einer Universität genießen auch weniger forschungsorientierte und renommierte Universitäten, die in ausgewählten
Fächern das Promotionsrecht haben, wie auch Universitäten mit
normalerweise nur regionaler Bedeutung, die einen Master-, aber
keinen Doktorgrad verleihen. Beide Typen versuchen, eine breite
Klientel von *undergraduates* mit einem großen Spektrum von Disziplinen zu versorgen.

Daneben findet sich eine Vielzahl vierjähriger Colleges für *undergraduates*. Die angesehensten unter ihnen – in einigen Kreisen genießen sie nicht weniger Wertschätzung als die nationalen
Forschungsuniversitäten – sind die führenden *liberal arts colleges*,
welche die Studenten zum Bachelor führen. Diese Colleges haben
strenge Auswahlkriterien, die Professorenschaft kümmert sich
intensiv um die Studenten, die Kurse sind klein, der Campus oft
idyllisch und die Studenten leben in der Regel in Wohnheimen.
Weniger als 1 % der amerikanischen *undergraduates* erhalten ihre
Ausbildung in diesen Colleges, aber neben der Ivy League und ein
paar anderen privaten Forschungsuniversitäten gelten sie allgemein als die Einrichtungen, in denen *undergraduates* in den USA
die beste Ausbildung erhalten. Aus einer jüngsten Umfrage unter
Alumni, die vor 30 Jahren graduiert worden sind, geht hervor, dass
die Absolventen der *liberal arts colleges* weitaus positiver über ihr
Studentenleben sprechen als solche, die an größeren Universitäten studiert haben (*Hardwick Day* 9). Die Absolventen eines *liberal arts college* erlangen mit einer fünfmal höheren Wahrscheinlichkeit, als ihre Zahl vermuten lässt, eine Führungsposition in der
nationalen Wirtschaft und Politik (Peltz). Obgleich einige Studenten Harvard und Princeton gegenüber Williams und Swarthmore
den Vorzug geben, treffen andere die genau umgekehrte Entscheidung. Sie erteilen einem Studium an den Ivy-League-Universitäten
eine Absage und besuchen lieber ein kleines *liberal arts college*. Die
Forschungsuniversität bietet ein großes Spektrum von Disziplinen
und besseren Zugang zu Professoren, die echte Spitzenforschung
betreiben, während die *liberal arts colleges* Kurse anbieten, die ausschließlich den *arts and sciences*, also den Geistes-, Sozial- und Naturwissenschaften, gewidmet sind und einen persönlicheren Umgang ermöglichen. Unterrichtet werden diese Kurse ausschließlich
von Professoren und nicht etwa von graduierten Lehrassisten-

ten. Die meisten, aber nicht alle, dieser *liberal arts colleges* sind privat.

Indem sie Wissenschaft mit engagierter Lehre verbinden (Astin und Chang), kommen die *liberal arts colleges* dem Humboldt'schen Ideal recht nahe. Anders als an den Universitäten ist es hier wahrscheinlicher, dass *undergraduates* an der Forschung teilnehmen (*Hardwick Day* 22). In Anbetracht der intensiven Beziehungen zwischen Studenten und Lehrkörper ist es nicht weiter erstaunlich, dass prozentual mehr Absolventen der *liberal arts colleges* als der Forschungsuniversitäten einen Doktorgrad erwerben (Oakley; Bourque; Cech; Burrelli et al.).

Zu den Colleges für *undergraduates* zählen auch etwa 100 Colleges, die historisch für Afroamerikaner reserviert sind, sowie mehr als 30 Colleges für amerikanische Ureinwohner, die unter der Aufsicht ihrer Stämme stehen. Mehr als 50 Colleges nehmen ausschließlich Frauen auf, darunter so renommierte wie Smith und Wellesley. Dahinter steht der Gedanke, dass Frauen so mehr Gelegenheit haben, Führungsqualitäten zu entwickeln und wichtige Erfahrungen zu sammeln. Außerdem drängt sich ihnen so nicht ständig der traditionelle Vergleich zu den Männern auf, was Frauen historisch am Vorwärtskommen gehindert hat, nicht zuletzt deshalb, weil dadurch der Blick für ihre eigenen Möglichkeiten und Chancen getrübt wurde. Es existiert sogar eine kleine Zahl allein Männern vorbehaltener Colleges.

Religiöse Colleges und Universitäten sind in den USA ebenfalls keine Seltenheit. Tatsächlich ist mehr als die Hälfte der Privatuniversitäten religiös ausgerichtet, und die meisten davon sind Einrichtungen für *undergraduates*. Annähernd 900 amerikanische Colleges und Universitäten bezeichnen sich selbst als »religiös gebunden«. Diese Colleges sind äußerst vielfältig, das Spektrum reicht von religiös-fundamentalistischen Colleges bis hin zu Universitäten, die ein besonderes Bewusstsein für soziale Gerechtigkeit fördern.

Die mehr als 200 katholischen Einrichtungen bilden das größte Kollektiv unter den religiösen Colleges und Universitäten. Darunter finden sich erstklassige Forschungsuniversitäten wie zum Beispiel die University of Notre Dame, aber auch exzellente *liberal arts colleges* wie das Holy Cross College. Ein paar von ihnen sind bereits in den frühen Tagen der Republik gegründet worden, etwa

Georgetown 1789, und eine große Zahl im 19. Jahrhundert, was mit den Einwanderungswellen aus Europa zusammenhängt. Katholische Universitäten tendieren zu einer charakteristischen Ausrichtung und betonen innerhalb der Sozialwissenschaften Fragen der sozialen Gerechtigkeit; häufig investieren sie vor allem in die Geisteswissenschaften und legen dabei den Schwerpunkt auf künstlerische, theologische und philosophische Traditionen; außerdem gehört es zu ihrem Selbstverständnis, die Einheit des Wissens über die Grenzen der einzelnen Disziplinen hinweg zu fördern. Auch ist auf einem katholischen Campus häufig ein ungewöhnlich starker Gemeinschaftssinn anzutreffen.

Neben den katholischen Universitäten gibt es in den Vereinigten Staaten Colleges und Universitäten, die mit einer Vielzahl christlicher Bekenntnisse verbunden sind, darunter Lutheraner, Reformierte, Mennoniten, Baptisten und andere, die ein je eigenes Profil haben. Die besten amerikanischen Universitäten sind größtenteils christliche Gründungen, die sich aber im Laufe der Zeit säkularisiert haben (Marsden). Viele Colleges, wovon die meisten sich den *undergraduates* widmen, pflegen jedoch nach wie vor ein zutiefst christliches Selbstverständnis.

Ein weiterer Zweig des amerikanischen Universitätssystems sind die zweijährigen *community colleges*. Sie fördern die Ausbildung von Studenten, die weder die Neigung noch die akademischen Voraussetzungen, noch das Geld haben, um sich an einer Universität mit ihren höheren Studiengebühren einzuschreiben. Wie die *liberal arts colleges* sind sie eine US-Erfindung. *Community colleges* dienen den verschiedensten Zwecken. Erstens bieten sie den Studenten die Kurse der ersten beiden Jahre eines *liberal arts college* an und damit die Möglichkeit, auf ein vierjähriges College oder eine Universität zu wechseln. Zweitens veranstalten sie berufsbezogene Kurse, die auf praktischen Feldern zu einer Berufsausbildung und einem (zweijährigen) Associate-Abschluss führen. Drittens stehen sie allen offen, die einen Highschool-Abschluss haben. Sie schulen Fertigkeiten im Lesen, Schreiben und in Mathematik, was bei etwa 60 % der Studenten, die sich an *community colleges* immatrikulieren, bitter nötig ist (Esch). Und schließlich offerieren sie Fortbildungskurse für Erwachsene, darunter auch Berufsweiterbildungen. Hinter den *community colleges* steht der Gedanke, dass einerseits ein

Highschool-Abschluss keine hinreichende Qualifikation mehr darstellt, das dort Gelernte bedarf der Vertiefung, und dass andererseits
nicht alle Studenten ein vierjähriges College zu besuchen brauchen
(Diener 137–147). Die Klientel kommt in der Hauptsache aus den
ökonomisch schwächeren Schichten, häufig aus der wachsenden
Bevölkerungsgruppe jener Amerikaner, für die Englisch nicht die
Muttersprache ist. Die Tatsache, dass *community colleges* Bildungs-
angebote in den meisten US-Gefängnissen machen, unterstreicht
die Bedeutung der Hochschulbildung in den Vereinigten Staaten.

Die Immatrikulationszahlen an den *community colleges* sind
enorm gestiegen. Waren es 1920 nicht einmal 10.000, erlebten die
community colleges von 1960 bis 1980 einen schwindelerregenden
Zulauf. Die Zahl der Immatrikulationen wuchs von 400.000 auf
4.000.000 an. Heute besuchen fast 40 % der amerikanischen Studenten ein *community college* (Almanac *2011–12*, 36). Amerika hat
die Hochschulbildung früher als die meisten Länder gefördert, so
dass jenseits der traditionellen Colleges und Universitäten ein Auf-
fangbecken für die wachsende Zahl der Studenten geschaffen werden musste. Die führenden Colleges und Universitäten sahen in den
neuen *community colleges* keineswegs Konkurrenten, sie begrüß-
ten vielmehr deren Ausbau. Sie waren der Meinung, die *community colleges* könnten sie hinsichtlich der ersten beiden Studienjahre
entlasten, so dass sie einfach die überwechselnden Studenten
aufnehmen und sich ansonsten auf die fortgeschrittenen *undergraduates* und die Graduierten konzentrieren könnten. Die Hochschullehrer täuschten sich allerdings mit ihrer Annahme, sie könnten sich den Unterricht der ersten beide Jahre am College sparen,
aber sie schätzten ganz richtig ein, dass die *community colleges* sie
davor bewahrten, in Massen von Studenten zu ertrinken. Dadurch,
dass es keinerlei Verbindung von Forschung und Lehre gibt, sind
die *community colleges* in der Lage, ihre Studenten sehr kostengüns-
tig auszubilden.

Wieder ein anderer Zweig ist die gewinnorientierte Ausbildung,
beispielsweise an der University of Phoenix. Diese betreut berufs-
tätige Erwachsene, die ein Teilzeitstudium absolvieren. 1999 hatten
sich an diesem Typus nur 3 % der *undergraduates* in den USA eingeschrieben, 2009 waren es schon 9 %. An den gewinnorientierten Institutionen sind weder die Professoren noch die Studenten an For-

schung interessiert, und auf akademische Freiheit legen sie schon gar keinen Wert; sie konzentrieren sich vielmehr darauf, Studenten auf den Arbeitsmarkt vorzubereiten. Das Curriculum solcher Institutionen richtet sich auf Fertigkeiten, die von unmittelbar praktischer Bedeutung sind. Ganz oben rangiert die Betriebswirtschaftslehre, gefolgt von Informatik und Informationsdienstleistungen, Gesundheitswesen und Sicherheitsdiensten. Viele Studenten dieser Colleges entsprechen nicht dem traditionellen Bild eines Studenten, d. h. sie sind älter, arbeiten und haben in der Regel Familie. Die Studenten belegen oft ein oder zwei Kurse in einem bestimmten Zeitraum. Ein Großteil der Arbeit wird online erledigt. Verwaltungsentscheidungen, etwa Zulassungen, werden wie im Geschäftsleben schnell und mit Blick auf den Profit gefällt. Da diese Colleges ein finanzielles Interesse an ihren Studenten haben, suchen die Lehrer mitunter die Studenten auf, wenn sie ihre Aufgaben nicht erledigt haben, um sie bei der Stange zu halten.

Solche gewinnorientierten Institutionen haben jedoch eine Menge Probleme. 25 % ihrer Studenten zahlen das Studiendarlehen nicht zurück, an staatlichen Colleges sind es hingegen nur 11 % und an privaten 8 % (Anderson). Es sind Fälle bekannt geworden, in denen bei der finanziellen Unterstützung der Studenten betrogen wurde. Auch hört man, dass Lehrer und Personal unter Druck gesetzt wurden, um die Anwesenheitslisten zu fälschen, bei Plagiaten ein Auge zuzudrücken, bessere Noten zu vergeben und die Zahlen der vermittelten Stellen zu schönen (Field). Der Profit geht hier deutlich zu Lasten der Ausbildungsqualität. Während an privaten Colleges 65 % und an staatlichen Universitäten 56 % einen Abschluss machen, sind es an den gewinnorientierten Einrichtungen gerade mal 20 % (*Almanac 2011–12*, 44). So beträgt die durchschnittliche Verschuldung nach Abschluss eines vierjährigen Studiums an einer staatlichen Universität 16.600 Dollar und an einer privaten 21.100 Dollar. An einer gewinnorientierten Universität sind es ganze 30.000 Dollar (*Almanac 2011–12*, 45). Und während 30 % der Graduierten die staatlichen Universitäten und 28 % die privaten schuldenfrei verlassen, stehen nur 4 % der Absolventen einer gewinnorientierten Institution hinterher ohne Schulden da.

Ein letzter Bereich der Hochschulausbildung besteht in Onlinekursen mit prinzipiell unbegrenzter Teilnehmerzahl, die sogenannten *massive open online courses* (MOOCs). Sie nehmen rasant zu und haben mittlerweile Millionen von Studenten. Dass eine solche Neuerung von amerikanischem Boden ausgeht, erstaunt ebenso wenig wie die Tatsache, dass sie in der heutigen Zeit sehr schnell weltweit aufgegriffen worden ist. Einige MOOCs sind gewinnorientiert, während andere von gemeinnützigen Einrichtungen unterhalten werden. In vielen Fällen gehört der Lehrkörper zu den besten der Welt. Mindestens zwei Gesellschaften, nämlich UDacity und Coursera, sind von zwei Professoren der Stanford Universität mitbegründet worden, und eine, Edx, ist ein von Harvard und MIT auf den Weg gebrachtes Konsortium. Zu den Vorteilen der MOOCs wäre Folgendes zu zählen: die wachsende Demokratisierung, da die Professoren verschiedenster Disziplinen an führender Stelle zur weltweiten Wissensvermittlung beitragen; die innovative Verwendung der Technik senkt Kosten; Vorlesungen können zu Hause, vor dem Computer, verfolgt werden, so dass sich die Unterrichtszeit optimal für Diskussionen und Problemlösungen nutzen lässt; die Möglichkeit, durch Datenanalyse genau herauszufinden, wo die an den Übungen teilnehmenden Studenten Schwierigkeiten haben; die Gelegenheit, in ausgewählten Fächern die Lehre an verschiedenen Universitäten übergreifend zu bündeln; die potenzielle Integration solcher Kurse oder einzelner Vorlesungen in das Unterrichtsprogramm finanziell weniger gut ausgestatteter Institutionen, man denke etwa an die *community colleges*; besseres Lernen, weil die Studenten sich eine Vorlesung beliebig oft anhören können; und schließlich die gute Gelegenheit, sich über die benoteten Pflichtkurse hinaus weiterzubilden. Kritische Punkte hingegen sind: der Irrglaube, Onlinekurse könnten das aktive Lernen in einem Seminar ersetzen; die Tendenz, Prüfungen nach dem Multiple-choice-Prinzip an die Stelle differenzierter Beurteilungsmaßstäbe treten zu lassen; die finanziellen Risiken, die eine Institution damit eingeht, und die potenzielle Gefahr, dass sie ihre eigentliche Aufgabe aus dem Blick verliert; das Outsourcing dessen, wozu eine Universität berufen ist, an Fremdfirmen; der seitens der Professoren erforderliche Aufwand, wenn sie sich auf derartige Initiativen einlassen; und schließlich die Schwierigkeit, studentische Lernerfolge sicherzustellen und hinreichend zu belegen.

Verschiedene Formen der Vielfalt

Vielfalt und Wettbewerb sind in dem Sinn miteinander verbunden, dass Bundesstaaten, denen es gelungen ist, herausragende Universitäten zu etablieren, es als vorteilhaft erkannt haben, wenn sie bei der Mittelvergabe ein oder zwei Vorzeigeuniversitäten besonders berücksichtigen. Einschlägige Beispiele sind die University of California in Berkeley und die University of Michigan. Diese Universitäten sind international konkurrenzfähig und größtenteils finanziell bestens ausgestattet. Zugleich gibt es in diesen Bundesstaaten andere staatliche Colleges und Universitäten, so dass Studenten, die nicht zu diesen Eliteuniversitäten zugelassen worden sind, andere Wahlmöglichkeiten haben.

Bereits in den 30er Jahren des 20. Jahrhunderts begann Kalifornien, auf die Empfehlungen eines Sonderausschusses der *Carnegie Foundation for the Advancement of Teaching* hin ein dreigeteiltes Hochschulsystem zu entwickeln, das im Laufe der Jahre durch neue Gesamtkonzepte auf den Stand der Zeit gebracht wurde. Im Wesentlichen zeichnen sich die Campus der University of California durch die strengsten akademischen Maßstäbe und den besten Ruf aus – und Berkeley steht an der Spitze. Nur diese Campus haben Doktoranden und fortgeschrittene Studenten der berufsbezogenen Fakultäten. Ihre Aufgabe ist es vor allem, die Forschung und öffentliche Dienstleistungen zu fördern. Sie versorgen die besten 12,5 % der Highschool-Absolventen, aber auch qualifizierte Studenten aus anderen Bundesstaaten. Allerdings müssen diese höhere Studiengebühren zahlen. Die Campus der California State University, die zweite Gruppe, sind solide, aber weniger ausgezeichnet. Es ist leichter, sich an ihnen zu immatrikulieren, und sie kommen eher regionalen Bedürfnissen entgegen. Sie bieten einen Bachelor- oder Masterabschluss, aber Forschung und öffentliche Dienstleistungen spielen eine untergeordnete Rolle; ihnen geht es in der Hauptsache um Wissensvermittlung. Die *community colleges* schließlich erweitern die Sekundarschulbildung, bieten Berufsfachausbildungen und helfen Spätzündern, sich weiterzubilden und auf einen der anderen Campus zu wechseln. Jeder mit einem Highschool-Abschluss, der nicht von den höherstufigen Institutionen angenommen wird, ist auf den *community colleges* willkommen. Der Grundgedanke ist die ganze Zeit über gleichgeblieben: Je nach Talent und Leistung soll jeder Student die ihm gemäße Institution finden, und das geht nun einmal nur, wenn möglichst Verschiedenes im Angebot ist. Bemerkenswert daran ist, dass der Staat als zentrale Autorität den verschiedenen Lokalpolitikern und Unternehmern das Heft aus der Hand nahm und damit das Niveau der Vielfalt erhöhte und kohärenter gestaltete, während er zugleich unnötige Doppelausgaben vermied und einen effizienten Einsatz öffentlicher Gelder sicherstellte.

Amerikanische *undergraduates* schreiben sich in Kurse der verschiedensten Disziplinen ein. Sie werden angehalten, sich nicht zu sehr auf ein Gebiet zu konzentrieren; ja einige Universitäten erwarten von den Studenten, dass sie Kurse in neun oder zehn verschiedenen Fächern belegen. An der University of Notre Dame müssen Studenten, die als Hauptfach die Künste oder Geistes- und Sozialwissenschaften gewählt haben, zusätzlich zu ihrem Hauptfach folgende Kurse belegen: zwei in Philosophie, zwei in Theologie, zwei in Naturwissenschaften, zwei in Mathematik, drei in Geschichte und Sozialwissenschaften, wovon mindestens ein Kurs aus jedem der beiden Gebiete sein muss, einen Kurs zum Verfassen von Essays, einen in Kunst, einen in Literatur, einen interdisziplinären oder integrativen Kurs sowie Fremdsprachenkurse, die ein mittleres Sprachniveau vermitteln. Die restlichen Kurse sind eine Mischung aus Veranstaltungen im Hauptfach und den sogenannten Wahlfächern, für die eine reiche Auswahl zur Verfügung steht.

Vielfalt herrscht in den USA auch bezüglich der Finanzierung. Geisteswissenschaftler, die in Einsamkeit und Freiheit forschen möchten, können sich sowohl bei bundesstaatlichen Stellen als auch bei Stiftungen um ein Stipendium bewerben. Während ich dies schreibe, stelle ich bei fünf verschiedenen staatlichen und gemeinnützigen Organisationen einen Stipendienantrag, um ein Buch schreiben zu können. Wäre ich bereit, meine Sachen zu packen und für ein Jahr umzuziehen, könnte ich mich an etwa fünf weitere wenden. Die vielen Finanzquellen sorgen dafür, dass die Universitäten und ihre Professoren weitgehend ihre Forschungsschwerpunkte selbst bestimmen können. Sie hängen nicht von einer einzigen staatlichen Behörde ab, die für sie die Prioritäten setzt, indem sie z. B. vor allem auf praktischer Anwendbarkeit besteht. Eine weitere Gefahr der nahezu ausschließlich öffentlichen Finanzierung des

Bildungswesens ist die, dass die Universitäten hinsichtlich der Mittelvergabe in einen Verdrängungswettbewerb geraten. In Deutschland kennt man diese Gefahr recht gut.

Die zum Erfolg der amerikanischen Universitäten wesentlich beitragenden Studiengebühren werden aus diversen Quellen finanziert (*How America Pays* 7). Zu nennen sind hier vor allem Studienbeihilfen und Stipendien (29 %), dicht gefolgt vom Einkommen und dem Ersparten der Eltern (28 %), Einkommen und Ersparnisse von Studenten (12 %), von Eltern aufgenommene Kredite (9 %), Verwandte und Freunde (4 %).

Die Vielfalt der Collegelandschaft in den USA erleichtert zudem den Zugang zu einer Hochschule. Beispielsweise erhebt das Berea College, ein nicht sektiererisches, christliches *liberal arts college* in Kentucky, keine Studiengebühren und nimmt nur vielversprechende Studenten aus ökonomisch schwachen Familien auf, hauptsächlich aus der Appalachenregion. Für die meisten, die sich am Berea immatrikulieren, heißt das, dass sie die ersten aus ihrer Familie sind, die ein College besuchen. Von allen Studenten wird erwartet, dass sie die Kosten durch mindestens zehn Wochenstunden Arbeit auf dem Campus senken helfen. Einige arbeiten zum Beispiel in einem Laden für Kunsthandwerk, dessen Verkaufseinnahmen dem College zugutekommen.

Probleme und Herausforderungen der Vielfalt

Im Vergleich zu Deutschland bedeutet Vielfalt in den USA, dass einige Institutionen akademisch sehr viel schwächer sind. Selbstverständlich hat das breite Qualitätsspektrum von Colleges und Universitäten auch Vorteile: Es bedient eine heterogene studentische Klientel. Dies bedeutet aber auch, dass ein Collegestudium relativ mittelmäßig sein kann. Einige Absolventen eines amerikanischen Colleges sind einfach schlecht ausgebildet, und viele Professoren entsprechen bei Weitem nicht dem Maßstab, den eine deutsche Universität anlegen würde. Nur an besseren Colleges und Universitäten findet sich die Einheit von Lehre und Forschung. Diese Ungleichheit in der Qualität geht mit einer Ungleichheit in der finanziellen Ausstattung einher. Sieht man im zunehmenden Einsatz von Onlinekursen zu Bildungszwecken nicht bloß eine Ergänzung, sondern einen Ersatz für den Unterricht im Seminarraum, muss die Besorgnis wachsen, dass wir hier den Sieg der Effizienz über die Qualität erleben.

Hinzukommt, dass nicht alle Studenten den Unterschied zwischen besseren und schlechteren Institutionen kennen, auch nicht die Nachteile gewinnorientierter Universitäten. Oft wissen Studenten nicht, was zu ihren akademischen Qualifikationen am besten passen würde, und schreiben sich unter Umständen an Institutionen ein, an denen sie unterfordert sind. Hier liegt ein doppeltes Problem vor: zum einen die unterschiedliche Qualität der Institutionen, mag diese Vielfalt auch sinnvolle Zwecke erfüllen, und zum anderen die Notwendigkeit, die Studenten hinreichend darüber zu informieren, wie sie das für sie Richtige finden. Dieser Notwendigkeit wird manchmal nicht Rechnung getragen.

Das größte Problem für die Vielfalt ist wohl durch folgendes Paradox bezeichnet: Universitäten stehen oft unter dem Druck, auch nach innen vielfältig zu werden, was durchaus von Wert ist. Verliert aber eine Universität im Namen dieser inneren Vielfalt ihr spezifisches Profil gegenüber den Konkurrenten, dann würde die Vielfalt des amerikanischen Hochschulwesens auf einer höheren Ebene beschnitten. Derartigen Neigungen zum Einerlei lässt sich am besten dadurch ein Riegel vorschieben, dass ein klares Konzept formuliert wird und neue Professoren dementsprechend eingearbeitet werden.

Man könnte sogar behaupten, es gäbe noch nicht genug Vielfalt, beispielsweise fehlt es an Programmen für *associate degrees,* also für weniger akademisch orientierte Studenten, die eine gewisse Grundbildung mit einer Ausbildung in praktischen Bereichen verbinden wollen, verknüpft idealerweise mit Praxiserfahrung. In Deutschland, wo es eine duale Berufsausbildung gibt, Lehre plus Berufsschule, werden Menschen für nichtakademische Tätigkeiten sehr viel besser ausgebildet. Aus Untersuchungen geht hervor, dass das deutsche System von Arbeit plus Schule junge Menschen erfolgreich in die Berufstätigkeit führt und den Bedürfnissen sowohl der Arbeitgeber als auch der Gesellschaft entgegenkommt (Rosenbaum). Bezogen auf diese Wahlmöglichkeit herrscht in Deutschland eine größere Vielfalt, und das Land steht in dieser Hinsicht zweifellos besser da.

2. Flexibilität

Während es in den USA, anders als in Deutschland, kein frühes Differenzierungssystem gibt und es Deutschland besser gelingt, Schüler für ein Gewerbe auszubilden, genießen amerikanische Studenten eine höhere Flexibilität, wenn sie den eingeschlagenen Ausbildungsweg oder ihre Karriereziele ändern wollen. Diese Flexibilität hört auch nicht beim College auf. Ein Student, dessen Highschool-Zeugnis nicht so gut ausgefallen ist, kann sein Studium zunächst an einem *community college* beginnen, sich in dieser Umgebung hervortun und dann an ein vierjähriges College wechseln, mitunter gar an ein relativ namhaftes College oder eine berühmte Universität. Die USA profitieren nicht allein von der Vielfalt, sondern auch von einem komplexen Beziehungsnetz, in dem die einzelnen Teile sinnvoll ineinandergreifen.

Zudem steht es amerikanischen Studenten in vielen Fällen frei, noch zu Beginn ihres dritten Collegejahres ihr Hauptfach zu wechseln. Studenten werden in Amerika geradezu ermuntert, so lange zu wechseln, bis sie das für sie Passende gefunden haben. Selbstverständlich ist das sehr viel leichter, wenn die Studenten eine große Bandbreite von Kursen belegen. Studenten an der University of Notre Dame dürfen sich im ersten Jahr weder ein College noch ein Hauptfach aussuchen, man hält sie frei von allen bindenden Entscheidungen, selbst wenn sie ein vorläufiges Hauptfach planen und die dafür erforderlichen Fachkurse besuchen. Heutzutage wechselt denn auch die Hälfte aller neu immatrikulierten Notre-Dame-Studenten ihr beabsichtigtes Hauptfach zwischen Semesterbeginn und Frühjahr ihres ersten Jahres. Eine Reihe von Colleges bieten einen Vertrag oder ein speziell zugeschnittenes Hauptfach an, so dass der Student selbst einen mehrere Disziplinen abdeckenden Lehrplan entwirft, ihn vom Fakultätsausschuss abzeichnen lässt und dann seinen Abschluss auf diesem ganz bestimmten Gebiet macht. Außerdem hat ein *undergraduate*, der im Hauptfach etwa Mathematik studiert hat, die Möglichkeit, dann in Wirtschaftswissenschaften zu promovieren, ein *undergraduate* mit einem Abschluss in Anthropologie kann im Weiteren Medizin studieren, ein Student mit einem Bachelor in Geschichte kann seinen Master in französischer Literatur machen. Diese Flexibilität ist wichtig, damit das Talent und die

Breite der Interessen, wie man sie bei echten Intellektuellen findet, zur vollen Entfaltung gelangen können.

Das geringe Regulierungsniveau

Mit der Ergänzung von Art. 75 des Grundgesetzes erhielt die deutsche Bundesregierung 1969 im Hinblick auf das Hochschulwesen eine Rahmengesetzgebungskompetenz, die zum Hochschulrahmengesetz führte. Trotz dieses Eingriffs in die Länderrechte blieb die Gesetzgebungskompetenz für die Hochschulen in der Hand der Länder, die jeweils eigene Landeshochschulgesetze haben. So wurde beispielsweise der Versuch der Bundesregierung, die Habilitation durch die Juniorprofessur zu ersetzen, vom Bundesverfassungsgericht (BVerfGE 111, 226) gestoppt, weil dies einen Eingriff in die Länderrechte darstelle. Die Länder verabschieden freilich selbst sehr detaillierte Gesetze. Die Vorstellung, dass die Bundesregierung eine solche Frage entscheiden können sollte oder dass das Bundesverfassungsgericht in einem solchen, wie auch in ähnlichen Fällen, so oder so befinden sollte, ist in den Augen der Amerikaner einfach bizarr. Sie würden darin eine Regulierungswut sehen, die jede Innovation behindert. Selbst die Regulierungen der Länder, die schnell mal 70 Seiten oder mehr umfassen, gehen sehr ins Detail. Welche Pflichten der Senat hat, das Verfahren für die Wahl des Dekans, die für einen Master notwendigen Studienjahre, die Anforderungen einer Promotion, Beurlaubung von Studenten, Berufungsverfahren und die Lehrpflichten des Hochschullehrers, das alles würde, mit wenigen Ausnahmen, jede amerikanische Universität selbst in ihrer Satzung festlegen, wobei der Universitätssenat (dem Professoren, Administratoren und Studenten angehören) Bestimmungen ändern und der Hochschulrat dies billigen kann. Dass Landesregierungen sich mit den Kriterien dafür beschäftigen sollten, wann das Gehalt eines besonders verdienten Universitätsangehörigen erhöht werden kann, oder Gerichte, sogar das Bundesverfassungsgericht, über die Besoldungsstufen von Professoren entscheiden, kommt den meisten gebildeten Amerikanern aberwitzig vor. Der Widerspruch zwischen den extrem detaillierten und ausführlichen Planungsunterlagen, die in Deutschland gang und gäbe sind, und den

Rufen nach mehr Flexibilität ist geradezu komisch (*Abschlussbericht* 231–245).

Dass sie keinen Regulierungen, weder bundesstaatlichen noch einzelstaatlichen, unterliegen, macht US-amerikanische Universitäten weitaus autonomer und in ihrer Handlungsfähigkeit sehr viel flexibler. Es gibt allerdings auch in den USA bundesstaatliche Regulierungen. Was die Vergabe von Bundesmitteln und entsprechende Bereiche betrifft, in denen Regulierungen nur vernünftig sind, so beziehen sich diese vor allem auf zwei Punkte, nämlich auf die Anspruchsberechtigung und den Nachweis der korrekten Verwendung der Finanzhilfen und der Forschungsgelder, und dazu gehören dann auch Berichte über Richtlinien, Verfahren und Tätigkeiten, von denen Tiere oder Menschen betroffen sind. Die Regierung will selbstverständlich wissen, wie ihre Mittel verwandt werden. Vieles davon ergibt Sinn und die Nachweispflicht beeinträchtigt größtenteils nicht die tägliche Arbeit des Universitätspersonals.

Zwei Vorbehalte sind jedoch anzumelden. Erstens nimmt die Aufsicht zu und führt, wie Amerikaner sagen, zu lästigem Verwaltungsaufwand (Dunham), was zum Teil dadurch bedingt ist, dass der Kongress der Wählerschaft unbedingt beweisen will, dass die Mittelvergabe an strikte Rechenschaft gebunden ist, selbst wenn das, was er kontrolliert, nur ein Haufen von Papier ist (Jones). Wann immer die Regierung Gelder bereitstellt, hat sie das Recht, unterrichtet zu werden und Vergabebedingungen zu formulieren. Die Zahl der Berichte, die in diesem Zusammenhang verfasst werden müssen, hat eindeutig zugenommen. Das bedeutet, mehr Personal muss sich mit Bürokratie herumschlagen und der Fachbereich verschwendet Zeit darauf, ständig Buch zu führen und Formulare auszufüllen. Zweitens sind die Gesetze kompliziert und nicht immer leicht auszulegen. Es kursieren Geschichten darüber, dass übereifrige Regierungsbeamte Richtlinien auf lästige, rigide und nicht immer fruchtbare Weise umsetzen. Die Tendenz, penible Gesetzlichkeit über kluges Urteilen zu stellen, ist in den USA als ein genereller Trend, der zum »Tod des gesunden Menschenverstandes« führt, beklagt worden (Philip Howard). Als ich vor ein paar Jahren den Provost einer bedeutenden Forschungsuniversität fragte, was sein größtes Problem sei, antwortete er mir: »compliance«, die Einhaltung der Vorschriften. Das ist aus vielen Gründen unerfreulich, und nicht der geringste darunter ist der, dass die Einhaltung von Vorschriften intellektuell uninteressant ist.

Neben bundesstaatlichen Regulierungen unterstehen die Colleges und Universitäten auch der Begutachtung durch regionale gemeinnützige Akkreditierungsagenturen, die sicherstellen, dass der Collegeabschluss gewisse zu erwartende Standards erfüllt, und in einem bestimmten Rahmen auch Leistungsbewertungen vornehmen. Diese Akkreditierung findet ungefähr einmal in zehn Jahren statt. Durchgeführt wird sie mit Unterstützung geeigneter Fachleute aus anderen Colleges und Universitäten. Wie die Universitäten ihre grundlegenden Ziele erfüllen, bleibt indes weitgehend ihrer eigenen Kreativität und Flexibilität überlassen. Für eine Reihe von berufsbezogenen Hochschulstudien, z. B. Jura und Medizin, gibt es spezielle Begutachtungsagenturen. In Deutschland scheint das Akkreditierungswesen sehr viel umfassender zu sein, wobei einzelne Studiengänge zur Beurteilung an auswärtige Gutachter geschickt werden, was sowohl Zeit als auch Geld kostet. Einzelne *undergraduate-* oder Masterabschlüsse in den *arts and sciences* werden in den USA normalerweise nicht begutachtet. Nur wenn es freiwillig geschieht, würden derartige Begutachtungen in den Vereinigten Staaten nicht als Eingriff in die akademische Freiheit und als Misstrauensbekundung gegenüber der Fakultät betrachtet. Warum das in Deutschland nicht genauso gesehen werden sollte, ist, vor allem in Anbetracht der durch das Grundgesetz geschützten akademischen Freiheit, nicht leicht zu verstehen.

Die verschiedenen Regulierungen lassen der Flexibilität und der dynamischen Innovation großen Spielraum. Ohne Flexibilität, Wettbewerb und Anreize wird es kaum zu Innovationen kommen, denn sie sind es ja, die dafür den Kontext bereitstellen. Wenn eine Privatuniversität in den USA die Studiengebühren erhöhen oder weniger Studenten aufnehmen will, braucht sie dafür keine Genehmigung vom Staat. Sie kann ein Institut schließen und sich entscheiden, Geld für Professorenstellen von einem Fachbereich auf einen anderen zu übertragen oder Studenten für einen neuen akademischen Abschluss zuzulassen. Sie benötigt keine Juristen, weder staatlich besoldete noch unabhängige, um die Kriterien für die Leistungsbeurteilung eines Fachbereichs zu prüfen. Sie kann das Gehalt eines Professors oder die Ausstattung seines Lehrstuhls anheben, ohne irgendjemanden außerhalb der Universität zu Rate zu ziehen. Sie ist unabhängig, und diese Unabhängigkeit bringt Dynamik und schnelles Handeln mit sich.

An staatlichen Universitäten ist das Aufsichtsniveau natürlich höher. Die meisten staatlichen Universitäten sind Teil eines staatlichen Hochschulsystems, und im Allgemeinen legt ein staatlicher Hochschulrat die Richtlinien für eine staatliche Institution fest, so dass aus einem *community college* nicht mal so eben eine Forschungsuniversität werden kann, auch müssen die Universitäten über ihre Absolventenquoten Rechenschaft ablegen. In einigen Fällen legt der Hochschulrat auch die Richtlinien für die Mittelvergabe fest. Während deutsche Universitäten zum größten Teil von den Ländern finanziert werden, beziehen viele der besten staatlichen Universitäten in den USA nur einen bescheidenen Anteil ihrer Finanzmittel vom Staat. Im Haushaltsjahr 2012 bezog die Universität von Michigan nur 5 % ihrer Einnahmen aus staatlichen Mittelzuwendungen (*University of Michigan* 5). Im Gegenzug ist sie aber auch autonomer als viele andere staatliche Universitäten, sie nimmt mehr auswärtige Studenten auf, die höhere Studiengebühren zahlen, und wirbt tatkräftiger Spenden ein. Michigan war 1997 die erste staatliche Universität in den USA, der es gelang, ein Stiftungsvermögen von einer Milliarde Dollar zu erzielen.

Der durchschnittliche US-amerikanische Administrator wird in seinem Handeln nicht durch Vorgaben beschnitten. Im Ergebnis heißt das: Ein Administrator kann sich den Gegebenheiten anpassen, neue Strategien entwickeln und je nach Bedarf ändern. Er hat niemanden über sich, der weisungsbefugt wäre; es herrscht vielmehr ein starker Sinn für Unabhängigkeit und Vitalität. Eine Anhebung der Studiengebühren und die Ausschüttungsquote des Stiftungskapitals, über all das befinden die Universitäten selbst. Eine Ausnahme bilden einige staatliche Universitäten, deren Studiengebühren zentral verwaltet und mitunter gedeckelt werden. Ja, eines der größten Hindernisse für flexible Entscheidungen ergibt sich auf diesem Feld. Bundesstaaten, die knapp bei Kasse sind, wissen, dass staatliche Universitäten Geld aus dritten Quellen einwerben können, so kürzen sie die Ausgaben für diese Hochschulen und schonen Bereiche, die nicht die Möglichkeit haben, auf Drittmittel auszuweichen, und dann deckeln sie auch noch eine Erhöhung der

Studiengebühren. Daraus ergeben sich schwerwiegende Probleme, nicht unähnlich denen, die man aus Deutschland kennt. Die staatlichen Mittelzuwendungen für die Universität von Arizona sanken von 440 Millionen Dollar im Jahr 2008 auf 340 Millionen Dollar im Jahr 2011, zugleich legte der Staat die Höchstgrenze der Studiengebühren fest, um den Zugang zur Universität nicht zu erschweren (Ashburn).

Es ist natürlich schädlich, wenn private Universitäten sich zu sehr an Spender oder an die Industrie binden, aber ein vergleichbares Unbehagen bereitet auch ein zu starker Einfluss seitens des Staates. Zu Humboldts Befürchtungen gehörte, dass der Staat zu viel Kontrolle über die Universität ausüben könnte, daher forderte er in seinem *Antrag auf Errichtung der Universität Berlin* eine finanzielle Unabhängigkeit vom Staat (4.117). Im Kern ist das die Idee einer privaten, mit Stiftungskapital ausgestatteten Universität. Auch in diesem Punkt ist die Humboldt'sche Idee in den USA vollkommener verwirklicht worden.

Im Durchschnitt ziehen amerikanische Professoren private Universitäten vor, denn Bürokratie, Regulierungen und Aufsicht sind dort weniger hinderlich als an staatlichen Universitäten. Außerdem verfügen die privaten Universitäten in aller Regel über mehr Geld, so dass die Seminare kleiner sind, die Forschung stärker unterstützt wird und das Leben auf dem Campus reizvoller ist. Wenn ein Professor an der Ohio State University einen ganz neuen Kurs vorschlagen wollte, musste er ihn von vier aufeinanderfolgenden Ausschüssen genehmigen lassen. Schließlich führte der Fachbereich in Reaktion darauf variierbare Themenkurse ein, d.h. breit angelegte Kurse mit rotierenden Themen, in die sich jeder gewünschte Kurs einfügen ließ. An einer privaten Universität sind solche Hilfskonstruktionen überflüssig. Wenn ich an der University of Notre Dame einen neuen Kurs entwerfen möchte, schaue ich mir andere in der letzten Zeit angebotene Kurse an oder erörtere den vorgeschlagenen Kurs mit meinen Kollegen. Aber es ist an mir, ihn zu konzipieren, die offizielle Genehmigung eines Ausschusses benötige ich dafür nicht. Die finanzielle Kluft zwischen privaten und staatlichen Universitäten wächst zunehmend. 1980 betrug das Gehalt eines ordentlichen Professors an staatlichen Universitäten 91 % des Gehalts ihrer Kollegen an privaten Universitäten, 2011–12 waren es nur noch 74 % (Bianco 42–43; *Almanac 2012–13*, 6). Private Universitäten sind zudem in der Ausbildung ihrer Studenten erfolgreicher. Cohen und Kisker stellen fest: »2007 erwarben nahezu 70 % aller Studenten eines privaten Colleges innerhalb von sechs Jahren einen Bachelor, an öffentlichen Colleges oder Universitäten waren es nur knapp mehr als die Hälfte (53 %). Anders gesagt: Während nur 19 % aller *undergraduates* an privaten Einrichtungen immatrikuliert waren, betrug ihr Anteil an sämtlichen Bachelorabschlüssen 35 %« (449).

Der Dean einer amerikanischen Universität hat weitreichende Entscheidungsbefugnisse in Bezug auf das Budget, die Berufungen und das Lehrprogramm; häufig hat er einen eigenen Stamm von Mitarbeitern für die Mitteleinwerbung. Auch die ihm unterstehenden Leiter der Departments (*chairpersons*) können in verschiedensten Bereichen frei entscheiden, beispielsweise darüber, wie die Mittel in ihrem Department verteilt werden sollen und wen sie für eine Gehaltserhöhung empfehlen. Indem die Universitätsleitung den Deans und den Leitern der Departments weitgehend freie Hand lässt und dafür sorgt, dass sie ihr gegenüber rechenschaftspflichtig sind, kann die Universität schneller auf Berufungen, notwendige Anpassungen und dergleichen reagieren. In dem Maße, wie Professoren in Deutschland direkt mit dem Ministerium verhandeln, wird die Position der Universitätsverwaltung notwendigerweise geschwächt, und das kann eigentlich nicht im Interesse des Ministeriums sein, wenn es denn exzellente Universitäten haben möchte. Aufgrund dieses Systems sind es auch nicht die Institutsdirektoren, die mit Besoldungs- und Ausstattungsfragen zu tun haben. Die in Deutschland dafür Verantwortlichen – der Minister, der Rektor oder der Dekan – kennen sich aber unter Umständen nicht in dem fraglichen Fachbereich aus. Insofern ist die Situation in den USA sowohl für die Verwaltung als auch für die berufenen Professoren günstiger (Pauly). Wegen der damit verbundenen Entscheidungsbefugnisse und der Flexibilität ihrer Umsetzung ist es an einer amerikanischen Universität durchaus attraktiv, einen Verwaltungsposten innezuhaben. Obwohl solche Posten sehr zeitaufwendig sind, ermöglichen sie es den Departmentsleitern und vor allem den Deans, einen enormen Einfluss auf das Universitätsleben zu nehmen. Es versteht sich von selbst, dass dieser Personenkreis, sofern er über Macht und Finanzen verfügt, rechenschaftspflichtig ist und nachzuweisen hat, dass er die angekündigten Vorhaben tatsächlich realisiert. Sind die Finanzmittel hingegen knapp, können solche Positionen zum Albtraum werden. Annette Kolodny berichtet beispielsweise sehr ernüchternd über ihre Arbeit als Dean an einer staatlichen Universität, die unter Mittelknappheit und überhaupt schwierigen Bedingungen litt.

Was für die Leiter der Departments gilt, gilt erst recht für die Departments selbst: Sie haben Macht. Da wir, meine Kollegen an der Ohio State University und ich, uns Sorgen über die Menge der minderwertigen Veröffentlichungen machten, änderten wir in den frühen 1990er Jahren die Kriterien für Beförderungen und Festanstellungen, so dass bei anstehender Beförderung das betreffende Mitglied des Lehrkörpers seine fünf wichtigsten Veröffentlichungen anzugeben hatte. Damit griffen wir Bedenken auf, die vor Ort geäußert worden waren, oder, um es genauer zu sagen, so ging eine örtliche Institution auf ihre Weise ein Problem an, das auch auf nationaler Ebene nicht unbedeutend war. Herauskamen dabei weniger, dafür aber durchdachte Veröffentlichungen und weniger Wiederholungen. An den Lehrkörper erging damit die Botschaft, dass das, was zählt, die Qualität ist, nicht die Quantität.

Es ist interessant, dass die erfolgreichsten staatlichen Universitäten in der Regel einer weniger starken zentralen Kontrolle unterworfen sind. Die University of California in Berkeley, die seit Jahrzehnten den Ruf genießt, eine der besten Forschungsuniversitäten des Landes zu sein, ist hinsichtlich ihrer Verfassung bemerkenswert eigenständig. Das trifft ebenso auf die University of California in San Diego zu, die erst 1960 gegründet worden ist, aber im *Academic Ranking of World Universities 2013* den 14. Platz belegt. Von weitaus stärkeren Einschränkungen sind beispielsweise die University of Colorado und die Ohio State betroffen, was es ihnen sehr viel schwerer macht, einen Spitzenplatz zu erringen. Je strikter die Regulierungen, desto stärker werden Kreativität, Innovation und Risikobereitschaft gehemmt.

Amerikanische Departments contra deutsche Lehrstühle

Ein wichtiger Unterschied zwischen deutschen und amerikanischen Universitäten betrifft den Gegensatz zwischen einerseits einem Lehrstuhlinhaber in Deutschland, der über eine erhebliche Eigenständigkeit und Macht verfügt, häufig mehrere Assistenten unter sich hat, und andererseits einem Department in den Vereinigten Staaten, das aus einem mehr oder weniger großen Lehrkörper besteht – manchmal nur aus drei Personen, manchmal aus über fünfzig –, von einem Kollegen oder einer Kollegin als *chairperson* geleitet wird, seiner Struktur nach aber viel flexibler und demokratischer ist. Es ist ein tiefgreifender Unterschied, ob ein Fachbereich wie in den USA aus einer Gruppe von 10 bis 40 Professoren unterschiedlichen Ranges besteht, die zusammen ein Department bilden, oder der kleinen Anzahl von Lehrstühlen, die in Deutschland den Ton in einer Disziplin angeben. Der deutsche Dekan, der einzelne Lehrstühle beaufsichtigt, hat typischerweise weniger Einfluss als der Leiter eines amerikanischen Departments. Diese beiden Faktoren, die Größe des Departments und der Einfluss seines Leiters, sind dafür verantwortlich, dass die Leistung des Lehrkörpers in den beiden Universitätskulturen ganz verschieden evaluiert wird. Auch findet sich in Deutschland kein Gegenstück zur kollektiven Macht des Departments und der eigentümlichen Macht des Deans, dem mehrere Departments – von fünf bis gut dreißig – unterstehen.

Im Wesentlichen lässt sich der Unterschied so formulieren: In Deutschland liegt die Macht bei den Professoren, die Veränderungen womöglich ablehnen, beim Senat, der als beratende, demokratische Körperschaft ebenfalls konservativ sein könnte, und beim Ministerium, das weit ab vom Schuss ist. Im Gegensatz dazu liegt in den USA die Macht größtenteils bei den Departments und den verantwortlichen Linienpositionen (*line positions*) oberhalb der Departments, nämlich beim Dean, beim Provost und beim Präsidenten, die allesamt mit den jeweils anstehenden Sachfragen vertraut sind und dazu noch über unabhängige Mittel verfügen. Und was auch noch wichtig ist: Die Linienpositionen kontrollieren das Budget. Der Fakultätssenat an amerikanischen Universitäten begnügt sich damit, allgemeine Regeln und Richtlinien aufzustellen, die an die Linienpositionen eine ungeheure Macht delegieren. Einflussreicher sind die Departments und die Deans. Letztere spielen spätestens seit dem ausgehenden 19. Jahrhundert eine mächtige Rolle an den amerikanischen Universitäten (Veysey 312), auch wenn kurz danach die Departments und mit ihnen das Recht, Disziplinarurteile zu fällen, ebenfalls zu einflussreichen Kräften aufstiegen (Geiger, *To Advance* 37). Ein Fakultätsrat, der verschiedene Disziplinen vertritt und wie in Deutschland äußerst kooperativ, demokratisch und risikoscheu ist, wird wahrscheinlich keine mitunter rigoros ungleichen Mittelzuteilungen vornehmen wie ein Präsident, Provost oder Dekan, und die Universität wird im Ergebnis weniger gut für den Wettbewerb gerüstet sein.

Anders als in Deutschland, wo die jüngeren Kollegen einem Lehrstuhl zugeordnet sind, ist der amerikanische Assistenzprofessor eigenständiger und freier, schon zu Beginn seiner Laufbahn ein eigenes Forschungsprojekt anzugehen. Vor allem für junge Wissenschaftler ist es attraktiv, für sich selber Forschungsgelder beantragen zu können. Außerdem gibt es an einem amerikanischen Department keinen Institutsdirektor, dem ein Kollegenteam unterstellt ist. In einem Department sind alle Forscher mehr oder weniger gleich, arbeiten als Gleiche zusammen und konkurrieren manchmal auch miteinander. Da Assistenzprofessoren, festangestellte und arrivierte Professoren ein ähnliches Lehrdeputat haben, ist es zudem leichter, Professoren freizustellen, ohne sie durch einen gleichrangigen Professor ersetzen zu müssen. Häufig kann ein Gastassistenzprofessor die Lücke schließen. Mitunter ist die Fakultät auch groß genug, um durch die Umverteilung von Kursen Beurlaubungen intern regeln zu können. So ist man bei der Gewährung von Forschungsjahren flexibler.

Die Macht, über die ein deutscher Lehrstuhlinhaber einst verfügte, ist dafür verantwortlich gemacht worden, dass neue Forschungsgebiete nur sehr langsam an den Universitäten Fuß fassten, da sie den Einfluss der etablierten Lehrstuhlinhaber schwächen könnten (Ben-David, *Scientist's Role* 132). In Deutschland wurden unabhängige Forschungseinrichtungen zum Teil deshalb gegründet, weil das Land die interdisziplinäre Forschung fördern wollte, und zum Teil, weil die Lehrstuhlinhaber, die an der traditionellen Macht ihrer Disziplinen festhielten, nur selten dergleichen Initiativen unterstützten. Obwohl die Max-Planck-Gesellschaft noch heute ihre Trennung von den Universitäten ebenso mit ihren innovativen und interdisziplinären Ansätzen, die an den Universitäten noch zu wenig etabliert sind, wie mit ihrer internationalen Stellung rechtfertigt, ließen sich diese Forschungsfelder prinzipiell in die Universitäten integrieren. Historisch bedeutete das im Ergebnis, dass die Macht des einzelnen Professors in Deutschland unangetastet blieb, die Möglichkeiten und Anpassungsfähigkeit der Universitäten aber dadurch geschwächt wurden.

Sich auf interdisziplinäre Felder zu begeben, ist in Departments gang und gäbe. Es bereitet keinerlei Probleme, ja es wird oft begrüßt, wenn ein Department einen Wissenschaftler beruft, der auf einem angrenzenden Feld arbeitet und das Department im Laufe der Zeit vielleicht neu ausrichten könnte. Zudem sind Departments sehr wendig, wenn es darum geht, die Interessen der Studenten zu berücksichtigen, was manchmal zur Schaffung neuer Kurse und schließlich neuer Felder führt. Auch neue Departments können aus Fortschritten in interdisziplinärer Wissenschaft hervorgehen, man denke nur an so verschiedene Felder wie Bioverfahrenstechnik, Umweltstudien, Filmwissenschaft, Neurowissenschaft und Statistik. In diesem Zusammenhang ist es nicht unwichtig, dass mit der Berufung eines Professors an eine deutsche Universität die Kosten für seine Besoldung – er ist ja schließlich verbeamtet – und für die Ausstattung seines Lehrstuhls – ihm steht mindestens ein Assistent sowie eine Sekretärin zu – schnell in die Höhe schießen. Eine amerikanische Universität kann einfach einen Assistenzprofessor einstellen und sehen, wie er und sein Feld sich weiterentwickeln. Das anfängliche Salär kann dabei verhältnismäßig bescheiden sein. Infolgedessen wächst die Fakultät schneller und es lassen sich mehr Gebiete abdecken. Vor allem bei Bachelorabschlüssen ist das der Fall. Studenten profitieren hier immer von interdisziplinären Programmen, unabhängig davon, ob sie gleich auf den Arbeitsmarkt streben oder weiterführende Studiengänge einschlagen.

In jeder Hinsicht ermöglicht das Department mehr Flexibilität und Demokratie, auch insoweit, als die Güte eines Arguments zählt und nicht der Rang dessen, der es vorträgt. In Deutschland geht das starke Hierarchiebewusstsein zulasten der Flexibilität und es macht sich in Bereichen bemerkbar, wo es eigentlich nichts zu suchen hat. Assistenten an deutschen Universitäten haben mir gegenüber angedeutet, dass sie sich gut überlegen, welche Fragen sie im Anschluss an einen Vortrag stellen, damit es nicht den Anschein hat, dass sie die Thesen des einen oder anderen Professors untergraben würden. In den USA wäre so etwas undenkbar. In Deutschland werden die ersten Fragen normalerweise von den Professoren gestellt, erst dann folgen andere, mehr oder weniger entsprechend ihrer Position. In den USA gilt, wer zuerst kommt, mahlt zuerst, ganz unabhängig von seiner Stellung. Manchmal fordert der Diskussionsleiter sogar dazu auf, dass die ersten beiden Fragen von *undergraduates* gestellt werden sollen – so werden sie von Anfang an dazu ermuntert, sich nicht von den zumeist komplexeren Fragen der Lehrenden einschüchtern zu lassen.

Der akademische Unternehmer

Die höchste Leitungsebene einer amerikanischen Universität ist der Hochschulrat (*board of trustees*), der sowohl treuhänderisch tätig ist als auch die Aufsicht führt. Aufgabe des Hochschulrats ist es, die Zielsetzung der Universität zu erörtern, zu überdenken und zu billigen, langfristig zu planen und die wichtigsten strategischen Initiativen festzulegen; den Präsidenten, gestützt auf die Empfehlung eines Ausschusses aus Mitgliedern des Rats, des Lehrkörpers und der Studentenschaft, zu wählen, ihm den Rücken zu stärken, ihn zu beraten, seine Arbeit zu bewerten und ihn, falls nötig, abzuwählen; den Haushalt zu bewilligen, einschließlich der Bauvorhaben und anderer größerer Finanzierungs- und Infrastrukturmaßnahmen, etwa Spendeneinwerbungskampagnen oder langfristige Pläne für die Universität. In einigen Fällen entscheidet der Hochschulrat auch über weiterreichende Finanzmaßnahmen, beispielsweise über Investitionsstrategien oder die Bedingungen für die Vermögensverwaltung; er hat zu begutachten, wie die Universität ihre Zielsetzung verwirklicht und ob sie dabei verantwortlich und effizient vorgeht; er stellt sicher, dass ihre Autonomie nicht durch äußere bürokratische, wirtschaftliche oder politische Einflüsse eingeschränkt wird; und schließlich trägt er, so weit es seine Mittel und Zeit erlauben, selbst zum Finanzpolster der Universität bei. Eine der wichtigsten Aufgaben des Rates ist es, kritische Fragen zu stellen, wozu auch gehört, dass er darüber wacht, ob die Universität ihre selbsterklärten Zielvorstellungen auch umsetzt.

Alle Maßnahmen, die vom Fakultätssenat oder vom akademischen Ausschuss, wie immer man das entscheidende innere Führungsgremium nennt, beschlossen worden sind, werden in der Regel nominell vom Hochschulrat gebilligt. Während der Hochschulrat das Führungsgremium ist, greift es nicht selbst verwaltend ein, und ganz sicher nicht auf den unteren Ebenen der Verwaltung. Seine Aufgabe besteht vielmehr darin, für eine gute Universitätspolitik zu sorgen. Häufig ist der Präsident *ex officio* Mitglied des Rates, obgleich sich dieser immer das Recht vorbehält, ohne den Präsidenten in Klausur zu tagen.

So wie Laiengremien ein charakteristisches Merkmal amerikanischer Colleges und Universitäten sind, ist es auch die Tradition der starken Präsidenten. Der Präsident einer amerikanischen Universität hat eine enorme Macht über die gesamte Universität, desgleichen der Provost hinsichtlich ihrer akademischen Zielsetzung und die Deans bezogen auf ihre jeweiligen Colleges. Diese Verwaltungskräfte werden nicht vom Lehrkörper gewählt, sondern von ihren Vorgesetzten ernannt, was normalerweise nach einer landesweiten, vom Fakultätsausschuss geleiteten Ausschreibung geschieht. Landesweite Ausschreibungen gibt es mitunter auch für den Leiter eines Departments. An den meisten Universitäten wird dieser nicht gewählt, sondern ernannt. Bei einer Hausberufung befragt der Dean den Lehrkörper und bittet darum, sich schriftlich oder persönlich zu den potenziellen Kandidaten zu äußern. Danach wählt der Dean den künftigen Leiter des Departments aus. Dass demokratisch gewählte Administratoren einen klaren Standpunkt vertreten und bereit sind, den Status quo umzustürzen, ist eher nicht zu erwarten: Ernennt man sie jedoch, ist es sehr viel wahrscheinlicher, dass sie Veränderungen auf den Weg bringen und jene Entscheidungen treffen oder beaufsichtigen, die letztlich für die Qualität des Lehrkörpers und der Studenten – die beiden wichtigsten Elemente einer guten Universität – ausschlaggebend sind. Die Befugnisse amerikanischer Administratoren übersteigen, wie schon erwähnt, alles, was wir von deutschen Universitäten kennen. Doch obwohl amerikanische Professoren über beträchtliche Macht verfügen, deuten Umfragen darauf hin, dass sie mit ihren Universitätsverwaltungen zufriedener sind als ihre deutschen Standesgenossen. Von deutschen Professoren hört man sehr viel häufiger, dass sie auf institutioneller Ebene keinen Einfluss auf die Hochschulpolitik haben und dass ihre Verwaltungen autokratisch agieren (Altbach 28–30 und 492). Die Universitätsverwaltung spielt ihre Autorität nicht immer aus, und wenn doch, so wird ihr mitunter Paroli geboten, dennoch ist es das A und O einer guten Universität, dass sie eine starke Führung hat. In seinen Überlegungen dazu, was eine exzellente Universität auszeichnet, bemerkt Jonathan Cole zu Recht: »Das wesentliche Element einer herausragenden Universität ist eine mutige, entschlossene, unternehmerische und unermüdliche Leitung« (115).

Der Präsident, der Provost und der Dean arbeiten mit dem Hochschulrat einerseits und dem Lehrkörper und den Studenten andererseits zusammen. Der Rat stimmt sich weniger mit dem ganzen Lehrkörper ab, er arbeitet vielmehr mit dem Leitungsstab des Präsidenten und gelegentlich mit den Deans zusammen. Manchmal werden auch Professoren, etwa der Vorsitzende des Fakultätssenats und von ihren Kollegen gewählte Mitglieder des Lehrkörpers, eingeladen, dem Rat bei spezifischen Themen hilfreich zur Seite zu stehen. Es ist die Aufgabe des Präsidenten, den Rat zu unterrichten und dessen Wünsche dem Lehrkörper mitzuteilen.

Der Präsident leitet sowohl den Hochschulrat als auch den Lehrkörper. Er muss über die Fähigkeit verfügen, ein überzeugendes Gesamtziel zu formulieren und die dafür nötigen Schritte plausibel zu machen, für die Finanzierung zu sorgen und die richtigen Leute für die Umsetzung einzustellen. Zu alldem muss er in der Lage sein, und zugleich muss er den Finger auf die Schwächen legen, die eine Universität daran hindern, ihre höchsten Bestrebungen zu verwirklichen, und sich dabei die Unterstützung des Lehrkörpers sichern. Kurzum: Gefragt ist die seltene Verbindung von kommunikativem Geschick und mutigem Handeln. Dass vom Präsidenten unternehmerische Eigenschaften erwartet werden, versteht sich von selbst, und tatsächlich hatte ein amerikanischer Collegepräsident von Beginn an »ein Unternehmer im weitesten und besten Sinn des Wortes zu sein« (Thelin 34). Nachdem er eine Reihe starker und unternehmerischer Führungspersönlichkeiten durchmustert hat, schreibt W. H. Cowley: »Man nenne ein ausgezeichnetes College oder eine hervorragende Universität in Amerika, und man wird in seiner oder ihrer Geschichte eine oder mehrere durchsetzungsstarke Führungs-persönlichkeiten als Präsidenten finden« (70). Um diesen Typus aufzuspüren, schaut sich eine Universität lange um. Aus einer Un-tersuchung aus dem Jahr 2005 geht hervor, dass 80 % der amtieren-den Präsidenten von einer anderen Universität angeworben wurden (»What Presidents Think« A25). Bevor sie nach einer geeigneten Person für eine Leitungsposition sucht, setzt die Universität nicht nur einfach eine Stellenbeschreibung auf, sie legt vielmehr dar, auf welche Führungsqualitäten es ihr ankommt, und verfasst einen län-geren Ausblick auf die Lage der Universität oder des Colleges, was teils der Evaluierung, teils der Anwerbung dient.

Der Präsident an einer amerikanischen Universität hat eine sehr komplexe Stellung inne. Weil Persönlichkeit in der amerikanischen Kultur so hoch angesehen ist, aber auch wegen des immer noch bestehenden Erbes der verschlafenen und familiären Collegeatmo-sphäre, will fast jeder die Zeit des Präsidenten in Anspruch nehmen. Nur wenige Fakultätsmitglieder haben eine Vorstellung davon, wie viel Präsidenten zu tun haben. A. Bartlett Giamatti, der frühere Prä-sident der Yale University, drückte pointiert aus, wie sich die rasante Entwicklung des Ideals einer Forschungsuniversität und deren Mo-dernisierung auf das Amt des Präsidenten ausgewirkt haben: »Prä-sident einer Universität zu sein ist kein vernünftiger Weg, als Er-wachsener seinen Lebensunterhalt zu verdienen. Darum versucht es auch kaum einer. Es bedeutet, ein geistliches Amt aus der Mitte des 19. Jahrhunderts zu verwalten und zugleich einen Konzern des späten 20. Jahrhunderts zu leiten« (17).

Praktisch alle akademischen Entscheidungen an einer Univer-sität – die Entwicklung des Curriculums, das Konzipieren von Stu-diengängen, die Einstellung von Lehrkräften, Empfehlungen für Beförderungen und Festanstellungen usw. – liegen in der Verant-wortung der Fakultät, auch wenn der Dean, der Provost und der Präsident in all diesen Fällen das letzte Wort haben. Ein Admini-strator muss schon einen sehr triftigen Grund anführen, um eine Fakultätsempfehlung umzustoßen, und wenn er es tut, verliert er dabei immer politisches Kapital. Ohne eine starke Unterstützung durch die Fakultät wird ein Administrator kaum etwas auf den Weg bringen können. Das deutsche Publikum sollte bei diesem Punkt aufmerken, denn manch einer, der dem amerikanischen Modell auch für Deutschland den Vorrang geben möchte, stellt sich die Universität wie eine Firma vor. Zwar wird eine Universität die ein oder andere Geschäftspraktik übernehmen müssen, aber nur wenige Akademiker in den USA würden in der Universität eine Firma sehen; schließlich sind die Unterschiede unübersehbar. Obgleich die Präsidenten, die Deans und die Leiter der Departments über beträchtliche Macht verfügen, sind sie deshalb doch nicht das Pendant zu den Vorstandsvorsitzenden einer Firma. Wenn es ihnen nicht gelingt, den Lehrkörper auf ihre Seite zu bringen, können sie aus dem Amt entfernt werden. Dass Larry Summers 2006 aufgrund von Protesten seitens des Lehrkörpers als Präsident von Harvard zurücktreten musste, ist nur ein Beispiel von vielen. Gegenseitiges Vertrauen ist ebenso unerlässlich wie die Kenntnis, was am Ort Sitte und Brauch ist. Wie wichtig dieser Aspekt ist, hat erst kürzlich eine Umfrage unter Hochschulpräsidenten gezeigt: Wer eine zweite Präsidentschaft antritt, setzt sich energischer und systematischer mit der Kultur und den Feinheiten seiner neuen Institution auseinander, als er es als noch unerfahrener Präsident getan hatte (*On Assuming* 2–3).

Präsident, Provost, Dean und Departmentsleiter üben hauptsächlich in drei Bereichen ihre Macht oder ihren Einfluss aus. Erstens können sie den Lehrkörper für ein gemeinsames Ziel begeistern. Sie können ein Ethos ausbilden, um dieses Ziel zu befördern, und wenn sie den Lehrkörper mit ins Boot geholt haben, können sie verschiedene Strategien zur Realisierung dieses Ziels anstoßen. Der zweite Bereich dreht sich um Personalpolitik, d.h. um die Einstellung von Lehrkräften, Entscheidungen über Festanstellungen und die Ernennung des akademischen Führungspersonals, im ersten Fall geht es um die Beurteilung von Kandidaten, die von den Departments vorgeschlagen worden sind, in den beiden letzten Fällen um die Beratung mit Mitgliedern des Lehrkörpers. Der dritte Bereich betrifft das Budget, da die Zuweisung von Geldmitteln normalerweise nicht in die Zuständigkeit der Fakultät fällt. Die Departments können zum Beispiel den Dean um eine weitere Lehrkraft bitten, aber sie stimmen nicht über die Bewilligung der Stelle ab. Die Fakultät hat das Recht, zu Rate gezogen und informiert zu werden, aber sie ist nicht befugt, Finanzentscheidungen zu treffen. Nur mithilfe eines Budgets lassen sich Anreize vollständig verwirklichen und nur über das Budget lassen sich Sanktionen durchsetzen. Wo die Macht der amerikanischen Universitätsverwaltung durch Zielsetzungen, Personalpolitik und Haushaltshoheit bestimmt ist, da erstaunt es nicht weiter, dass es deutschen Universitäten an Unternehmungsgeist fehlt, denn traditionell fallen all diese Entscheidungen im Ministerium.

Beispiele für Flexibilität innerhalb der Universitäten

Flexibilität – so lautet das Mantra in den USA. Besoldung und Arbeitslast der Universitätsangestellten werden flexibel gehandhabt, so lassen sich die besten Köpfe erkennen und motivieren, und so können sie ihre Fähigkeiten ganz entfalten und in den Dienst der Universität stellen. Zu den wichtigen von mir eingeführten Neuerungen gehörte es, dass die einem Department zugesagte Stelle nicht einfach wieder gestrichen werden konnte. So war garantiert, dass wirklich die Besten berufen wurden. Die Departments durften sich nämlich mit der Stellenbesetzung Zeit lassen; sie waren nicht genötigt, eine Position mit einem mittelmäßigen Kandidaten zu besetzen, nur um sie nicht zu verlieren. Die Situation in Deutschland ist da ganz anders, oft ist sie mit dem Satz beschrieben worden: »Besser unpassend als gar nicht.«

An deutschen Universitäten wird viel Zeit mit dem Schreiben von Berichten und Protokollen verbracht. Vermutlich lässt sich das nicht vermeiden, denn Entscheidungen werden ja nicht direkt vor Ort getroffen, also von denjenigen, die die Kandidaten interviewen und sich mündlich über sie verständigen könnten. Amerikanische Universitäten sind da in der Regel weniger bürokratisch und konzentrieren sich auf die entscheidenden Fragen, die normalerweise im persönlichen Gespräch geklärt werden. Zum Beispiel ist eine schriftliche Entscheidungsbegründung nur für den empfohlenen Kandidaten erforderlich sowie für die besten der nicht empfohlenen Kandidaten, sofern diese zu besonders förderungswürdigen Gruppen gehören (Frauen oder Minderheiten).

Da Universitäten oft Professoren anwerben, deren Ehepartner bereits gute Stellen an einer anderen Universität oder in einer anderen Stadt haben, muss die Universität, die schließlich nur die Besten haben will, manchmal Stellen für Ehepartner schaffen oder aktiv mit der Kommune zusammenarbeiten, um etwas Passendes zu finden. So erhöht sie die Wahrscheinlichkeit, den Wunschkandidaten zur Annahme des Rufs zu bewegen. Will ein Dean jemanden in einem Department anstellen, der ohne Stelle für den Ehepartner ablehnen würde, lässt sich diese Schwierigkeit innerhalb weniger Tage lösen. Eine Beratung mit dem entsprechenden Department und interne Umschichtungen im Haushalt genügen vollauf.

Die Qualität des Lehrkörpers wird zum Teil durch diese Flexibilität verbessert. Der Dean einer amerikanischen Universität kann beispielsweise die frei gewordene Stelle eines ordentlichen Professors in zwei Assistenzprofessuren verwandeln, vorausgesetzt die Kandidaten für diese Stellen sind besser oder das Department benötigt mehr Lehrkräfte. Umgekehrt kann ein Dean aus zwei Assistenzprofessuren eine Professorenstelle schaffen, etwa um einen renommierten Wissenschaftler an die Universität zu bringen.

Da einige Departments zu einem bestimmten Zeitpunkt Einstellungsstopp haben, andere aufgefordert sind, ihre Ausschreibungen zu verschieben und ein paar Ausschreibungen nicht zu einer Neuanstellung führen, stehen dem Dean meistens zeitweilige Mittel zur Verfügung, um eine Stelle vorgezogen zu besetzen. Im Bewusstsein der Bedeutung von Anreizen kann der Dean die Departments auffordern, herausragende Kandidaten für Professorenstellen zu nennen, vor allem Frauen und Minderheiten, und jemanden einstellen, noch bevor eine Stelle wegen Pensionierung oder Weggangs frei geworden ist. Kurz gesagt, wenn ein Department einen erstklassigen Bewerber vorschlägt, könnte es zeitweilig eine zusätzliche Stelle erhalten. Auf diese Weise ist garantiert, dass das Department einen Ersatz für einen zukünftigen Weggang hat.

Je eigenständiger die Verwaltung ist, umso kreativer, verantwortlicher und verbindlicher kann sie handeln. Flexibilität wirkt im Ergebnis wie ein Anreiz. Selbstverständlich reicht Flexibilität allein nicht aus, wenn es an den nötigen Finanzen fehlt. Wenn die Macht und die Autonomie in Budgetfragen, wie es manchmal an deutschen Universitäten, die bescheidene Reformen durchgeführt haben, der Fall ist, beim Rektor und den Seminaren oder Instituten liegt, nicht aber beim Dekan, der nur eine vermittelnde Rolle spielt, dann ist diese Position wenig erstrebenswert.

Interne Umschichtung

Was einen amerikanischen Dean so flexibel macht, ist vor allem die Möglichkeit, den Haushalt intern umzuschichten, und das ist auch eines der wichtigsten und wirkungsvollsten Mittel, um Schwerpunkte zu bilden und umzusetzen. Jedes Jahr stand bei mir nicht nur die Frage nach Gehaltserhöhungen an, sondern auch die sehr heikle nach der systematischen Durchführung interner Umschichtungen. Sämtliche Professorenstellen, mit Ausnahme der abschlägig beschiedenen Übernahme in eine Festanstellung (als Vorbeugung gegen aufgeblähte Empfehlungen, nur um eine Stelle zu behalten), werden dem Dekan für eine mögliche Umverteilung vorgelegt. Die Entscheidungen stützen sich auf eine Reihe von Faktoren, angefangen von Immatrikulationszahlen bis hin zu Versorgungslücken, neuen Studiengebieten und der Qualität der Departments.

Weil diese Stellen und ihre Finanzierung an den Dean zurückgingen, konnte ich jedes Jahr entscheiden, welche Gelder wofür eingesetzt werden sollten, und dazu bedurfte es zunächst einmal einer Prioritätenliste. Daher habe ich jedes Jahr eine Tabelle mit mehreren hundert durchnummerierten Zeilen angefertigt. Pluszeichen zeigten an, dass mehr Geld aufgrund von Stellenwechseln, Pensionierungen, internen Kostensenkungen bzw. Kürzungen, neuen Spenden, Erhöhung des zugewiesenen Basissatzes oder von anderen Ereignissen zur Verfügung stand, die Minuszeichen standen für feste Zusagen an die Fakultäten, Erhöhung der Forschungsgelder und neue Initiativen. Zu sehen, wie eine Zielvorstellung durch dergleichen Anpassungen verwirklicht wurde, war eine wichtige und überdies erfreuliche Tätigkeit. Sobald die Entscheidungen gefällt waren und der Haushalt für das neue Jahr feststand, reichte ich ihn an die Mitarbeiter zur Umsetzung weiter und machte mir erste Gedanken über die Umschichtung im nächsten Jahr.

Worauf bezogen sich die Anpassungen? Stets wurden Professorenstellen von einem Department oder einem Bereich in ein anderes verschoben. Im Laufe von elf Jahren verlor annähernd die Hälfte der Departments eine Stelle, einige zeitweilig, andere dauerhaft. Doch dank der Umverteilungen, neuen Stiftungslehrstühlen und Ausschreibungen, wobei Departments um die Suche nach den besten Leuten miteinander konkurrierten, gewannen im Endergebnis dennoch beinahe alle.

Innere Umschichtungen bezogen sich auch auf Assistenz- und Vollprofessuren. Einige Departments erhielten die Berechtigung, sich unter den Jungprofessoren umzuschauen, mit der Maßgabe dass, sollten sie auf einen außergewöhnlichen Kandidaten stoßen, eine Vollprofessur in Erwägung gezogen würde: In jedem Jahr begaben sich gut ein halbes Dutzend Departments auf eine solche Suche.

Eine andere Möglichkeit bestand darin, eine Stelle ohne Aussicht auf Festanstellung in eine mit Aussicht auf Festanstellung zu verwandeln, vor allem wenn ein Professor vor der Pensionierung stand und durch einen Assistenzprofessor ersetzt wurde, wodurch ein nicht unbeträchtlicher Betrag frei werden konnte. Als Dean hatte ich das Recht, sowohl Gelder innerhalb verschiedener Ausstattungskategorien hin- und herzuschieben als auch zwischen Gehalts- und Ausstattungskosten. Ich sagte gern, dass ich als Dekan nicht in erster Linie über Stellen verfügte, sondern über Geld, was meine Freiheit, über den Tellerrand zu schauen, noch vergrößerte. Ging es vor allem darum, eine bessere Ausstattung zu haben, konnte ich die Personalzuwendungen kürzen und Reisemittel, Vorträge und Ähnliches finanzieren. Kurz gesagt, in der Position als Dean stand mir ein Globalhaushalt zur Verfügung, und solange ich mein Budget nicht überschritt, durfte ich die Prioritäten selbständig setzen. Von der herkömmlichen Praxis in Deutschland, wo der Einzeletat von oben zugeteilt wird und vakante Stellen an den Senat zurückfallen, kann das nicht weiter entfernt sein.

Wann immer ein Zentrum oder ein Graduiertenprogramm geschlossen wurde, wurden Geldmittel freigesetzt, und während meiner Zeit als Dean sind neben drei mittelmäßigen Graduiertenprogrammen auch drei Zentren geschlossen worden. In einigen Fällen lassen sich unzulängliche Zentren schließen und gleichzeitig die Gelder zurückbehalten, um sie im selben Bereich, allerdings mit einem ganz anderen Konzept, neu zu investieren. Denkbar ist auch, Geld für Graduierte, d. h. Promotionsstipendien von einem Department auf ein anderes oder von einem Feld innerhalb des Departments auf ein anderes zu verschieben, je nachdem, wo bessere Leistungen erbracht werden.

Weil ich mich dagegen entschied, für eine garantierte Grund-ausstattung Geld bereitzustellen, bot sich jedes Jahr die Gelegen-heit, die Höhe der Ausstattungen pro Department neu zu prüfen. Obwohl Mitglieder des Lehrkörpers in einigen Sparten völlig gleich behandelt wurden, etwa bei den Diensttelefonen, teilte ich die wich-tigsten Posten aufgrund exzellenter Leistungen zu. Zum Beispiel be-rechneten wir die Reisegelder für jedes Department anhand einer bestimmten Pro-Kopf-Summe der Fakultätsmitglieder, aber die Formel fiel sehr unterschiedlich aus. Die stärksten Departments er-hielten pro Kopf das Zweieinhalbfache dessen, was ein Department mit bescheidener Forschungsproduktivität erhielt.

Die interne Umschichtung von Angestelltenstellen erlaubte es uns, zwei neue Büros für Öffentlichkeitsarbeit zu schaffen. In die-sen Bereich war in der Vergangenheit nur ungenügend investiert worden. Drei Angestellte waren für Nachrichten und Öffentlichkeit zuständig, drei für den Auftritt im Internet und die Pflege von Web-sites. Das meiste Geld dafür kam von Stellen, die früher dem Büro des Deans zugeteilt waren.

Mittel auf Dauer zur Verfügung zu stellen, sollte möglichst ver-mieden werden, denn das widerspricht dem Flexibilitätsgedanken. Das gilt auch für Zentren und Institute, die einzelnen Professoren zugeordnet sind, die dann möglicherweise zu Stiftungsprofessoren werden. Es ist immer besser, Sponsoren zum Abschluss von Verträ-gen zu überreden, die eine gewisse Flexibilität bei der zukünftigen Mittelvergabe zulassen, auch dann, wenn der Spender den klaren Wunsch äußert, die Mittel einem weitdefinierten Feld vorzubehal-ten. Geistige Schwerpunkte verschieben sich nun einmal ebenso wie die Qualität der Personen, die eine Universität in diesem oder je-nem Bereich für sich gewinnen kann.

Probleme und Herausforderungen der Flexibilität

Zu den Schwierigkeiten, die sich aus der Flexibilität und Autonomie ergeben, zählen inkonsistentes Handeln und damit verbundene Un-gerechtigkeiten. Geht die Autonomie zu weit, fehlt es gar an Kon-trollmechanismen oder Berücksichtigung von Präzedenzfällen, kann dies von Nachteil sein. Würde beispielsweise der Leiter eines

Departments ein Mitglied des Lehrkörpers aus nicht zwingenden Gründen von der Erfüllung seines Lehrdeputats befreien, würde Flexibilität zu einem Problem werden. Um das zu verhindern, muss Flexibilität mit geeigneten, eindeutigen Richtlinien verbunden sein, wozu auch eine schriftliche Begründung von Ausnahmen und eine dezente Kontrolle durch den Dean zählen.

Ein weiteres Problem der Flexibilität resultiert womöglich aus nicht bedachten Folgen. Wenn zum Beispiel der Dekan neue Professorenstellen schafft, sollte er die zentrale Verwaltung für die damit anfallenden indirekten Kosten, etwa in Gestalt von Räumlichkeiten und Betriebsmitteln, durch eine Art von Abgabe entschädigen. In solchen Fällen ist dafür zu sorgen, dass keine externen Kosten entstehen.

Ist Autonomie einmal gewährt worden, dann ist es schwierig, sie einzudämmen, man muss es sich daher zweimal überlegen, bevor man sie erteilt. Ein Beispiel ist eine Entscheidung, die in den frühen 1990er Jahren an der University of Notre Dame bezüglich des Lehrdeputats getroffen worden ist. Das bis dahin übliche Lehrdeputat von drei Kursen pro Semester wurde auf die für eine Forschungsuniversität angemessenere Zahl von zwei Kursen pro Semester gesenkt, ohne zu berücksichtigen, dass es auch Lehrkräfte gab, die ihre Forschung nie richtig auf den Weg gebracht haben oder überhaupt nicht forschten. Jahrelang galt für jeden, ob er nun forschte oder nicht, dass er zwei Kurse pro Semester zu lehren hatte. Schon in meinem ersten Semester als Dean war mir das Problem aufgefallen, aber es dauerte elf Jahre, bis ich mir die nötige politische Unterstützung für eine Änderung gesichert hatte.

Je besser eine Fakultät aufgestellt ist, desto leichter fällt es, einer Dezentralisierung zuzustimmen. Bei großen Qualitätsunterschieden ist es hingegen ratsamer, einer mehr zentralistischen Instanz, etwa dem Dekanat, stärkere Kontrollrechte einzuräumen. Ähnliches sollte für das Ministerium oder den Rektor in Deutschland gelten. Mehr Flexibilität ist nur dann zu haben, wenn auch Zutrauen zu den zukünftigen Entscheidungen herrscht oder ganz deutlich ist, wer wem gegenüber rechenschaftspflichtig ist; aber ohne Flexibilität keine Innovation. Wann immer es möglich ist, d. h. wann immer Vertrauen und Zuversicht gegeben sind, sollten Entscheidungen auf der möglichst untersten Ebene getroffen werden. Während einer Übergangszeit könnte eine zentrale Stelle die Anreizfinanzierung bereitstellen, um den Typus von differenzierten Entscheidungen anzustoßen, mit denen man noch keine große Erfahrung hat. Ein offensichtliches und dementsprechend häufig angesprochenes Problem mit der Flexibilität besteht darin, dass man nicht immer Leute findet, die, weil sie sowohl in der Forschung als auch in der Lehre Hervorragendes leisten, auch die Leistungen anderer richtig zu beurteilen wissen und sich darüber hinaus für eine Verwaltungstätigkeit eignen und an ihr interessiert sind. Dieses Problem ist weit verbreitet. In einer jüngsten Umfrage nannten die Provosten neben ihrer größten Schwierigkeit, nämlich dass sie nie über genug Geld verfügen, als ihr zweitgrößtes Problem, geeignete Führungspersönlichkeiten heranzuziehen (Eckel et al. 12).

Zudem sind die Anforderungen, denen sich die Administratoren an einer amerikanischen Universität ausgesetzt sehen, beträchtlich. Dass ein höherer Administrator 80 Stunden und mehr in der Woche arbeitet, ist keine Seltenheit. Es ist daher nicht überraschend, dass immer weniger höhere Amtsträger, sei es der Präsident, der Provost, der Dean oder auch nur der Leiter eines Departments, mit den Lehr- und Forschungspflichten Schritt halten können, die von einem ordentlichen Fakultätsmitglied erwartet werden.

Wie lassen sich solche Positionen dann attraktiv gestalten? Man muss, wie bereits gesagt, den Administratoren Befugnisse und Flexibilität einräumen. Auch sollte man sie direkt durch zeitlich begrenzte Mittel entschädigen (permanente Mittel schaffen die falschen Anreize, da es keinen finanziellen Anreiz gibt, die Aufgabe weiter wahrzunehmen). Die zeitlich begrenzte Mittelaufstockung wird zum Anreiz, sich weiter der Verwaltung zu widmen, und der Anreiz, seine Aufgabe gut zu machen, umfasst potenzielle Gehaltssteigerungen. Um sicherzustellen, dass diejenigen, die sich der Verwaltung widmen, auch als Fakultätsmitglieder weiterhin aktiv sein können, sollte ihr Lehrdeputat gesenkt und ihnen Mitarbeiter zur Seite sowie Forschungsgelder zur Verfügung gestellt werden.

Und schließlich ist es in den USA ein Problem, dass die akademischen Positionen des Dean und des Provost durchaus auch inhaltlich interessant sein können, während die Präsidentschaft sich zunehmend um nichtakademische Belange dreht. Die Wirkung davon ist, dass laut einer jüngsten Umfrage nur 24–30 % der Provosten ein Präsidentenamt anstreben (Hartley und Godin 32 und 36). Unter anderem geben 66 % der Provosten als Grund dafür, dass sie auf das Präsidentenamt keinen Wert legen, die wenig reizvolle Art der Arbeit an (Eckel et al. 20). Eine Erhebung von 2011 macht deutlich, dass die drei hauptsächlichen Tätigkeitsfelder eines Präsidenten Haushalts- und Finanzfragen, Spendeneinwerbung und politische Beziehungspflege betreffen, nicht gerade Tätigkeiten, die für jemanden, der ein Leben als Wissenschaftler und Lehrer gewählt hat, sehr verlockend sind (*American College President* 34). Bei diesem verhältnismäßig geringen Interesse, das arrivierte Wissenschaftler an diesem Amt haben, ist es wahrscheinlich, dass der Prozentsatz der Universitätspräsidenten, welche die Universität von innen kennen, allmählich in Amerika sinkt. Heute waren bereits 30 % aller US-amerikanischen Präsidenten noch nie Fakultätsmitglieder, wobei die Zahl für die Forschungsuniversitäten mit nur 12 % weit unter dem Durchschnitt liegt (*American College President* 5, 12, 23, 24, 27).

3. Wettbewerb

Der Wettbewerb lebt von Vielfalt und Flexibilität. Würden alle Universitäten sich gegenseitig nachahmen, könnten sie schwerlich miteinander konkurrieren. Unverwechselbarkeit kann ein Wettbewerbsvorteil sein. Und Universitäten, die sich den Marktgegebenheiten nicht rechtzeitig anzupassen verstehen, werden in einem auf Konkurrenz basierenden Umfeld kaum bestehen können.

Auch in Deutschland setzt sich diese Erkenntnis allmählich durch. Der Wettbewerb um Bundesmittel für Eliteuniversitäten ist dafür das sichtbarste Zeichen. Die 2003 von Peter Frankenberg, damals Minister für Wissenschaft, Forschung und Kunst in Baden-Württemberg, vorgelegten *Thesen zur Hochschulreform* spielen immer wieder auf den Wettbewerb als die treibende Kraft unserer Zeit und auf den Willen an, das deutsche »Hochschulsystem wettbewerblicher und damit wettbewerbsfähiger« zu machen (1).

In den USA gibt es traditionell eine immense Wettbewerbskultur, die dazu beiträgt, unberechtigter Selbstzufriedenheit und Ineffizienz entgegenzuwirken. Jede Universität versucht herauszuragen:

im Wettbewerb um Forschungsgelder und Spenden, im Wettbewerb um die besten Professoren und Studenten und im Wettbewerb um Einfluss auf das öffentliche Leben. Um Studenten anzuziehen, müssen Universitäten herausragende Professoren anstellen, denn um ihretwillen kommen ja die guten Studenten. In einer Umgebung, in der die Professorenschaft die besten Studenten unterrichten möchte, ist sie darauf aus, Kollegen einzustellen, die besser als sie selbst sind, d. h. Professoren, die noch bessere Studenten anlocken. Auch sind die Fakultätsmitglieder bestrebt, ihre wissenschaftlichen und intellektuellen Diskussionen durch die Einstellung hervorragender Kollegen zu beleben. Man möchte Kollegen haben, von denen man lernen kann. Die meisten Berufungsverhandlungen gipfeln in einem strapaziösen zweitägigen Besuch auf dem Campus. Wenn es um die Anstellung von Professoren geht, vor allem bei Festanstellungen, möchte die Universität keinen Fehler machen, und die Politik hat dabei nicht ihre Hand im Spiel, es sei denn Mittelmäßigkeit infiziert das Verfahren. In der Praxis bedeutet Wettbewerb nicht nur, dass Spitzenprofessoren häufig einen Ruf bekommen können, es bedeutet auch, dass Colleges und Universitäten Strukturen und Verfahrensweisen entwickeln, die vor Mittelmäßigkeit und Untüchtigkeit schützen.

Von *tenure*-Entscheidungen (also Entscheidungen darüber, ob ein Professor langfristig fest angestellt wird) bis hin zu leistungsabhängigen Gehaltserhöhungen finden Universitäten Strategien, um diejenigen, die sehr viel zu den gemeinsamen Zielen beitragen, zu belohnen und den Einfluss derjenigen zu begrenzen, die die Universität nicht weiterbringen.

Um ihre Zielsetzung, ihre Professorenschaft, die Studenten und die Einrichtungen auf dem Campus bekannt zu machen, beschäftigen die Universitäten für die Öffentlichkeitsarbeit zuständiges Personal, dessen Aufgabe es ist, für spezielle Zielgruppen – angehende Studenten, Spender, die Universitätsgemeinschaft selbst und externe Evaluatoren – die Qualität von Forschung und Lehre sowie das besondere Profil der Universität im Internet und in Broschüren darzulegen. Wie vermarktet man eine Universität? Im Wesentlichen werden drei Fragen aufgeworfen. Erstens: Wodurch zeichnet sich diese Universität aus, und was hat sie dadurch verschiedensten Gruppen von Studenten zu bieten? Die Qualität der Studenten und der Professorenschaft, kleine Kurse, die Vermittlungsquote ihrer Absolventen, die Bandbreite der Hauptfächer und Kurse, die Campuseinrichtungen usw. werden gehörig ins Licht gerückt. Zweitens: Wie sieht das spezifische Profil dieses Colleges oder dieser Universität aus? Was unterscheidet sie von anderen? So ist die Zulassungsbroschüre der University of Notre Dame betitelt: *Nowhere Else But Notre Dame.* Von anderen absetzen könnte sich eine Universität beispielsweise durch eine besondere, von anderen unberücksichtigte Zielsetzung, durch ein spezielles Curriculum, durch die Förderung von Studien im Ausland, durch eine reizvolle Umgebung usw. Drittens, wie und in welchen Foren kann die Universität sich präsentieren? Hier ist zu denken an das Internet sowie an Broschüren, DVDs, Briefe und E-Mails an angehende Studenten etc.

Jede Universität, manchmal auch jede Fakultät innerhalb der Universität braucht Strategien, um bekannt zu machen, was sie zu Forschung und Lehre beigetragen hat, welche Erfolge sie in der Wissensvermittlung zu verzeichnen hat und wie ungewöhnlich ihr Profil ist. Animiert durch eine gute Vermarktung der Universität, bewerben sich mehr und bessere Studenten, damit wächst ihr Ansehen in der akademischen Welt und natürlich gewinnt sie so auch mehr Sponsoren. Idealerweise wird das Personal für die Öffentlichkeitsarbeit zwar von zentraler Stelle finanziert und berichtet dieser, ist aber in den verschiedenen Abteilungen der Universität untergebracht. Auf diese Weise vermittelt die Selbstdarstellung der Universität ein rundes Bild, das aber von detaillierten Kenntnissen der Tätigkeiten und Leistungen in den verschiedenen Fakultäten lebt.

Eine Institution, die sich an anderen misst, muss natürlich die besten Wettbewerbsideen und -strategien aufgreifen und fruchtbar machen. Eine freundliche Rivalität zwingt eine Institution, das Beste aus sich herauszuholen. Schließlich weiß sie, dass andere sie überholen werden, wenn sie Mängel hat. Wettbewerb ermuntert eine Universität, ihr größtes Potenzial zu entwickeln und von Vorbildern zu lernen.

Das Konkurrieren um Studenten

An den führenden Colleges und Universitäten werden Studenten in einem sorgfältigen und umfassenden Prozess ausgewählt und zugelassen. Da Studenten nicht sicher sein können, ob sie zugelassen werden, bewerben sie sich normalerweise bei mehreren Universitäten mit unterschiedlichen Zulassungshürden, dazu werden dann ihre Wunschuniversitäten gehören, aber mindestens auch eine, bei der sie sicher mit einer Zusage rechnen. Jedes College und jede Universität hat ein Zulassungsbüro, und dieses beschäftigt nicht selten von knapp unter zehn bis gut über zwanzig Angestellte, darunter auch frisch ausgebildete. Ihre Arbeit besteht in dreierlei Aufgaben: durch Veröffentlichungen aber auch Besuche in verschiedenen Regionen des Landes und im Ausland bei angehenden Studenten für die Universität Werbung zu machen; die Studenten anhand der vom Provost oder einem Fakultätsausschuss festgelegten Kriterien auszuwählen; und die ausgewählten Studenten zu rekrutieren, indem sie Kontakt zu ihnen halten und oft mithilfe des Büros für Ausbildungsförderung – das Teil des Zulassungsbüros sein kann, aber nicht sein muss – einen Plan für eine angemessene finanzielle Unterstützung aufstellen.

Zu den Bewerbungsunterlagen gehören in der Regel das Zeugnis der Highschool, das Ergebnis des *Scholastic Aptitude Test* (SAT), Empfehlungsschreiben, eine Liste der außerschulischen Tätigkeiten, darunter leitende Funktionen, sowie ein oder mehrere Essays, die aus einer Reihe von Themen gewählt worden sind. Eine kleine Zahl von Colleges bietet zudem verpflichtende oder freiwillige Interviews an. Ursprünglich haben die Ivy-League-Universitäten zu Beginn des 20. Jahrhunderts ein Ausleseverfahren entwickelt, das die gesamte Persönlichkeit beurteilt und nicht nur auf die Noten schaut. Freilich war das seinerzeit nicht zuletzt ein ungerechter Trick, um den Prozentsatz der jüdischen Studenten zu drücken. Vor allem die aus Osteuropa zugewanderte jüdische Bevölkerung verdrängte aufgrund ihrer guten Noten und Testergebnisse die eher traditionelle christliche Klientel, auch die Abkömmlinge der gesellschaftlich einflussreichen Familien (Karabel). Trotz seines anrüchigen Ursprungs ist der Gedanke, dass bei der Elitenauswahl nicht nur quantitative, sondern auch qualitative Gesichtspunkte zählen sollten – unter besonderer Berücksichtigung bestimmter Gruppen, etwa der Kinder von Sponsoren und Alumni sowie Studenten der ersten Generation –, auf breite Zustimmung gestoßen. So ist sichergestellt, dass ein neuer studentischer Jahrgang bunt gemischt ist, dass der Charakter und die soziale Kompetenz ebenso zählen wie der potenzielle zukünftige Nutzen für die Gesellschaft. Selbstverständlich wird immer wieder neu darüber diskutiert, welche nichtakademischen Kriterien in welchem Maße anzuwenden sind, doch die meisten Colleges pflichten der Vorstellung bei, dass mehr betrachtet werden sollte als nur die reinen Noten. Bis zum Zweiten Weltkrieg nahmen viele der weniger konkurrenzfähigen Colleges und Universitäten die Studenten ausschließlich aufgrund ihrer Noten auf, aber die Erfahrung, die sie mit Kriegsveteranen gemacht haben, überzeugte sie davon, dass eine formale Ausbildung weniger ins Gewicht fällt als Motivation und angeborene Intelligenz (Jencks und Riesman 218). In diesem Fall war es die Empirie, die mit dem bloßen Schielen auf die Noten Schluss machte. Heute suchen die Universitäten nach markanten und vielfältigen Fähigkeiten und einem auf Prüfungsnoten nicht reduzierbaren Potenzial. In diesem Auswahlprozess wird auch danach gefragt, mit wie viel Energie und Engagement der Student in seinem bisherigen Leben auf die Herausforderungen in der heutigen Welt reagiert hat, nicht nur geistig, sondern auch durch moralische Sensibilität und gemeinnützige Tätigkeit.

Aus der Ausgabe des *U.S. News and World Report* von 2013 geht hervor, dass die wettbewerbsfähigste Universität, nämlich Harvard, nur 6 % der Bewerber aufnimmt (70–71). Die Zulassungsquoten der darauffolgenden 50 Colleges und Universitäten rangieren von 7 % bis 29 % (70–72 und 78–79). Die Quoten können auch sehr hoch sein, an der Universität von Arkansas liegen sie bei 96 % und an der Kansas State gar bei 99 % (74–76).

Die Universitäten versuchen, Bewerbungen von den allerbesten Studenten zu bekommen. Weil die meisten amerikanischen Schüler in ihrem vorletzten Jahr auf der Highschool eine freiwillige Eignungsprüfung machen, können Colleges die Namenslisten der Studenten kaufen, die beispielsweise besonders gut abgeschnitten haben, aber aus ärmlichen Gegenden stammen und es deshalb vielleicht nicht in Betracht ziehen, sich an konkurrenzfähigen Colleges zu bewerben. Die Colleges senden den potenziellen Studenten

Informationsmaterial zu, nicht zuletzt über mögliche Stipendien. Ähnliche Anstrengungen werden für Masterstudenten und Doktoranden unternommen, obwohl die Briefe in diesem Fall von den Fachbereichen kommen, da die *undergraduates* sich mit der ganzen Institution identifizieren, während die *graduates* vor allem an den Fachbereichen interessiert sind, in denen sie sich einschreiben und praktisch alle ihre Kurse belegen.

Universitäten verfolgen, sowohl hinsichtlich der *undergraduates* als auch der *graduates*, den Bewerbungswettbewerb ganz genau; was die Ersteren betrifft, so geschieht dies für gewöhnlich universitätsweit, im Fall der Letzteren hingegen auf der Fachbereichsebene. Eine interessante Facette des Ergebnisses ist dabei, dass für ein gutes Abschneiden ein scharfes Profil ebenso wichtig ist wie die akademische Qualität. *U.S. News* veröffentlicht jährlich auf ihrer Internetseite die »Beliebtesten Universitäten«, und zwar geordnet nach den Ergebnissen. Mit 75,5 % belegte Harvard für den Eingangsjahrgang vom Herbst 2010 den ersten Platz. Über mehrere Jahre hatte Notre Dame mit ihrem besonderen Profil durchgängig bessere Resultate als vergleichbare akademische Institutionen, wie etwa Cornell, Duke, Vanderbilt und Northwestern, ja selbst bessere als Universitäten, die, was die Forschung betrifft, eindeutig mehr zu bieten haben, wie etwa die University of Chicago und Johns Hopkins.

Universitäten wollen von denjenigen, die sie akzeptiert haben, auch eine Zusage erhalten, denn die besten Studenten haben mehr als eine Universität zur Auswahl. Es umwerben sich also beide Seiten: Die Studenten schauen sich nach der besten Universität um, die Universitäten nach den besten Studenten. Um die erste Garnitur von Studenten, gerade auch aus unterrepräsentierten Minderheiten, für sich zu gewinnen, zahlt die Universität oft die Reisekosten, damit die Studenten mehrere Tage auf dem Campus verbringen, in Kurse hineinschnuppern, mit den derzeitigen und angehenden Studenten zusammentreffen, die Universitätsverwaltung über die Chancen und das Profil der Institution sprechen hören und Professoren lauschen können, die von ihrem Unterricht und ihrer Forschung erzählen. Während ihres Besuches wohnen die angehenden Studenten mit den anderen Studenten in den Wohnheimen. Das ist eine kluge Investition der Ressourcen, es kostet nicht viel und zahlt sich immens aus. Außerdem ist es einfach, dafür Sponsoren zu finden, denn diese unterstützen gern die Studenten und alles, was die Wettbewerbsfähigkeit erhöht.

Da viele Familien in Amerika davon betroffen sind, dreht sich die Öffentlichkeitsarbeit der Colleges und Universitäten vor allem um die *undergraduates*, obwohl das Konkurrieren um graduierte Studenten noch heftiger ist. Während die Zulassung für die *undergraduates* hauptsächlich von den dafür zuständigen Büros betrieben wird – der Lehrkörper hat eine gewisse Aufsicht über das Verfahren, wählt aber nicht selbst aus –, läuft die Auslese der graduierten Studenten ausschließlich über die Fachbereiche. Einige Colleges laden die Studenten, die in die engere Auswahl gekommen sind, ein, so dass die Universität die besten rekrutieren und eine letzte Auswahl vornehmen kann oder beides. Diese Studenten sind hochbegehrt, da es intellektuell eine große Bereicherung und Freude ist, hervorragende Doktoranden zu unterrichten. Auch haben sie die besten Aussichten, einen Abschluss zu machen und eine gute Stelle zu bekommen, was das Ansehen des Fachbereichs und der Institution weiter hebt und damit wiederum zur Anwerbung künftiger Studenten beiträgt.

Lehrkörper und Wettbewerb

Der für den Erfolg einer Universität entscheidende Faktor ist der Wettbewerb um den besten Lehrkörper. Berkeley schob sich akademisch auf eine Spitzenposition, als der langjährige Kanzler der Universität, Clark Kerr, die Maßstäbe so anhob, dass er 20 % der empfohlenen Kandidaten, die ansonsten alle anderen Hürden genommen hatten, ablehnte (Geiger, *Research* 80). Um die beste Professorenschaft zu bekommen, muss man bereit sein, die Allerbesten zu suchen und einzustellen, sie zu unterstützen und hohe Maßstäbe für eine Festanstellung aufzustellen. Neue Stellen sollten für Professoren reserviert sein, die die durchschnittliche Qualität des Fachbereichs und der Universität heben. Ein indirektes Anzeichen für die Qualität des Lehrkörpers ist es, wenn Neuberufene die Angebote anderer Institutionen und die eigenen Professoren den Ruf anderswohin ablehnen, um zu bleiben.

Amerikanische Professoren machen die Erfahrung, dass der Wettbewerb um Forschungsmittel extrem hart ist. In den Geisteswissenschaften, wo die Gelder notorisch knapp sind, werden weniger als 7 % der Anträge bewilligt. Aus Briefen an die Bewerber oder aus Gesprächen mit Projektleitern ergibt sich folgende Statistik für die Stipendienvergabe im Jahr 2011: Stipendien der NEH (Bewilligungsquote 6,2 %), Guggenheimstipendien (Bewilligungsquote 6 %) und Stipendien der ACLS (Bewilligungsquote 5,8 %). Mehr Erfolg war den Anträgen bei den National Institutes of Health beschieden, aber mit 18 % ist auch hier die Konkurrenz groß (Rockey). Auch der Wettbewerb um Gelder von der National Science Foundation ist hart: Die Erfolgsquote lag insgesamt bei 22 %, davon entfielen beispielsweise 17 % auf die Ingenieurwissenschaften, 18 % auf die Biologie, 20 % auf die Sozial-, Verhaltens- und Wirtschaftswissenschaften; 23 % auf die Computerwissenschaften, Informatik und Softwareentwicklung, 27 % auf Mathematik und Physik und 31 % auf Geowissenschaften (National Science Foundation).

Das steht in einem bemerkenswerten Gegensatz zu Deutschland. Der Bericht der DFG weist für 2009 und 2010 in der Kategorie Einzelförderung insgesamt eine Bewilligungsquote von 46,7 % bzw. 42,5 % aus. Auch wenn die Bewilligungsquote insgesamt und für jede Disziplin seit 2009 jedes Jahr gesunken ist, sind die Quoten immer noch viel besser als in den USA. 2012 lag die Bewilligungsquote bei 32,5 %, davon profitierten die Naturwissenschaften mit 34,7 %, die Lebenswissenschaften mit 34,2 %, die Ingenieurwissenschaften mit 30,9 % und die Geistes- und Sozialwissenschaften mit 28,9 % (*DFG Jahresbericht 2012* 167). Selbst Anträge für das angesehene Heisenberg-Stipendium, das bis zu fünfjährige Stipendien für Habilitierte vergibt, die gute Aussichten auf einen Ruf haben, sind mit einer Quote von 33 % bis 48 % bewilligt worden (*Statistische Informationen 2011* 11). Diese Zahlen weichen enorm von denen in den USA ab. In Deutschland gibt es eben weniger Konkurrenz. Das gilt auch für die Exzellenzinitiative, bei der 2012 annähernd 70 % der Anträge positiv beschieden wurden (»Gewonnen« 553). Noch höher sind die Chancen, eine Heisenberg-Professur zu bekommen, seit ihrer Schaffung 2006 bis 2012 betrugen sie 79 % (DFG, *Statistische Informationen 2013* 9).

Ein weiterer Aspekt des Wettbewerbs ist der, dass in den USA Assistenzprofessuren nicht aus dem eigenen Doktorandenpool stammen, nur ein oder zwei Universitäten der Ivy League bilden da eine

Ausnahme. Stattdessen stellt man die Promovenden anderer Universitäten ein und profitiert so von den besten, anderswo ausgebildeten Wissenschaftlern. So ist geistige Vielfalt garantiert und Kungelei ausgeschlossen. Fachbereiche werden, wie gesagt, nach der Qualität der Professoren beurteilt, für die sie attraktiv sind, aber auch nach der Qualität der Institutionen, an denen sie ihre Promovenden unterbringen können.

Von Assistenzprofessoren wird erwartet, dass sie ihre Zeit und Energie vor allem in die Lehre und Forschung stecken und weniger in Verwaltungsaufgaben, damit sie ihre Chancen steigern, wenn sich die Frage nach einer Festanstellung stellt. Die Entscheidung – sie steht normalerweise im sechsten Jahr, nach Ablauf des zweiten Dreijahresvertrages an –, ob es zu einer Festanstellung kommt, stützt sich auf die Qualität von Lehre, Forschung und Verwaltung. Guten Universitäten liegt daran, dass ihre Assistenzprofessoren Erfolg haben, schließlich haben sie in sie investiert, und wenn man gute Leute fördert, wird man gute Leute bekommen. Dennoch lauern Gefahren im amerikanischen System, da Entscheidungen über eine Festanstellung früher als in Deutschland fallen: Einige Professoren werden nie mehr so viel produzieren, wie in ihren ersten sechs Jahren, und es könnte gut sein, dass sie zum Zeitpunkt ihrer Pensionierung nur ein einziges Buch geschrieben haben, eine überarbeitete Fassung ihrer Dissertation. Sollte Deutschland das amerikanische System der *tenure-track* übernehmen, dann wären seine besten Universitäten gut beraten, die Hürden für eine Festanstellung sehr hoch zu legen. Fehlentscheidungen bei Lebensstellen ziehen Mittelmäßigkeit nach sich, ja stellen sie auf Dauer, denn schwache Professoren mit Festanstellung sind dann daran beteiligt, die nächste Professorengeneration einzustellen und zu beurteilen. Zu den höchsten Verpflichtungen der Verwaltung gehört es, Fehler zu vermeiden, die den jeweiligen Nachfolger belasten.

Rankings

Ein letzter Aspekt des Wettbewerbs steht mit Verantwortlichkeit und Rechenschaftspflicht in Verbindung, mit der Vorstellung, dass Universitäten ein Rang zugewiesen wird. Zum Wettbewerb gehört der Vergleich. Ohne Vergleich ist eine fundierte Entscheidung unmöglich. Grundsätzlich haben Rankings den Vorteil, Wettbewerb und Verantwortlichkeit zu fördern, doch sie können die Universitäten leicht in falsche Richtungen drängen, und sie haben die Tendenz, Vielfalt zu erschweren, weil alle Institutionen nach den gleichen Kriterien beurteilt werden.

Mehr als 40 Länder haben das amerikanische Vorgehen übernommen, Universitäten einen Rang zuzuweisen (Wildavsky 10), daneben gibt es aber auch internationale Rankings, darunter hoch problematische. Das *Academic Ranking of World Universities*, das sogenannte Schanghai-Ranking, nimmt Leistungen in den Künsten und Geisteswissenschaften gar nicht zur Kenntnis, was im Ergebnis zu einem verkürzten Begriff von Universität führt. Die *QS World University Rankings* stützen sich weitgehend auf den Ruf, den eine Universität genießt, wobei Umfragen über die akademische Qualität mit 40 % des Gesamtwerts gewichtet werden. Dass viele der Befragten einen großen Teil der Universitäten anderer Länder gut genug kennen, ist eher unwahrscheinlich, so dass die Rankings sich weitgehend sowohl aufs Hörensagen und auf Erzählungen als auch auf Marketing und frühere Rankings verlassen.

In den USA sehr bekannt ist der jährliche *U.S. News & World Report*, der seit 1983 ein Universitätsranking durchführt und dazu heute auf eine Reihe von vermeintlichen Indikatoren für akademische Exzellenz zurückgreift, die je nach ihrer Bedeutung prozentual gewichtet werden. Das Ranking weist ernsthafte Schwächen auf. In Berichten ist der Vorwurf erhoben worden, es seien frisierte Daten eingereicht worden und Stimmabgaben strategisch vorteilhaft erfolgt; auch wurden hervorragende Universitäten lächerlich niedrig bewertet, um selbst beim Ranking deutlich besser abzuschneiden. Außerdem ist bekannt geworden, dass Institutionen ihre eigenen Aktivitäten nur auf die Hebung ihres Rankings ausgerichtet haben, was leicht dazu führt, dass andere instrumentalisiert werden: Ein College kann zum Beispiel den Prozentsatz der akzeptierten Studenten senken, indem sie junge Leute zu einer Bewerbung auffordert, die schlicht nicht die nötigen Voraussetzungen für einen Besuch dieser Universität haben. Eine Institution kann sich entscheiden, Studenten ausschließlich aufgrund ihrer Testergebnisse und Zeugnisse anzunehmen, während die meisten Zulassungsberater einen umfassenderen Ansatz bevorzugen. Der Anreiz, beim Ranking besser dazustehen, veranlasst Colleges, Studenten mit hohen Testergebnissen aufzunehmen, wozu vor allem Studenten aus wohlhabenderen oder privilegierteren Schichten gehören, statt Studenten, deren Punktzahl geringer ist und die aus sozial und wirtschaftlich schlechter gestellten Familien kommen. Wer ärmere Studenten nimmt, riskiert im Ranking abzusteigen. Hohe Verbleibquoten können das Ergebnis inflationärer Notengebung sein, und nichts darüber aussagen, ob die Studenten angehalten werden, die an sie gestellten Erwartungen zu erfüllen. Selbst wenn angegeben würde, welche Bereiche in den Rankings berücksichtigt worden sind, ist keine Gewichtung denkbar, die irgendeine feste Rangordnung wirklich rechtfertigte.

Es gibt noch viele andere Rankings, die ganz Unterschiedliches bewerten. Die Bewertung von Universitäten durch die *Washington Monthly* erfolgt beispielsweise nach den Kriterien soziale Mobilität (das Rekrutieren und Graduieren von Studenten aus ärmeren Schichten) und Forschung und Einsatz für die Gesellschaft (das Engagement von Studenten und Absolventen in öffentlichen Verbänden, etwa dem Friedenskorps). *Kiplinger* ordnet die öffentlichen und privaten Universitäten nach einer Verbindung von akademischer Qualität einerseits und Kosten und finanzieller Unterstützung andererseits. Dieses Ranking ist insofern besonders nützlich, als es den Studenten und ihren Eltern deutlich macht, dass die meisten ausgezeichneten Colleges und Universitäten großzügige finanzielle Hilfspakete anbieten. *Forbes* nimmt in seinem Ranking neben der Zufriedenheit der Studenten ausschließlich Ergebnisse in den Blick: Wie viele machen einen Abschluss, wie hoch sind die Schulden der Studenten und wie erfolgreich sind sie nach ihrer Graduierung (Caroline Howard). In einem wirtschaftswissenschaftlichen Aufsatz wird ein marktorientiertes Ranking entwickelt, das sich auf die tatsächlichen Entscheidungen der zugelassenen Studenten stützt, mit anderen Worten auf ihre Präferenzen, und danach fragt, welches College sie wählen würden, wenn sie von Harvard, Princeton, Stanford und Williams angenommen würden (Avery et al.). Es erstaunt wohl nicht, dass Harvard, Yale und Stanford das Rennen machten. Vier *liberal arts colleges* brachten es unter die ersten zwanzig. Die staatliche Universität, die am besten abgeschnitten hat, war

Virginia auf Platz 20. Ein spezifisches Profil kann dabei helfen, Studenten anzuziehen: Zwei katholische Universitäten landeten unter den ersten zwanzig: Notre Dame auf Platz 13 und Georgetown auf Platz 16. Wieder ein anderes Ranking, durchgeführt vom Center for Measuring University Performance, bewertet amerikanische Universitäten anhand von Forschungskriterien (Lombardi et al.). Neben den Ausgaben für Forschung wurden die Vermögenswerte, Auszeichnungen der Professoren, Mitgliedschaften in nationalen Akademien und die Zahl der Promovierten berücksichtigt. Andere Bewertungen, die gelegentlich in der Presse erscheinen, beinhalten solche Faktoren wie die Anzahl der Studenten, die einen Platz an einer der führenden juristischen oder medizinischen Hochschulen erhalten, den Prozentsatz der im Ausland studierenden Studenten sowie die Ausstattung der Bibliotheken, d. h. die Anzahl der Bücher und die Höhe des Bibliotheksbudgets, einschließlich der Personalkosten.

Einzelne Disziplinen sind vom National Research Council (NRC), einer gemeinnützigen Organisation, bewertet worden, die zu diesem Zweck umfangreiche Fragebögen erstellt, um die Qualität der Graduiertenausbildung und des Lehrkörpers in verschiedenen Disziplinen zu bewerten. Diesem speziellen Ranking kommt ein immenses Gewicht zu, weil es zum einen von einer gemeinnützigen Organisation kommt und zum anderen den Lehrkörper in einzelnen Disziplinen betrifft. Leider erscheint es nur etwa alle zehn Jahre und dann auch noch mit beklagenswerten Verzögerungen. Zum Teil aus diesem Grund sind einige Disziplinen dazu übergegangen, ihr eigenes Ranking vorzunehmen. *The Philosophical Gourmet Report* bewertet jährlich die philosophischen Institute in der englischsprachigen Welt. In der Soziologie gibt es ein Ranking von Departments, das sich auf Veröffentlichungen in den angesehensten drei Zeitschriften dieses Fachgebiets stützt (Hausmann et al.). Seit Langem schon gibt es für die Wirtschaftswissenschaft, der von Haus aus fortgeschrittene Messmethoden zuzutrauen sind, ein internationales Ranking, das Veröffentlichungen in den besten Zeitschriften zur Grundlage hat (Kalaitzidakis et al.).

Globaler Wettbewerb

In der heutigen Welt bleibt der Wettbewerb nicht auf eine Nation beschränkt. Jede Spitzenuniversität beruft Professoren aus dem Ausland und zieht eine internationale Studentenschaft an. Eine nationale Krankenversicherung ist etwas Feines, ja Wünschenswertes, doch wenn Ausbildung zum globalen Markt wird, geht es nicht an, international nicht zu konkurrieren und einfach auf nationale Unterschiede zu verweisen. Es ist bezeichnend, dass an der sehr renommierten ETH Zürich jeder zweite Dozent aus dem Ausland kommt, während es in Deutschland nur auf jeden zwanzigsten zutrifft (Kamenz und Wehrle 40).

Amerikanische und europäische Universitäten stehen vor neuen Herausforderungen, die in den kommenden Jahren zunehmend von Asien ausgehen werden. Dort werden Milliarden von Dollar in die Universitäten gesteckt und in mehreren Ländern und Regionen, etwa in Hongkong, Singapur und Taiwan, besuchen mehr Prozent eines Jahrgangs ein College als in den USA und in Deutschland. Auch wenn China heute noch nicht dieses Niveau erreicht hat, ist in den kommenden Jahren mit dramatischen Zuwächsen zu rechnen. Es ist sicherlich kein Zufall, dass das *Academic Ranking of World Universities* in China entwickelt worden ist. Den *Science and Engineering Indicators 2012* zufolge fielen 2009 26,5 % aller weltweit erschienenen Artikel in den Natur- und Ingenieurwissenschaften auf die Vereinigten Staaten. 1995 sind es noch 34 % gewesen. 2007 überholte China Großbritannien, Deutschland und Japan und rückte, bezogen auf die Produktion von Artikeln in den Natur- und Ingenieurwissenschaften, auf den 2. Platz vor, und zwar vom 5. Platz im Jahr 2005 und vom 14. Platz im Jahr 1995.

In einigen Fällen muss man, um konkurrenzfähig zu sein, kooperieren. So hat man sich beispielsweise an die internationalen Standards für die Abschlüsse in einer bestimmten Disziplin anzupassen, so dass die Studenten entweder in einem Land bleiben oder zum Aufbaustudium in ein anderes gehen können. Das war das offensichtliche Ziel der Bologna-Reformen, die in gewisser Hinsicht von der früheren europäischen, ja sehr deutschen Vorstellung inspiriert waren, dass Studenten von einer Universität auf eine andere wechseln. (Wie gut dies gelungen ist, dazu weiter unten mehr.) Für den Austausch müssen jedoch auch Konsortien gebildet werden, so dass ein Student, wenn er eine Universität besucht, die Wahl hat, seine Studien in anderen Ländern zu vertiefen. Aus den *Science and Engineering Indicators 2012* geht hervor, dass von mehreren Autoren verfasste Artikel auf dem Vormarsch sind. Der Anteil der natur- und ingenieurwissenschaftlichen Artikel, die aus einer Zusammenarbeit hervorgegangen sind, stieg von weltweit 40 % 1988 auf 64 % 2008, und im selben Zeitraum wuchs die Zahl der Artikel, deren Autoren an Institutionen verschiedener Länder arbeiteten, von 8 % auf 22 %. Im Ergebnis wird die Zusammenarbeit über Ländergrenzen hinweg immer üblicher und zu einem Weg, die Konkurrenzfähigkeit zu erhöhen.

Bezogen auf die historische Entwicklung der Universität, befinden wir uns jetzt in einem neuen Stadium. Nach Schaffung und Gründung der Universität im mittelalterlichen Europa wurde das zweite Stadium mit der Reform der Universität im Deutschland des 19. Jahrhunderts und deren Markenzeichen, der Einheit von Forschung und Lehre, erreicht. Die nächste dramatische Veränderung ereignete sich im Gefolge des Zweiten Weltkriegs in Amerika. Der Übergang zur Massenuniversität und die immensen Mittel, die in Spitzenforschung und praktische Anwendungen flossen, revolutionierten das amerikanische Hochschulwesen. Heute nun treten wir in eine vierte Phase ein, deren Kennzeichen die wachsende internationale Konkurrenz, aber auch die neuen Technologien sind, die es den Universitäten ermöglichen, sich ein internationales Publikum zu erschließen. Deutsche Universitäten haben daher umso mehr Grund, sich auf dieser globalen Bühne gut aufzustellen.

Inneruniversitärer Wettbewerb

Konkurrenz gibt es auch nach innen. In den letzten Jahren hat beispielsweise meine Universität mehr als 80 Millionen Dollar in strategisch günstige Forschungen investiert, um die inneruniversitär konkurriert wurde. Der Schwerpunkt lag auf der Förderung von Projekten, die den Forschungssektor der Universität ausbauen würden, potenziell in der Lage wären, weitere Forschungsmittel einzutreiben und einen Beitrag zur Lösung der drängenden Weltprobleme zu leisten. In der ersten Runde wurden von den Professoren 72 Vorschläge eingereicht. Elf dieser Vorschläge kamen, nachdem sie noch mal überarbeitet worden waren, in die engere Auswahl, und nach Hinzuziehung externer Gutachter unterstützte die Universität fünf davon, und zwar mit dem Ziel, dass alle in einer guten Position sein würden, um weitere Gelder aus Bundesmitteln, aus Stiftungen oder von Sponsoren einzuwerben. Obwohl ein solches System von Anreizen dazu führen könnte, Arbeiten auf Feldern zu fördern, die gerade in Mode sind, wurde in der Ausschreibung ausdrücklich erklärt, das Komitee wolle einen bestimmten Prozentsatz für riskante Projekte reservieren. Nicht alle Anreize müssen sich dem Diktat des Marktes beugen.

Auch hinsichtlich der Stellen für Assistenzprofessoren führten wir ein, dass die Fachbereiche darum konkurrieren sollten. Sechs Fachbereichen etwa gab ich grünes Licht für die Suche nach Kandidaten, obwohl weniger als sechs Stellen besetzt werden würden, d. h. nur solche Fachbereiche, die intensiv, einfallsreich und mit Erfolg suchten, also nur diejenigen, die einen herausragenden Lehrer und Forscher fänden, würden eine Stelle bekommen. Hätte jeder Fachbereich einen großartigen Kandidaten gefunden, hätte ich Alternativen in der Hinterhand gehabt, um die notwendigen Mittel freizumachen, aber das kam nie vor. Die Neuerung hatte mehrere Vorteile: Unter anderem wurden die Fachbereiche ermuntert, nicht nur die Bewerbungslisten durchzugehen, sondern selbst aktiv zu suchen; die Anforderungen an die Kandidaten wurden erhöht und politisch unangenehme Situationen, in denen der Dean sein Veto gegen einen Kandidaten einlegen musste, wurden vermieden. Es reichte zu sagen, die Kandidaten in anderen Fachbereichen seien überzeugender gewesen. Man kann den Wettbewerb auch auf der untersten Ebene anstoßen. In einigen Fachbereichen wurden zwei Ausschreibungen genehmigt oder gefordert, doch nur eine Stelle bewilligt. So mussten die Abteilungen innerhalb des Fachbereichs darum konkurrieren, den besten Kandidaten zu finden.

Finanzmittel und Wettbewerb

Wie gelingt es den amerikanischen Universitäten, derartig beträchtliche Geldmittel aufzutreiben? Schon in den Jahren zwischen 1890 und 1930 wollten die führenden Universitäten für Stabilität, Autonomie und Wettbewerbsfähigkeit sorgen. Aus diesem Grund kümmerten sie sich tatkräftig darum, ihr Stiftungsvermögen zu erhöhen und zu verwalten (Kimball und Johnson). Dieser Prozess ist in den letzten Jahren nur noch beschleunigt worden. Die Administratoren haben erkannt, dass, sobald die Studiengebühren vom Markt festgesetzt worden sind, ein Vorsprung allein zu erreichen ist, wenn Gelder von außen, von Sponsoren, eingeworben werden. In Amerika nennt man dies neben »fund raising« entweder »development« oder »advancement«. Mit keinem anderen Thema sind die Universitätspräsidenten täglich mehr beschäftigt als mit der Frage der Spendeneinwerbung, obwohl sie darin von hochrangigen Administratoren unterstützt werden (»What Presidents Think« A37).

Um konkurrieren zu können, braucht eine Universität Geld, vor allem Spenden, und um in der Lage zu sein, Geld einzuwerben, muss eine Universität Folgendes tun: Erstens muss sie sich überzeugend selbst darstellen, und dazu braucht sie eine Leitung und Strategien. Es reicht jedoch nicht, bloß eine Zielvorstellung zu haben, man muss sie mithilfe verschiedener Medien sowie von Universitätsreferenten und Entwicklungspersonal, deren Aufgabe es ist, Gelder für die Universität einzuwerben, auch richtig an den Mann bringen. »Menschen spenden nicht für Bedürfnisse. Sie unterstützen Träume und glänzende Visionen« (Panas 172). Tatsächlich geht aus Umfragen hervor, dass »der Glaube an den Auftrag der Institution« bei Weitem der überzeugendste Grund für eine Spende ist, und das gilt für normale Spender ebenso wie für Großsponsoren (Panas 231). Zur Selbstdarstellung gehört es, die Schwerpunkte einer Institution zu kennen und Spender dafür zu begeistern. Dazu aber muss man in der Lage sein, die Schwerpunkte zu erklären und darzulegen, was eine Spende bewirken würde – für das studentische Leben, die Forschung, das Angehen wichtiger Probleme, die Erfüllung der Universitätsvision usw. – und wie ihre Wirkungen gemessen werden, d. h. wie wir denn wissen, ob wir Erfolg haben und wie weit wir gediehen sind. Das Entwicklungspersonal ist jedoch nicht immer bestens dafür geeignet, die Schwerpunkte ebenso detailliert wie leidenschaftlich zu präsentieren; das müssen schon die akademische Leitung und die Professoren tun, was allerdings Zeit kostet.

Zweitens muss die Universität Freunde suchen und sich erhalten, also Kontakte zu potenziellen Sponsoren knüpfen. Wie heißt es doch gleich: »Friend raising comes before fund raising.« Der dahinter liegende Gedanke lässt sich auch anders ausdrücken: Menschen geben Menschen etwas. Wie wichtig Freundschaften für Spendeneinwerbungen sind, kann gar nicht genug betont werden. Darum ist es ja auch so zeitaufwendig, teils für das Entwicklungspersonal, aber auch für die akademische Leitung, denn Sponsoren möchten nun mal mit ihr in Kontakt kommen. Wie für die ausgezeichnete Lehre, so gilt auch hier, dass nichts den persönlichen Umgang ersetzen kann. Den harten Kern jedes Spenderpools bilden jene Absolventen, die während ihrer Studentenzeit erfahren haben, wie intensiv man sich um sie gekümmert hat, und die daher eine emotionale Bindung an ihr College entwickelt haben. Hinzu kommen die Eltern zukünftiger, gegenwärtiger oder früherer Studenten; Leute aus der Kommune oder einem größeren geografischen Umkreis, die ihre lokale Universität gern blühen sehen wollen, sowie Leute oder Stiftungen, die sich von den besonderen Merkmalen der Universität oder bestimmten Forschungsprojekten angesprochen fühlen.

Drittens braucht man ausgebildetes Personal, das Kontaktpflege betreibt und sämtliche Aufgaben erledigt, die zur Mitteleinwerbung gehören. Entwicklungsbüros sind in den USA sehr groß, mit Hunderten von Angestellten. Eine Handvoll Universitäten beschäftigt zu diesem Zweck sogar 400 oder mehr Leute. Das Entwicklungspersonal muss recherchieren, wie es um die Spendenkapazität von Sponsoren steht, Kontakt zu ihnen knüpfen und dann bereit sein, sie um Geld zu bitten, etwas was nicht jeder und sicherlich nicht jeder Akademiker kann oder gut kann. Außerdem müssen sie die Sponsoren betreuen, indem sie ihnen regelmäßig mitteilen, was mit ihren Spenden bewirkt worden ist.

Nicht weniger wichtig als das Entwicklungsbüro ist eine Stelle, die das Stiftungsvermögen anlegt und verwaltet. Die Gelder werden vielfältig angelegt: in Aktien, Unternehmensbeteiligungen, Immobilien, Rentenfonds und in innovativere Formen, stets jedoch mit Blick auf ein langfristiges Engagement. Die meisten Universitäten geben jährlich 4–6 % ihres Vermögens aus, indem der Jahr für Jahr zur Verfügung stehende Betrag auf der Basis der durchschnittlichen Ertragsentwicklung der letzten zwölf Quartale berechnet wird. Die Auszahlung aus dem Stiftungsvermögen wird dazu verwendet, den allgemeinen Universitätshaushalt aufzustocken; die nicht verbrauchten Gelder fließen wieder in das Stiftungsvermögen zurück, damit es für spätere Generationen wachsen kann.

Probleme und Herausforderungen des Wettbewerbs

Der Wettbewerb kann zu einer Reihe von Problemen bzw. Herausforderungen führen. Erstens ergibt der Wettbewerb innerhalb einer Institution nur dann Sinn, wenn die verschiedenen, miteinander konkurrierenden Departments bzw. Programme wenigstens so viel Unterstützung erfahren, dass sie überhaupt in der Lage sind zu konkurrieren. Das Leistungsprinzip setzt voraus, dass die Ausgangsbedingungen nicht so absurd sind, dass keine fairen Chancen vorliegen. Solange eine Universität einen bestimmten Fachbereich hat, muss sie ihm eine grundlegende Unterstützung zukommen lassen, anderenfalls ist er nicht fähig, in Konkurrenz zu treten. Sollte er tatsächlich nur sehr wenig zu bieten haben und Aussicht auf eine Verbesserung nicht bestehen, dann schließt man ihn besser gleich. Zweitens kann der Wettbewerb sich nach falschen Kategorien richten, und das führt dann möglicherweise ebenso zu Kategorienfehlern wie zu schlechten Urteilen. In konkreten Konkurrenzsituationen tritt vermutlich zutage, ob die Kriterien unpassend sind: wenn beispielsweise von einem Professor in den Geisteswissenschaften erwartet wird, beträchtliche Forschungsgelder einzuwerben, wo diese doch auf seinem Feld eher selten vergeben werden und mit der Qualität der Ergebnisse nicht sehr viel zu tun haben. Dieser Kategorienfehler zieht womöglich eine Lawine von negativen Auswirkungen nach sich, etwa dass viel Zeit für das Schreiben von Anträgen verschwendet wird. Mit anderen Forschungsuniversitäten konkurrieren zu wollen, bedeutet unter Umständen, beschränkte Mittel konzentriert in Bereiche fließen zu lassen, die in dieser Konkurrenz zählen, während andere übergangen werden, auch wenn sie an sich von Wert sind. Die staatliche Universität von

New York in Albany hat mit den Jahren Fachbereiche in den alten und neuen Sprachen ausgedünnt oder ganz geschlossen. Unberührt davon blieb nur Spanisch als Hauptfach, was für eine Universität, deren Motto »The World within Reach« lautet, eine bizarre Entwicklung ist. Im Allgemeinen herrscht die Tendenz, Geld dahin gehen zu lassen, wo sich am meisten Prestige einheimsen lässt und weitere Drittmittel wahrscheinlicher sind, statt dass Wissenserwerb und studentisches Lernen gefördert werden.

Externe Messungen oder Rankings sollten cum grano salis gelesen werden. Wann immer Rankings allein die Forschung und nicht die Lehre oder allein die Natur- und nicht die Geisteswissenschaften berücksichtigen, sind sie problematisch. Diese Kritik richtet sich nicht gegen den Wettbewerb überhaupt, sie greift nur ein falsches Konkurrenzethos an, das sich von der sozialen Macht der Rankings antreiben lässt, ohne zu sehen, dass damit die Vorteile der Vielfalt untergraben werden. Damit verbunden ist auch, dass Studenten möglicherweise versucht sind, sich für eine Universität aufgrund ihres Platzes im Gesamtranking zu entscheiden, anstatt sich zu fragen, ob sie ihren besonderen Bedürfnissen am besten entgegenkommt.

Und drittens könnte die Konkurrenz im Prinzip zu weniger Kooperation führen und damit zu einer Erosion von Gemeinschaft. Obzwar diese Möglichkeit prinzipiell gegeben ist, bin ich in all den Jahren meines Engagements – dazu zählt auch die Teilnahme an mehr als 25 Begutachtungen verschiedener Fachbereiche – nie auf dieses ungesunde Phänomen gestoßen. So wie Gelehrte die Aufsätze ihrer Kollegen lesen, um Verbesserungsvorschläge zu machen, besuchen Fakultätsmitglieder andere Universitäten, um ihnen dabei zu helfen, ihr Potenzial voll zu entfalten. Das gehört einfach zum kulturellen und kollegialen Ethos der akademischen Welt. Andere Departments zu beurteilen bietet ja zudem die Chance herauszufinden, welche Strategien woanders erfolgreich gewesen sind. Das Konkurrieren um knappe Mittel innerhalb einer Universität ist da schon eher geeignet, den Gemeinschaftssinn zu zersetzen. Diesem Problem lässt sich jedoch auf unterschiedliche Weise entgegensteuern: durch wohlbegründete Wettbewerbskriterien, wozu auch gehört, sich nicht ausschließlich auf quantitative Faktoren zu konzentrieren, durch transparente Entscheidungen, durch fortgesetzten Wettbewerb, so dass auch diejenigen wieder eine Chance bekommen, die zuvor bei der Mittelvergabe oder den Auszeichnungen leer ausgegangen sind, durch stetige Appelle an das gemeinsame Unterfangen, das langfristig intakt bleibt, und durch Dankbarkeit für die anhaltenden Beiträge des Lehrkörpers und der Departments, die keine zusätzlichen Mittel erhalten haben.

Dank der Konkurrenz ist zwar gewährleistet, dass die besten Dozenten die verdiente Anerkennung erhalten, aber sie kann auch zu marktbedingten Verzerrungen führen. Wenn der Markt die Höhe der Gehälter bestimmt, verschärft der Wettbewerb z. B. Ungleichheiten, die man manchmal an den Universitäten beobachtet, insbesondere im Vergleich zwischen den Disziplinen. Die zunehmende Konkurrenz um neue Fakultätsmitglieder bedeutet, dass die Gehaltsdifferenzen in einigen Fällen schrumpfen oder gar ganz kippen. Neuere Assistenzprofessoren verdienen unter Umständen mehr als länger gediente, ja es passiert sogar, dass Assistenzprofessoren mehr verdienen als fest angestellte. Derartige Unterschiede sind geeignet, den Frieden in der Gemeinschaft zu stören.

Viertens kann der Wettbewerb die Kosten in die Höhe treiben. Wenn eine Universität mehr in Forschung investiert, ziehen andere Universitäten nach, um sich dem Markt anzupassen. Eine Universität oder ein Land, das da nicht mithalten kann, wird unweigerlich verlieren. Obwohl die Ablösung der Besoldungsverordnung C durch die Besoldungsverordnung W mit ihren möglichen höheren Zulagen in Deutschland zu mehr Differenzierung geführt hat, sind die Einstiegsgehälter niedriger als die vergleichbaren in der Industrie, in der einige Professoren auch unterkommen könnten, und reichen auch nicht an die in anderen Ländern heran, was Hochschullehrer zu einer Abwanderung bewegen könnte. Um klug und strategisch zu konkurrieren, muss genügend Geld ins System gepumpt werden. Die Kehrseite des Umstands, dass Wettbewerb einen finanziell höheren Einsatz fordert, ist, dass dort, wo mehr Mittel vorhanden sind, auch mehr Unterstützung geleistet und Erfolg belohnt wird. Das schützt vor Stagnation, davor, dass Geld auf Leistungsschwächere verschwendet wird und ausgezeichnete Wissenschaftler nicht genügend unterstützt werden.

Und schließlich lockern der intensive Wettbewerb und der daraus resultierende Wechsel von einer Universität an eine andere die Loyalitätsbande, die Fakultätsmitglieder anderenfalls zu ihrer Institution entwickelt hätten. Sie könnten versucht sein, auf dem Markt ihren Wert herauszufinden. Zugleich zeigen diejenigen, die trotz eines besseren Angebots bleiben, oder jene, die den Markt nie getestet haben, einen höheren Grad an Anhänglichkeit an ihre Hochschule, als wenn sie einfach nur mangels Alternative blieben.

Das Eindringen des Marktes in den Bereich der wertfreien Wissenschaft hat vor allem unter Geisteswissenschaftlern mit Recht zu Unbehagen geführt. Ein wichtiger Grund dafür, dass Akademiker mit dem Kapitalismus unzufrieden sind, liegt in der Betonung des Marktwerts. Der Reiz des Marxismus (und damit einer weniger marktorientierten Wirtschaft, die eher bereit wäre, Intellektuelle zu fördern) hängt nicht allein damit zusammen, dass Intellektuelle sich zur sozialen Gleichheit hingezogen fühlen, es bereitet ihnen auch Unbehagen, dass der Markt über den Wert ihres Tuns befindet (der oft nicht hoch ausfällt). Ein marxistisches System würde aber wahrscheinlich nicht zu einer wettbewerbsfähigen Hochschullandschaft führen. Die beste Lösung wäre ein nichtmarxistischer, normativer Rahmen, der den Wert des Geistigen wiederbelebt. Eine normative Vision dessen, was sein soll, ist in gewissem Sinn ein unverzichtbares Gegengewicht zum Wettbewerb und zu einem ungezähmten Markt, auch wenn man die Notwendigkeit, ja die Vorteile des Marktes anerkennen muss. Sieht man sich die verschiedenen Probleme und Herausforderungen des Wettbewerbs genauer an, wird ersichtlich, dass sich praktisch jedem Problem und jeder Herausforderung durch eine klare Vision oder mehr Mittel oder eine Kombination von beidem wirksam entgegensteuern lässt.

4. Anreizstrukturen

Nichts motiviert so stark wie die Freude an der Verfolgung eines Guts, das an sich von Wert ist. Wenn eine Universität eine deutliche und überzeugende Zielvorstellung hat, wird sich der Lehrkörper gerne dafür einsetzen, da er sich mit dem Ziel identifiziert und dessen intrinsischen Wert erkennt. Das allein reicht jedoch nicht. Zunächst werden auch Anreize benötigt, die im amerikanischen Hochschulsystem weit verbreitet sind. Während eine Zielvorstellung ihren Einfluss durch Ideen ausübt, dienen Anreize demselben

Zweck durch ein Belohnungssystem, was oft, wenn auch nicht ausschließlich, bedeutet: durch Mittelvergabe.

Anreize sind daher ein weiteres Mittel, um Leute zu motivieren. Wir streben nicht nur nach an sich wertvollen Gütern, sondern auch nach solchen, die eine Belohnung unseres Handelns darstellen. Akademische Schwerpunkte sollten daher mit Haushaltsprioritäten verbunden werden, und Haushaltsentscheidungen sollten die höchsten Bestrebungen einer Institution fördern. Welche Prioritäten eine Institution sich auch setzen mag, sei es die Förderung der Forschung, sei es das Wohl der Studenten und der Gemeinschaft, Anreize lassen sich immer einführen.

Das Konkurrieren um Professorenstellen wirkt als Anreiz für die Fachbereiche, sich aktiv und kreativ nach hervorragenden Kandidaten umzuschauen. Anreize können auch bei ungewöhnlich starken Kandidaten eingesetzt werden oder für solche, die die Vielfalt oder einen besonderen Auftrag fördern. Dazu zählt, dass eine Assistentenstelle womöglich in eine Lebensstelle oder auch in eine volle Professur umgewandelt wird oder eine Stelle bereits besetzt wird, bevor sie durch eine Pensionierung frei wird.

Auslese der Besten

Ein zentraler Grundsatz jedes Systems von Anreizen ist die Auslese der Besten. Keine Universität wird sich je besonders auszeichnen, wenn sie nur kleine Veränderungen auf ganzer Front einführt. Stattdessen sollte sie ein paar Bereiche ausfindig machen, die mit Spitzenleistungen aufwarten können, und alle anderen in einem angemessenen Rahmen unterstützen. Sind die Kriterien für hervorragende Leistungen festgelegt und öffentlich gemacht worden und trifft die Verwaltung dann differenzierte Entscheidungen auf dieser Grundlage, werden die Fachbereiche bzw. Departments darauf reagieren. Nach diesem Prinzip können sich nicht nur die einen neue Mittel sichern, Departments, die ständig falsche Entscheidungen treffen, verlieren dann auch Geld.

Geldvergabe als Anreiz wirkt verbunden mit der Aussicht auf weitere Mittel sehr gut, um die Entwicklung hervorragender Projekte anzustoßen. Inneruniversitäre Konkurrenz ist oft darauf aus-

gelegt, die Bedingungen dafür zu schaffen, erfolgreich weitere Drittmittel einzuwerben, normalerweise von der Bundesregierung oder
von Stiftungen. Hochschullehrer werden auch zunehmend in ihrem Wunsch unterstützt, nebenbei eine Firma zu gründen. Einige
Universitäten haben erkannt, dass es sowohl für sie selbst als auch
für die jeweiligen Kommunen ökonomisch von Vorteil ist, wenn
neue Firmen in der Nähe des Campus entstehen. Einige Campus
setzen daher Anreize, etwa durch die anfängliche Bereitstellung
von Räumlichkeiten und das Teilen der Gewinne aus Patenten, um
Patente, Lizenzen oder Firmenmodelle zu entwickeln. Nach einer
Untersuchung der Association of University Technology Managers
gingen 2011 mehr als 600 neue Firmen aus amerikanischen Universitäten hervor, die diesen mehr als 1,8 Milliarden Dollar an Li-
zenzgebühren einbrachten, und natürlich auch den Entwicklern. Es
wurden 4.700 US-Patente vergeben und annähernd 600 neue kommerzielle Produkte geschaffen. Fünf Universitäten oder Universi-
tätsverbände erwirtschafteten jeweils mehr als 100 Millionen Dollar, 31 berichteten von jeweils mehr als zehn Millionen Dollar und
87 verdienten mindestens eine Million Dollar.

Ein Beispiel für Anreize, die Wettbewerb und Verantwortlichkeit verbinden, ist ein von uns an der University of Notre Dame
eingeführtes Programm, das spezielle Stipendien an Studenten vergibt, die ausgezeichnet sind, aber unsere höchstdotierten Stipendien
nicht bekamen. Wie gut eine Universität in der Forschung dasteht,
wird in den USA wesentlich an der Fähigkeit gemessen, in einem
Kopf-an-Kopf-Rennen mit anderen Topuniversitäten hervorragende Doktoranden für sich zu gewinnen. Finanzielle Erwägungen
sind ein wichtiger Faktor bei der Entscheidung, wo man sich immatrikuliert. Wie die meisten prestigeträchtigen Universitäten befreit Notre Dame Doktoranden nicht nur von den Studiengebühren,
sondern gibt ihnen auch reguläre Stipendien, von denen einige sehr
viel höher dotiert sind. An der University of Notre Dame und anderswo werden sie »Präsidialstipendien« genannt. Hinter unserer
Initiative stand daher der Gedanke, die Zahl besserer und begehrte-
rer Stipendien zu erhöhen, indem zwischen den regulären und den
höchsten noch mittlere eingeführt wurden.

Das Ganze sah folgendermaßen aus. Um die Stärken der Graduiertenstudiengänge und der Forschung insgesamt zu messen, wurde

ein Bewertungsverfahren entworfen und mit den Leitern der Graduiertenstudiengänge erörtert. Jedes Department mit *graduate students* wurde jährlich begutachtet. Nach Durchsicht der vorliegenden Informationen wurde einigen Departments und Programmen das Recht eingeräumt, ein paar der neuen Studenten für höhere Stipendien vorzuschlagen, um sowohl die Rekrutierung zu verbessern als auch die Studienhilfe zu erhöhen. Andere Departments kamen nicht dafür infrage. Departments, die zum Pool der Privilegierten gehörten, wurde mitgeteilt, dass sie sich bestimmten Gebieten widmen müssten, um auch im nächsten Jahr dabei zu sein. Departments, die nicht zu den Auserwählten zählten, wurden über ihre Schwächen aufgeklärt und man sagte ihnen, auf welchen Gebieten sie sich hervortun sollten, wenn sie nächstes Jahr zu den Privilegierten gehören wollten. In Reaktion darauf kam es unter anderem zu einer besseren Betreuung der Studenten, um die Abbruchquote in höheren Semestern zu reduzieren, zu einem besseren Ausbildungsprogramm für Doktoranden als zukünftige Lehrer oder zur Ausbildung eines individuelleren Departmentprofils, das sich gut in den besonderen Auftrag von Notre Dame einfügte.

Dieses Modell hat – gegenüber anderen Modellen, die Programme für einen langen Zeitraum auswählen – ganz offensichtlich den Vorteil, dass Departments sich anstrengen müssen, wenn sie innerhalb des Pools der Privilegierten bleiben wollen, während diejenigen, die bislang noch nicht dazugehören, wissen, dass sie bei entsprechender Leistungssteigerung in Zukunft aufgenommen werden können. Fördergelder für mittlere Stipendien bereitzustellen, stellte für die Graduiertenprogramme einen Anreiz dar, ihre hochgesteckten Ziele zu erreichen, und ermöglichte es der Universität, die leistungsstärksten Programme zu belohnen. Außerdem half es bei der Anwerbung von Studenten. Unsere Absicht war, das System der Anreize zu stärken, unsere Wettbewerbsfähigkeit zu erhöhen und eine kluge, effiziente Mittelvergabe sicherzustellen, wobei in besonders gute Departments mehr investiert wurde.

Als man erkannte, dass Doktoranden in den Geistes- und Sozialwissenschaften zu lange für ihren Abschluss brauchten, führte die Harvard University ein System ein, das Anreize schaffte und mehr Verantwortlichkeit förderte: Für je fünf Doktoranden, die acht oder mehr Jahre an ihrer Dissertation saßen, verlor der Fachbereich oder das Programm eine Stelle bzw. ein Stipendium für neue Doktoranden. Solche Sanktionen sind dann klug, wenn zugleich neue Förderungen bereitgestellt werden. Studenten wurden ein volles Jahr, nicht mehr nur neun Monate, für das Abfassen der Dissertation finanziert, und sie wurden während dieses Jahres von allen Lehrverpflichtungen befreit. Das nahezu prompte Ergebnis war, dass die Studenten sich mit ihrem Abschluss weniger Zeit ließen. Als das Programm 2005 angekündigt wurde, liefen 16 von 24 Departments Gefahr, 33 Stipendien bzw. Studenten zu verlieren. Als dann nach einer Warnphase das Angedrohte tatsächlich in Kraft trat, gingen nur zwei Programmen Plätze verloren (Jaschik).

Forschungsanreize

Bundesstaatliche Fördergelder und solche, die aus anderen Quellen stammen, enthalten in den Vereinigten Staaten auch Mittel für Mehraufwand. Das bedeutet, je mehr unmittelbare Fördergelder genehmigt werden, umso mehr mittelbare Fördergelder kann man einstreichen. Damit ist sichergestellt, dass die indirekten Kosten des Forschungsbetriebs, vor allem was die Infrastruktur betrifft, auch geschultert werden können. Anderenfalls könnte es passieren, dass die Universität über jeden Dollar mehr an Forschungsgeld nur stöhnt. Der Wissenschaftsrat war daher so klug zu empfehlen, dass auch in Deutschland Fördermittel zukünftig eine bestimmte Summe für indirekte Kosten enthalten sollen (*Empfehlungen zur künftigen Rolle* 53).

Hochschullehrer sind sehr auf Zuschüsse erpicht, so können sie mehr forschen, verfügen über mehr Geld und erwerben sich Anerkennung, aber sie haben auch die Möglichkeit, sich damit eine Befreiung von der Lehre zu erwirken. Besonders in den Sozialwissenschaften ist dies gang und gäbe, während Professoren der Naturwissenschaften an den renommierten Forschungsuniversitäten ohnehin nur eine Veranstaltung pro Semester haben und viele Universitäten es nicht gern sehen, wenn Professoren überhaupt nicht lehren. Mittels einjähriger Stipendien ist es möglich, sich in den Geisteswissenschaften Freiheit von der Lehre zu verschaffen und zugleich für die Institution Geld bereitzustellen, damit diese für eine Lehrvertretung sorgen kann. Wenn ein Hochschullehrer an Notre Dame, sagen wir 120.000 Dollar pro Jahr verdient und ein Stipendium von 60.000 Dollar erhält, dann wird sein Gehalt weiter bezahlt – es ist ja bereits im Haushalt eingeplant –, während das Dekanat 30.000 Dollar für seine jährlichen Aufwendungen zur Unterstützung von Einzelprojekten erhält und das Department die restlichen 30.000 Dollar für eine Lehrvertretung. Sollte der Fachbereich den Ausfall von Lehrveranstaltungen auf anderem Wege ausgleichen können, darf er das Geld auch anderen Zwecken zuführen, etwa für Forschung, studentische Veranstaltungen oder sonstige akademische Zwecke. Wettbewerb und Anreize dienen in diesem Fall dazu, dass Professoren Anträge auf Drittmittel einreichen, um mehr Zeit für Forschung zu haben und zugleich das Geld für eine Lehrstuhlvertretung aufzutreiben. Man beachte, dass die Anreize von der Art sind, dass sie sowohl einzelne Professoren als auch die Fachbereiche im Ganzen ansprechen. Jeder Professor etwa, der ein von Notre Dame unterstütztes Freisemester anstrebt, muss sich auch um mindestens zwei nationale oder internationale Stipendien bewerben. Im Verbund mit einem hervorragenden Lehrkörper und wirksamen Unterstützungsmechanismen – schon vor 13 Jahren haben wir damit begonnen, die Daten zu verfolgen – haben diese Anreize dazu geführt, dass Notre Dame die Nummer eins bei den National Endowment for the Humanities Fellowships ist und unter den geisteswissenschaftlichen Fakultäten der führenden Forschungsuniversitäten den 7. Platz hinsichtlich der Stipendienvergabe seitens jener Einrichtungen einnimmt, die vom National Research Council für ihr Ranking herangezogen werden.

Anreize für die Lehre

Wenn eine Universität mehr Kurse einer bestimmten Art haben möchte, beispielsweise Kurse, welche die argumentativen, rhetorischen und stilistischen Fähigkeiten der Studenten fördern oder solche, die ethische Fragen ansprechen, kann sie für das Ausarbeiten neuer Kurse auf dem gewünschten Gebiet Zuschüsse vergeben. An der University of Notre Dame sind das traditionellerweise Sommerstipendien gewesen. Der Gedanke dahinter war, dass die

Professoren weniger Zeit für ihre Forschung haben, wenn sie Kurse entwickeln, die sie ansonsten vielleicht nicht konzipiert hätten. Die Anreize sollen sicherstellen, dass die Interessen der Professoren sich mit den Bedürfnissen und Bestrebungen der Universität decken und dass sie für die Änderung ihrer Pläne entschädigt werden.

So wie die amerikanisch Regierung Anreize für die Forschung in bestimmten Bereichen geschaffen hat, bietet sie auch Anreize für die Lehre. Das National Endowment for the Humanities (NEH) fördert finanziell neue Kurse, die sich mit den großen Fragen der Menschheit beschäftigen, z. B.: Was ist das Wesen des Bösen? In welchem Verhältnis steht der Mensch zur Natur? Warum lachen wir? Was ist Freundschaft? Das Ziel war, mehr Seminare von allgemeinem Interesse und allgemeiner Bildungsrelevanz an den Colleges abzuhalten.

Probleme und Herausforderungen der Anreizstrukturen

Zu den Problemen, die sich mit Anreizstrukturen verbinden, gehört erstens, dass sie womöglich die intrinsische Motivation untergraben, die alle wahren Wissenschaftler antreibt, und Fakultätsmitglieder stärker außengeleitet sein lassen. Diese Sorge ist prinzipiell berechtigt, doch da gute Wissenschaftler an guten Einrichtungen arbeiten und für ihre Leistungen anerkannt werden möchten, ist die Sorge eher klein. Selbst für diejenigen, die aus intrinsischen Antrieben arbeiten, ist eine äußere Anerkennung erhebend und sie stärkt die eigene Motivation, die Begeisterung und die solidarische Verbundenheit mit der Institution. Ähnlich vermögen Anreize die Forschung auf Felder zu locken, die von Stiftungen oder Bundeseinrichtungen besonders gefördert werden. Häufig sind das objektiv reizvolle Bereiche, und falls nicht, entsteht auch kein großer Schaden, solange es nur verschiedene Förderquellen gibt und nicht alle Mittel in anwendungsbezogene Bereiche fließen.

Zweitens stellen wenig durchdachte oder kontraproduktive Anreize ein Problem dar. Vorauszusehen, welche Anreize kontraproduktiv sein könnten, um diese dann zu vermeiden, ist genauso wichtig, wie dafür zu sorgen, dass vernünftige Anreize den obersten Prioritäten einer Institution nützen. Ähnlich wie in Deutschland besteht die beste Möglichkeit, sein Gehalt zu steigern, auch an einigen amerikanischen Universitäten darin, einen Ruf von einer anderen Universität zu bekommen. Das ist ein schlechter Anreiz, denn so verbringen Professoren ihre Zeit damit, sich anderswo zu bewerben, und dabei verlieren sie die Verbindung mit ihrer eigenen Institution. Sie könnten sie ebenso gut auch verlassen. Das wirksamste Gegenmittel ist hier, höchst differenzierte Gehaltsanpassungen vorzunehmen, so dass Wissenschaftler, die andernorts Angebote bekommen könnten, Gehaltserhöhungen schon erhalten, bevor sie sich überhaupt auf den Jobmarkt begeben; und bei manchen Angeboten sollte ein Dekan es einfach unterlassen mitzubieten. Einige Professoren meiner Universität waren sprachlos, als Departmentsleiter und ich beschlossen, nicht mit Gegenangeboten auf die Angebote anderer Universitäten zu reagieren; in unseren Augen waren die Leistungen der Betroffenen nun doch nicht so großartig. Solche Fälle lassen einen sicherlich vorab nachdenken, bevor man ins Büro des Deans geht, um dort Bleibeverhandlungen zu führen. Noch ein weiteres Beispiel: Einige Universitäten honorieren die Anzahl der pro Professor eingereichten Dissertationen. Wer derart Quantität über Qualität stellt, liefert einen Anreiz, mittelmäßige Arbeiten anzunehmen und gutzuheißen, statt den Studenten mitzuteilen, ihre Arbeit sei nicht gründlich und nicht gut genug.

Das dritte Problem betrifft die Arbeitsmoral. Wenn aus dem Wettbewerb um die finanzielle Förderung herausragender Leistungen die einen ganz offensichtlich als Sieger und die anderen als Verlierer hervorgehen, kann sich das für die Departments verheerend auswirken. Mit üblen Folgen ist zu rechnen, wenn beträchtliche Mittel aus einem Bereich abfließen und einem anderen zugeteilt werden und wenn die Gewinner und Verlierer des Konkurrierens um Fördermittel über einen zu langen Zeitraum hinweg feststehen. Das zerstört die Motivation. An der Ohio State University war geplant, die Departments zu benennen, die für die nächsten fünf bis zehn Jahre Gelder aus den anderen Departments erhalten sollten. Das hatte die unbeabsichtigte Folge, dass die besten Lehrkräfte der Departments, die schlechter weggekommen waren, ihre Koffer packten. Idealerweise würde man so vorgehen: Alle, die gewisse Grundleistungen erbringen, erhalten auch einen angemessenen Sockelbetrag – so bleibt der Wettbewerb einigermaßen fair –; was darüber hinausgeht, bleibt Sache des Wettbewerbs, d. h. es existieren Anreize, sich mehr anzustrengen. Die Einführung von Anreizen kann sich auch dann negativ auf die Arbeitsmoral auswirken, wenn die Beträge, um die es geht, so bescheiden sind, dass sich die Anstrengung nicht lohnt, d. h. gemessen an den geringen Auswirkungen ist der Arbeitsaufwand so groß, dass selbst das Eintreten der (minimalen) positiven Konsequenzen nicht wirklich produktiv ist.

5. Verantwortlichkeit und Rechenschaftspflicht

Obwohl es wünschenswert ist, die Fakultätsmitglieder durch eine Vision ebenso wie durch Anreize zu motivieren, ist ein Ethos der Verantwortlichkeit für das Funktionieren einer Organisation nicht weniger elementar. Im amerikanischen Hochschulsystem wird dieses Ethos auf verschiedene, von innen oder außen kommende Weisen gefördert. Staatliche Universitäten sind dem Hochschulrat gegenüber verantwortlich, also rechenschaftspflichtig, aber auch gegenüber der entsprechenden staatlichen Kommission für das höhere Bildungswesen, dem Gesetzgeber und indirekt auch dem Steuerzahler. Private Universitäten haben ihrem jeweiligen Hochschulrat Rechenschaft über ihr Tun und Lassen abzulegen. Alle Universitäten müssen gegenüber den Sponsoren, der Fakultät, den Studenten und denjenigen, die die Immatrikulationsgebühren bezahlen, also oft gegenüber den Eltern, Rechenschaft ablegen. Wenn Universitäten beispielsweise Kredite für den Bau neuer Gebäude aufnehmen oder um einen unerwarteten Rückgang des Stiftungskapitals auszugleichen, sind sie außerdem auch den Ratingagenturen gegenüber verantwortlich. Die Universitäten müssen generell darlegen, dass sie ihre Mittel klug und effizient einsetzen, nicht nur um den jährlichen Anstieg der Gebühren zu rechtfertigen, sondern auch um weiterhin von Ehemaligen und anderen unterstützt zu werden.

Damit der Staat bei seiner Mittelzuweisung intelligent verfahren kann, sind, wie oben bemerkt, einige Regulierungen an öffentlichen Universitäten unerlässlich. Ein sinnfälliges Beispiel dafür ist, dass die verschiedenen staatlichen Universitäten – von den renommierten bis hin zu den lokalen *community colleges* – unterschiedliche Aufträge erfüllen sollen. Einige Staaten formulieren umfassende Ziele für das Hochschulwesen, etwa dass mehr Studenten aus unbemittelten Schichten eine Universität besuchen und die Absolventenquoten erhöht werden sollen, und dann bewerten sie die Universitäten zum Teil danach, ob sie diese Ziele erfüllen, und zum Teil anhand von Kriterien, die für verschiedene Typen von Colleges oder sogar für einzelne Colleges nach Absprache mit den zuständigen Administratoren aufgestellt worden sind. Die Mittelzuweisungen stützen sich dann zum Teil auf die von den Universitäten vorgelegten Leistungsnachweise. Dieses Phänomen ist verhältnismäßig neu. Traditionell haben viele Bundesstaaten ihre Fördermittel nicht bezogen auf die Leistungen einer Universität, darunter auch die Absolventenquote, vergeben, sondern ausschließlich nach der Zahl der neu eingeschriebenen Studenten (Quinterno, *Making Performance*).

Eine verbreitete Methode zur Effizienzsteigerung ist das Vermeiden von Dopplungen. In den 1990er Jahren wurden die Graduiertenprogramme in Ohio daraufhin überprüft, ob der Staat nicht unnötige und ineffiziente Dopplungen finanzierte. Im Endergebnis wurden einige Doktorandenprogramme gestrichen, um die Gelder auf weniger Programme zu konzentrieren, diese dann allerdings großzügiger auszustatten, so dass sie auf nationalem und internationalem Niveau konkurrenzfähiger würden. Mitunter ist eine weniger angesehene Universität auf dem einen oder anderen Gebiet recht gut, oder vielleicht hat sie mit ihrem Doktorandenprogramm eine Nische besetzt, die zu bewahren sinnvoll ist. Ideal wäre es, solche Überprüfungen nicht nur einmal anzustellen, freilich auch nicht zu häufig, damit der Forschung und Lehre nicht zu viel Zeit verloren geht.

Als Dean hatte ich mir das Ziel gesetzt, zum einen durch verbesserte Richtlinien und Vorgehensweisen mehr Verantwortlichkeit, mehr ordnungsgemäße Verfahren und stärkere Mitbestimmung des Lehrkörpers zu sichern und zum anderen durch klügeren und effizienteren Einsatz der Mittel und das Einwerben neuer Fördergelder mehr Geld zur Verfügung zu haben. Das eine hängt ja mit dem anderen zusammen, insofern nämlich Verantwortlichkeit und effiziente Mittelverwendung den Sponsoren und anderen, die für größere Geldzuflüsse sorgen könnten, das nötige Vertrauen einflößen. Ein scheinbar trockenes Beispiel für eine grundlegende Veränderung, die für einen effizienteren Einsatz der Mittel sorgte, soll dies illustrieren: die Belegung der Kurse. An meiner Universität wurden durchweg Kurse – für *undergraduates* wie für *graduates* – angeboten, die nur von zwei oder drei Studenten besucht wurden. Zugleich gab es viele Kurse mit mehr als 50 Studenten, in denen dann nicht viel Zeit für Diskussionen blieb. Wir wünschten uns daher mehr Kurse mit etwa 20 Teilnehmern. Indem wir die Lehraufträge und das Kursangebot neu strukturierten, gelang es uns, in vielen Fällen Abhilfe zu schaffen. Einige dieser sehr kleinen Kurse sollten aus einer Reihe von Gründen auch weiterhin angeboten und unterstützt werden – sie können zu den denkwürdigsten Erfahrungen eines Studenten gehören –, doch der jeweilige Fachbereich musste schon sehr gute Gründe für ein solches Angebot anführen. Es sollte nicht einfach von einem Mangel an Kontrolle zeugen, nur weil man z. B. die Professoren ohne Rücksicht auf die studentischen Belange lehren ließ, was ihnen entgegenkam. Wir legten daher fest, dass Kurse, die von weniger als einer bestimmten Zahl von Studenten besucht wurden, eigens begründet werden mussten. Innerhalb weniger Jahre wiesen die meisten Kurse eine ideale Teilnehmerzahl auf, und der Prozentsatz der Veranstaltungen mit mehr als fünfzig Studenten sank mehr oder weniger kontinuierlich. Weil diese Art der Belegungskontrolle zu weniger unterbelegten Kursen führte, waren wir in der Lage, überhaupt weniger Kurse anbieten zu müssen. Damit ging auch die Zahl der Kurse drastisch zurück, die von Teilzeitlehrkräften unterrichtet wurden.

Veränderungen müssen oft schrittweise durchgesetzt werden. Eine Möglichkeit, das zu tun, ist zunächst einmal, mit guten Ideen aufzuwarten, ihren Nutzen aufzuzeigen, um sie schließlich, nachdem der ein oder andere Fachbereich sie im Pilotprojekt getestet hat, verbindlich festzuschreiben. Dabei geht es manchmal um arbeitsaufwendige Angelegenheiten, beispielsweise müssen jährlich schriftliche Gutachten für die Assistenzprofessoren verfasst werden, mehr Abschlussarbeiten betreut und seitens der Fachbereiche Abschlussfeiern für die frisch Graduierten veranstaltet werden. Es braucht Zeit, bis eine Kultur sich entwickelt und durchgesetzt hat. Bevor man sich versieht, ist eine Idee, die zunächst seltsam anmutete, zu einer bewährten Praxis und damit schlicht zu einem Teil der bewährten Routine in jedem Fachbereich geworden. Der Einführungsprozess, angefangen vom Vorschlag über die Pilotprojekte bis hin zur allgemeinen Akzeptanz, dient drei Zwecken: Er gibt der neuen Idee eine Chance, ermöglicht es, aus den besten wie aus den schlechtesten Pilotprojekten zu lernen, und räumt dem Einstellungswandel genügend Zeit ein.

Um Richtlinien und Vorgehensweisen angemessen darzulegen und zu verbreiten, habe ich einen *Reference Guide for Chairpersons and Faculty* verfasst. Anfänglich umfasste er ungefähr 40 Seiten, aber jedes Jahr kamen weitere hinzu, bis es schließlich mehr als 250 Seiten waren. Die Vereinheitlichung von Richtlinien und Vorgehensweisen verfolgt mehrere Zwecke. Vor allem ist so für ordnungsgemäße Verfahren und Fairness gesorgt, statt dass Entscheidungen immer aus dem Stegreif und auf den Einzelfall bezogen getroffen werden. Außerdem wird dadurch in vielen Fällen die Effizienz gefördert und die Mittel werden geschont. Da Entscheidungen nicht hinter geschlossenen Türen gefällt werden, kann der Lehrkörper mitbestimmen und sich beteiligen, und auf diese Weise ist garantiert, dass man sich mit den Professoren über Maßstäbe ebenso wie über Chancen und Pflichten verständigen kann. Eine Kollegin, die von der Ohio State University an eine andere Institution wechselte, sagte mir einmal, sie wünschte sich sehr, dass in ihrem gegenwärtigen Fachbereich Richtlinien aufgestellt würden, wie sie sie an der Ohio State University kennengelernt hat, denn klare und transparente Richtlinien schützten die Mehrheit vor den Machenschaften derjenigen, die für sich immer am meisten herausschlagen wollen oder so selbstverliebt sind, dass sie für sich eine Sonderbehandlung in Anspruch nehmen. Und schließlich fanden nicht nur Regeln, Vorschläge und praktisch Bewährtes Eingang in den *Reference Guide*, sondern auch unsere normativen Vorstellungen und Bestrebungen, was sie für alle gegenwärtig machte. Es mag zwar so scheinen, als widersprächen solche Richtlinien dem Flexibilitätsgrundsatz, aber mit guten Argumenten ließen sie sich ja auch jederzeit ändern.

Ein wichtiger Grundsatz der Verantwortlichkeit betrifft die Frage, ob der Haushalt mit den Prioritäten Schritt halten kann. Wenn akademische Prioritäten und Haushaltszuwendungen auseinanderklaffen, entsteht Zynismus. Eine der übelsten Erfahrungen, die ich mit einer Institution gemacht habe, ergab sich aus meiner Mitarbeit an der Überprüfung des Curriculums an der Ohio State University. Sie ließ sich von einer alles andere als oberflächlichen Vorstellung davon leiten, was ein gebildetes Individuum im 21. Jahrhundert wissen und können sollte, und welches Kursangebot dem entgegenkäme. Nachdem ich viel Arbeit und nicht wenig politisches Kapital investiert hatte, um dieses Ideal in meinem Department umzusetzen, wurde mir mitgeteilt, die Universität wolle das alles kassieren, weil es einfach zu teuer sei. Welche Lektion ich aus dieser Farce gelernt habe, liegt auf der Hand: Zielvorstellung und Haushalt müssen einander entsprechen. Die Frage, inwieweit der Haushalt mit den Zielvorstellungen und Prioritäten in Einklang steht, muss ein Aufsichtsrat im Auge haben. Fragen dieser Art sind eine Gewähr dafür, dass auch diejenigen, die an der Spitze einer Hierarchie stehen, zur Verantwortung gezogen werden.

Bewertung und Betreuung des Lehrkörpers

Ein Bereich, in dem die Notwendigkeit differenzierter Anpassungen klar zutage liegt, betrifft die Gehälter oder die leistungsbezogenen Erhöhungen für Professoren. Ihre gesamte Laufbahn über werden Professoren evaluiert, und die besten Forscher und Lehrer verdienen mehr als andere. Gehaltserhöhungen sind ein sprechender Ausdruck dafür, dass gute Leistungen honoriert werden. Die von mir jährlich vorgenommenen Gehaltszuschläge bewegten sich in einer Bandbreite von 0 % bis 20 %, auch dann, wenn die Basissteigerung relativ bescheiden war. Beurteilungen werden durchgeführt, um den Lehrkörper anzuspornen und gerechtfertigte Gehaltsanpassungen zu garantieren. Zu den jährlichen Begutachtungen gehört es, die Leistungen in der Lehre, der Forschung und der Verwaltung zu sichten und zu prüfen. Entscheidend dabei ist, dass die Grundsätze und Ziele jedem deutlich sind, dass Klarheit darüber herrscht, welche Unterlagen ausschlaggebend sind und welche herangezogen werden, um den Lehrkörper zu beurteilen und zu ermutigen. Natürlich sollte die Begutachtung mit einer sinnvollen Rückmeldung enden. Solche Evaluierungen geben den Lehrkräften aber nicht nur Anleitung und Orientierung, sie bieten ihnen darüber hinaus die Gelegenheit, den Departmentsleitern, den Kollegen und der Universität Vorschläge zu unterbreiten, wie sie dazu beitragen könnten, dass die Departments ihre Ziele erreichen und die Standards der

Universität erfüllen. Die Gespräche sind auch hilfreich, um gemeinsam über die Bereiche nachzudenken, die alle betreffen.

Staatliche Universitäten neigen eher zu leistungsabhängigen Gehaltserhöhungen als viele private Universitäten – schließlich stehen sie dem Gesetzgeber gegenüber auch in einer stärkeren Verantwortung. Als ich 1984 an die Ohio State University kam, war deutlich, dass die Gehälter differenziert erhöht wurden. Es gab keinerlei pauschale Erhöhung, auch nicht für zufriedenstellende Leistungen. Weil es einem der Deans am Herzen lag, die Gehälter hinreichend differenziert anzuheben, verlangte er, dass 60 % des Geldes an 40 % der Fakultätsmitglieder gehen sollte, eine scheinbar bescheidene, tatsächlich aber mit der Zeit erhebliche Modifizierung der Gehaltsskala.

In meiner Zeit als Departmentsleiter war ich darüber beunruhigt, dass einige Professoren ihre Lehre und Verwaltungsaufgaben vernachlässigten oder keine Forschung betrieben. Daraufhin brachte ich den radikalen Gedanken vor, dass das Gehalt eines Professors, der auf einem der drei Gebiete seiner Profession nicht die Maßstäbe erfüllte, eingefroren werden sollte, gleichgültig wie viel er auf den anderen Feldern leistete. Als eine Gemeinschaft, so erklärte ich, könnten wir nicht fortbestehen und gedeihen, wenn den minimalen Erwartungen nicht entsprochen würde. Ohne Zweifel wurden die Professoren durch diese Maßnahme veranlasst, ihre Verwaltungsaufgaben angemessen zu erfüllen und darüber auch die Lehre nicht zu kurz kommen zu lassen. Ich fand zudem heraus, dass Verwaltungsaufgaben, die häufig unterschätzt werden, einen Unterschied bei Professoren machten, deren Leistungen in der Forschung und in der Lehre in etwa gleich waren. Obwohl ich in mehr als einem Einzelfall auf Widerstand stieß, mit Prozessen und Ähnlichem bedroht wurde – von denen übrigens kein einziger zustande kam –, wurde die Idee im Prinzip als das Verfahren anerkannt, wie man nun einmal an einer ehrgeizigen öffentlichen Universität vorgeht. Mit der Zeit führten die Unterschiede in den Leistungen der Professoren zu einer nicht unerheblichen Differenzierung ihrer Besoldung.

Ein wesentlicher Teil des Begutachtungsprozesses ist das Gespräch mit den Fakultätsmitgliedern, und dazu gehört auch die Frage: Was kann ich dazu beitragen, dass sie ihre Ziele besser erreichen? Jedes Fakultätsmitglied, Administratoren eingeschlossen, profitiert von konstruktiven Rückmeldungen, ob sie nun große oder kleine Probleme betreffen. Professoren sehen es gern, wenn sie für Erfolge beglückwünscht werden, und sie denken gern laut mit anderen darüber nach, wo sie gerade stehen und was sie vorhaben. Ich erinnere mich noch daran, dass ich in meinem ersten Jahr als Departmentsleiter einem Fakultätsmitglied eine Gehaltssteigerung von 0,6 % gewährte. Er ließ es sich nicht nehmen, mir zu danken, nicht für die Gehaltserhöhung, die, wie er bemerkte, mickrig war, wohl aber dafür, dass ich mir seine Unterlagen sorgfältig angeschaut hatte und ihm eine schriftliche Leistungsbeurteilung hatte zukommen lassen. Ich hatte ihn ernst genommen und seine Arbeit anerkannt.

Wichtig ist, dass die verschiedenen Leistungsmaßstäbe von den Departments selbst aufgestellt werden, wobei es für schwächere Departments geeignete Kontrollen geben müsste, die garantieren, dass deren Anreize sich im Einklang mit den Maßstäben ihrer Disziplin befinden oder, sollten sie abweichen, dafür überzeugende Gründe genannt werden. In den Wirtschaftswissenschaften beispielsweise sagen Zeitschriftenveröffentlichungen, vor allem in den angesehensten Organen, mehr über den Einfluss aus und fallen beim Ranking stärker ins Gewicht als das Eintreiben von Drittmitteln, wozu auch gehören kann, dass die Industrie Leute für vergleichsweise niedrige Arbeiten einstellt.

Während die meisten Gehaltserhöhungen sehr unterschiedlich ausfallen, sind an der University of Notre Dame die Unterschiede bei den Stiftungslehrstühlen in der Tendenz relativ bescheiden. Mit anderen Worten: Wo eine radikale Differenzierung unpassend ist, wird sie nicht praktiziert. Unter den Stiftungslehrstühlen gab es freilich auch Ausnahmen: für diejenigen, die mit ihrer wissenschaftlichen Tätigkeit einfach in einer ganz anderen Liga spielten; für diejenigen, die im Verhältnis zu ihrer Leistung ein niedriges Gehalt bezogen und deren Gehalt mit der Zeit angehoben werden musste; sowie für diejenigen, die in einer Disziplin arbeiteten, etwa den Wirtschaftswissenschaften, wo die Konkurrenz zwischen den Universitäten immer weiter getrieben wird.

Von deutschen Kollegen habe ich die Befürchtung gehört, in einem an Leistung orientierten System müsse man jedes Jahr etwas veröffentlichen, damit das Gehalt steigt. Tatsächlich ist der Prozess weitaus vielschichtiger. Erstens berücksichtigen wir auch noch im

Entstehen begriffene Arbeiten, obwohl das selbstverständlich angemessen dokumentiert werden muss, damit nicht dieselbe unabge-
schlossene Arbeit Jahr für Jahr in Anschlag gebracht wird. Zweitens
werden in den Sozial- und Naturwissenschaften Bücher und Veröffentlichungen in den führenden Zeitschriften über einen längeren Zeitraum anerkannt, d. h. berücksichtigt werden im Entstehen
begriffene Werke, das Jahr der Veröffentlichung und bis zwei Jahre
danach. Drittens legen einige Disziplinen breitere Maßstäbe an. Im
Fach Geschichte etwa sind Bücher wichtiger als Aufsätze, und ge-
schichtswissenschaftliche Bücher tendieren dazu, zeitintensiver als
Bücher in anderen Fächern zu sein, denn schließlich setzen sie umfangreiche Archivarbeiten voraus. Der Leiter eines Departments
trat überzeugend dafür ein, die Leistungen seiner Kollegen nicht
bloß mit Blick auf ein Jahr, sondern bezogen auf die vergangene De-
kade zu evaluieren, und ich habe seiner Begründung voll und ganz
zugestimmt. Ratsam ist es zudem, eine gewisse Summe für Gehaltsanpassungen zu reservieren, die, aus der Verbindung von Billigkeit
und herausragenden Leistungen, geboten sind, d. h. für Professoren, die aus dem einen oder anderen Grund in dieser Zeit nicht
hinreichend in den Genuss der jährlichen Erhöhung gekommen
waren und die vielleicht auch kein besonders gutes Jahr hatten, deren Gesamtleistung aber ihre Gehaltsstufe weit überstieg. Die Empfehlungen der Departments müssen unbedingt von höherer Stelle
überprüft werden, und der Dean sollte das Gehaltsgefälle in einer
Tabelle festhalten, um ungerechtfertigte Abweichungen zu erkennen. Ideal wäre es, dies auch bezogen auf das Geschlecht, das Fach
und den Rang zu tun, mit angemessenen Vergleichen von hoch und
niedrig, von Durchschnitt und Mittelwert.

Eine andere Befürchtung, von der ich hörte, betrifft die For-
schungsfreiheit: Wird die Beurteilung der Leistung nicht den Forscher zwingen, den modischen Trends zu folgen? Möglich wäre das
nur, wenn die Verwaltung die Forschung allein danach beurteilte,
was momentan aktuell ist. Meistens ist mir das Gegenteil unterge-
kommen, nämlich das Anliegen, sinnvolle Forschung anzuerkennen, die über flüchtige Moden hinausgeht.

Einige Hochschullehrer fühlen sich gar nicht wohl bei dem Gedanken, dass die Lehre bewertet wird. Eine solche Beurteilung
scheint recht schwierig zu sein, zumal es ein paar falsche Indikato-

ren gibt (bei den Studenten beliebt zu sein, heißt nicht notwendig, dass sie etwas lernen). Bewertet man die Lehre nun aber gar nicht, so scheint damit gesagt, dass sie nicht von Bedeutung ist, und damit wäre sehr schlechter Lehre Tür und Tor geöffnet.

Zu einer Überprüfung der Lehre gehören auch die Beurteilungen der Studenten. Studenten vergeben bei ihren Beurteilungen Punkte, die einen Vergleich zulassen, und haben darüber hinaus Gelegenheit, längere schriftliche Bewertungen abzugeben. Entscheidend ist hier, wie die Fragen formuliert werden. Für die Professoren ist es wichtig, eine Verbindung zu ihren Studenten zu haben, und die Studenten sind nicht ohne Einsicht in das, was ein guter Unterricht ist und was nicht, vor allem sind sie in der Lage zu beurteilen, wie klar, organisiert und ansprechbar ein Lehrer ist und ob ein Kurs intellektuell fordernd oder anregend ist. Auch können sie sich darüber auslassen, inwieweit sie meinen, in dem Kurs etwas gelernt oder Fortschritte gemacht zu haben. Weniger gut beurteilen können Studenten, ob der Inhalt des Kurses angemessen ist, ob er zu viel Arbeit kostet, inwiefern ein Kurs sich in das gesamte Curriculum einfügt und welche Maßstäbe für die Beurteilung und Benotung angemessen sind.

In der Regel tragen die Beurteilungen der Studenten dazu bei, die – vom Standpunkt der Studenten – besten und schlechtesten Lehrer herauszufinden. Meistens ist es nicht hilfreich, feine Abstufungen im Mittelfeld vorzunehmen. Studentische Beurteilungen können voreingenommen sein – wer gute Noten bekommt, neigt selbst zu einer guten Beurteilung (Johnson) –, weshalb der Unterricht auch danach zu bewerten ist, was er für Anforderungen stellt und wie benotet wird. Die Bewertungen der Studenten lassen sich leicht missbrauchen, und der Missbrauch spart den Administratoren ohne Zweifel Zeit. Das gilt auch für Fakultätsmitglieder, wenn sie aufgerufen werden, ihre Kollegen zu bewerten. Sich durch einen dicken Ordner zu wühlen, etwa die Unterrichtsmappe, in der sich pädagogisch-didaktische Überlegungen, die Planung des Kurses, Arbeitsbögen, benotete Arbeiten der Studenten befinden, kann sehr viel Zeit verschlingen, was mit ein Grund dafür ist, dass amerikanische Professoren eine so hohe Arbeitsbelastung haben.

Eine Überbetonung der studentischen Bewertungen führt zu einer verfehlten Auffassung der Beziehung zwischen Studenten und

Professoren, zu einer Auffassung, die sich an der Kundenzufriedenheit orientiert anstatt daran, was pädagogisch in einem fordernden und fördernden Studienambiente zu erwarten ist. Eine Evaluation der Lehre muss daher verschiedenste Aspekte heranziehen. So ist zu fragen: Sind die Lernziele des Kurses deutlich und sinnvoll formuliert? Ist der Kurs so konzipiert, dass er aktuell ist und sowohl dem Auftrag der Universität und des Departments als auch den Bedürfnissen der Studenten entspricht. Sind das Unterrichtsmaterial, die Ideen und die Übungen rigoros genug? Bei solchen Fragen hilft es, Kursplanungen und andere Unterlagen, einschließlich der gestellten Aufgaben, durchzusehen.

Was zählt, ist freilich nicht allein die Konzeption des Kurses, sondern auch seine Durchführung. Schafft der Hochschullehrer eine anregende Atmosphäre, die zum Lernen stimuliert und die Arbeitszeit der Studenten optimal nutzt? Werden die Studenten ermuntert, analytisch und kreativ zu denken, sich Wissen, Fertigkeiten und Denkansätze anzueignen, wie sie ihrem Fach angemessen sind? Wird die Unterrichtszeit gut genutzt? Unterrichtsbesuche von Kollegen können solche Fragen aufhellen.

Die wichtigste Frage überhaupt lautet: Lernen die Studenten? Ein Blick darauf, wie Studenten in den Prüfungen und Aufsätzen, in den darauffolgenden Semestern und bei standardisierten Tests abschneiden – sofern solche verfügbar und geeignet sind –, wird dies zeigen. Bei Fächern, in denen Kurse aufeinander aufbauen, lässt sich leichter als in den Geisteswissenschaften entscheiden, ob die Lernziele erreicht worden sind. Häufig muss man dann nach indirekten Anzeichen suchen. Stellt der Professor hohe Leistungsanforderungen an die Studenten, gibt er den Studenten während des ganzen Kurses hilfreiche Rückmeldungen und legt er richtige Maßstäbe bei der Bewertung ihrer Arbeiten an?

Andere relevante Faktoren werden aus den Antworten auf folgende Frage ersichtlich: Trägt ein Fakultätsmitglied einen fairen Teil der kollektiven Arbeitslast? Lehrt ein Professor unverzichtbare Kurse, ist er bereit, einen neuen Kurs zu konzipieren, dessen Notwendigkeit erkannt worden ist? Betreut er die Studenten gut? Berät er eine beachtliche Anzahl von Studenten?

Selbstverständlich muss man gangbare Wege finden, um die Durchsicht solcher Materialberge zeiteffizient zu gestalten. Das ist in der Tat eine Zwickmühle. Es geht zwar nicht an, die Lehre gar nicht zu überprüfen, aber so viel Zeit damit zu verbringen, dass die Professoren in Gremienarbeit und Verwaltungsaufgaben ersticken, ist gleichermaßen unattraktiv wie unsinnig.

Der Zeitaufwand bei der Evaluierung der Lehre muss, will er gerechtfertigt sein, auch dazu dienen, die kollektive Lehre des Fachbereichs zu verbessern. Viele Professoren meinen, sie bekämen neue Ideen für ihre eigene Unterrichtsgestaltung, wenn sie die Kursunterlagen ihrer Kollegen durchlesen und deren Lehrveranstaltungen besuchen. Rückmeldungen an die Professoren, vor allem an die jungen, kann ihre Lehre immens verbessern.

Viele Professoren machen sich freiwillig in der Mitte des Semesters ein Bild von der Qualität ihrer Kurse. Mehrere Wochen nach Semesterbeginn bitte ich die Studenten, sich ein paar Minuten Zeit zu nehmen, um drei Fragen über den Kurs zu beantworten: Welche zwei oder drei Elemente tragen am wirkungsvollsten dazu bei, die Lernziele der Veranstaltung zu erreichen? Wenn Sie bisher etwas in dem Kurs gelernt haben, können Sie dann angeben, von welcher Art der Lernerfolg war? Können Sie für den Rest des Semesters Änderungen vorschlagen, die ihnen besser beim Lernen helfen würden?

Maßstäbe an eine Institution legen

Zur Verantwortlichkeit gehört ganz wesentlich, dass die Universität sich selbst nach einem Maßstab richtet. Dazu sind drei einfache Schritte vonnöten. Erstens muss die Universität ihre spezifischen Ziele und Bestrebungen klar formulieren. Zweitens muss sie Daten sammeln, um die Frage zu beantworten, ob sie die selbstgesteckten Ziele erreicht hat oder nicht. Drittens muss sie Anpassungen vornehmen – bezüglich des Personals, der Mittel, des angebotenen Curriculums usw. –, um diese Ziele besser umzusetzen.

Sich diesen Fragen zu stellen, hat jenseits des Umstands, dass es ohne ihre Betrachtung keine Verbesserung geben wird, auch noch zwei Nebenwirkungen. Um die Unterstützung von Sponsoren zu bekommen, ist es äußerst wichtig, die Erfolgsgeschichten mit einer aufrichtigen Anerkennung der noch ungelösten Probleme zu verbinden. Indem man Informationen über die Fortschritte und Erfolge zusammenträgt, lässt sich zudem eine Bilanz ziehen, die geeignet ist, die Fakultätsmitglieder weiter anzuspornen.

Welcher Maßstäbe kann sich eine Universität bedienen, um ihre eigenen Leistungen zu beurteilen? Einerseits gilt: Je mehr Maßstäbe man hat, desto mehr muss man im Auge behalten und desto weniger Nachdruck liegt auf den einzelnen Maßstäben. Andererseits darf man den Blick nicht so verengen, dass die Forschung immer die Lehre aussticht oder dass man nur ein Kriterium bei der Evaluierung einer Disziplin in Anschlag bringt oder dass man vergisst, auf wie vielen Gebieten eine komplexe Universität gleichzeitig vorwärtsgehen muss.

Die Daten müssen drei zentrale Bedingungen erfüllen. Erstens müssen wir die gesammelten Daten für zuverlässig halten, was keineswegs eine banale Sache ist. Zweitens müssen die Daten signifikant sein, d. h. wir möchten Daten nur dann erheben, wenn sie eine Aussage darüber erlauben, wie wir Verantwortlichkeit gewährleisten oder Fortschritte befördern. Was wir ganz sicher nicht brauchen, sind Berge nutzloser Daten oder, vielleicht noch schlimmer, Daten, die mit ungeeigneten Maßstäben ausgewertet werden. Drittens sollten die Daten so beschaffen sein, dass der zeitliche Aufwand, den man bei ihrer Erhebung betreibt, nicht den Nutzen übersteigt, der sich aus ihnen ziehen lässt.

Auch wird man zwischen verschiedenen Statistiken unterscheiden müssen, etwa zwischen solchen, die den Eintritt betreffen, etwa den Notendurchschnitt der aufgenommenen Studenten; solchen, welche die internen Prozesse betreffen, z. B. das Verhältnis von Semesterwochenstunden und Professoren; und solchen, die festhalten, was dabei herausgekommen ist, etwa der Prozentsatz derjenigen Bachelorabsolventen, die in den letzten zehn Jahren promoviert haben. Letztere Daten sind offensichtlich von größter Bedeutung. Einige Maßstäbe werden nicht rein quantitativer Art sein, sondern längere Ausführungen und Einzelfallbetrachtungen einschließen, etwa über die Qualität der jüngst eingestellten Professoren.

Bezogen auf die Ausbildung der *undergraduates* sollten die Daten normalerweise Informationen über die immatrikulierten Studenten enthalten, etwa standardisierte Testergebnisse und Notendurchschnitte, den Prozentsatz der Studenten, die eine Zulassung erhalten und sich dann für diese Universität entschieden haben, und, verbunden damit, Zahlen darüber, wie man verglichen mit gleichrangigen oder höher bewerteten Universitäten in der studentischen Gunst abgeschnitten hat. Bezogen auf die Daten zu internen Abläufen und Prozessen wäre etwa zu betrachten, wie hoch der Prozentsatz der Studenten ist, die eine finanzielle Unterstützung erhalten, und welchen Betrag sie durchschnittlich beziehen. Die Größe der Kurse, der Prozentsatz der von Vollzeitprofessoren (im Gegensatz zu Teilzeitlehrkräften) unterrichteten Kurse und die Studenten-Professoren-Quote sind ebenfalls wichtige Daten. Bezogen auf die Ergebnisse sollte eine akademisch ambitionierte Universität die Zahl der nationalen bzw. internationalen Stipendien betrachten, die von hervorragenden *undergraduates* und Masterstudenten errungen worden sind, wie auch die Zahl derer, die einen Platz an einer der führenden juristischen und medizinischen Hochschulen erhalten haben.

Ähnliche Fragen lassen sich für die weiterführenden Studiengänge und die Forschung formulieren. Wie steht es mit den vergleichbaren Referenzen der aufgenommenen Studenten und wie schneidet man gegenüber anderen Promotionsprogrammen in der Studentengunst ab? Bezogen auf die Ausstattung und den Betrieb sollte man fragen: Wie sieht es mit der Forschungsunterstützung pro Professor, mit ihren Gehältern und den Promotionsstipendien verglichen mit gleichrangigen Institutionen aus? Wie hoch ist die Abbruchquote der Promovenden und nach wie viel Jahren werfen sie durchschnittlich ihre Promotion hin? Bezogen auf die Ergebnisse fragt sich, wie viele Promovierte jedes Jahr eine Stelle an den führenden Universitäten und *liberal arts colleges* finden? Wie viele Jahre verbleibt jemand im Durchschnitt im Rang eines *associate professors* und wie hoch ist der Anteil der Hochschullehrer, die zehn oder mehr Jahre als *associate professor* gearbeitet haben? Jede Institution wird neben den Fragen zur Ausbildung der Studenten und zur Forschung der Professoren auch noch andere relevante Faktoren betrachten, etwa den Anteil der Frauen unter den Professoren und ihren Rang wie auch die ethnische und geografische Vielfalt der Studentenschaft.

Ambitionierte Universitäten fertigen jährlich Tabellen an, die zeigen, wo sie im Vergleich zu gleichrangigen und etwas besseren Universitäten stehen. Außerdem werden sie sich stets an sich selbst messen. Für diese Selbstbewertung braucht jede Universität ein Büro, in dem solche Daten gesammelt und verarbeitet werden. Da das eine mit dem anderen idealerweise zusammenhängt, sollten Fachleute für langfristige Planungen in diesem Büro mitwirken.

In vielen Universitäten füllen angehende Absolventen einen umfangreichen Fragebogen aus – eine Voraussetzung dafür, dass sie ihr Diplom ausgehändigt bekommen –, der es erlauben soll, ein möglichst vollständiges Bild von der Qualität ihrer Ausbildung zu gewinnen. Gefragt wird beispielsweise: Haben Sie in ihrer Freizeit regelmäßig mit anderen Studenten über den Inhalt der Kurse diskutiert? Wie viel Zeit haben Sie pro Woche mit verschiedenen Tätigkeiten verbracht – mit Veranstaltungsbesuchen, mit dem Hin- und Rückweg zwischen Universität und Unterkunft, mit der Teilnahme an studentischen Clubs, mit Freizeitlektüre usw.? Welche Ihrer Fertigkeiten haben sich im Laufe Ihres Studiums erheblich verbessert? Hat ein Professor Sie je zu sich nach Hause eingeladen? Wenn Sie sich noch einmal für ein College entscheiden könnten, würden Sie dann wieder Ihr jetziges wählen? Die Daten lassen sich auch auf langfristige Trends hin beobachten, so dass man weiß, ob die Universität sich bezüglich folgender Fragen verbessert hat: Haben Sie sich oft in einem Kurs gelangweilt? Sind Sie gut betreut worden? Waren die Kurse geistig stimulierend? Empfinden Sie sich als Teil der Collegegemeinschaft? Departments, die aufrichtig gewillt sind, sich selbst kritisch zu beurteilen, führen Interviews mit einzelnen Hochschulabgängern oder Fokusgruppen durch, um herauszufinden, in welchem Maße Studenten sich in einem bestimmten Studienprogramm haben entfalten können oder auch nicht. Die Vergleichsdaten müssen allerdings sorgfältig gewichtet werden. Führt man eine Umfrage darüber durch, wie zufrieden die Studenten mit der Digitalisierung waren, könnte sich ergeben, dass die ambitioniertesten Universitäten, selbst die bestens ausgestatteten, nicht ganz an das gewünschte Niveau heranreichten, während eine Universität, an die bescheidene Erwartungen gestellt werden und die den Studenten so gut wie keine Computerräume zur Verfügung stellt, die Note befriedigend erhält. Das bedeutet nun selbstverständlich nicht, man könne sich die Umfragen auch schenken; es bedeutet nur, dass alle Daten sorgfältig hinsichtlich ihrer Aussagekraft zu überprüfen sind.

Man beachte, dass diese Informationen nicht für eine außenstehende Agentur erhoben werden, obwohl es durchaus sein könnte, dass der Hochschulrat zu solch einer Sammlung von Daten ermuntert oder sie gar verlangt. Die Daten dienen vielmehr dem einfachen, nichtsdestoweniger wichtigen Zweck, der Universität bei der Einschätzung ihrer Effektivität zu helfen.

Entscheidend sind detaillierte Evaluierungen der Departments, die in regelmäßigen Abständen stattfinden, nämlich etwa alle sieben bis zehn Jahre. Dazu gehört, dass die Departments sich selbst unter die Lupe nehmen und dabei ihre wichtigsten Anliegen für die kommenden Jahre formulieren, ihre Zielvorstellungen und Schwerpunkte, ihre Ziele und Strategien, ihre Anzeichen für Erfolg, ihre kritischen Punkte und Schwierigkeiten sowie die Synergieeffekte, die sich aus der Zusammenarbeit mit anderen Departments und Programmen ergeben. Sie stellen darüber hinaus fest, was für die Finanzierung ihrer Ziele nötig wäre, welchen Vorrang irgendwelche neuen Anträge erhalten sollten. Normalerweise sind die Departments auch, in unterschiedlichem Maße und abhängig von verschiedenen Faktoren, dazu aufgerufen, über die Tätigkeiten gleichrangiger Departments nachzudenken, sich nach guten Leuten und Fördermöglichkeiten umzutun. Es werden Daten und Informationen vielfältigster Art zusammengetragen, von den Anforderungen der Studienprogramme und dem Kursangebot, wozu Kommentierungen ebenso gehören wie Angaben über ihre Belegung, bis hin zu Informationen über die Forschungsprojekte der Professoren. Am Ende ergibt das einen dicken Stapel an Unterlagen. Auswärtige Gutachter, normalerweise sind es drei oder vier, lesen neben ein paar allgemeinen Informationen über die Universität die ganzen Dokumente, besuchen anschließend zwei Tage den Campus, treffen sich mit den entsprechenden Parteien und berichten dann am Ende dem Dean und dem Provost, bevor sie zeitnah einen schriftlichen Schlussbericht einreichen. An einigen Universitäten wird den Auswärtigen ein interner Gutachter eines sachlich benachbarten Departments zur Seite gestellt, der gewisse Seiten der lokalen Kultur zu erklären vermag und in einigen Fällen um einen zusätzlichen Bericht gebeten wird.

Nach jeder auswärtigen Begutachtung wird eine Sitzung anberaumt, in der über die nächsten Schritte entschieden wird und auch darüber, welche Probleme im Auge zu behalten sind. Auf der Sitzung bereitet ein Vertreter der Verwaltung eine Zusammenfassung der bevorstehenden Aufgaben vor und legt fest, wer für was verantwortlich ist. Die Zusammenfassung wird vom Dean durchgesehen und drei Jahre später trifft man sich erneut, um die früheren Entscheidungen und die Aufgabenliste noch einmal zu besprechen, die Folgen zu bewerten, Fortschritte zu kontrollieren und neue Erfordernisse zu erörtern. Nur wenn diese Form von Verantwortlichkeit praktiziert wird, wird die Universität sich weiterentwickeln und sichergestellt sein, dass die Professorenschaft sich auch in Zukunft für derartige Begutachtungen engagiert.

Einer der spannenden Aspekte auswärtiger Gutachten ist, dass Dritten gegenüber viel offener auf Probleme hingewiesen wird. Viele Professoren scheuen sich, unmittelbar an die höheren Administratoren heranzutreten. Betreten jedoch eine dritte Partei oder auswärtige Gutachter den Campus, lockert das ihre Zunge. Auswärtige Gutachten nehmen in ihrem kritischen Urteil über uns normalerweise auch kein Blatt vor den Mund. Ganz ähnlich ist mir aufgefallen, dass Gespräche mit scheidenden Professoren am besten nicht von der gegenwärtigen Verwaltung durchgeführt werden, sondern von vertrauenswürdigen Fakultätsmitgliedern, die nichts mit den Verhandlungen zu tun haben oder nicht zur Befehlskette gehören. Solche Gespräche sind eine wunderbare Informationsquelle über das Verbesserungspotenzial einer Universität.

Verantwortlichkeit der Verwaltung

Die Verwaltung hat sich verantwortlich zu zeigen. Verantwortung ist keine Einbahnstraße. Kaum etwas bringt Professoren so auf wie ein Mangel an Verantwortung unter den Administratoren. Beispiele dafür sind: ein Gremium einzusetzen und dann nicht dafür zu sorgen, dass ein Bericht angefertigt wird, oder den Bericht eines Gremiums entgegenzunehmen, der dann in der Ablage verschwindet, ohne dass je öffentlich dazu Stellung bezogen wird, entweder weil andere Themen oder Probleme plötzlich im Vordergrund stehen oder das Budget eine Umsetzung der Vorschläge nicht erlaubt, oder auch auf eine Anfrage oder einen Vorschlag eines Professors gar nicht zu reagieren. Unentschuldbare Fehler dieser Art sind der Boden, auf dem Zynismus gedeiht.

Zur Verantwortlichkeit gehört unbedingt, dass wir uns an unseren eigenen Bestrebungen messen. Nach sieben Jahren als Dean brachte ich ein Gutachten über mein Büro und mich auf den Weg, mit dem Ziel, unsere Strukturen und meine Zeiteinteilung effektiver zu gestalten und damit unsere Zielvorstellung und die akademischen Schwerpunkte voranzubringen. Die Notwendigkeit eines solchen Gutachtens war mir deutlich geworden, deshalb gab ich dem Präsidenten eines renommierten *liberal arts college*, dem ehemaligen Präsidenten einer Ivy-League-Universität und einem sehr erfolgreichen Geschäftsmann eine Reihe von Unterlagen zum Lesen, lud sie auf den Campus ein, um mit meinen Mitarbeitern und mir zu sprechen und uns Empfehlungen zu unterbreiten, wie wir unsere Aufgaben besser angehen könnten. Durch das Gutachten wurde mein Blick dafür geschärft, welche Schwerpunkte weiterhin von mir zu beaufsichtigen sind und welche ich delegieren sollte. Die von mir durchgeführten Änderungen hatten zur Folge, dass ich mehr Zeit für die wirklich wichtigen Angelegenheiten übrig hatte.

Verantwortlichkeit erstreckt sich auch auf scheinbar Alltägliches. Jedes Jahr traf ich, und später dann einer meiner Stellvertreter, dem ich die Aufgabe übertragen hatte, alle neuen Professoren und stellte ihnen Fragen zu zwei Komplexen: Erstens, was war an der Art, wie wir Sie nach Notre Dame berufen haben, gut und was weniger gut? Was würden Sie für die Zukunft raten? Zweitens, wie vollzog sich Ihr Wechsel nach Notre Dame? Was hat gut funktioniert und welche Probleme ergaben sich? Was ließe sich verbessern? Jedes Jahr fassten wir die Empfehlungen zusammen und teilten sie den Departmentsleitern mit, damit sie die guten Ideen mit umsetzen konnten. Mit der Zeit machten sich die Verbesserungen bemerkbar, denn einige der frühen Vorschläge waren mittlerweile zu etwas ganz Selbstverständlichem geworden. Die Ideen waren jetzt nicht tiefschürfend und trotzdem waren sie zum Teil übersehen worden, z. B. darauf zu achten, dass das spezifische Profil von Notre Dame dazu verwandt wurde, neue Professoren anzuwerben; Stellenbewerber mit Kollegen an benachbarten Departments bekannt zu machen, die vielleicht interessante Gesprächspartner oder hilfreiche Mentoren sein könnten; es nicht zu versäumen, sie von einem Studenten auf unserem attraktiven Campus herumführen zu lassen; einen kleinen Führer durch das Department abzufassen; praktische Fragen mit den neuen Professoren zu klären und Fotografien des Lehrkörpers und des Personals im Seminargebäude aufzuhängen oder ins Netz zu stellen.

An der University of Notre Dame ist der Leiter eines Departments üblicherweise drei Jahre im Amt, wobei diejenigen, die sehr gut verwalten, meistens fünf oder sechs Jahre amtieren. Dem Departmentsleiter fällt es nicht nur zu, jedes Jahr einen Bericht über die eigene Forschung und Lehre auszufertigen, er muss auch jedes Jahr darlegen, was er in seiner Leitungsfunktion getan hat. Am Ende seines ersten Jahres setzte ich mich mit dem Departmentsleiter eine Stunde lang zusammen und wir überlegten gemeinsam, was erfolgreich war, vor allem aber, welche Aufgaben noch in Angriff zu nehmen waren. Wir dachten darüber nach, was in seinem Department verbesserungswürdig war, wie der amtierende Leiter die verschiedenen Herausforderungen angehen könnte und wie ich oder meine Kollegen im Dekanat dazu beitragen könnten.

Mitten im zweiten Jahr ließ ich den Leitern der Departments eine Rundumbewertung zukommen, zu der Rückmeldungen von Fakultätsmitgliedern und anderen Dienstkräften gehörten. Diese Evaluierungen sollten zur Selbstentfaltung beitragen. Die Befragten sollten den Leiter ihres Departments nach mehreren Kategorien bewerten, unter anderem anhand der Stichworte Zielvorstellung, Initiative, Integrität, Mut, Verantwortlichkeit, Teamarbeit, Kommunikation, Ansprechbarkeit, Pünktlichkeit usw. Die Fragebögen ließen auch genug Raum für längere Kommentare, mit der Aufforderung, Stärken wie Schwächen zu erläutern. Der Zweck des Ganzen war nun nicht, dem Evaluierten mitzuteilen, wie viele Punkte er auf der 5-Punkte-Skala erhalten hatte. Manchmal muss der Chef eines Departments durchaus schwierige Entscheidungen treffen, wodurch er bei seinen Kollegen natürlich politisches Kapital einbüßt.

Eine Befragung der Kollegen will vor allem herausfinden, ob die Fakultätsmitglieder z. B. meinen, der Leiter ihres Departments rangiere, was die »Forschungsförderung« betrifft, auf einer Vergleichsskala sehr hoch, während er bezogen auf »Kommunikation« Schwächen zeige. Fällt die Punktzahl zu »Unterstützung des universitären Auftrags« niedrig aus, hat der Dean den Evaluierten zu fragen:

»Was kann ich tun, damit Sie dieser Aufgabe besser nachkommen?«
Es sollte nicht darum gehen, dass der Evaluierte in allen Kategorien eine 5 erzielt. Ein schwacher Departmentsleiter, der die Zügel
schleifen lässt, könnte einer 5 nahekommen, während ein sehr guter Leiter, der sich nicht vor schwierigen Entscheidungen drückt,
den einen oder anderen dabei vor den Kopf gestoßen haben könnte
und so nur niedrige Punktzahlen auf sich vereinigt. Das Ziel ist es,
Stärken und Schwächen aus der Sicht des Lehrkörpers zu diagnos-
tizieren und über Verbesserungsstrategien nachzudenken, sei es an
sich, sei es in der Außenwahrnehmung. Wir trugen jede Kategorie,
von oben nach unten, in eine Tabelle ein, um zu sehen, welche Bereiche niedrig bewertet worden waren und darum besondere Beachtung verdienten.

Am Ende der drei Jahre erhielt jeder Departmentsleiter ein formelles Schreiben, das gewöhnlich fünf Seiten betrug, selten weniger und meistens mehr, in dem drei Bereiche angesprochen wurden: die Stärken, die noch zu entwickelnden Potenziale und die
Herausforderungen, vor denen das Department stand. In gewisser
Hinsicht waren diese Schreiben ein Ausdruck der Dankbarkeit für
das Geleistete und eine Anleitung für die Zukunft. Dankbarkeit ist
nichts Geringes, denn die Kollegen drücken sie gegenüber der De-
partmentleitung eher selten aus. Sie halten deren Arbeit eher für
untergeordnet und erwarten hauptsächlich, in ihrer primären Aufgabe als Lehrer und Forscher unterstützt zu werden. In die Schreiben gingen Erwartungen ebenso ein wie ein Lob für das Geleistete.
Außerdem dienten sie als Vorlage für eine erneute Ernennung der
evaluierten Departmentsleiter. Am Anfang schrieb ich Briefe nur
für diejenigen, die weiter im Amt blieben, aber dann beschloss ich,
es auch für die scheidenden Kollegen zu tun. Solche Schreiben sind
sehr zeitaufwendig, aber für die Betroffenen sind sie wichtig. Außerdem gaben sie mir die Gelegenheit, mich hinreichend dankbar
für gute Arbeit zu erweisen und gemeinsam mit den Leitern der
Departments sicherzustellen, dass wir uns über die Ziele und Strategien für die kommenden Jahre einig und im Klaren waren.

Probleme und Herausforderungen der Verantwortlichkeit
bzw. der Rechenschaftspflicht

Die verbreitetste Gefahr für all diese Anstrengungen, über seine
eigenen Bestrebungen Rechenschaft abzulegen und sich an anderen Institutionen zu messen, ist die, dass die ganze Emsigkeit und
der ganze Papierkram die Aufmerksamkeit auf das lenkt, was man
tun möchte und was getan worden ist, statt dass man tatsächlich
dieses oder jenes tut. Zu viele Daten, zu viele Berichte und Stra-
tegiepläne verstellen den Blick für das Wichtigste und stehlen uns
die Zeit für unsere höchsten Prioritäten. Das Problem verschärft
sich noch, wenn eine Institution eine Bürokratie schafft, die für das
Sammeln und Auswerten von Daten zuständig ist und die ihre Raison d'être nicht darin sieht, dem eigentlichen Auftrag der Institution zuzuarbeiten, für den Verantwortlichkeit eine wichtige, aber
begrenzte Rolle spielt, sondern immer mehr Arbeit für ihr Büro an
sich zieht, und das heißt dann, eine Aufstockung von Personal und
Geld fordert. Selbst wenn das gut ausgebildete Personal, das an den
meisten Universitäten zunimmt (Schuster und Finkelstein 123), die
Professoren entlastet, damit sie sich mehr auf Lehre und Forschung
konzentrieren können, läuft man so Gefahr, dem Lehrkörper die
eigentlich akademischen Entscheidungen aus der Hand zu nehmen.
Es ist daher wichtig, dass dieses Personal die Professorenschaft zwar
unterstützt, aber keine unabhängige Funktion hat, die eher die Verwaltung aufwerten würde, als die Forschung und Lehre zu stärken.
Dass die Zielvorstellung an oberster Stelle steht, das ist nur gewährleistet, wenn die Professorenschaft den Ton angibt. Außerdem muss
eine Universität die Ausgaben für die Verwaltung und ihr Personal
verfolgen, d. h. sie muss den bürokratischen Aufwand pro Student,
pro Lehrkraft und gemessen am Gesamthaushalt sowohl über größere Zeiträume als auch im Vergleich mit anderen Institutionen im
Auge behalten. Nur so ist umfassende Rechenschaft gewährleistet.
Was wäre ein Büro, das über die Verantwortlichkeit aller wacht,
wenn es nicht auch selbst gegenüber den höchsten Zielen verantwortlich wäre?
    Die Zeit, die von den Professoren aufgewandt wird, um die Ver-
antwortlichkeit und Rechenschaftspflicht sicherzustellen, könnte
Anlass zur Sorge geben. Eine besonders große Arbeitslast ist mit der

Einhaltung des ordentlichen, geregelten Verfahrens (oder, wie es bei uns heißt, des »due process«) sowie der Begutachtung der Kollegen verbunden. Jedes Mal wenn neue Verfahren eingeführt werden, frisst das besonders viel Zeit, denn zunächst einmal müssen Muster entworfen und gebilligt werden, z. B. Kriterien für die Evaluierung von Forschung und Lehre. Universitäten werden immer komplexer und dementsprechend rechenschaftspflichtiger, weil sie versuchen, korrekte und faire Verfahren einzuhalten, was für die Hochschullehrer einen immer größeren Zeitaufwand bedeutet. Ein Wettbewerbsklima bringt zudem immer mehr zeitintensive Initiativen mit sich. Kommen dann noch zufällige Faktoren hinzu, wird es noch schwieriger. Viele höhere Administratoren, die Rechenschaftsberichte einfordern, waren selbst erfolgreiche, effiziente Departmentsleiter und haben vielleicht wenig Verständnis für Leute, die weniger effizient sind. Solche Verwaltungskräfte unterschätzen womöglich, wie viel Zeit den Departmentsleitern dafür abverlangt wird. Andere, die zu einem hohen Verwaltungsposten aufsteigen, widmen sich mit aller Kraft den Verwaltungsaufgaben und der Institution, so dass sie unter Umständen die Bedeutung der Verwaltung über die von Forschung und Lehre stellen und die Belange der Institution über die der Professoren. Sobald eine bestimmte Arbeitslast erreicht ist, sollten weitere Anforderungen an die Deans und Departmentsleiter nur dann gestellt werden, wenn die schon bestehenden verringert werden.

Eine zweite Gefahr liegt in der Tendenz, sich statt auf das Wichtige auf das leicht Quantifizierbare zu konzentrieren. Und schlimmer noch: Wir beobachten die Neigung, das Quantifizierbare zur neuen Norm zu erheben, so dass nicht mehr Ideale die normativen Ziele bestimmen, sondern das Ergebnis dessen, was empirisch messbar ist. Die Messungen liefern damit einen neuen Anreiz: Wissenschaftler produzieren Arbeiten, um die quantitativen Erwartungen zu erfüllen (Münch, *Akademischer Kapitalismus* 102). Untersuchungen haben gezeigt, dass Aufsätze kurz nach ihrer Veröffentlichung vielleicht häufig zitiert werden, später aber dann gar nicht mehr, während andere Aufsätze zunächst kaum Beachtung finden, aber mit der Zeit häufig erwähnt werden (Fischer 14–15). Das steht in einem gewissen Zusammenhang zu einem anderen Problem: Die normale Wissenschaft, die innerhalb der etablierten Paradigmen bescheidene Fortschritte macht, findet ihren Weg in die oft zitierten Mainstream-Zeitschriften, während eine revolutionäre Idee, die ihrer Zeit voraus ist, möglicherweise nicht sehr gut aufgenommen wird und nicht auf unmittelbare Anerkennung stößt (Kuhn). Auch aus diesem Grund sollten Argumente immer nach ihrem inneren Wert beurteilt werden, ohne sich komplett der an sich nicht verwerflichen Anerkennung zu beugen, dass die meisten Wissenschaftler mit ihren Arbeiten im Mainstream verbleiben. Quantitative Zahlen haben ihren Nutzen, aber sie sollten von einem klugen Kopf durchgesehen und nicht einfach zum Nennwert genommen werden. Außerdem misstraue ich, sieht man von besonderen Umständen ab, allen vertraglichen Vereinbarungen, nach denen ein Professor im Vorhinein zusagt, bestimmte Projekte innerhalb einer festgelegten Frist abzuschließen. Derartige Vereinbarungen schränken die Freiheit ein, plötzlich auftauchenden Fragen nachzugehen. In den USA ist diese Praxis selten anzutreffen, doch in Deutschland scheint sie bei Neuanstellungen von Professoren regelmäßig vorzukommen.

Das Problem der ungeeigneten Messungen hängt mit dem Problem zusammen, dass die Aussage der Daten falsch interpretiert werden kann. Jede Universität wünscht sich normalerweise eine hohe Absolventenquote. Nun lassen sich mit zwei einfachen Strategien fantastische Quoten erreichen, der Haken ist nur, dass sie womöglich anderen Zielen der Universität widersprechen: Man kann nämlich bei der Zulassung extreme Auslese betreiben oder die Ansprüche senken. Das Zweite ist selten eine gute Strategie, und das Erste ist für *community colleges*, deren Raison d'être es ja gerade ist, für alle offenzustehen, keine ratsame Option. Normalerweise möchte man, dass von denjenigen, die für einen Master- oder Promotionsstudiengang zugelassen worden sind, sich die Mehrheit dann tatsächlich für diese Universität entscheidet. Wenn ein Department nicht gut genug ist, um Bewerbungen von Studenten zu bekommen, die auch von den besten Programmen akzeptiert werden, mag es sein, dass seine Zusagequote hoch ist. Wird das Department hingegen besser und zieht mehr und mehr Studenten an, die sich auch auf die besten Programme bewerben und dort angenommen werden, wird es weniger Zusagen erhalten – jetzt konkurriert es ja mit besseren Departments –, doch das ist nicht notwendigerweise schlecht. Es mag eine natürliche Folge davon sein, dass man nun in einer höheren Liga mitspielt, wo die Konkurrenz härter ist, auch wenn man sich noch weiter verbessern will. Die Frage der Verantwortlichkeit muss also sehr nuanciert betrachtet werden, wenn objektive Maßstäbe gewählt, Strategien zu ihrer Umsetzung festgelegt und die Ergebnisse interpretiert werden.

Eine dritte Gefahr ergibt sich, wenn eines der notwendigen Elemente von Verantwortlichkeit, nämlich Effizienz, fälschlicherweise für ihren obersten Zweck gehalten wird. Verantwortlich zu agieren setzt immer voraus, das Handeln in Übereinstimmung mit einem Ideal zu beurteilen. Reine Effizienz kann gegen alle möglichen Ideale verstoßen. Es ist ohne Zweifel effizienter, Lehrbeauftragte oder Teilzeitlehrkräfte einzusetzen, weniger Bücher für die Bibliothek anzuschaffen, Kurse mit vielen Teilnehmern abzuhalten oder das Lehrdeputat der Professoren zu erhöhen, nur geht diese Art von Effizienz zu Lasten höherer Ideale und ist mit einer klugen Ausübung von Verantwortlichkeit nicht zu vereinbaren.

Die letzte Gefahr ist eine Sache des Stils. Effizienz mag nicht der höchste Wert sein, aber ein Wert ist sie, und für eine Universität ist sie nützlich. Allerdings ist es nicht notwendig, sich dazu der Sprache der Unternehmensführung zu bedienen. Jedes Mal, wenn ich Phrasen wie »total quality management« höre, zucke ich zusammen. Derartige Vokabeln sind abstoßend und bewirken bei den Professoren oft das Gegenteil. Ich hörte einmal, wie eine Verwaltungskraft von der akademischen und der unternehmerischen Seite der Universität sprach. Solch eine scheinbar unverfängliche Art zu reden stellt unsere Werte auf den Kopf. Es gibt keine akademische Seite einer Universität. Das Akademische ist die *Hauptsache* und seine Unterstützung die *Nebensache*.

6. *Studentenzentriertheit*

Die Universität ist auch den Studenten gegenüber verantwortlich. Die Studenten und ihre Familien, die Studiengebühren zahlen, erwarten von den Universitäten, dass sie den Studenten die bestmögliche Lernerfahrung bieten. Kleine Klassen, gute Lehrer, ein vielfältiges Studienangebot wie auch eine anregende Umgebung sind Bestandteile dieser Kultur. Daraus folgt auch, dass der Lehrplan auf die Studenten zugeschnitten sein muss. Nötig sind geeignete Einführungs- und Überblickskurse, und die Kursthemen müssen sowohl den Bedürfnissen der Studenten als auch den Interessen der Professoren entsprechen. Die Zahl der Kursteilnehmer sollte hinreichend klein sein, oder genauer gesagt, es müssen genug kleine Kurse abgehalten werden, um die Studenten intensiv zu betreuen und ihnen angemessene Rückmeldungen zu geben. An den renommiertesten *liberal arts colleges* und in den *honors programs* der bedeutenden Universitäten, d. h. Studiengängen bzw. Gemeinschaften für eine kleinere Gruppe von ausgezeichneten Studenten innerhalb einer Universität, besuchen die Studenten praktisch nur kleine Kurse. Die intime Atmosphäre in den kleinen Kursen und das enge Band zwischen Lehrer und Student motivieren die Studenten, sich gut vorzubereiten und mitzuarbeiten, was man der Anonymität großer Veranstaltungen wohl nicht nachrühmen kann.

In den USA werden Universitäten zum Teil nach dem Zahlenverhältnis von Studenten und Professoren sowie der Größe der Kurse beurteilt. An den führenden Universitäten und Colleges ist das Verhältnis in der Regel niedriger als 10:1. Aus Daten der *U.S. News* geht hervor, dass selbst an so großen staatlichen Universitäten wie der von Michigan das Verhältnis 16:1 beträgt. An der Columbia University haben 81% der Kurse weniger als 20 Studenten. An großen staatlichen Universitäten ist die Teilnehmerzahl pro Kurs in der Regel größer. Der Prozentsatz der Kurse mit weniger als 20 Studenten liegt an den Universitäten Berkeley, UCLA, Virginia und Michigan beispielsweise zwischen 48% und 68%. Nur 5% aller Kurse an der University of Chicago werden von mehr als 50 Studenten besucht (70–71), während die entsprechenden Zahlen für staatliche Universitäten wie Berkeley, Michigan, Penn State, Virginia und Wisconsin zwischen 14% und 20% Prozent liegen. Aber exorbitant hoch sind diese Zahlen auch nicht.

Untersuchungen haben für die USA ergeben, dass je größer die Institution ist, es desto unwahrscheinlicher ist, dass der Student wirklich im Mittelpunkt steht (Astin, »How the Liberal Arts« 84). Eine ähnliche Korrelation mag es wohl in Deutschland geben, wo hauptsächlich in große Universitäten investiert worden ist, und zwar zu Ungunsten der Förderung unterschiedlich großer Universitäten. Aus Umfragen in Deutschland geht hervor, dass 70 % der Universitätsstudenten überhaupt nicht oder nur selten mit einem Professor sprechen, eine Zahl, die amerikanische Pädagogen entsetzen würde (Simeaner et al. 127). Vergleichende Statistiken über den unmittelbaren Kontakt zu Studenten zeigen, dass zwischen Deutschland und den USA Abgründe klaffen. Eine 2013 veröffentlichte Umfrage enthüllt, dass 79 % der amerikanischen Professoren eine individualisierte Betreuung anbieten, in Deutschland sind es nur 37 %; 92 % der amerikanischen Professoren berichten von einem persönlichen Umgang mit den Studenten, in Deutschland können nur 42 % das von sich sagen. Die Zahlen für Deutschland bezüglich dieser zwei Fragen sind von allen 19 Ländern, die in der Umfrage figurieren, die bei Weitem niedrigsten (Teichler et al. 153).

Das deutsche System, in dem die Studenten entweder schwimmen lernen oder untergehen, mag seine Vorteile haben, da es die Eigenständigkeit fördert, aber es wäre effizienter, wenn nur die Studenten zur Universität zugelassen würden, von denen man meint, dass sie das Zeug dazu haben, und diese dann besser zu unterstützen. Unbeschadet dessen, dass im deutschen System eigenständiges Lernen gefordert ist, fördert auch das amerikanische System mit seinen kleinen Kursen und Diskussionsgelegenheiten autonomes Lernen. Die besten amerikanischen Universitäten arbeiten nach dem Modell, dass alle, die aufgenommen werden, großzügige Unterstützung erhalten, da von ihnen ja vorausgesetzt wird, dass sie prinzipiell in der Lage sind, ein Studium erfolgreich abzuschließen.

Meine deutschen Bekannten, die als Gastdozenten in den USA gelehrt haben, sprechen in der Regel positiv über ihre Erfahrungen mit amerikanischen Studenten. Das hat nichts damit zu tun, dass unsere Studenten mehr wüssten – tatsächlich reichen ihre Kenntnisse auf bestimmten Gebieten wie etwa der deutschen Literatur nicht an die ihrer deutschen Pendants heran. Es hat vielmehr damit zu tun, dass es Spaß macht, so wissbegierige Studenten zu unterrichten, die zu jeder Sitzung gut vorbereitet sind und, gleichgültig welches Thema gerade auf dem Plan steht, stets sehr neugierig sind. Anders als in Deutschland sind diese Studenten durch eine Auslese gegangen und ihre Familien haben so manches Opfer gebracht, um ihnen diese wertvolle Erfahrung zu ermöglichen.

Studenten, die sich an ihrer Universität wohlfühlen, werden zu ihren besten Botschaftern, wenn es darum geht, neue Studenten anzuwerben und Sponsoren davon zu überzeugen, dass es sich lohnt, die Universität zu unterstützen, z. B. durch Stipendien. Es ist ganz üblich, dass die gegenwärtigen Studenten und frischgebackenen Absolventen mit prospektiven Studenten und ihren Familien wie auch mit Ehemaligen und Sponsorengruppen sprechen. An den meisten Universitäten führen die gegenwärtigen Studenten die zukünftigen und ihre Eltern über den Campus. An der University of Notre Dame etwa werden ständig mehr als 150 *undergraduates* dazu ausgebildet, Gruppen von acht bis zehn Besuchern mit dem Campus bekannt zu machen. Und selbstverständlich werden aus den Studierenden von heute die möglichen Sponsoren von morgen.

Viele Departments fordern einen Stellenbewerber auf, nicht nur einen Vortrag vor dem Lehrkörper zu halten, sondern auch ein Seminar oder eine Unterrichtsstunde für Studenten abzuhalten. Im ersten Jahr meiner Stellensuche tat ich dies an einem kleinen *liberal arts college*, dem Vassar College, an einer privaten Forschungsuniversität, der Washington University, und an einer staatlichen Universität, der Ohio State University. Manchmal interviewen auch die Studenten einen Bewerber um eine Professur. Bereits 1978 – damals war ich noch ein *undergraduate* – wurde ich gebeten, einen Stellenbewerber zu interviewen und dem Leiter des Departments darüber zu berichten.

Wenn die Kandidaten keine Unterrichtsstunde geben, dient die Frage-und-Antwort-Stunde am Ende ihres Vortrags dazu, einen kleinen Einblick in ihre Lehrfähigkeiten zu gewinnen. An vielen Universitäten müssen die Bewerber der Schlussrunde routinemäßig einen Nachweis ihrer Lehrerfahrungen vorlegen, der mindestens ihre pädagogischen Vorstellungen, einen Syllabus oder sogar mehrere (diese sind in den USA viel ausführlicher als in Deutschland) und zudem studentische Evaluierungen umfassen soll. Während meiner Zeit als Dean habe ich Berufungen mehrfach verschoben, weil die Departments es vor Abgabe ihrer Empfehlung versäumt hatten, sich genau die Lehrfähigkeiten ihres Wunschkandidaten anzuschauen. Sogar an vielen Forschungsuniversitäten erhalten Fakultätsmitglieder, die hervorragende Forscher sein mögen, aber miserable Lehrer sind, keine Festanstellung oder keine Beförderung.

Wenn ich als Dean Stellenbewerber interviewt habe, bin ich immer auf die Punkte Lehre, Forschung und weshalb sie diese Institution gewählt haben zu sprechen gekommen. Mehrere Fragen halfen mir, mir ein Bild davon zu machen, wie sehr das prospektive Fakultätsmitglied die Lehre schätzte. Mit der Zeit suchte ich nach weniger konventionellen Strategien, um die Gespräche interessanter und ertragreicher zu gestalten. Auf die Frage »Wer war Ihr bester Lehrer?« reagierten die sehr guten Kandidaten normalerweise sehr lebhaft. Sie erzählten von Lehrern, die nicht nur ihr Denken, sondern auch ihr Leben verändert hatten. Schon die emotionale Reaktion auf die Frage teilte mir viel mit. Ein breites Lächeln und die Bemerkung »Was für eine schöne Frage!« bildeten für gewöhnlich den Auftakt zu einer sehr angeregten, ausführlichen Antwort. Ich fragte auch sehr gern: »Inwieweit trägt Ihre Forschung zu Ihrer Lehre bei?« Wir wollten nämlich Wissenschaftler einstellen, deren Themen sowohl *undergraduates* als auch *graduates* interessieren könnten. Im Klartext heißt das: Themen, die aufgrund ihrer Bedeutung ausgewählt worden sind, und nicht einfach deshalb, weil sie noch brachliegen oder weil sie eng umrissen und darum leicht zu bewältigen sind.

Gelegentliche Einladungen der Eltern auf den Campus vermitteln ihnen das Gefühl, Teil der Universität zu sein. In Notre Dame sprechen wir ohne Scheu von der Notre-Dame-Familie, und damit meinen wir die Hochschullehrer, das Personal, die Studenten, die Eltern und die Ehemaligen. Dank ihrer Besuche verstehen Eltern besser, was das Studium an einem College und das Leben außerhalb des Seminarraums beinhaltet. An solchen Wochenenden hören die Eltern der Universitätsverwaltung zu, wenn sie erzählt, was sie sich unter der Ausbildung ihrer Studenten vorstellt; sie erfahren, welche Hilfestellungen das »Career Center« den Studenten bietet; sie lauschen unterhaltsamen Vorträgen beliebter Professoren; sie lernen die Kommilitonen ihrer Söhne und Töchter kennen, deren Eltern und häufig auch die Professoren ihrer Kinder. Für mich war es immer wieder aufschlussreich, die Eltern meiner engagiertesten Studenten kennenzulernen – so wie ich mich auch noch daran erinnere, meinen Professoren an Williams und Princeton meine Eltern vorgestellt zu haben. All das stärkt das Gefühl, dass die Studenten wichtig sind und dass das College eine Gemeinschaft bildet. Einer der beliebtesten Studienführer wird von Studenten gemacht: *The In-*

sider's Guide to the Colleges (Yale Daily). Bedenkt man, dass Studenten aktiv an der Qualität ihrer Ausbildung interessiert sind, dann erstaunt das nicht. An einigen Universitäten geben die Studenten ihr eigenes Handbuch zu den Kursen heraus. Bereits in den 20er Jahren des 20. Jahrhunderts verfassten Harvard-Studenten einen Studienführer (Doyle 4). Das Opfer, das mit der Zahlung der Studiengebühren verbunden ist, lässt auch das Interesse an der Qualität der Ausbildung ansteigen. Ich kann mich an ein Seminar in Tübingen vor mehr als 30 Jahren erinnern, das für mich zu den schwächsten gehörte, die ich auf beiden Seiten des Atlantiks erlebt hatte. Ich war schockiert darüber, dass die Studenten sich weder beim Lehrer noch bei der Verwaltung über diese Zeit- und Mittelverschwendung beschwerten. An einer amerikanischen Universität, wo Studenten für ihre Ausbildung bezahlen, wäre die Reaktion eine völlig andere gewesen. Vermutlich war ich der einzige Student, der den Professor aufsuchte und seine Bedenken äußerte. Nachdem die Universität Notre Dame substanzielle Reformen an einer ihrer internationalen Niederlassungen für ein Auslandsstudium durchgeführt hatte, waren die Studenten überrascht, welch unerwartet hohe akademische Anforderungen da an sie gestellt wurden. Sie legten ihr Geld zusammen, damit einer von ihnen zurückfliegen konnte, um sich darüber zu beklagen. In diesem Fall blieb die Universitätsleitung hart, aber der Vorfall veranschaulicht das Engagement und die Ernsthaftigkeit, mit der Studenten ihr Studium betreiben, und ihre Bereitschaft, es kritisch zu begleiten. Dass Studenten, die Studiengebühren zahlen, eine stärkere innere Motivation haben und auch mitreden wollen, damit die Universität als Ganze besser wird, liegt auf der Hand.

Weisen des Lehrens und Lernens

Einige Institutionen haben einen Topf, aus dem Professoren Geld erhalten können, wenn sie Lernangebote außerhalb des Seminarraums offerieren, beispielsweise Ausflüge oder den Besuch kultureller Veranstaltungen organisieren. Dazu können auch Exkursionen, Besuche auswärtiger Dozenten und andere außercurriculare Aktivitäten gehören, die geeignet sind, den *undergraduates* auch außerhalb der Kurse Bildungserlebnisse zu verschaffen.

Am Williams College, wo ich als *undergraduate* studierte, wurden Ende der 60er Jahre des 20. Jahrhunderts Studentenverbindungen verboten und ihre Häuser in normale Wohnheime mit je eigenem Speisesaal verwandelt. Einmal in der Woche gab es ein formelles Essen mit Tischdecken und Kerzen, zu dem wir die Professoren einladen konnten – häufig wohnten sie ja unweit vom Campus. Zweimal in der Woche gab es beim Mittagessen einen sogenannten Deutschtisch, an dem die kleine Zahl von Studenten, die Deutsch lernten oder Deutsch im Hauptfach studierten, mit den Professoren aß, um so mehr Sprachpraxis zu bekommen. Professoren luden mich zu sich nach Hause ein, und diese Abende sind mir immer noch in lebhafter Erinnerung. Heute mache ich das Gleiche für meine Studenten, und aus ihren Äußerungen und gelegentlichen Briefen weiß ich, wie viel es ihnen bedeutet.

Um auch außerhalb der Seminare Diskussionen der Studenten untereinander zu fördern, sind einige Kurse so konzipiert, dass dieselben Studenten zwei oder mehr Veranstaltungen zusammen besuchen, deren Themen meistens fächerübergreifend sind. Manchmal wird den Studenten aus dem gleichen Wohnheim die Gelegenheit geboten, zusammen an einem Kurs teilzunehmen. Vor allem im ersten Studienjahr sind solche Lerngemeinschaften wichtig. Anreize in Gestalt von Fördergeldern oder kleinen Gehaltszuschlägen sollen an vielen Universitäten die Professoren anregen, sich mit Kollegen zusammenzusetzen, um derartige Kurse zu schaffen.

Mit Studenten zu reden und sie zu betreuen, ist hoch angesehen. Amerikanische Professoren verbringen viel Zeit damit, Studenten zu beraten. Möglich ist das natürlich nur, wenn die Kurse klein sind und das Lehrdeputat niedriger. Den Professoren ist es ein ernstes Anliegen, dass ihre Studenten weiterkommen, und sie halten das auch für eine ihrer wichtigsten Verpflichtungen. In ihrem ersten Jahr werden die Studenten der University of Notre Dame in der Mitte des Semesters in allen Kursen unverbindlich benotet, damit sie und ihre Eltern sehen, welchen Erwartungen sie noch gerecht werden müssen. Fortgeschrittene Studenten erhalten mitten im Semester Mahnschreiben, wenn sie durchzufallen drohen. Ein solches akademisches Frühwarnsystem kann wirkungsvoll sein, wenn es gilt, Studenten zum Erfolg zu verhelfen. Ein Stiftungsprofessor hat vielleicht mehrere *undergraduates*, die unter seiner Anleitung eine einjährige Abschlussarbeit schreiben. Das bedeutet unter Umständen, dass er sich das ganze akademische Jahr über in einem ein- oder zweiwöchigen Rhythmus mit einzelnen Studenten im Abschlussjahr ihres Bachelorstudiums zusammensetzt.

Es ist kaum vorstellbar, dass ein deutscher Dekan sich mit Institutsdirektoren treffen würde, um ausführlich darüber zu reden, wie die Studenten besser betreut werden könnten. In den USA ist das gang und gäbe. Bei den Treffen, die ich dreimal im Jahr mit Fakultätsmitgliedern ansetzte, kam es nicht selten vor, dass die Professoren Verbesserungsvorschläge bezüglich der Bildung der Studenten innerhalb und außerhalb des Seminarraums machten. An vielen amerikanischen Universitäten haben die Professoren drei bis fünf Stunden Sprechstunde pro Woche, nicht gerechnet die vielen informellen Gespräche mit Studenten. Gegebenenfalls sind die Studenten aufgefordert, einmal die Woche einen Aufsatz einzureichen, manchmal auch zwei bis drei kürzere Arbeiten, die dann in der nächsten Sitzung kommentiert zurückgegeben werden. Allgemein gilt, dass einer der wichtigsten Grundsätze erfolgreichen Lernens der ist, dass Studenten hilfreiche und gut begründete Rückmeldungen erhalten. Untersuchungen haben ergeben, dass Studenten, die solche bekommen, ihre Collegeerfahrung positiver sehen (Light). Umfragen unter Studenten zeigen, dass deutsche Professoren, was Rückmeldungen betrifft, tendenziell in keinem guten Licht erscheinen (Simeaner et al. 106–107; Woisch et al. 15). In Anbetracht der Tatsache, dass der Forschung ein höherer Stellenwert als der Lehre eingeräumt wird und dass die Studenten-Professoren-Quote absurd hoch ist, ist das nicht weiter verwunderlich.

Masterstudenten und Doktoranden bekommen mindestens denselben Grad an Aufmerksamkeit und Betreuung wie *undergraduates*. Die von ihnen besuchten Seminare sind in der Regel klein. Trotz beträchtlicher Schwankungen bewegt sich die Teilnehmerzahl oft um die zehn Studenten oder weniger. Bewerbungen um Master- und Promotionsplätze gehen aus aller Welt ein, wobei häufig nicht einmal 10 % der Bewerber angenommen werden. Selbst auf dieser Ebene wird streng gesiebt. Verlangt werden die Zeugnisse, gefiltert natürlich durch das Renommee der Universität oder des Colleges, an denen sie erworben worden sind, eine standardisierte Prüfung, die sogenannte *Graduate Record Examination* (GRE), die aus einem mathematischen, einem sprachlichen und einem Teil besteht, der die analytischen Fähigkeiten testet, drei Empfehlungsschreiben, eine Schilderung der geistigen Interessen und eine Schreibprobe. Häufig gehört auch ein Interview zum Auswahlverfahren. Für die juristischen und medizinischen Fakultäten zählen neben den akademischen Zeugnissen und den Ergebnissen eines nationalen Tests – des Law School Admission Test (LSAT) und des Medical School Admission Test (MSAT) – vor allem auch Führungskompetenz und soziales Engagement. Interviews sind für alle, die an der medizinischen Fakultät das erste Auswahlverfahren überstehen, obligatorisch. Die jährliche Durchsicht der Bewerbungen für ein Graduiertenstudium in den Geisteswissenschaften, mit der das Department für gewöhnlich einen mit fünf Leuten besetzten Unterausschuss beauftragt, verlangt den Professoren viel Zeit ab, aber belohnt werden sie durch die Wichtigkeit ihres Tuns, die Auswahl und Rekrutierung der besten Studenten.

Wer für ein Master- oder Promotionsstudium zugelassen wurde, der wird mit guten Bedingungen gelockt, damit er auch tatsächlich kommt: Normalerweise wird er fünf Jahre lang finanziell unterstützt, es werden ihm nicht nur die Studiengebühren erlassen, er erhält auch noch ein Stipendium, das zwischen knapp 20.000 Dollar und mehr als 30.000 Dollar pro Jahr liegt. Allerdings wird von ihm auch erwartet, dass er sich aktiv nach einem weiteren einjährigen Stipendium umschaut, sei es ein nationales oder ein internationales. Weil so viel in diese Studenten investiert wird – durch das aufwendige Auswahlverfahren, die Stipendien, den Umstand, dass die Professoren ihre Zeit einer kleinen Zahl von Studenten widmen –, lautet die Philosophie: Wir müssen die richtigen Studenten aufnehmen, und sollten wir sie doch verlieren, dann möglichst früh, denn ein später Studienabbruch bedeutet für die Universität, dass sie erhebliche Mittel verschwendet, und für den Studenten, dass er Zeit verloren hat. An vielen Institutionen ist es üblich, dass die Professoren bei einer jährlichen Sitzung des Departments über alle Masterstudenten und Doktoranden diskutieren, es wird über den Leistungsstand jedes Studenten gesprochen und in problematischen Fällen auch über eine Fortsetzung der finanziellen Unterstützung entschieden.

Sehr oft werden die Doktoranden auch pädagogisch geschult, indem sie an einem Pädagogikseminar ihres Departments teilnehmen, an universitätsweiten Workshops zu Aspekten des Lehrens und Lernens und auch eine Art von Unterrichtspraktikum machen. Am häufigsten leiten die Lehrassistenten Diskussionssitzungen im Rahmen größerer Veranstaltungen oder sie unterrichten einen Einführungskurs nach eigenem Manuskript. Manchmal leiten sie auch Kurse für höhere Semester. Dank der Lehrassistenten lassen sich die Kurse klein halten und es ist dafür gesorgt, dass auch in großen Vorlesungsveranstaltungen Zeit für Diskussionen bleibt. Außerdem gewinnen Assistenten auf diese Weise Lehrerfahrungen und, nicht zu vergessen, Stipendien für ihren Lebensunterhalt. Und Professoren sehen es gern, wenn die Assistenten ihnen die Last der Benotungen etwas abnehmen.

In den USA wird intensiv zum Thema studentisches Lernen im College geforscht, hervorgegangen sind daraus so klassische Arbeiten wie die von Astin, Pascarella und Terenzini sowie von Kuh, Kinzie und anderen. Die Forschungen erhellen eine Reihe von Grundsätzen, die für den studentischen Erfolg wichtig sind. Darunter die Folgenden: hohe akademische Erwartungen; häufige Gespräche zwischen Studenten und Professoren; eigenständiges Lernen, beispielsweise durch unabhängige Forschung oder durch die Einbindung in die Forschung eines Fakultätsmitglieds; ein Curriculum, in dem die Geisteswissenschaften einen gehörigen Stellenwert haben und schriftliche Hausarbeiten verlangt werden; das Leben in Wohnheimen wie auch angemessene Hilfestellungen und vielfältige Auffangnetze für die Studenten. Diese Untersuchungsergebnisse und die daraus entspringenden Empfehlungen haben eine immense Wirkung auf amerikanische Colleges und Universitäten gehabt, da sie in deren Curricula und Lehrmethoden eingegangen sind.

Zu den Grundsätzen, die uns durch diese und andere Arbeiten vertraut sind, gehört unter anderem, dass Studenten besser lernen, wenn sie einen existenziellen Bezug zum Gegenstand haben, sich aktiv am Lernprozess beteiligen, von ihren Kommilitonen lernen, verschiedenen Standpunkten begegnen und von ihren Professoren Rückmeldung in Bezug auf ihre Lernziele bekommen. All diese Einsichten schlagen sich in Kursen nieder, in denen eine Diskussionskultur herrscht, wo die Studenten sich mit einem faszinierenden Thema auseinandersetzen, erleben, dass sie voneinander lernen, mit unterschiedlicher Lektüre konfrontiert werden und von Fakultätsmitgliedern und häufig auch von Kommilitonen Rückmeldung erhalten. Vor Jahren meinte einmal ein Student in einem meiner Seminare, es wäre gut, nicht nur meine Kommentare zu ihren Arbeiten und Beiträgen zu erhalten, sondern auch die der anderen Teilnehmer. Mir gefiel die Idee, und daher forderte ich die Studenten auf, bis nächste Woche in ein paar Sätzen aufzuschreiben, was sie Positives über jeden ihrer Kommilitonen sagen und welche konstruktiven Vorschläge sie den Einzelnen machen würden. Jeder Student erhielt dann ohne Namensnennungen eine Seite mit lobenden Sätzen und eine mit Vorschlägen. Ich war erstaunt darüber, wie treffsicher die Studenten in ihren Kommentaren waren und wie sinnig sie es verstanden, großzügiges Lob mit diplomatischer, aber auch fordernder Kritik an ihren Kommilitonen zu verbinden. Beides verlangt Intelligenz und Diplomatie, Aufmerksamkeit und Urteilsvermögen. Den Studenten bedeuten solche Rückmeldungen sehrviel.

Die Entwicklung intellektueller Tugenden

Für die Griechen der klassischen Antike ging es in der Erziehung nicht bloß nur um Wissenserwerb, sondern auch um Streben, Motivation, Inspiration und nicht zuletzt um Selbsterkenntnis und die Einübung von Tugenden. Viele geistige Bestrebungen setzten gewisse charakterliche Tugenden voraus. Dass eine Verbindung zwischen Erziehung und Charakterbildung gesehen wird, ist in den USA nicht selten. Sich ordentlich auf jeden Kurs vorzubereiten, indem die Aufgaben erledigt werden, das Material noch einmal gründlich gelesen wird, passende Notizen gemacht werden und alles gründlich durchdacht wird, bedeutet, andere verlockende Vergnügungen hintanzustellen, und ist als solches ein Zeichen von Mäßigung. Auf Vergnügungen, die an sich nichts Tadelnswertes sind, um eines höheren Gutes willen zu verzichten, ist sowohl eine charakterliche als auch eine intellektuelle Tugend.

Kurse, deren Säule die Diskussion ist, stellen eine Reihe weiterer Tugenden auf die Probe und fördern sie. Den Ansichten anderer aufmerksam zuzuhören und sie aufrichtig abzuwägen, anderen bis zum Schluss aufmerksam zu folgen, auch wenn sie den eigenen ursprünglichen Einstellungen widersprechen, ist eine dialogethische Form der Gerechtigkeit. Sich wechselseitig in Diskussionen zu bereichern, indem den anderen Studenten klärende Fragen gestellt, Belege für die eigene Position angeführt oder im Lichte der auseinandergehenden Meinungen neue Gesichtspunkte eingeführt werden, zeugt von Respekt gegenüber anderen und gegenüber dem gemeinsamen Wert der Wahrheitssuche. Andere am Gespräch zu beteiligen und sie dazu zu bewegen, ihre treffenden Gedanken auszusprechen, ist gleichsam eine Form intellektueller Gastlichkeit. Die Auffassungen der Gesprächsteilnehmer kritisch zu hinterfragen, ohne sie persönlich anzugreifen und sie damit von der Sache abzulenken, heißt sich in Diplomatie üben. Bescheidenheit wird sichtbar, wann immer Studenten erkennen, dass sie angesichts überzeugender Gegenargumente ihren Gedanken zurückziehen müssen, dass sie die Antwort auf eine rätselhafte Frage noch nicht gefunden haben und dass sie den Ansichten anderer noch mehr zuhören müssen. An einer Meinung, von deren Richtigkeit man überzeugt ist, auch dann noch festzuhalten, wenn man sich damit in der Minderheit befindet und sich wegen seiner Wahrheitsliebe isoliert sieht, ist ein Akt von Zivilcourage.

Die Suche nach der Wahrheit mobilisiert eine Reihe von Charaktertugenden. Allen Indizien nachzugehen, sollten sie auch den eigenen ursprünglichen Ansichten widersprechen oder sie schwächen, ist ein Zeichen von Ehrlichkeit und Aufrichtigkeit. Sich mit einem Gegenstand so gründlich zu beschäftigen, bis alle Aspekte betrachtet worden sind und allen Verzweigungen nachgegangen worden ist, geht nicht ohne Disziplin und Beharrlichkeit. Die Bereitschaft, frühere Überzeugungen fallenzulassen, wenn sich überzeugende Gegenbelege finden, setzt Flexibilität und Selbstüberwindung voraus. Geduld und Strebsamkeit werden beide gefördert, sobald die Studenten erkennen, dass sie allen ihren Bemühungen zum Trotz immer noch unzureichende Antworten auf ein bestimmtes Problem haben und dass sie weiter in die Materie eindringen müssen.

Fehlt es uns an gewissen charakterlichen Tugenden, werden wir auch intellektuell Fehler begehen. Arroganz verführt uns dazu, unsere Fähigkeiten zu überschätzen und zu meinen, wir hätten mehr Einsicht, als wir tatsächlich haben. Dann lassen wir uns womöglich dazu verleiten, Argumente wegzuwischen, die es durchaus verdient hätten, näher betrachtet zu werden. Und wenn wir defensiv oder emotional reagieren, trübt sich die Klarheit des Denkens, ohne die es keine weisen Entscheidungen gibt. Eine allzu starke Begehrlichkeit nach weltlichen Gütern, die zu ihrem tatsächlichen Wert in keinem Verhältnis steht, stört die nötige Konzentration, ohne die sich die Studenten nicht mit ganzer Kraft den schwierigen, bedrängenden Fragen widmen können. Selbstgefälligkeit mag es mit sich bringen, dass die Studenten nicht die Mühe und Disziplin aufbringen, dicke Bretter zu bohren. Habgier mag der Grund dafür sein, dass äußere Anerkennung schwerer wiegt als die Ideen selbst, und das mag uns zur Unehrlichkeit und zum Frisieren von Ergebnissen verführen, zu einem Verstoß gegen die notwendigen Bedingungen einer Kultur der Wahrheitssuche.

Die Vorstellung, Tugenden ließen sich in einem geistigen Umfeld lehren, stammt schon aus der Antike. Platon schrieb seine Dialoge unter anderem, um zu zeigen, in welcher Beziehung Ideen zu den verschiedenen Lebensformen stehen. Platon verknüpft die Kritik an Gedanken mit einem Urteil über die Person. Wer eitel, dogmatisch und von sich selbst überzeugt ist, hat es schwer, die Wahrheit aufzudecken. Gesprächspartner, die nicht über das Selbstvertrauen verfügen, Ansichten des Gegners in Betracht zu ziehen, werden auch nicht zur Erkenntnis gelangen. Ebenso wenig diejenigen, die nicht ernsthaft nach der Wahrheit streben. Wer hingegen bereit ist, Fehler einzuräumen, sich von der falschen Behauptung, er wisse etwas, zu distanzieren, der ist auf dem richtigen Weg, und wer bereit ist, sein Selbstverständnis, seinen Ruf und sein Leben bei der Suche nach der Wahrheit aufs Spiel zu setzen, befindet sich wohl auf einer sinnvollen, wenn auch möglicherweise tragischen Reise. Wie sehr man sich in den USA bemüht, die Studenten in ihrer Persönlichkeitsentwicklung zu unterstützen, mag heute in Deutschland seltsam erscheinen, aber von Humboldts Ideal oder von den Griechen, die von seinen deutschen Zeitgenossen so bewundert wurden, ist das gar nicht weit entfernt.

Außercurriculare Aktivitäten

Aktivitäten außerhalb des Curriculums helfen ebenfalls, die Persönlichkeit der Studenten zu entwickeln. Amerikanische Studenten beschäftigen sich mit einer Reihe von Dingen, die sie jenseits des Seminarraums miteinander verbinden, die aber doch stets im Rahmen der Universität bleiben. Studenten geben etwa Tageszeitungen, literarische Zeitschriften und Satireblätter heraus. Viele Universitäten unterhalten Radiosendungen, die vor allem von den Studenten moderiert werden. Andere Beispiele für Lernchancen außerhalb des Curriculums sind die studentische Selbstverwaltung, studentische Beratungsstellen, musikalische Ensembles, Theateraufführungen, politische, religiöse und fachspezifische Clubs, Debattierwettbewerbe und natürlich der Universitätssport. Studenten, die sich neben ihrem Studium auf solchen Tätigkeitsfeldern engagieren, berichten, sie seien mit ihrem Collegeerlebnis zufriedener (Light 30). Diese vielfältigen Angebote tragen zur Entwicklung einer allseitig gebildeten Persönlichkeit bei und verhindern außerdem, dass die Universität als anonyme Institution empfunden wird.

Die an vielen Colleges und Universitäten üblichen Angebote, sich sozial zu engagieren, bilden auch den Charakter. Etwa 80 % der amerikanischen Collegestudenten beteiligen sich während ihres Studiums an dem einen oder anderen sozialen Projekt (The National Task Force 5). Es ist interessant, dass Studenten, die sich für wohltätige Zwecke einsetzen und dabei eine Menge lernen, mit größerer Wahrscheinlichkeit bei der Stange bleiben und einen Abschluss machen (The National Task Force 12). Derartige Tätigkeiten sorgen für ein gewisses Gleichgewicht: erstens, weil das Leben eines Collegestudenten ein geistiges ist und wir alle einen sozialen und physischen Ausgleich brauchen; zweitens, weil das Collegeleben oft einsames Studieren verlangt, Studenten aber von Gemeinschaftsarbeit und einem Sinn für die soziale Welt profitieren; und schließlich, weil amerikanische Studenten dem Alltagsleben außerhalb des Campus entrückt sind und diese Andersorientierung entfremdend sein kann.

Das Leben in einer Gemeinschaft fördert die emotionale und soziale Intelligenz. In den Wohnheimen lernen Studenten, mit Menschen unterschiedlichster Herkunft und oft konkurrierender Interessen eine Gemeinschaft aufzubauen, die von gegenseitiger Hilfsbereitschaft und Einfühlungsvermögen geprägt ist. Es überrascht nicht, dass Studenten, die auf dem Campus leben, nicht nur in ihrer Persönlichkeit wachsen, sondern sich tendenziell auch akademisch stärker engagieren (Keup und Stolzenberg 42).

Zum außercurricularen Bereich zählt auch der Sport, der nicht allein die Gemeinschaftsbande fördert, sondern darüber hinaus verschiedenste Fähigkeiten entwickelt, etwa Führungsqualitäten, Ausdauer und Kooperation. Es gibt drei Kategorien von Sport. Sportliche Wettbewerbe zwischen den Universitäten auf höchster Ebene (*varsity sports*) folgen leidenschaftlichen öffentlichen Ritualen. Von der Universität gesponsert, ziehen sie in einigen Sportarten, z. B. im Football und Basketball, große Zuschauermengen an. Die Gesamtzahl der Sportarten, in denen universitäre Wettkämpfe auf diese Weise ausgetragen werden, kann recht hoch sein. In der Ivy League gibt es beispielsweise im Durchschnitt 31 Mannschaften pro Universität (Bowen und Levin 7). Sportclubs sind weniger formell. In ihnen stellen Studenten, die keine Sportskanonen sind, ihre eigenen Mannschaften auf. Sie haben keinen festen Trainer, legen selbst ihre Trainings- und Spielpläne fest und verfügen über ein bescheidenes Budget. Viel Publikum mag sich dabei nicht einfinden, und häufig handelt es sich um weniger populäre Sportarten wie Rugby und Wasserball, doch der Korpsgeist ist für gewöhnlich sehr hoch. Hier herrscht die Begeisterung der Amateure, und die Erfahrung, eine Mannschaft angeführt und geleitet zu haben, ist pädagogisch durchaus wertvoll. 2008 spielten fünfmal so viel *undergraduates* in den Sportclubs wie in den Universitätsmannschaften, eine Zahl, die selbst viele Amerikaner erstaunt, die nur die hochkarätigen Mannschaften kennen, die für die führenden Universitäten in Wettkämpfen antreten (Pennington). Und dann gibt es noch inneruniversitäre Wettkämpfe. Daran beteiligen sich Studenten, die schon in Schulmannschaften gespielt haben, aber nicht so gut sind oder auch nicht so viel Zeit investieren wollen, um in die offiziellen Universitätsmannschaften zu kommen. Die Studenten bilden entweder Mannschaften aus den Wohnheimen oder aufgrund gemeinsamer Vorlieben und treten gegen Kommilitonen an. Hier kann es sich nur um ein paar Sportarten handeln oder auch um ein breites Spektrum. Dabeisein zählt hier mehr als der Wettkampf. Alle diese

Möglichkeiten stillen ein Bedürfnis nach Ritualen und Gemeinschaft.

Priorität für Studenten und Lehre

Professoren, die keinen Kontakt zu den Studenten halten, vergeben die Chance, sie zu motivieren. Bereits im 19. Jahrhundert stand der Student im Mittelpunkt der Bildungsbemühungen in Amerika. Von 1836 bis 1872 war Mark Hopkins Präsident am Williams College. Einer seiner ehemaligen Studenten, der US-Präsident James Garfield soll einmal gesagt haben: »Die ideale Erziehung ist die, wenn Mark Hopkins am einen Ende eines Holzklotzes sitzt und ein Student am anderen Ende.« Das war und ist noch immer das Leitbild des Williams College und generell der *Undergraduate*-Erziehung in den Vereinigten Staaten.

Ein Gradmesser dafür, wie sehr – zumindest an den renommiertesten Universitäten – alles auf die Studenten zugeschnitten ist, und einer, der einen markanten Unterschied zur deutschen Situation bezeichnet, ist die Absolventenquote über einen Zeitraum von sechs Jahren. An den führenden Colleges beträgt sie mehr als 90 % und an den vier Spitzenuniversitäten – Harvard, Yale, Stanford und Notre Dame – liegt sie gar zwischen 97,4 % und 95,9 % (*Almanac* 34). Wie kommt es, dass die Quoten an guten amerikanischen Universitäten so hoch ausfallen? Da muss mehreres zusammenkommen. Die Universitäten müssen klare Zielvorgaben machen, wozu auch gehört, das Ziel, die Studenten zu einem Abschluss zu führen, an die erste Stelle zu rücken; die richtigen Studenten müssen zugelassen und dann auch zu einer Zusage bewegt werden; eine intensive Betreuung der Studenten, einschließlich einer angemessenen Studenten-Professoren-Quote, muss ein Anliegen sein; und es müssen entsprechende Flankierungsmaßnahmen finanziell unterstützt werden, z. B. Betreuer in den Wohnheimen, eine Beratungsstelle, eine Schreibwerkstatt, eine Stelle, die den Studenten bei ihrer Planung für die Zeit nach dem College hilft, und studentische Aktivitäten.

Wesentlich für hohe Abschlussquoten sind die Erfahrungen, die im ersten Collegejahr gemacht werden. Das trifft vor allem auf die eher gefährdeten Studenten aus einkommensschwachen Familien sowie auf afroamerikanische und hispanische Studenten zu (Bowen, Chingos und McPherson 56). Sehr nützlich sind Orientierungsveranstaltungen, für die Studenten ebenso wie für ihre Eltern, in denen sie mehr über das Selbstverständnis des Colleges, über die an sie gestellten Erwartungen und den Sinn der verschiedenen Anforderungen erfahren. Außerdem bekommen sie da hilfreiche Informationen, etwa wie sie sich in der Bibliothek zurechtfinden, an welche Dienste sie sich in akademischen und anderen Fragen wenden können. Colleges, die gern weniger privilegierte Studenten aufnehmen, bieten häufig Kurse an, um den Studenten bei ihrer Zeiteinteilung zu helfen und ihnen die richtige Einstellung zum Studium zu vermitteln. Dafür erhalten sie dann einen Leistungspunkt. Viele Universitäten beschäftigen mehr Berater und Betreuer für Studenten im ersten Studienjahr. Für diesen Studentenkreis werden in der Regel auch kleinere Kurse angeboten, an denen nicht mehr als 16 bis 18 Studenten teilnehmen, so dass sich bereits früh in ihrer Universitätslaufbahn Kontakte zu einem Professor ergeben. Es ist belegt, dass Studenten, die kleinere Kurse besuchen und so engen Kontakt zu Fakultätsmitgliedern bekommen, seltener ihr Studium abbrechen, vor allem solche, deren Highschool-Abschluss nicht so blendend war (Wolniak et al.; Kuh, Cruce et al.).

Obwohl sie einen Berg schriftlicher Hausarbeiten zu korrigieren haben werden, macht es Professoren Spaß, solche Kurse zu geben. Sehr kluge Erstsemester zu unterrichten, die noch nicht zur Zunft gehören, ist häufig produktiv. Als ich diesem Buch im August 2013 den letzten Schliff gab, begann ich mit einem Kurs in Literatur und Philosophie, an dem 22 ausgezeichnete Erstsemester teilnahmen, die alle ihren Hauptabschluss in den Ingenieurwissenschaften machen wollten. Solche Studenten zu unterrichten, die auch außerhalb ihres Hauptfaches eine gehörige Portion Begeisterung mitbringen, ist die reinste Freude. Das Studium generale ist ein wichtiger Aspekt der Berücksichtigung studentischer Bedürfnisse. Professoren lehren nicht nur im Rahmen ihrer Forschungsgebiete, sondern auch das, was Studenten unterschiedlichster Fachrichtungen interessieren müsste. Man weiß, dass die meisten Studenten nicht promovieren werden und auch keine Universitätslaufbahn anpeilen. Die Hochschullehrer sind daher willens, manchmal sogar begierig, sich der Allgemeinbildung der Studenten anzunehmen. Anders in

Deutschland: An einem Studium generale ist man dort kaum ernsthaft interessiert, sieht man einmal von der schwindenden Tradition ab, dass Studenten verschiedenster Fakultäten Vorlesungen auf anderen Feldern hören oder Ringvorlesungen besuchen können. Denkt man an Humboldts ursprüngliches Anliegen, dann ist es erstaunlich, dass gerade in Deutschland die Vorstellung von Bildung durch Wissenschaft oder davon, dass ein Student auch einen Sinn für Charakterbildung entwickeln sollte, auf ein so geringes Echo stößt. Zwar wird man nicht überall in den USA dieser Vorstellung begegnen (Fish), aber sie ist ohne Zweifel Teil der gegenwärtigen Hochschullandschaft (Roche, *Why Choose*).

An guten Colleges und Universitäten werden Studenten schon relativ früh in ihrem akademischen Werdegang in die Forschung eingebunden, das gilt insbesondere für die Natur- und Sozialwissenschaften, in denen Studenten sich Forschungsgruppen anschließen können. Aus einer jüngeren Umfrage in den USA geht hervor, dass die Zahlen für die Teilnahme von Studenten an Forschungen der Professoren oder für die Durchführung eigenständiger Forschung folgendermaßen aussehen: An sehr guten *liberal arts colleges* sind es 56 % der *undergraduates*, an sehr guten Privatuniversitäten 42 % und an sehr guten staatlichen Universitäten 34 % (Hardwick Day 22). In Deutschland sieht es da ganz anders aus. Umfragen zufolge berichten nur 14 % der deutschen Studenten, sie wären in irgendeine Art von Forschungsprojekt involviert gewesen (Simeaner et al. 68).

Die Betonung der Lehre zeigt sich teilweise durch die Verleihung von Auszeichnungen für hervorragenden Unterricht. Viele Universitäten haben auch Zentren für Pädagogik und Didaktik, die den Professoren bei der Verbesserung ihrer Unterrichtsmethoden behilflich sind. Lehrende, die eine Videoaufzeichnung und Auswertung ihres Unterrichts wünschen, können diesen Dienst kostenlos in Anspruch nehmen. Außerdem finden Professoren und Lehrassistenten dort immer ein offenes Ohr, wenn sie entweder selbst merken, dass es in ihrem Unterricht hakt, oder durch die Lektüre der studentischen Urteile über ihren Kurs darauf stoßen.

Amerikanische Universitäten bieten auch eine Menge Hilfestellungen bei der Arbeitssuche nach dem College. Aus diesem Grund gibt es auf vielen Campus eine Art akademisches Arbeitsamt (ein sogenanntes »career center«), das den Studenten hilft, sich bei möglichen Arbeitgebern ins rechte Licht zu setzen (einen Lebenslauf abzufassen, ein Bewerbungsschreiben aufzusetzen, in Interviews eine gute Figur abzugeben usw.). Außerdem stellt es Kontakte zu Unternehmen her, vermittelt die Studenten in Praktika und sorgt dafür, dass sie zu Bewerbungsgesprächen eingeladen werden. Zudem werden den Studenten im Sommer Praktika angeboten, von denen viele in den Lehrplan eingebunden sind. Nach dem Abschluss ermuntern spezielle Workshops und Seminare die Studenten dazu, auf den Campus zurückzukehren und an Weiterbildungen teilzunehmen. Die deutsche Universität, die im Studium traditionell einen Wert an sich sieht und eine gewisse ›Weltfremdheit‹ pflegt, hat im Gegensatz zu den USA die praktischen Zwecke, die ein Studium ja ebenfalls verfolgt, vernachlässigt, und darum fehlt es in Deutschland an einer reichen Tradition, in der auch die Ausrichtung auf Karriere und Karrierezentren eine Rolle spielt.

Probleme und Herausforderungen der Studentenzentriertheit

Da wäre zunächst das Problem zu nennen, dass ein Curriculum, das ganz auf die Bedürfnisse der Studenten zugeschnitten ist, diese manchmal auf die Idee bringen könnte, unpassende Forderungen zu stellen, beispielsweise weniger schwere Kurse absolvieren zu müssen, bessere Noten zu erhalten oder mehr praktische bzw. berufsorientierte Kurse angeboten zu bekommen, und dass die Professoren dann auf diese Forderungen eingehen. Einem solchen studentischen Verhalten tritt man am besten durch die Klarstellung entgegen, dass sie keine Kunden sind, sondern Lernende, die sich nach den Erwartungen der Hochschule zu richten haben, immer vorausgesetzt, dass diese gut begründet, deutlich ausgesprochen und klar vermittelt worden sind. Eine tatkräftige Verwaltung ist hier ein wichtiger Faktor: Sie muss die Professoren dazu anhalten, auf die Studenten einzugehen, ihnen aber auch den Rücken stärken, wenn Studenten und Eltern unangemessene Forderungen oder schlecht begründete Ansprüche stellen.

Wenn Studenten ein größeres Mitspracherecht haben, entsteht zweitens die Gefahr, dass die guten Noten inflationiert werden.

Diese Gefahr ist, was nicht weiter erstaunt, in den USA größer als in Deutschland. Man möchte, dass die Studenten sich wohlfühlen, und deshalb verlangt man nicht zu viel von ihnen oder will ihnen kein Unbehagen bereiten. Studentenzentriertheit so zu verstehen, ist natürlich falsch, denn dabei geht es ja darum, dass sie möglichst viel und gut lernen, und nicht darum, dass sie zufrieden sind. Dennoch trifft man nicht selten auf diese Verwechslung, und das handgreiflichste Anzeichen dafür ist die Inflation guter Noten. Leider ist diese Erscheinung nicht ganz unabhängig von den bestehenden Anreizen. Wenn sich alles um die Studenten dreht, dann muss eine gute Note nicht weiter gerechtfertigt werden. Eine mittelmäßige oder gar noch schlechtere hingegen sehr wohl, und das bedeutet mehr Arbeit. Außerdem ist es so, dass ein Professor, je mehr Aufgaben er stellt, was normalerweise gut für die Studenten ist, desto mehr Zeit auf die Korrekturen und Kommentare verwenden muss. Wer streng benotet, läuft Gefahr, von den Studenten negativ bewertet zu werden, und auch hier wieder kommen falsch gesetzte Anreize ins Spiel. Fachbereiche, denen es Mühe macht, Studenten zu gewinnen, sind vielleicht versucht, sie mit leichteren Kursen zu locken. Während in Deutschland allein die Abschlussnote zählt, kommt es in den USA auch auf die Einzelbenotungen der Kurse an, da sie bei den Bewerbungen für ein Graduiertenstudium angegeben werden müssen. Dieser Umstand verschärft das Problem in den USA.

Damit kann man auf verschiedene Weise umgehen. Wie bei anderen Problemen so ist auch hier der beste Weg, an der Zielvorstellung festzuhalten und Lehrkräfte wie Studenten vom Wert einer strengen Benotung zu überzeugen und Letztere aufzufordern, mit aller Kraft ihr Potenzial zu entfalten. Es spricht vieles dafür, dass Professoren, die ihren Studenten mehr abverlangen, ihnen auch erfolgreicher durchs Studium helfen (Bain 68–97). Ausführliche Kommentare, aus denen die Studenten lernen, machen es ihnen leichter, schlechtere Noten zu akzeptieren. So erkennen sie ja, was sie noch lernen müssen. Ein Charakterzug, den Studenten unbedingt ausbilden sollten, ist die Fähigkeit, aus Kritik zu lernen. Karl Jaspers hat einmal sehr treffend bemerkt: »Wer sich der Kritik entzieht, will nicht eigentlich wissen« (28). Eine andere Möglichkeit ist die, das Benotungsverhalten in die Evaluation der Professoren mit hineinzunehmen und auf diese Weise für eine informelle Überprüfung zu sorgen. So könnte ein Dean etwa Benotungsstatistiken anlegen und mit den Leitern der Departments sprechen, wenn es zu erheblichen Abweichungen kommt. Einen rigideren Weg hat die Universität Princeton 2004 eingeschlagen, indem sie den einzelnen Departments Richtlinien vorgab und das Erteilen der Note »sehr gut« auf einen bestimmten Prozentsatz einschränkte. Die Folge davon war, dass sich die Notenvergabe in den verschiedenen Disziplinen stärker anglich und die Studenten den Unterschied zwischen einer guten und einer wirklich ausgezeichneten Arbeit klarer erkannten.

Ein drittes Problem ergibt sich daraus, dass Professoren, wenn sie einen guten Unterricht machen und konstruktive Kritik leisten wollen, die für Studenten ideal ist, sehr viel Zeit in die Benotung und Kommentierung von Arbeiten investieren müssen. Zeit, die ihnen dann vielleicht in der Forschung fehlt. Hier ist das Beste, die Kurse klein und das Lehrdeputat niedrig zu halten und großzügig Freisemester zu bewilligen. Das größte Problem für deutsche Universitäten, irgendeine Form von Umgebung zu schaffen, die den Bedürfnissen der Studenten mehr entgegenkommt, ist ganz offensichtlich der Umstand, dass die Teilnehmerzahl in den Lehrveranstaltungen sehr viel größer ist und das Lehrdeputat zudem höher als üblicherweise in den USA.

7. Gemeinschaftsgeist

Das Wort »College« ist vom lateinischen *collegium* abgeleitet und bedeutet so viel wie Gesellschaft oder Gemeinschaft. Auf jedem amerikanischen Campus spürt man sofort einen Gemeinschaftsgeist. Universitäten haben einen Campus, auf dem die Seminarräume, die Professorenbüros und die Studentenwohnheime dicht beieinanderliegen. Häufig befinden sich alle Gebäude in einer parkähnlichen Anlage, die zum Nachdenken, zu gemeinsamen Spaziergängen und zu Gesprächen einlädt. Selbst auf einem sehr großen Campus gibt es Plätze und Höfe, baumbestandene Wege und efeubewachsene Gebäude. Studieren ist eine anstrengende Sache, und um ihr gewachsen zu sein, brauchen die Studenten das Gefühl, zu einer Gemeinschaft zu gehören. Der Gemeinschaftsgeist ist daher nicht bloß eine nette Zutat, sondern ein wesentlicher Bestandteil ihres geistigen Reifungsprozesses. Das lebendige Leben außerhalb des Seminarraums bietet nicht allein zusätzliche Möglichkeiten für das Lernen, es schmiedet auch die Gemeinschaft zusammen. Weder am Abend noch an den Wochenenden steht das akademische Leben an den Universitäten still; sieben Tage die Woche finden Vorträge, Konferenzen, Theateraufführungen und andere künstlerische Veranstaltungen statt. Die Bibliotheken sind am Wochenende ebenso geöffnet wie einige Mensen, und das bis spät in die Nacht hinein, wenn nicht gar rund um die Uhr.

Regelmäßige Ereignisse stärken den Gemeinschaftssinn und lassen das Gefühl lebendig werden, dass die Universität einen kollektiven Zweck verfolgt. Rituale und Feierlichkeiten, Bindeglieder einer jeden Gemeinschaft, sind immer dann wichtig, wenn, wie es an großen Universitäten der Fall ist, Professoren und Studenten Gefahr laufen, sich isoliert und entfremdet zu fühlen. Rituale beschränken sich nicht auf das rein Akademische, etwa auf Begrüßungsreden, Antrittsvorlesungen, feierliche Umzüge der Professoren- und Studentenschaft und Abschiedsvorlesungen, meistens von Professoren, die pensioniert werden, also auf Rituale, die Einschnitte im Collegeleben markieren und kollektiv bedeutungsvolle Momente festhalten, sie erstrecken sich auch auf Nichtakademisches, etwa auf die Marschkapelle, den Gesangverein und das Absingen der Universitätshymne zu bestimmten Ereignissen. Das alles zusammengenommen stärkt die kollektive Identität. Auch die Ehemaligen veranstalten feierliche Treffen, bei denen das Akademische nicht fehlt, denn häufig halten Professoren dabei Vorträge oder prominente Ehemalige initiieren Diskussionen.

Es kennzeichnet eine große Institution, wenn sie ein Gleichgewicht zwischen Vergangenheit und Zukunft herzustellen vermag, wenn in ihre kollektive Identität einerseits althergebrachte Errungenschaften und Traditionen eingehen und andererseits neue Chancen erkannt und neue, durch internationale Entwicklungen, Probleme der Gegenwart, den wachsenden Wettbewerb mit gleichrangigen Institutionen und die Einsichten junger Kollegen ausgelöste Herausforderungen beantwortet werden. Dem Neuen gegenüber aufgeschlossen zu sein und zugleich die Vergangenheit in Ehren zu halten, ist ein Garant dafür, dass Initiativen im Geiste des Universitätsethos ergriffen und damit von Dauer sein werden. Die

Vergangenheit auszuzeichnen sorgt auch für ein starkes Traditions-empfinden, was in vielerlei Hinsicht ein temporal ausgedehntes Gegenstück zur Gemeinschaft der gegenwärtig Lebenden ist. Gemeinschaft und Wandel profitieren davon, wenn die eigentümliche Vergangenheit einer Institution ebenso wie ihre noch ungeschriebene Zukunft im Blick behalten werden. Auch wenn diese Vorstellung heute eher amerikanisch als deutsch klingt, so hielt doch Jaspers einst sehr prägnant fest, dass auch die deutsche Universität von ihr bestimmt war: »Es gibt einen Geist der einzelnen Universität, einen Genius loci, der als Hintergrund eine geschichtliche Atmosphäre hat, aber jederzeit lebendig sein und neugeschaffen werden muß« (125).

Gemeinschaft unter den Studenten

Jedes Jahr gibt es für die Collegeabsolventen ein erhebendes Ritual: Aus den Händen des Präsidenten oder eines anderen hohen Universitätsrepräsentanten erhalten sie in einer feierlichen, von Reden begleiteten Zeremonie ihr Abschlussdiplom. Neben der Abschlussfeier laden die Departments häufig auch zu einem intimeren Empfang ein, was sowohl den Studenten als auch ihren Eltern viel bedeutet. Ereignisse dieser Art bilden den krönenden Abschluss des Collegelebens und verabschieden die Studenten auf eine sehr persönliche Weise. In einigen Departments wird die Feier von Fakultätsmitgliedern ausgerichtet, die in der Nähe des Campus wohnen. Diese verschiedenen Aktivitäten kultivieren ein Gefühl der Zusammengehörigkeit, der kollektiven Identität.

Verschiedenste Initiativen und Aktivitäten bereichern das Leben der *undergraduates* auf amerikanischen Colleges. Dazu gehören regelmäßige Rundbriefe per E-Mail an alle Studenten, die Kurse in einem Department besuchen, Brieffächer für Hauptfachstudenten an kleinen Departments oder in kleinen Studienprogrammen sowie persönliche Briefe, in denen Studenten eingeladen werden, ihren Studienschwerpunkt auf ein spezifisches Feld zu verlegen, dessen Vorteile und Chancen dargelegt werden. Departments und Studienprogramme verfügen oft über Aufenthaltsräume, in denen sich Professoren und Studenten zufällig bei einer Tasse Kaffee begegnen und miteinander reden können. Departments sind dazu angehalten, gesellschaftliche Ereignisse für ihre Studenten zu veranstalten. Das können Filmvorführungen sein, Empfänge im Anschluss an Vorträge, Preisverleihungen sowie jährliche Picknicks und Ausflüge.

So wichtig es ist, dass Professoren und Studenten Kontakt zueinander haben, noch wichtiger ist, dass Studenten untereinander Umgang pflegen. Viele kleine Campus drucken traditionell ein Jahrbuch aller Erstsemester, damit diese sich kennenlernen. Normalerweise enthält ein solches Jahrbuch Namen, Fotos und einige Besonderheiten der Neuankömmlinge. Tatsächlich war es diese Praxis, aus der die ursprüngliche Idee zum sozialen Netzwerk Facebook hervorgegangen ist, das 2004 in einem Wohnheimzimmer von Harvard entstand. An vielen *liberal arts colleges* lesen die neuen Studenten, gleich welcher Fachrichtung, im Sommer ein und dasselbe Buch. So gibt es schon bei ihrer Ankunft einen gemeinsamen Diskussionsstoff und die Möglichkeit, auf diese Weise geistige Freundschaften zu knüpfen.

Indem die meisten Studenten auf dem Campus untergebracht werden, sorgt das College dafür, dass sie einander kennenlernen. Eine Reihe von Orientierungsveranstaltungen und gesellschaftlichen Ereignissen in den Wohnheimen helfen den Studenten, Beziehungen aufzubauen. Anders als in Deutschland werden die Wohnheime von den Colleges selbst unterhalten, und sie sind wie ein neues Zuhause, in dem ein starker Gemeinschaftsgeist herrscht. In jedem Heim gibt es mehrere Studentenvertreter, die für die Organisation sozialer und akademischer Treffen verantwortlich sind. Die Studenten entwickeln ein Gefühl von Stolz auf ihre jeweiligen Gemeinschaften, und mitunter fühlen sie sich mit ihrem Wohnheim mehr verbunden als, sagen wir, mit den Studenten ihres heimatlichen Bundesstaats oder mit denen, die wie sie dasselbe Hauptfach gewählt haben. Manchmal wohnen auch Fakultätsmitglieder als Betreuer in den Wohnheimen, um die Studenten zu beraten und zu unterstützen. Für einen Studenten an einer amerikanischen Universität wäre es undenkbar, seine Kommilitonen so gut wie nicht zu kennen oder nicht gemeinsam mit anderen zu essen. An deutschen Universitäten sieht das anders aus. Nach dem Zweiten Weltkrieg wurde in Deutschland kurz mit dem pädagogischen Wert des Gemeinschaftslebens experimentiert, etwa durch die Gründung von

Kollegienhäusern, aber die Idee konnte sich nie richtig durchsetzen (Freytag-Loringhoven). Ob man sich in einer studentischen Gemeinschaft wiederfindet oder nicht, ist in Deutschland heute Glückssache.

Der Sport ist in den USA ebenfalls gemeinschaftsstiftend. Viele Universitäten verfügen über weitläufige Sportplätze und andere sportliche Einrichtungen, etwa Schwimmbäder, Basketball- und Fußballplätze. Da der Sport ebenso zum Mitmachen wie zum Zuschauen einlädt, stärkt er die emotionale Bindung an die Institution (Toma). Eine Institution wird nur dann gedeihen, wenn ihre Mitglieder sich ihr auch emotional verbunden fühlen. Der Sport trägt das Seine dazu bei, eine emotional lebendige kollektive Identität zu nähren. An samstäglichen Nachmittagen im Herbst strömen nicht weniger als 100.000 Studenten, Professoren, Universitätsangestellte, Ehemalige und Fans in ein Campusstadion, um ein Footballspiel zu sehen. Ehemalige und andere Interessierte schauen oft vor dem Fernseher zu. In den Vereinigten Staaten nimmt der Sport einen großen Raum in den Medien ein, so dass die Ehemaligen die Verbundenheit mit ihrer Universität nicht verlieren.

Eine Gemeinschaft ist für jedes blühende Geistesleben wesentlich, für *graduates* nicht weniger als für *undergraduates*. Als ich mich an verschiedenen Universitäten um einen Promotionsplatz bewarb, schickte ich meine Bewerbungsunterlagen von Deutschland ab und besuchte keine der infrage kommenden Universitäten. Als ich in Princeton eintraf, entdeckte ich, dass die meisten anderen Studenten unseres Programms – wir waren sieben – sowohl Princeton als auch Yale in die engere Wahl gezogen hatten. Mehrere erzählten von ihrem Besuch an der Yale University die gleiche Geschichte. Zu der Zeit herrschte in Yale, im Gegensatz zu Princeton, wenig Gemeinschaftsgeist unter den Studenten oder zwischen Studenten und Professoren. Aus diesem Grund hatten sich meine Kommilitonen für Princeton entschieden.

Als wir in den frühen 90er Jahren an der Ohio State University beschlossen, die Kosten dafür zu übernehmen, mögliche Masterstudenten und Doktoranden auf den Campus zu holen, bevor sie ihre Entscheidung treffen würden, bemerkten wir, dass die Zahl der Zusagen sprunghaft anstieg. Wir führten ihnen vor Augen, dass sie eine lebendige Studiengemeinschaft erwartete. Dass in der Tat al-

len Belegen zufolge eine lebendige Gemeinschaft sich enorm positiv
darauf auswirkt, dass Doktoranden erfolgreich ihre Promotion abschließen, erstaunt nicht weiter (Lovitts 107–108, 118, 176). Andere
Studien haben bestätigt, dass eine geistige Gemeinschaft für die Bildung künftiger Wissenschaftler und Lehrer von großer Bedeutung
ist (Walker et al.). Auch aus diesem Grund sollte alles dafür getan
werden, dass die Studenten, die auf den Campus kommen, zu einer Gemeinschaft zusammenwachsen. Ich erinnere mich noch, dass
mir an der Ohio State University Klagen von Studenten zu Ohren
kamen, woraufhin ich ein Treffen mit allen Masterstudenten und
Doktoranden arrangierte, um mehr über ihre Sorgen zu erfahren.
Diese gab ich dann in Form positiver Vorschläge an den Lehrkörper weiter. Im Wesentlichen handelte es sich dabei um Empfehlungen, die von präziseren Kursankündigungen über die Deutlichkeit
von Fristen bis zu frühen Rückmeldungen hinsichtlich der studentischen Leistungen und eine bessere Zusammenarbeit der Professoren in den Promotionsausschüssen reichten. Solche Probleme anzu-
packen hilft den Studenten, ihr Studium abzuschließen, und macht
die Universität für künftige Studenten attraktiv.

Weil es im Bachelorstudium nicht nur darum geht, diszipliniert
zu arbeiten, sondern auch darum, seine Wertvorstellungen kritisch
zu überprüfen und als Persönlichkeit zu reifen, ist es nicht ungewöhnlich, dass man sich auch Jahre später noch seiner Universität
verbunden fühlt. Amerikanische Studenten sind noch recht jung,
wenn sie aufs College gehen, wo sie Freundschaften fürs Leben finden, sich mit den großen Menschheitsfragen auseinandersetzen
und eine ganzheitliche Ausbildung bekommen, die Verstand und
Gefühl gleichermaßen ansprechen will. »Die Alma Mater ist sehr
viel mehr als eine Sprosse auf der Karriereleiter, für viele Amerikaner bleibt sie eine Herzensangelegenheit« (Knox et al. 175). Gefestigt
wird diese Identifikation durch Traditionen, denn jede Universität
hat ihre eigenen Farben, ihre eigenen Symbole und ein individuelles
Ethos, was den Studenten eine kollektive Identität vermittelt.

Die Colleges begrüßen ihre Ehemaligen immer wieder gern als
Gäste, nicht als Fremde, auf ihrem Campus. Der Gemeinschaftssinn
der Studenten umfasst daher nicht nur die Studenten (und Professoren) eines Jahrgangs, er schwindet nicht mit der Zeit, denn die
institutionellen Bande bleiben noch Jahrzehnte nach dem Studien-

abschluss lebendig. Von Zeit zu Zeit ein Video und regelmäßig erscheinende Blätter für die Alumni halten diese über die jüngsten Erfolge der Universität auf dem Laufenden und berichten kurz über die Mitglieder der verschiedenen Absolventenjahrgänge. Manchmal verschicken die Universitäten heute regelmäßige Rundschreiben per E-Mail, um ihre Fortschritte zu dokumentieren und die Ehemaligen an ihre Verbundenheit mit der Alma Mater zu erinnern. Daneben bieten sie den Alumnivereinigungen in den verschiedenen Landesteilen die Möglichkeit, Professoren einzuladen, die über die Universität oder ihre Forschung sprechen.

Diese Gemeinschaftserfahrung der Studenten ist ein ungeheures Pfund, mit dem die Universität wuchern kann, wenn sie später einmal Geld braucht, um ihre höchsten Ambitionen zu verwirklichen. Je stärker die Absolventen sich mit ihrer Alma Mater identifizieren, desto höher werden ihre Spenden ausfallen (Mael und Ashforth). Ein großer Prozentsatz der Ehemaligen erweist sich ihren Universitäten gegenüber als dankbar. Den jüngsten Ranglisten von *U.S. News* von 2013 zufolge haben drei amerikanische Universitäten, Princeton, Dartmouth und Notre Dame, von 41 % und mehr ihrer Ehemaligen jährliche Spenden erhalten. Allen drei Universitäten ist gemeinsam, dass sie ihren *undergraduates* eine lebendige Campuskultur bieten und sich, zumindest was die Studentenzahlen betrifft, mehr auf die *undergraduates* als die *graduates* konzentrieren. Interessanterweise können 27 *liberal arts colleges* sich rühmen, dass es bei ihnen 40 % und mehr sind. Die höchsten Prozentzahlen überhaupt erreichen die Princeton University mit 63 %, das Thomas Aquinas College mit 59 % und das Carleton bzw. Williams College mit je 58 % (70–80).

Gemeinschaft innerhalb des Lehrkörpers

Auch für den Lehrkörper ist ein Gemeinschaftsgeist wichtig. Es ist reizvoll, wenn man in einer Umgebung arbeitet, in der man seine Lehre und seine Forschung mit anderen Kollegen diskutieren kann. Professoren ziehen es vor, an einer Institution zu wirken, mit der sie sich emotional identifizieren können. Dass es auch im wohlverstandenen Interesse der Universität ist, wenn Professoren sich ihr und nicht nur ihrem Fach verbunden fühlen, versteht sich von selbst. Je spezifischer das Profil einer Universität, desto leichter ist es, diese sozialen und emotionalen Bande zu pflegen, und desto einfacher ist es, neue Professoren und Studenten anzuziehen, die sich eine Bindung an die Institution vorstellen.

Die starke Stellung der Departments im US-amerikanischen Hochschulwesen fördert ebenso wie die fehlende Hierarchie unter den Fakultätsmitgliedern, von der schon im Kapitel »Flexibilität« die Rede war, ein gewisses Niveau von Gemeinschaft unter den Professoren. So wie ein Gemeinschaftsgeist der wissenschaftlichen Betätigung zugutekommen kann, so können Spannungen ihr Zeit rauben. Ein Department, das unter Grabenkämpfen leidet, läuft Gefahr, dass seine Stellen eingefroren werden oder gar an andere Departments verloren gehen. Mit einem Wort: Selbst die Gemeinschaft hat mit Verantwortlichkeit und Anreizen zu tun; ein Dean wird kaum in ein Department investieren, das nicht richtig funktioniert.

Für die Förderung einer herzlichen, offenen Gemeinschaft sind schon kleine Dinge nicht unwichtig. Wenn neue Fakultätsmitglieder zum ersten Mal ihr Büro betreten, entdecken sie vielleicht auf ihrem Schreibtisch neben einer gewissen Grundausstattung eine hübsche Mappe, in der sie Informationen über das College finden, von den allgemeinen Grundzügen bis hin zu ganz praktischen Dingen. Einige Colleges heißen einen neuen Professoren damit willkommen, dass sie in der Campuszeitung ein Foto abdrucken, seinen Werdegang und seine frühere Stelle beschreiben und eine Äußerung darüber veröffentlichen, was der Professor anziehend an der Universität findet. Am Schluss der Herbstversammlung des College of Arts and Letters der University of Notre Dame kommen neue Fakultätsmitglieder, gleichgültig welchen Rang sie haben, nach vorne und stellen sich kurz vor. Ideal ist es, wenn der Gemeinschaftsgeist sich schon bei der Suche nach neuen Professoren zeigt, etwa indem man dafür sorgt, dass weibliche Kandidaten andere Professorinnen treffen oder potenzielle Assistenzprofessoren andere Assistenzprofessoren. Wie man bei seiner Ankunft an einer Institution empfangen wird, prägt sich ins Gedächtnis ein und ist in psychologischer Hinsicht für das langfristige Wohlbefinden an dieser Institution und die emotionale Identifikation mit ihr von großer Bedeutung.

Zu den Problemen in Deutschland gehört, dass viele Mitarbeiter einer Universität, die noch keine Professur haben, nur sehr geringe Chancen haben, inneruniversitär aufzusteigen. Wer nicht weiß, was ihm die Zukunft bringt, wird nicht viel in eine Gemeinschaft investieren. Die klügsten amerikanischen Universitäten versuchen, Leute zu bekommen, denen sie später gern eine Lebensstelle anbieten würden, auch wenn dies dann vielleicht nicht geschieht, weil die hohen Erwartungen der Institution doch nicht erfüllt worden sind. Dennoch wird jeder unterstützt und jeder hat eine Chance. Wie hoch der Stellenwert der Gemeinschaft an den Universitäten in den USA im Gegensatz zu denen in Deutschland ist, geht deutlich aus folgendem Vergleich hervor: 66 % des Lehrkörpers in Deutschland meinen, ihre Zugehörigkeit zu der Universität, an der sie gegenwärtig arbeiten, sei nicht wichtig oder sogar überhaupt nicht wichtig, in den USA sagen das bloß 18 % (Altbach 19).

Bei jeder Stellenbesetzung geht es vor allem um die Frage, wie es mit den Leistungen in Forschung und Lehre steht, doch die Neuangeworbenen können den Gemeinschaftssinn stärken oder beschädigen. Wer sich zu wenig einsetzt, wälzt die Last auf andere ab, was den Gemeinschaftsgeist schwächt. Wenn ein Bewerbungskandidat den Campus besucht, dann sind zwei ganze Tage neben dem anschließenden Briefverkehr und telefonischen Austausch lang genug, um herauszufinden, ob jemand die Gemeinschaft fördern wird.

Gemeinsame Kurzreisen des Departments sind dem Gemeinschaftssinn ebenfalls zuträglich. Normalerweise sind sie dafür gedacht, das Bewusstsein der kollektiven Identität des jeweiligen Departments zu stärken und fantasievolle Lösungen für diverse Probleme zu finden, normalerweise für solche, von denen alle betroffen sind, z. B. in Gestalt des Curriculums. In einer Umgebung weg vom Campus geben sie der Geselligkeit Raum, deren Wirkung auf den Gemeinschaftssinn nicht unterschätzt werden darf.

Einige Institutionen verleihen Auszeichnungen, in denen ein gemeinschaftsfördernder Einsatz honoriert wird. Das College of Arts and Letters der University of Notre Dame hat beispielsweise eine jährlich zu vergebende Auszeichnung eingeführt, mit denen hervorragende, aber nicht zum College selbst gehörende Kollegen geehrt werden, die durch ihre Arbeit das College und das Leben an ihm unschätzbar bereichern. Zu den so Geehrten gehörte etwa der Leiter des *Career Centers*, der den Absolventen des Colleges erfolgreich Praktika und Stellenangebote vermittelt hat; ein Mathematikprofessor, der für die Studenten, die nicht Mathematik als Hauptfach gewählt hatten, neue Kurse konzipiert hat; ein Museumskurator, der Museumsbesuche zu einem festen Bestandteil des Unterrichts gemacht hat; der Leiter des Zentrums für soziale Belange, der sich ideenreich für die Verbindung von akademischem und erfahrungsbezogenem Lernen eingesetzt hat; ein Vermögensverwalter der Universität, dem es zu verdanken war, dass unsere Stiftungsgelder auch in schlechten Zeiten wuchsen; zwei Angestellte des Entwicklungsbüros, die Hervorragendes in der Spendeneinwerbung für das College geleistet haben.

Wie eng eine Gemeinschaft ist, hängt zum Teil von ihrer Größe ab. Wird eine Forschungsuniversität zu groß, leidet der Gemeinschaftsgeist. In der *Politik* bemerkt Aristoteles, dass es eine zahlenmäßige Grenze für die *polis* gibt (1326a–b). Dasselbe ließe sich über die Universität sagen, und viele Forschungsuniversitäten kämpfen mit dieser Grenze, die einen interdisziplinären Dialog wirksam behindert. Die Universität Bielefeld versuchte, dem Problem dadurch zu Leibe zu rücken, dass sie alle Institute in einem riesigen Gebäude mit einem gemeinsamen Treppenhaus, mit Restaurants und dergleichen untergebracht hat. Diese Nähe ist sicherlich ein Vorteil, selbst wenn das unmittelbare Gelände, weil es an Grünflächen fehlt, nicht zu kontemplativen Spaziergängen einlädt.

An der Ohio State University schloss die Entwicklungskampagne auch eine sogenannte Campuskampagne ein. Ich fand die Idee, auch wenn sie nicht sofort einleuchtete, dennoch reizvoll, und erklärte mich, als ich darum gebeten wurde, bereit, an ihrer Organisation mitzuwirken. Die Professoren wurden eingeladen, für die Universität zu spenden, und viele taten es. Als Zweck ihrer Spende konnten sie angeben, was ihnen besonders am Herzen lag, etwa Stipendien für Studenten oder Forschungsgelder für ihr eigenes Department. Das Spenden vertiefte ihre emotionale Bindung an die Universität, und sicherlich half es auch dabei, die Netze nach Sponsoren außerhalb der Universität auszuwerfen, da wir ja sagen konnten, auch unsere eigenen Professoren investierten in die wichtigsten Projekte. Viele pensionierte Notre-Dame-Professoren haben die Universität in ihrem Testament bedacht. Ein Zeichen sowohl für Loyalität als auch Zuneigung.

Ein starker Gemeinschaftssinn trägt auch dazu bei, dass eine Institution hervorragende Professoren mit anderen Mitteln als nur Gehaltserhöhungen an sich zu binden vermag. Untersuchungen haben belegt, dass Stellenwechsel quer durch alle Berufe nicht durch die Aussicht auf mehr Geld und bessere Aufstiegschancen bedingt sind, sondern weil man sich der gegenwärtigen Arbeitsstelle und den dort herrschenden Werten entfremdet hat. Das wird häufig völlig verkannt: Während 89 % der Manager glauben, die Angestellten gingen wegen eines besseren Gehalts weg, sagen 88 % der Angestellten, sie hätten aus anderen Gründen gekündigt (Branham 3). Die Identifikation mit einer Firma oder einer Institution entspringt der Erfahrung, dass man der Leitung, der Zielvorstellung und den damit verbundenen Werten vertrauen kann, sie wurzelt in dem Gefühl, dass man zur Realisierung würdiger Ziele einen Beitrag leistet, der dann auch anerkannt wird, darin, dass die Erwartungen und Hoffnungen, die man für sich selbst und für die Institution hegt, erfüllt werden, darin, dass man richtig ausgebildet wird, sinnvolle Aufgaben übertragen bekommt, die Chance zur Weiterbildung und zum Aufstieg erhält, und darin, dass regelmäßig Rückmeldungen erfolgen (Branham).

Die Rolle von Leitung und Personal

Die Leitung einer Institution fördert oder beschädigt ebenfalls den Gemeinschaftssinn. Besitzt eine Institution ein besonderes Profil, dann fühlen Leute sich eher von ihr angezogen und übernehmen bereitwillig Verwaltungsaufgaben. Der Gemeinschaftssinn kann Beständigkeit in der Verwaltung fördern, was dann wieder der Gemeinschaft zugutekommt. Wenn das Profil bezogen auf ähnliche Universitäten austauschbar ist, findet man oft Verwaltungsfachleute, die von einer Universität zur nächsten ziehen und dabei jedes Mal eine Sprosse auf der Karriereleiter höher steigen. Diese Leute mögen durchaus fähig sein und an jeder Station ihres Weges Nützliches geleistet haben, aber sie sind selten glänzende Stützen der Gemeinschaft. Tatsächlich können solche Wechsel in der Leitung der Auslöser dafür sein, dass immer mal wieder neue Schwerpunkte gesetzt werden, die dann aber auch wieder fallengelassen werden. Wenn ihnen mit jeder neuen Leitung neue Zielvorstellungen vorgesetzt werden, entwickeln Professoren eine zynische Haltung. In den sechs Jahren, die ich als Assistenzprofessor an der Ohio State, einer staatlichen Universität, gearbeitet habe, erlebte ich vier verschiedene Departmentsleiter. Während meiner eigenen fünf Jahre als Departmentsleiter unterstand ich drei verschiedenen Deans, und in den zwölf Jahren, die ich insgesamt an dieser Universität zubrachte, sah ich fünf Provoste kommen und gehen. Wie bemerkenswert anders ist das an der University of Notre Dame. Die beiden Präsidenten, unter denen ich gearbeitet habe, standen der Universität insgesamt 23 Jahre vor, und einer ist noch immer im Amt. Die beiden Provoste in meiner Amtszeit wirkten bis heute 15 Jahre lang, und einer bekleidet weiterhin den Posten. Meine eigene Amtszeit als Dean betrug elf Jahre. Es ist kein Zufall, dass die deutsche Universität, die in den Ranglisten am besten abschneidet und am innovativsten ist, Deutschlands amtsältesten Präsidenten hat, nämlich Wolfgang Herrmann. Er leitet seit 17 Jahren die TU München und ist erst kürzlich für weitere sechs Jahre wiedergewählt worden. Große Veränderungen sind ohne eine langfristige Vision nicht möglich.

Die intrinsische Motivation, die mit einer überzeugenden Vision einhergeht, sollte durch soziale und emotionale Bande verstärkt werden. Es sind ja nicht nur die Ideen, die über Erfolg oder Misserfolg einer Leitung entscheiden, auch gelebte Beziehungen spielen da eine Rolle. Je ambitionierter eine Universität ist und je tiefer ihr Sinn für Tradition und Stabilität reicht, desto größer ist die Bedeutung des sozialen Gefüges, denn ehrgeizige Veränderungen bedrohen immer die Stabilität des Bestehenden und des Gewesenen.

Zur Förderung des Gemeinschaftssinns lassen sich durchaus Anreize schaffen. An der University of Notre Dame ermuntern wir jeden, der gerade eine Festanstellung bekommen hat, drei Kollegen zum Essen einzuladen und mit ihnen auf Kosten des Colleges das Ereignis zu feiern. Die einzige Bedingung ist, dass alle drei Geladenen nicht aus dem Department desjenigen stammen dürfen, der gerade eine Festanstellung erhalten hat. Es könnten ältere Kollegen sein, die eine Mentorrolle gespielt haben, Professoren, mit denen sie gerne einmal zusammenkommen und länger reden möchten, oder

Assistenzprofessoren, von denen sie sich vorstellen könnten, für sie ein Mentor zu sein, oder für die sie es bereits sind.

Zur Förderung von Zusammenarbeit und Gemeinschaft finanziert Notre Dame mehrjährige Forschungsseminare, an denen Professoren aus mindestens drei Departments arbeiten. Darin geht es um Fragen, die von fächerübergreifender Bedeutung sind, beispielsweise die Umweltproblematik, Ethik und Wissenschaft oder besondere Herausforderungen für die Gemeinschaft, etwa die Frage, wie sich Studium und soziales Leben auf dem Campus besser integrieren lassen oder wie Beruf und Familie zu vereinbaren sind. In dem Maße, wie eine Institution wächst oder sich ihr Forschungsprofil schärft, muss sie sich verstärkt darum bemühen, die verschiedenen Disziplinen in einen Dialog einzubinden, und unterstreichen, dass die Universität eine gemeinschaftsbildende, gastliche Umgebung schaffen will.

Selbst was die schon länger an der Universität weilenden Professoren betrifft, bedarf es eigener Anstrengungen, um sie miteinander in Kontakt zu bringen. Um der Gemeinschaftspflege willen lud ich zum Beispiel etwa dreimal die Woche eine zufällig ausgewählte Gruppe von etwa sieben Professoren zu einem einfachen Mittagessen. Ich eröffnete diese Begegnungen mit den Worten, sie würden vier Zwecken dienen: Ich wollte, dass sie einander kennenlernen, und dazu händigte ich ihnen einen sehr kurzen Lebenslauf der Anwesenden aus (das einzige Auswahlkriterium bestand darin, dass die Geladenen hinsichtlich der vertretenen Fächer und der Geschlechtszugehörigkeit gemischt sein sollten); ich bat sie um ihre Meinung zu möglichen Verbesserungen am College; sie sollten alle Fragen stellen, die ihnen in Bezug auf die Universität so einfielen; sie sollten offen ansprechen, was ihnen durch den Kopf ging. Eine ganze Stunde wurde über alles, was die Professoren bewegte, diskutiert. Hunderte von Professoren aßen so mit mir zu Mittag, und manch eine gute Idee sprang dabei heraus. Außerdem ist es eine vergnügliche, reizende und nützliche Weise, zu Mittag zu essen. Die Gespräche drehten sich häufig um die Lehre, mit der wir ja alle zu tun hatten, und da ich auch noch lehrte, förderten sie unsere Verbundenheit. Man könnte sagen, es war ein Zeichen davon, wie sehr die Studenten den Mittelpunkt der Gemeinschaft bildeten, da wir in der Hauptsache darüber sprachen, wie wir ihnen helfen konnten, erfolgreicher zu studieren, sich zu entfalten und sich ambitionierte Ziele zu setzen.

Jedes Jahr lud ich die Professoren, die gerade eine Festanstellung erhalten hatten, zu einem Abendessen ein. Der Empfang und das Essen verfolgten drei Zwecke. Erstens wollte ich den Gemeinschaftssinn innerhalb dieser Kohorte fördern. (Kohorten können von immenser Bedeutung sein. Mehr als ein Jahrzehnt, nachdem eine bestimmte Gruppe ihre Fakultätszeit an Notre Dame begonnen hat, pflegen sie immer noch eine E-Mail-Liste, über die sie sich hinsichtlich beruflicher und sozialer Ereignisse auf dem Laufenden halten, Fragen und Informationen austauschen.) Zweitens erhielten sie so an einer entscheidenden Weichenstellung ihrer Laufbahn die nötige Anerkennung. Für jeden Beförderten bereitete ich eine kleine Laudatio vor, von der sie sicherlich gewollt hätten, dass ihre Eltern sie hörten, und die nun ihre Kollegen zu hören bekamen. Drittens wollte ich ihnen etwas Wichtiges über ihre neue Stellung an der Universität mitteilen, vor allem dass sie ruhig große Träume für die Universität hegen und sie mit ihren Träumen beflügeln sollten. Es war eine aufmunternde Rede über die Hoffnungen, die wir mit ihnen verbanden. Ich wollte diejenigen, die nun Anteil an unserer Zukunft hatten, anregen, das Ihrige dafür zu tun, dass wir uns weiter auszeichneten. Ich fragte sie, wie wir gemeinsam wachsen könnten. Welche Veränderungen könnten wir gemeinsam anstoßen, um unsere Ambitionen zu verwirklichen? Was könnte das Dekanat dazu beitragen? Was kann jeder Einzelne dafür tun?

Eine blühende Gemeinschaft kann nicht ohne Kritik auskommen. Man kann sich gar nicht genug, zumindest nicht in seinen Gedanken, fragen, was verbessert werden müsste, auch wenn die Verbesserung auf einem Feld liegt, das beinahe das Beste in der Welt ist: Besser geht es immer noch. Wenn ich Studenten traf, fragte ich sie jedes Mal: »Wenn ihr an meiner Stelle wäret, was würdet ihr dann an Notre Dame ändern?« Als ich zum Thema dieses Buches einen Vortrag an einer deutschen Universität hielt, erinnerte mich in der anschließenden Diskussion ein Professor aus dem Publikum daran, dass ich ihn am Ende seines einsemestrigen Aufenthalts als Gastdozent an Notre Dame zum Mittagessen eingeladen hatte, dabei Papier und Bleistift gezückt und gesagt habe: »Nun erzählen Sie mir mal, was während Ihres Besuches nicht so gut funktioniert hat.

Nur so können wir besser werden.« Ihm gefiel diese Denkweise, die man an amerikanischen Universitäten häufiger antreffen wird. Besser wird man nur dadurch, dass man seine Schwächen erkennt; man kann sie nicht übergehen. Bei meinen informellen Mittagessen mit Professoren hob ich stets hervor, ich wolle vor allem hören, was am College knirschte, so dass ich mir Notizen machen und das Problem angehen könne. Meinen Notizblock hatte ich wie immer dabei.

Gemeinschaftssinn hat den zusätzlichen Vorteil, dass er womöglich auch das Interesse an Verwaltungsarbeit weckt. Forschung, vor allem in den Geisteswissenschaften, ist ein einsames Unterfangen. In der Verwaltung wird die Arbeit im Kollektiv bewältigt: Administratoren, Professoren, Studenten, Universitätspersonal und Kollegen aus den verschiedenen Beratungsstellen der Universität kommen dabei zusammen. Wer sich mit dem Kollektiv identifiziert, ist wohl eher geneigt, Opfer zu bringen und um seinetwillen zu arbeiten. Sich am Erfolg anderer zu freuen, ist eine privilegierte, oft vernachlässigte Tugend, die eher zum Vorschein kommt, wenn man ein positives Bewusstsein seiner kollektiven Identität hat. Übt man sich in dieser Tugend, wird die Identifikation mit der Gemeinschaft nur inniger. Jede Identität hat eine kollektive Komponente, und sich mit seiner Universität zu identifizieren, bereichert das eigene Selbstverständnis.

Wo es um Effizienz geht, bin ich kein Freund von Sitzungen, an denen viele Leute teilnehmen. Ein kluger Administrator hat mir einmal gesagt, das Schrecklichste auf der Welt sei ein Treffen mit zwei Prorektoren. Der Scherz spielte auf das Unbehagen an, das Professoren generell gegenüber der Verwaltung empfinden (ein Prorektor ist schon schlimm, und zwei erst recht), aber sein eigentlicher Punkt war, dass Zeit etwas sehr Wertvolles ist. Sitzungen brauchen eine Tagesordnung und müssen auf praktische Tätigkeit hin orientiert sein. Sie können aber auch notwendig sein, um gemeinsame Zielvorstellungen zu formulieren, zu erfahren, was im Argen liegt, sich gegenseitig praktische Tipps zu geben, über gemeinsame Probleme nachzudenken, Ideen zu sammeln und sicherzustellen, dass alle auf demselben Stand sind. Versammlungen für das Personal – um es auf dem Laufenden zu halten, ihm Anleitung zu geben und es über berufliche Weiterbildungen zu informieren – sind gut für das Arbeitsklima.

Es war ein exzellenter Schritt der Universitätsleitung von Notre Dame, Mitarbeiterversammlungen einzuberufen, auf denen die Ziele der Universität vorgestellt und die Ergebnisse vertraulicher Umfragen über die Stimmung im Personal mitgeteilt und diskutiert werden. Aus den Umfragen ging hervor, was das Personal wunderbar fand und wo es Schwachstellen sah, was es an seiner Arbeit schätzte und was überhaupt nicht, wie es Notre Dame vielleicht mehr von Nutzen sein und wie die Verwaltung mit dem Personal wirkungsvoller kommunizieren könnte. Diese Umfragen, die in regelmäßigen Abständen durchgeführt werden, sind eine wunderbare Hilfe, um optimierende Veränderungen in Gang zu setzen, auch solche, an die vielleicht noch niemand gedacht hat. Am häufigsten klagte das Personal über andere Angestellte, die ihren Teil an der Arbeit nicht richtig erledigten, und drang auf kritischere, folgenreichere Beurteilungen des Personals, damit solche Missstände abgeschafft würden.

Es ist wichtig, ein Klima zu schaffen, in dem das Personal den Eindruck hat, auch es sei, ebenso wie die Professoren und Studenten, Teil des großen Auftrags der Universität. Dazu bedarf es regelmäßiger Mitarbeitergespräche, einer guten Personalbetreuung sowie Workshops. Fernerhin bedeutet das, eine Brücke zwischen Personal und Lehrkörper zu schlagen, damit auch das Personal von den intellektuellen und anderen Ressourcen der Universität profitiert und sich anregen lässt. Eine Neuerung in Notre Dame, die auf ein sehr gutes Echo gestoßen ist, war die Einführung einer Zeitung für Lehrkörper und Personal, die *ND Works*, die im Semester wöchentlich erscheint. Sie berichtet über neue Mitarbeiter und Forschungsarbeiten, die auch für ein größeres Publikum von Interesse sind, zeigt besondere Initiativen, Ereignisse und Chancen an und macht bekannt, was auf dem Campus geschieht, z. B. welche Bauprojekte anstehen und welchen institutionellen Zielen sie dienen. Mittlerweile wird sie durch eine wöchentliche Rundmail ergänzt, die Aktualisierungen, Veranstaltungen, berufliche Chancen und sogar Rabattmarken für örtliche Geschäfte enthält, außerdem durch eine eigene Internetseite, die Relevantes über Ereignisse rund um den Campus, Neuigkeiten, Vermischtes, Belobigungen von Mitarbeitern sowie einen Link zum Online-Kalender der Universität bietet. Durch all das drückt die Universität ihren Wunsch aus, die kollektive Identität zu stärken, die Individuen auszuzeichnen, die Besonderes für die Universität leisten, und die Vorteile, Chancen und Aktivitäten herauszustellen, die das Universitätsleben bereichern.

Personalbeurteilungen sind geeignet, einen Gemeinschaftssinn entstehen zu lassen, insofern sie aussprechen, welche Rolle jemand für das Gelingen des Ganzen hat, gute Leistungen loben, Weiterbildungen vorschlagen und dazu anregen, sich neue Ziele zu setzen. Vor allem aber bilden sie den Rahmen, um über die Ambitionen der Universität oder eines Departments zu sprechen, darüber, wie wir glauben, sie verwirklichen zu können, was wir diesbezüglich vom Personal erwarten und wie die eine oder der andere diesen Erwartungen entgegenkommt. Gäste aus Deutschland bemerken ausnahmslos, wie freundlich Universitätsangestellte in den USA doch seien. Das Personal fühlt sich dem Ganzen verpflichtet, und hilft bereitwillig den Studenten und Professoren. Es betrachtet seine Arbeit als Privileg und als eine Verantwortung. Am Ende eines akademischen Jahres empfängt der Präsident von Notre Dame sämtliche Hochschullehrer zu einem Essen, aber er richtet auch eines für das nichtwissenschaftliche Personal aus.

Probleme und Herausforderungen der Gemeinschaft

Gemeinschaft bringt verschiedene Gefahren mit sich. Erstens könnte sie gegebenenfalls die von jedem gebildeten Menschen gewünschte Autonomie begrenzen. In vielen Disziplinen verlangt Forschung nach hingebungsvoller Konzentration, was nicht immer mit einem starken Gemeinschaftssinn vereinbar ist. Die Zeit, die von den Professoren aufgebracht werden muss, um die Gemeinschaft zu stützen, steht in einer gewissen Spannung zu der von Forschern mit Recht geschätzten Freiheit und Unabhängigkeit. Auch die für ihre Entwicklung wesentliche Eigenständigkeit der Studenten kann durch zu viel Gemeinschaftssinn Schaden nehmen. Hier bedarf es eines Gleichgewichts, so dass weder die Unabhängigkeit noch die Gemeinschaft zulasten des jeweils anderen gehen.

Mit diesem Problem ist ein weiteres verbunden. Es zeichnet Professoren aus, dass sie sich in einer wesentlichen Hinsicht als weltoffen verstehen (Engels 304). Reputation gewinnt eine Forschung durch die Anerkennung von Fachkollegen, und diese sind nun einmal über die Welt verstreut und nicht auf dem lokalen Campus versammelt. Wenn der Forschung der höchste Wert zugesprochen wird, lockern sich die Bande zur lokalen Gemeinschaft und gehen auf den internationalen Rahmen der Disziplin über. Jeder Gemeinschaftssinn, jede Identifikation mit der Kultur des heimischen Campus muss dieses Bedürfnis nach einem weiteren Horizont respektieren und nach einem geeigneten Gleichgewicht suchen.

Die dritte Gefahr einer Überbewertung der Gemeinschaft zeigt sich, wenn die Hochschullehrer sich mit den Assistenzprofessoren solidarisieren und meinen, sie müssten die lokale Gemeinschaft vor der Vorstellung schützen, einige ihrer Mitglieder seien nicht leistungsstark genug, um eine Festanstellung zu verdienen. Gemeinschaft kann sich hier zum Nachteil höherer Standards auswirken. Einen starken Gemeinschaftssinn und eine kollektive Identität zu pflegen, ist keine leichte Sache, was beides nur noch wertvoller macht, aber dennoch darf man nicht zulassen, dass ein hart errungener Gemeinschaftssinn Autonomie, Weltoffenheit und hohe Maßstäbe beeinträchtigt.

Viertens könnten einige Aktivitäten auf dem Campus, etwa der Sport und andere nichtakademische Ereignisse, die sowohl die Gemeinschaft als auch die emotionale Bindung an die Universität fördern, vom primären Zweck einer Collegeerziehung ablenken: der Bildung des Intellekts. Auf einem amerikanischen Campus können sich Gespräche sogar zwischen Professoren in einer Intensität um das Thema Football drehen, die an einer deutschen Universität befremdlich wäre. Die witzige Bemerkung, die man gelegentlich auf einem Collegecampus vernimmt, »Lass dein Studium nicht deiner Erziehung im Wege stehen«, lässt sich idealistisch deuten, nämlich in dem Sinne, dass es für Studenten auch außerhalb des Seminars viel zu lernen gibt. Aber normalerweise wird sie eher zynisch aufgefasst, und dann besagt sie, dass die Zulassung zum Studienprogramm des Colleges eigentlich das Eintrittsticket zu einem aufregenden Sozialleben ist.

Fünftens ist es für große Universitäten eine sehr schwere Aufgabe, eine Gemeinschaft aufzubauen. Am ehesten gelingt das noch durch eine Verbindung von Ritualen für die ganze Universität und die Schaffung kleinerer Gemeinschaften innerhalb der Universität.

Auch wenn die *liberal arts colleges* hier bessere Voraussetzungen haben, gilt auch für die großen staatlichen Universitäten, dass knapp zwei Drittel der Absolventen noch 30 Jahre später gern an die Gemeinschaft unter den Studenten zurückdenken (Hardwick Day 26). Die Größe einiger Departments stellt diese vor eine vergleichbare Herausforderung. Ist ein Department so groß, dass die Verantwortung für das Bilden einer Gemeinschaft auf eine große Zahl von Hochschullehrern verteilt ist, kann es gut sein, dass sich keine lebendige Gemeinschaft herausbildet. In diesem wie auch in anderen Punkten hängt viel davon ab, dass die mit Leitungsfunktionen betrauten Personen Aktivitäten ermöglichen, die eine Gemeinschaft für die Studenten fördern, und nicht alle Administratoren sind gute Leitungskräfte oder kümmern sich hinreichend um das Wohl der Studenten. In Deutschland hingegen gelingt es den besten Professoren, die nicht von anderen abhängig sind, dafür aber Assistenten und eine beträchtliche Zahl von eigenen Studenten um sich scharen, kleine Gemeinschaften zu bilden. Diese können sich häufig mit denen messen, die in den USA auf lokaler Ebene möglich sind, falls die Verantwortung weit gestreut ist. Ja, mitunter sind sie sogar trefflicher.

III. Herausforderungen und Chancen des Wandels in Deutschland

Veränderungen können unterschiedlich tief greifen. Eine kosmetische Veränderung betrifft nur die Oberfläche; da wird ein Posten oder ein Vorgang umbenannt, ohne dass dabei die zugrundeliegenden Strukturen, Ineffizienz und äußere Zwänge eingeschlossen, angegangen werden. Normalerweise besteht solche Tätigkeit aus sinnloser Beschäftigung, und die bewirkten Reformen sind minimal oder in keiner Weise substanziell. Kosmetische Reformen sind in der Regel Ausflüchte, die den eigentlichen Problemen aus dem Weg gehen und damit den üblichen Trott zementieren.[9]

Eine schrittweise Reform beinhaltet kleine Veränderungen über eine längere Zeit. Auf diese Weise wird die Universität zwar nach und nach besser, aber da andere Universitäten und Hochschulsysteme sich in diesem Zeitraum ebenfalls weiterentwickeln – häufig sogar ehrgeiziger und schneller –, hat die Wettbewerbsfähigkeit der Universität nicht wirklich zugenommen, bestenfalls hat man seine Position verteidigt, mit größerer Wahrscheinlichkeit aber ist man zurückgefallen.

Eine durchgreifende, transformative Reform – eine, welche die Probleme direkt anpackt, erhebliche Veränderungen auf den Weg bringt und einen wirklichen Fortschritt anstrebt – ist die radikalste Art der Reform, und keine Universität, kein Hochschulsystem, das

---

[9] In einer kleinen Zahl von Fällen führen kosmetische Veränderungen dazu, dass man stärker wahrgenommen wird, was dann wiederum bessere Studenten und Professoren an eine Universität lockt. Als die Universität Karlsruhe sich in Karlsruher Institut für Technologie umbenannte, setzte sie auf die Assoziation mit dem MIT (Massachusetts Institute of Technology) und dem Cal Tech (California Institute of Technology). Hinter der Namensänderung verbarg sich eine gewisse Logik und ein kluges Marketing. Dass kosmetische Veränderungen tatsächlich etwas bewirken, ist allerdings sehr selten. In diesem Fall war es möglich, weil die Institution selbst gut genug ist, um diesen Vergleich ziehen zu dürfen.

sich an die Spitze setzen und international konkurrenzfähig sein will, wird auf sie verzichten können.

Eine durchgreifende Reform ist unbedingt zu wünschen, aber auch am schwersten umzusetzen. Um erfolgreich zu sein, muss sie mindestens vier Bedingungen erfüllen. Erstens sollte eine klare, überzeugende Vision bzw. Zielvorstellung als ständiger Richtungsweiser inmitten schneller Veränderungen dienen. Ohne eine klare Zielvorstellung fühlt man sich von Veränderungen typischerweise bedroht. Tatsächlich können schnelle Reformen ohne eine leitende Zielvorstellung übler sein als überhaupt keine Reformen. Jede Reform, jede Innovation kostet Zeit, und ohne eine überzeugende Begründung ist Widerstand vorprogrammiert, denn Hochschullehrer haben den berechtigten Wunsch, sich vor allem auf ihre Forschung und Lehre zu konzentrieren, und wollen nicht Zeit und Energie auf unwichtige Struktur- und Verwaltungsmaßnahmen verschwenden. Zweitens braucht man Mut, um grundlegende Reformen anzustoßen und umzusetzen, denn da heißt es, gerade die großen, umstrittenen Fragen anzugehen, an welche die meisten am liebsten nicht rühren würden. Drittens sollte man sich der Unterstützung durch die Professorenschaft, den Kern der Universität, versichern. Eine tiefgreifende Reform kann die Universität wettbewerbsfähiger machen, aber man muss realistisch sein: Für eine langfristige Veränderung braucht man Unterstützung. Jede Reform zieht potenziell unbeabsichtigte Folgen nach sich, die ohne Unterstützung nicht zu bewältigen sind. Viertens muss man sicherstellen, dass die einzelnen Reformschritte ineinandergreifen und gemeinsam die größere Vision oder Zielvorstellung voranbringen.

Wer etwas verändern will, muss sich zunächst zwei Fragen vorlegen: Was ist erstens die höchste Priorität? Was lässt sich zweitens am ehesten realisieren? Sichtet man diese beiden Felder gleichermaßen, dann lassen sich die wichtigsten, realisierbaren Reformen in Angriff nehmen. Im Wesentlichen beinhaltet das, die Zielvorstellung und die Prioritäten mit einer Kenntnis der Gegebenheiten zu verbinden, d. h. die Normativität darf die Faktizität nicht ignorieren. Sollte etwas jedoch sehr dringlich sein, dann muss man den Mut haben, auch ohne Unterstützung gegen Widerstände anzugehen. In solchen Fällen sollte man sehr genau auf die Einwände hören und versuchen, ihnen Rechnung zu tragen. Solange man gut zuhört und die

Maßnahmen entweder im Lichte zutreffender Einwände abändert oder die Gründe für die letztendliche Entscheidung deutlich macht, ist es möglich, die anfänglichen Gegner ins eigene Lager zu ziehen. Man sollte in dem Bewusstsein handeln, dass eine Zielvorstellung einerseits kraftvoll formuliert werden muss und dass sie anderseits unter Mitwirkung der Hochschullehrer, mithilfe ihrer Ideen und Vorschläge entwickelt werden sollte: Jede universitäre Zielvorstellung ist auf aktive Mitarbeit angewiesen.

Neben einer umsichtigen und zielführenden Leitidee bedarf es freilich auch einer Einigung darüber, was jetzt genau zu beheben ist. Ein Problem bei der Reform des deutschen Hochschulwesens heute ist sicherlich, dass die Reformen von außerhalb der Universität initiiert und gelenkt worden sind. Wenn sie auf wenig Zustimmung stoßen, dann auch deshalb, weil man sich in der Diagnose nicht einig ist. Liegt das Problem in der Mittelknappheit, wie die meisten Professoren meinen, oder in den starren Strukturen der Universität, die zu Stagnation, Ineffizienz und Wettbewerbsblockaden führen, wie die meisten Reformer behaupten? Aus meiner Sicht schließt das eine das andere nicht aus. Wohl aber sind Mittelknappheit wie auch ein verkrustetes System entscheidende Faktoren. Eine erfolgreiche Reform wird beides angehen müssen.

In jeder denkbaren Wettbewerbssituation ist es für die Universität zwingend, mit einer eigenen Zielvorstellung aufzuwarten, und ihre Verwaltung muss sich auf Strukturen stützen können, die Flexibilität und Innovation ermöglichen. In Deutschland steht eine gute Ausbildung für die Studenten ebenso auf dem Spiel wie das Erbe einer großen Universitätstradition und die zukünftige Wettbewerbsfähigkeit des Landes. Übergangsphasen sind von ungeheurer Wichtigkeit, denn nicht genutzte Chancen ergeben sich vielleicht nie wieder (Veränderungen sind nicht jederzeit möglich), und die Qualität einer Universität kann nach falschen Entscheidungen mehrere Generationen lang leiden. Bei alldem müssen freilich kulturelle Unterschiede berücksichtigt werden. Vor allem aber ist, wenn Reformen in Gang gesetzt und von Modellen aus anderen Ländern angeregt werden, die Frage zu stellen, welche Modelle sich erfolgreich in die deutsche Landschaft verpflanzen lassen und welche nicht. Denn Politik – und die Hochschulpolitik bildet da keine Ausnahme – ist die Kunst des Möglichen.

1. Zielvorstellung und Flexibilität

Eine Universität, die exzellent sein möchte, braucht vor allem eins: eine Zielvorstellung. Was ist der oberste Zweck eines Studiums? Welche höchsten Ziele sollte eine Universität sich setzen? Welche Grundsätze sollten eine Universität bzw. diese bestimmte Universität leiten? Erstaunlicherweise steht der Begriff *Zielvorstellung* in den gegenwärtigen Debatten in Deutschland keineswegs im Mittelpunkt. Dabei muss eine Universität unbedingt artikulieren, welch ehrenvollen Auftrag sie wahrnimmt und was für sie von Vorrang ist.

Selbst die Bologna-Reformen waren kaum von einer höheren Idee oder einer Zielvorstellung begleitet. Es hatte den Anschein, als bestünde das Ziel allein darin, äußeren Standards zu genügen, bei denen es um Mobilität und Anerkennung von Studienabschlüssen ging; um eine höhere Abschlussquote von Studenten, indem niedrigere Abschlüsse angeboten werden; und um die Steigerung der Effizienz und die Verringerung der Überfüllung, indem man die Studenten schneller durch das System schleust. Auch wenn das Meiste davon durchaus sinnvoll ist, kam unter all diesen praktischen Erwägungen nie der Appell an die Idee der Universität oder an die Ideale einer geistigen Gemeinschaft oder des universitären Studiums zur Geltung, wie sie bedeutsame Reformen früherer Epochen beflügelt hatten. Die Preisgabe des deutschen Ideals von Erkenntnis als Selbstzweck könnte für diese und ähnliche Reformen das größte unausgesprochene Problem sein. Trotz ihrer Vorzüge – die Einführung von Anreizen, die Erhöhung des Wettbewerbs, die bessere finanzielle Ausstattung – verfolgte die Exzellenzinitiative kaum eine andere Idee als die, deutsche Universitäten im Ranking nach vorne zu bringen. Eine wirklich anregende, kraftvoll motivierende Vision sieht anders aus.

In der Literatur über die wesentlichen Qualitäten von Führungskräften nimmt die Fähigkeit, Leitideen und Zielvorstellungen zu entwickeln, den ersten Rang ein (z. B. Bolman und Deal 340; Bennis 188, Fisher und Koch 45). In Büchern über Hochschulbildung findet sich keineswegs selten und nicht zu Unrecht ein Satz wie dieser: »Das Markenzeichen eines jeden Deans ist die Zielvorstellung *(vision)*, die er oder sie für das College hat, und der Plan für ihre Umsetzung« (Bright und Richards 20). Bei der höchst wichtigen

Aufgabe, Prioritäten zu setzen und Mittel zu verteilen, kommt man nicht ohne eine Zielvorstellung aus. Eine unverwechselbare Zielvorstellung veranlasst Studenten dazu, sich an dieser und keiner anderen Universität einzuschreiben, sie hilft Professoren und Angestellten, sich heimisch zu fühlen, und sie schafft eine attraktive Nische für Sponsoren. Eine überzeugende Leitidee besitzt jene Art von intrinsischem Wert, die gern von allen Beteiligten unterstützt wird. Außerdem setzt man sich auf die Art und Weise von anderen Institutionen ab, sichert sich also einen Wettbewerbsvorteil. Erst wenn eine Idee und die entsprechenden Ziele formuliert worden sind, ergeben sich Fragen des Haushalts, der Motivationsstrategie und der Organisationsgrundsätze.

Eine Vision lässt sich offensichtlich nicht finden, ohne auf ein normatives Element zurückzugreifen. Was hat einen derart intrinsischen Wert oder einen so hohen Wert für die Gesellschaft, dass es für uns verpflichtend wird? Eine Vision sollte erhebend und anregend sein; sie sollte die Institution herausfordern, jedoch ohne dass dabei die faktischen Gegebenheiten vergessen werden. Was für eine Universität wollen wir werden, wenn wir von unserem jetzigen Stand ausgehen? Wo liegt realistisch gesehen unser größtes Potenzial? Was täten wir, wenn Geld kein Problem wäre, aber auch welche Schritte könnten wir unternehmen, um unverwechselbar und besser zu werden, wenn keine neuen Gelder in Sicht sind? Um eine Leitidee zu entwickeln, kann man sich auch einer anderen Sichtweise bedienen und das tun, was ich in Kapitel 1 getan habe, nämlich auf die Schwächen des Hochschulwesens schauen und dann sehen, auf welche Weise diese Schwächen angegangen und überwunden werden können, um einen Wettbewerbsvorteil zu gewinnen und sich gegenüber anderen auszuzeichnen. Eine weitere Möglichkeit, eine, die bis zu einem gewissen Grad von der Jacobs University Bremen (der früheren International University Bremen) ergriffen worden ist, besteht darin, die Stärken eines anderen Systems zu betrachten und sich zu fragen, welche dieser Stärken sich hier und jetzt so verwirklichen lassen, dass ein eigenes Profil entsteht.

Die Jacobs University, die 1999 gegründet und anerkannt wurde und 2001 ihren Studienbetrieb aufnahm, stützt ihr besonderes Profil auf drei Elemente. Erstens strebt sie danach, wie eine amerikanische Privatuniversität zu funktionieren. Das Leben auf dem Campus mit seinen Wohnheimen und einer Reihe von Aktivitäten außerhalb des Studiums – es gibt z. B. einen Chor, eine Studentenzeitung und Sportmannschaften – möchte die Gemeinschaft unter den Studenten fördern. Mit weniger als 1.500 Studenten ist sie für eine deutsche Universität mit einem großen Fächerkanon bemerkenswert klein. Ein Beratungs- und Vermittlungsbüro hilft den Studenten bei den ersten Karriereschritten, sei es in Gestalt eines Aufbaustudiums, eines Praktikums oder einer Arbeitsstelle. Ganz nach dem amerikanischen Vorbild gibt es außerdem *assistant professors, associate professors* und *professors*, also Assistenzprofessoren, die nach entsprechenden Leistungen übernommen werden können, und Professoren mit Festanstellung auf verschiedenen Stufen, Dekane mit großen Befugnissen, ein Büro für die Spendeneinwerbung, ein Marketingbüro, das um Studenten wirbt, ein Zulassungsbüro, das die Bewerber aussiebt, und hohe Studiengebühren, verbunden mit Stipendien für Bedürftige und Begabte. Die Universitätsangestellten arbeiten effizienter, als man es sonst aus Deutschland kennt, und den einzelnen Professoren wird weniger Personal zugeordnet. Noch 2012 war das Verhältnis von Professoren zu Studenten 1:11, eine Quote, wie sie ungefähr auch an einer amerikanischen Spitzenuniversität vorliegt. Das Lehrdeputat beträgt drei Kurse im Jahr, ist also niedriger als das eines Professors an den meisten deutschen Universitäten, und die Seminare sind klein. Zweitens beschloss die Universität, sich international auszurichten, Studenten aus allen Kontinenten aufzunehmen und Englisch zur Unterrichtssprache zu machen. 2012 waren Studenten aus 108 Ländern aus aller Welt immatrikuliert, wobei der Anteil deutscher Studenten annähernd 30 % betrug. Vielfalt und Lernen der Studenten voneinander sind Prinzipien eines guten Studiums, von denen die Jacobs University profitiert. Ein durchschnittlicher Absolvent spricht drei Sprachen oder mehr. Drittens entschied die Universität, Interdisziplinarität zu ihrem Markenzeichen zu machen. So werden integrierte Studiengänge in den Sozial-, Kultur- und Umweltwissenschaften angeboten. Bislang hat das Experiment der Jacobs University manche Erfolge erzielt, etwa in Bezug auf die Absolventenquote und die Rankings. Zugleich steht es vor noch zu bewältigenden Herausforderungen, nicht zuletzt hat die Jacobs University mit großen finanziellen Schwierigkeiten zu kämpfen. Ein anderes, weniger schwerwiegendes Problem ist die Frage, welche Institutionen mit der Jacobs University auf einer Stufe stehen, so dass sie Teil eines größeren Kreises wird, in dem sie ihre Erfolge an Gleichrangigen messen kann.

Mit einem ähnlich besonderen Profil wirbt auch die erste private Hochschule für Rechtswissenschaften in Deutschland, die Bucerius Law School in Hamburg. Ihre Seminare sind deutlich kleiner als an den staatlichen Universitäten, sie ist internationaler ausgerichtet, ein Studiensemester im Ausland gehört zum Pflichtprogramm, und sie berät ausgiebig über berufliche Möglichkeiten. Als Folge davon schneidet sie in Rankings gut ab, und die Studenten sind mit ihrem Studium sehr zufrieden, was zum Teil wohl auch an der besseren finanziellen Ausstattung durch die erhobenen Studiengebühren liegt.

Für den Rektor oder den Präsidenten einer deutschen Universität bestehen kaum Anreize, eine Zielvorstellung zu entwickeln, denn erstens wird das Wozu und Wohin einer Universität weitgehend an höherer Stelle, nämlich im Ministerium, entschieden, und zweitens fehlt es an Anreizen, ein besonderes Profil zu entwickeln. Tatsächlich hat die deutsche Bildungspolitik größtenteils nivellierend gewirkt. In den USA wäre es unmöglich, keine Vision bzw. keine Zielvorstellung zu formulieren, denn nur so lassen sich die besten Studenten und Professoren auf den Campus holen und beträchtliche Spenden einwerben. In Deutschland war das aufgrund der Tradition bislang nicht nötig, was sich allerdings im Laufe der Zeit zum Nachteil der Universitäten ausgewirkt hat. Es muss noch sehr viel geschehen, bevor Zielvorstellungen und damit verbunden Wettbewerb und Vielfalt mehr Beachtung finden. Nicht alle Professoren forschen auf demselben hohen Niveau, und nicht alle Studenten sind fähig, schon früh in ihrem Studium Forschung zu betreiben. Um der bestehenden Vielfalt gerecht zu werden, bedarf es unterschiedlicher Universitäten und Studiengänge. Und was noch mehr ins Gewicht fällt: Durch die steigenden Studentenzahlen wird es zu immensen Unterschieden bezogen auf die Qualifikation und Interessen kommen. In Anbetracht der Mittelknappheit und des unterschiedlichen Leistungsniveaus wird man sich nicht um die Erkenntnis drücken können, dass nur ein Segment der deutschen Universitätslandschaft imstande ist, die Einheit von Forschung und Lehre zu verwirklichen, und diese Universitäten verdienen jede erdenkliche Unterstützung.

Wie lässt es sich bewerkstelligen, dass Leitideen und Zielvorstellungen beginnen, eine Rolle zu spielen? Eine naheliegende Möglichkeit wäre es, den Universitätspräsidenten mehr Entscheidungsbefugnisse und Finanzmacht, d. h. auch mehr dezentralisierte Mittel, einzuräumen und sie aufzufordern, für ihre jeweiligen Universitäten eine Zielvorstellung zu formulieren. Ein Präsident, der zum ersten Mal vor solch einer Aufgabe steht, tut vielleicht gut daran, unter seinem Vorsitz einen Ausschuss oder mehrere Ausschüsse aus Professoren, Studenten, Ehemaligen und auswärtigen Experten einzusetzen. Solche Gremien sollten sich fragen, welche Zielvorstellung die Universität unter Berücksichtigung ihrer verschiedenen Facetten entwickeln könnte: hinsichtlich ihrer durch Geschichte und Tradition entstandenen Identität, ihres Forschungsprofils, ihrer Studiengänge, künftiger Herausforderungen, ihrer Fähigkeit, auch im Hinblick auf ihre besonderen Merkmale sich dem nationalen und internationalen Wettbewerb zu stellen. Gestützt auf die Ideen derartiger Gremien muss der Präsident dann zu einer kritischen Synthese gelangen.

Eine andere Möglichkeit wäre es, den Wettbewerb zwischen den Universitäten zu fördern und diejenigen, die mit den besten Ideen aufwarten und zugleich überzeugend dartun können, dass sie auch imstande sind, sie zu realisieren, mit mehr Mitteln auszustatten. Auf diese Weise gäbe es einen Anreiz, durchdachte Leitideen und Innovationspläne vorzulegen. Denkbar wäre, bestimmte Kriterien aufzustellen, beispielsweise, dass die Universitäten sich ehrgeizige und gleichwohl realistische Ziele setzen; dass sie die großen Probleme ihrer Universität angehen, indem sie die Schwächen klar benennen und Abhilfen vorschlagen; und dass die Zielvorstellung sowohl prägnant als auch attraktiv zu sein hat. Im Wesentlichen funktioniert es so in den USA, obwohl die Gelder nicht vom Staat kommen, sondern aus Studiengebühren und Spenden. In gewisser Hinsicht verfolgte die Exzellenzinitiative eine solche Wettbewerbsstrategie, allerdings hat sie nur eine Art von Zielvorstellung unterstützt, die Exzellenz der Forschung. In Deutschland hat man erkannt, dass es kontraproduktiv wäre, wollten alle Universitäten versuchen, gleich gut in der Forschung zu sein, ganz abgesehen davon, dass dies gar nicht realisierbar wäre. Gefordert sind Differenzierungen in der Breite (*Empfehlungen zur Differenzierung* 26–27). Aber Anreize für eine derartige Differenzierung hat Deutschland noch nicht geschaffen.

Sollten die anderen Wege scheitern, bliebe noch eine weitere Strategie: Sind nach einer gewissen Zeitspanne noch immer keine ausgeprägten Zielvorstellungen formuliert worden, muss mit einer drastischen Mittelkürzung gerechnet werden, so dass künftig nur das Allernötigste abgedeckt wäre. Auch negative Sanktionen sind eine Möglichkeit, eine Universität oder ein Universitätssystem zu lenken.

Welche Zielvorstellung könnte eine deutsche Universität entwickeln? Einige Universitäten sollten auf der internationalen Bühne um die besten Professoren und Studenten konkurrieren. Das wären dann die Eliteuniversitäten, allerdings in einem viel umfassenderen Sinn, als man ihn heute in Deutschland verwirklicht sieht. In Deutschland heißt Eliteuniversität, dass der Staat solchen Universitäten auf der Grundlage von Forschungsprojekten, die kollektiv vom Lehrkörper eingereicht worden sind, eine größere finanzielle Unterstützung gewährt. Elite in den USA bedeutet hingegen, bessere Professoren *und* bessere Studenten zu haben. Zudem handelt es sich nicht um eine planwirtschaftliche Intervention; stattdessen wird auf dem Markt nicht nur um die besten Professoren, sondern auch um die besten Studenten konkurriert. In einer globalisierten Wirtschaft sollte jedes Land in Gestalt einiger glänzender Universitäten um die besten Studenten wetteifern, gleichgültig ob es Landeskinder sind oder ob sie aus anderen Ländern stammen. Außerdem ist es im Interesse einer Gesellschaft, einzelne Studenten zu fördern, damit diese ihr Potenzial vollauf verwirklichen können. Gute Studenten lernen besser, wenn sie mit anderen guten Studenten zusammen sind, das steht außer Frage. Ja, »die wichtigste Einflussquelle auf die kognitive und affektive Entwicklung eines Studenten ist seine *peer group*« (Astin, »Involvement in Learning« 126). Überdies werden die Absolventen anspruchsvoller Universitäten und Studiengänge später mit großer Wahrscheinlichkeit einmal Leitungspositionen besetzen und so dank ihrer ausgezeichneten Ausbildung eine weitreichende Wirkung haben.

In den USA stolpert niemand über das Wort *leader*. Zur Idee eines Colleges gehört es, nicht nur den Geist eines Studenten, sondern die ganze Persönlichkeit zu bilden, unter anderem auch seine oder ihre Fähigkeit, eine Führungsrolle in der Gesellschaft einzunehmen. Auch aus diesem Grunde müssen Studenten mehr als ein Fach belegen. Warum das Wort *leader* sich nicht so einfach ins Deutsche übersetzen lässt, liegt auf der Hand. Dennoch lässt sich der Begriff nicht einfach vernachlässigen, auch wenn andere Ausdrücke wie Verantwortungsträger oder Leistungsträger vorzuziehen sind. Die Studienstiftung des deutschen Volkes fördert schon seit langem Studenten, die sich durch herausragende akademische Leistungen auszeichnen und sowohl Initiative als auch Verantwortung an den Tag legen. Deutschland anerkennt also durchaus die Idee, dass es wertvoll ist, solche Studenten zu unterstützen. Wir haben in der Tat die Pflicht, großartige Universitäten zu fördern, die künftige Führungspersönlichkeiten ausbilden, welche für die Welt insgesamt von Bedeutung sein können. Unsere Welt ist komplexer denn je, und wir sind auf die besten Köpfe angewiesen, die über das nötige Fachwissen, den Blick fürs Ganze und das moralische Empfinden verfügen, ohne die eine Gesellschaft ihre dringenden Probleme nicht wird bewältigen können: sei es die ökologische Krise oder die Situation der Entwicklungsländer, seien es die Herausforderungen der modernen Medizin, des internationalen Rechts oder widerstreitender Gesellschaftsnormen. Der Staat steht in der Pflicht, für die bestmögliche Ausbildung der begabtesten und fleißigsten Studenten zu sorgen, eben damit sie später verantwortliche Positionen in der Gesellschaft einnehmen können. Für uns als Pädagogen gehört es zu unseren vornehmsten Pflichten, diese Studenten zu identifizieren und ihnen zu helfen, ihre Fähigkeiten voll und ganz zu entfalten. Institutionell gesehen kommen wir dieser Pflicht am besten dadurch nach, dass wir sie in erstklassigen Colleges und Universitäten zusammenbringen.

Ein Hochschulwesen sollte indes nicht nur den herausragenden Studenten, sondern auch den am wenigsten Qualifizierten sinnvolle Bildungschancen bieten. Gäbe es nur Eliteuniversitäten und keine anderen Optionen, würden die Deutschen das amerikanische System zu Recht als unethisch betrachten. Problematisch ist es in meinen Augen nur, dass an ein und derselben Universität hochqualifizierte Studenten mit solchen zusammengewürfelt werden, die gerade mal so für ein Studium geeignet sind. Denn für die schwächeren Studenten gibt es oft keine Förderprogramme, so dass sie unter Umständen von Forschern unterrichtet werden, die keine Geduld mit ihren Lernschwierigkeiten und ihrem Desinteresse haben, und sollten einige Hochschullehrer versuchen, alle ihre Studenten zu erreichen, werden sie vermutlich die ehrgeizigeren langweilen und unterfordern. Eine Stärke des amerikanischen Hochschulwesens liegt darin, dass es allen, die sich weiterbilden wollen, vielfältige Möglichkeiten anbietet. Wenn man jedoch von jeder Institution erwartet, dass sie alle Studenten unabhängig von ihren Fähigkeiten und Ausgangsbedingungen aufnimmt und gleichermaßen gut unterrichtet, so ist das unrealistisch.

In einigen wenigen Fällen wird man Volluniversitäten finden. Doch selbst an diesen werden nicht alle Orchideenfächer vertreten sein, und die verschiedenen Institute werden sich durch besondere Stärken auszeichnen, die sich im Idealfall bis zu einem gewissen Grad überschneiden. Andere Universitäten konzentrieren sich womöglich auf eine Nische, in der sie herausragen, und suchen denn auch in diesen Fächern die besten Professoren und Studenten zu gewinnen. Für wieder andere wäre es eine Möglichkeit, Studenten ausschließlich zu einem Bachelorabschluss zu führen und darin einem guten amerikanischen *liberal arts college* mit seinen kleinen Seminaren und einer hohen Absolventenquote nachzueifern. Nur darf man eine solche Universität nicht mit einer Pädagogischen Hochschule verwechseln. Sie sollte sich schon eines hohen Ansehens erfreuen und für die besten deutschen und internationalen Studenten attraktiv sein, aber eben nur einen Bachelor verleihen. Noch eine andere Universität macht es vielleicht zu ihrem besonderen Auftrag, einen hohen Prozentsatz von Studenten anzuziehen, die als Erste in ihrer Familie eine Hochschule besuchen. Wenn es dem Staat damit ernst ist, soziale Gerechtigkeit und Mobilität zu fördern, und er zudem eine kluge Mittelzuteilung praktiziert, dann täte er gut daran, finanzielle Anreize zu schaffen, damit Universitäten einen hohen Prozentsatz von Studenten aus bildungsfernen Schichten immatrikulieren und zu einem Abschluss führen. Andere Universitäten könnten mit ihrer Größe oder ihrem Standort oder ihrer Betonung bestimmter Fragen und Werte punkten. Wieder andere setzen womöglich auf ein regionales Einzugsgebiet. Zweifellos aber sollten sowohl die Länder als auch der Bund nicht in ihren Bemühungen nachlassen, durch Wettbewerb und Anreize Spitzenuniversitäten zu bekommen. Universitäten, die es nicht geschafft haben, in den Rang einer Eliteuniversität aufzusteigen, könnten sich fragen, auf welchen Gebieten und auf welche Weise sie dennoch fähig sind, sich auszuzeichnen. Deutsche Universitäten haben sich zum großen Teil davor gescheut, sich ein klar definiertes, scharf umrissenes Profil mit einem ganz bestimmten Auftrag zu geben. Wenn eine Universität sich zu einem Typus entwickeln möchte, schließt sie damit natürlich anderes aus, und daher muss man schwierige Entscheidungen fällen. Ein Mangel an Mut führt jedoch nur zu verwaschenen oder gar widersprüchlichen Profilen, die einer harten Wahl aus dem Weg gehen, nichts ausschließen wollen und dann am Ende versuchen, in der Forschung zu brillieren und für alle Studenten zugänglich zu sein. Nur wird man beides schwerlich haben können. So bleibt, trotz Wettbewerb, Anreizen und Auffächerung, wie die Exzellenzinitiative sie fördert, noch viel auf dem Feld der Differenzierung zu tun – vor allem was das Niveau der Studenten betrifft.

Differenzierung muss nicht immer vertikal verlaufen. Jo Ritzen bemerkt, dass »in Europa die Neigung herrscht, Differenzierung vertikal zu betrachten, wobei jene ›am unteren Ende‹ mit Herablassung und jene am oberen Ende mit Neid bedacht worden sind« (178). Was ist attraktiver: ein kleines *liberal arts college*, eine renommierte private Forschungsuniversität oder eine große staatliche Universität? Einige Studenten ziehen das eine dem anderen vor, und alle haben sie dafür ihre Gründe. Einige wollen sich nur an öffentlichen Universitäten bewerben. Und dasselbe gilt für die Professoren. Die schwierigste Entscheidung meines Lebens, hatte sie doch etwas mit Identität und Berufung zu tun, war die, ob ich meine erste Stelle an einem *liberal arts college*, einer privaten Forschungsuniversität oder einer großen staatlichen Universität antreten sollte. Sie alle waren auf ihre Weise attraktiv. Vor diesem Hintergrund der nichtvertikalen Differenzierung ist es kein Zufall, dass hochangesehene Universitätspräsidenten an verschiedene Institutionstypen innerhalb des amerikanischen Hochschulsystems gewechselt sind. Im selben Jahr, nämlich 2008, in dem der Präsident eines *liberal arts college* (Williams) als Präsident an eine große Privatuniversität (Northwestern) wechselte, wurde die Präsidentin einer großen staatlichen Universität (Wisconsin) als Präsidentin an ein kleines *liberal arts college* (Amherst) berufen. Sogar so völlig verschiedene

Institutionen wie private Forschungsuniversitäten und staatliche *community colleges* respektieren sich wechselseitig, die Angehörigen beider Institutionen anerkennen, dass die jeweils andere für die Gesellschaft eine wichtige Funktion erfüllt, die nun einmal nicht zum eigenen Repertoire gehört.

Andere Formen horizontaler Differenzierung könnten sich auf verschiedene Schwerpunkte innerhalb von Bachelor- und Masterstudiengängen erstrecken, wobei einige Universitäten eher innovative und interdisziplinäre Studienprogramme anbieten würden, während andere sich mehr am traditionellen Fächerkanon orientierten. Einige sehen sich vielleicht eher anwendungsbezogen, während anderen die theoretische Forschung näherstacht. Eine solche Differenzierung braucht nicht hierarchisch zu sein.

Möglicherweise käme es einer stärkeren Ausdifferenzierung der deutschen Universitäten zugute, wenn die Regierung Anreize schaffen würde, die auch zur Gründung blühender Privatuniversitäten ermutigten. Ein *liberal arts college* würde in vielerlei Hinsicht im Gegensatz zu dem gegenwärtigen deutschen Modell stehen, aber seine geringe Größe – mit normalerweise weniger als 2.000 Studenten – würde es den Deutschen leichter machen, eine Privatuniversität zu gründen, und deren Ausrichtung erlaubte eine Rückkehr zur Humboldt'schen Idee der Persönlichkeitserziehung. In den letzten Jahrzehnten ist die Zahl privater Universitäten in Deutschland gestiegen, mittlerweile sind es rund 100, und so hat sich der Trend zu mehr Privatschulen auch im Hochschulsektor fortgesetzt (Hepp 42). Leider bieten die meisten dieser Hochschulen nur ein Fach, in der Regel Betriebswirtschaftslehre, an. Solange der Staat hier nicht mehr Anreize liefert, wie Bremen es für die Jacobs University getan hat, werden die meisten Privatuniversitäten nur sehr spezielle Bedürfnisse abdecken. Zumindest wünschte man sich weitere Deregulierungen, wozu auch gehörte, den Universitäten mehr Spielräume einzuräumen, etwa indem einige zu eigenständigen Institutionen werden, die zwar weiterhin staatlich sind, aber von unabhängigen Aufsichtsräten geleitet werden und dann auch in erster Linie diesen statt dem Staat gegenüber verantwortlich sind.

Es wäre sinnvoll, die Zahl der Studenten an den meisten Universitäten zu senken oder zu beschränken, vielleicht auch dadurch, dass der Ausbau von Fachhochschulen weitergetrieben wird. Diese sind ja schließlich billiger und effizienter (insofern als die Professoren fast das Doppelte an Semesterwochenstunden lehren). So ließen sich die Universitäten entlasten (Mittelstraß 17). Während die Fachhochschulen etwa 31 % der deutschen Studenten ausbilden – an den Universitäten sind es 65 % –, könnten sie die Mehrheit der Studenten immatrikulieren, um so den Universitäten die Möglichkeit zu geben, in der Zulassung restriktiver zu sein (*Statistisches Jahrbuch 2012*, 90). Die Universitäten sind gegenüber den Fachhochschulen absurd benachteiligt. Diese können ohne größeren Verwaltungsaufwand Zulassungsbeschränkungen erlassen, während die Universitäten solche nur für bestimmte Fächer haben. Dieses Problem verbirgt eine enorme Chance. Wie aus dem Urteil des Bundesverfassungsgerichts vom 28. Juli 1972 klar hervorgeht, schützt das Grundgesetz die Berufsfreiheit: »Aus dem in Art. 12 Abs. 1 Satz 1 GG gewährleisteten Recht auf freie Wahl des Berufes und der Ausbildungsstätte in Verbindung mit dem allgemeinen Gleichheitssatz und dem Sozialstaatsprinzip folgt ein Recht auf Zulassung zum Hochschulstudium« (BVerfGE 33, 303). Aber im Urteil heißt es weiter: »Dieses Recht ist durch Gesetz oder auf Grund eines Gesetzes einschränkbar« (BVerfGE 33, 303). Diese Einschränkungen sind rechtlich erlaubt, solange es vernünftige Kapazitätsgrenzen gibt, objektive und gerechte Kriterien angewandt werden und den künftigen Studenten andere Wege offenstehen. Dass der Status quo die einzige vernünftige Option ist, wird nirgendwo stipuliert. Tatsächlich wimmelt es in der jetzigen Situation von Ironie: Die Universität, die an der Spitze des Systems stehen sollte, weist eine schlechtere Professoren-Studenten-Quote auf als die Fachhochschulen, und ein Student, der von der weniger angesehenen Fachhochschule abgelehnt wird, kann die angesehenere Universität besuchen.

Man könnte sich gut das Umgekehrte vorstellen: Die Universitäten dürften an die Studenten höhere Anforderungen stellen, und ein Student, der keine Zulassung zur Universität erhalten hat, würde immer noch von einer Fachhochschule genommen werden, deren Kapazitäten dann natürlich auszubauen wären; alternativ ließen sich neue Institutionen schaffen, beispielsweise ein Pendant zu den *community colleges*, die den am wenigsten qualifizierten Studenten offenstünden. Qualität und Effizienz werden leiden, solange keine Auslese der Studenten stattfindet. In diesem Sinn war es ein Schritt in die richtige Richtung, dass 2013 die Zulassungsbedingungen an vielen Universitäten verschärft worden sind. Das Recht auf ein Studium beinhaltet nicht das Recht, jedes Fach an jeder Universität zu studieren; Deutschland ist dieser Rechtsauffassung schon längst gefolgt. Warum aber nicht schon früher mehr dafür getan worden ist, den unhaltbaren Status quo zu überwinden, ist eine höchst interessante Frage. Vielleicht haben einige Hochschulverwaltungen Quantität über Qualität gestellt und gemeint, Hauptsache viele Studenten, auch wenn sie weniger qualifiziert sind. Vielleicht haben einige befürchtet, die ohnehin knappen Mittel würden dann verstärkt den Fachhochschulen zufließen. Aber wären die Universitäten damit nicht entlastet? Eines jedenfalls ist sicher: Das Ziel und die Praxis, immer mehr Studenten an die Universitäten zu locken, ohne Hochschulen zu schaffen, die sich nach Art und Niveau unterscheiden, kann nur zu einer Absenkung der durchschnittlichen Qualität der Studenten an allen Universitäten führen.

Zudem ist die wachsende Tendenz zu beobachten, den Unterschied zwischen Fachhochschule und Universität und damit den Unterschied zwischen dem Forschungscharakter der Universität und dem pädagogischen Charakter der Fachhochschule zu verwischen (Burtscheidt 312–18). Das Umgekehrte, die Betonung ihres unterschiedlichen Auftrags, wäre meines Erachtens weit sinnvoller. Sollte es auch eine Frage der Benennung sein, ließe sich das mit einer harmlosen kosmetischen Änderung beheben: Warum nicht beide Institutionen Universität nennen, mit dem Zusatz Forschungsuniversität für die eine und entweder Lehruniversität oder Universität für Technik und angewandte Wissenschaften für die andere? Diese kosmetische Reform würde nicht zuletzt auch deshalb sinnvoll sein, weil die übliche Übersetzung für »Fachhochschule« *University of Applied Sciences* lautet. Möglich wäre zudem, Universitäten, die sich verstärkt um die besten Bachelorstudenten kümmern, auch entsprechend zu bezeichnen, etwa als Forschungskolleg oder als Liberal-Arts-Universität. Da Fachhochschulen nur selten die Geisteswissenschaften vertreten, aber nicht alle Studenten, die diese Richtung einschlagen, auch das Zeug dazu haben, ein Forschungsstudium an der Universität zu absolvieren, ließen sich diese Fächer vermehrt an den Fachhochschulen einführen, oder aber man gründet Lehrcolleges, um Bachelorstudenten mit Interessen für Fächer, die an den Fachhochschulen nicht gelehrt werden, eine Alternative zu den Forschungsuniversitäten zu bieten, an denen sie aufgrund ihrer Zeugnisse nicht angenommen werden. Unabhängig von der Benennungsfrage scheint es ausgerechnet in Deutschland, dem Land, in dem die enge Verbindung von Forschung und Lehre ihren Ursprung hatte, zur Tendenz zu werden, die Universität immer näher an einen Modus operandi heranzuführen, der sie zwingt, Studenten zu unterrichten, die sich für Forschung nicht interessieren. Abgesehen vom Aspekt der Wirtschaftlichkeit hätte die von mir vorgeschlagene Aufteilung den großen Vorteil, dass herausragende Studenten endlich an Universitäten gelangten, die ihnen eine weit bessere Ausbildung bieten könnten, als sie sie heute in den überfüllten Hörsälen und Seminaren erhalten, in denen sich alles mischt, gute mit schlechten, interessierte mit uninteressierten Studenten. In den USA wird die Frage der Zulassung dahingehend aufgefasst, dass jeder, der sich dafür qualifiziert hat, ein College besuchen sollte, aber eben nicht jedes College. Dieses Modell, so scheint mir, ist eines, das, würde es denn übernommen, die Situation in Deutschland erheblich verbessern könnte.

Die Universitäten müssen bei der Wahl ihrer Studenten strengere Kriterien anlegen und tatkräftiger versuchen, Studenten zu rekrutieren. Eine zentrale Zulassungsstelle ist für einen solchen Wettbewerb um die besten Studenten ungeeignet. Sicherlich, eine allgemeine Bewerbung wäre möglich, schon allein um die Studenten zu entlasten, aber die Entscheidungen sollten vor Ort fallen. In den USA benutzen nahezu 500 Colleges die sogenannte »Allgemeine Bewerbung«, um den Studenten Zeitaufwand zu ersparen, obwohl einige Universitäten noch einen zusätzlichen Essay verlangen, der auf ihr besonderes Profil zugeschnitten ist. In Anbetracht der Tatsache, dass Studenten viel voneinander lernen, ist kaum etwas so entscheidend wie die Auswahl der richtigen Studenten und der Wettbewerb um sie. Studenten, die im Wesentlichen gleich gut qualifiziert sind, machen in den USA mit größerer Wahrscheinlichkeit einen Abschluss, wenn sie sich an Institutionen mit strengeren Auswahlkriterien statt an solchen mit laxeren immatrikulieren (Bowen, Chingos und McPherson 210). Ähnliches gilt für die *honors colleges*, die Teil einer größeren Universität sind: Ihre Studenten weisen eine höhere Absolventenquote auf als die Institution im Ganzen, selbst dann noch, wenn die unterschiedlichen Merkmale der Studenten berücksichtigt werden (Bowen, Chingos und McPherson 204). Würde das Hochschulrahmengesetz in Deutschland entsprechend geändert und entschiedener auf eine restriktivere Zulassungspraxis hingearbeitet, würden die Zulassungsausschüsse wohl die ganze Persönlichkeit, einschließlich ihrer Führungsqualitäten, in Betracht ziehen wollen und nicht nur die Noten. Das ginge allerdings nicht, ohne in die dafür nötigen Strukturen zu investieren. Vermutlich aber wird sich das in niedrigeren Abbrecherquoten, einer besseren Studiensituation und qualifizierteren Absolventen auszahlen. Obwohl diese Praxis in Deutschland sehr selten ist, greift sie doch auf das Humboldt'sche Ideal zurück, demzufolge ein Studium sich nicht im Wissens- und Kompetenzerwerb erschöpft, sondern auch den »Charakter« bildet (4.258).

Wenn Deutschland sich in Richtung Vielfalt bewegen will – der Wissenschaftsrat fördert diesen Weg, indem er zur »Erprobung von neuen Hochschultypen und -formaten jenseits von Universitäten und Fachhochschulen« aufruft (*Empfehlungen zur Differenzierung* 69) –, dann lohnt sich ein Blick auf die amerikanischen *liberal arts colleges* einerseits und die *community colleges* andererseits, ein Blick auf zwei Modelle, die sich stark voneinander und von dem, was es in Deutschland gibt, unterscheiden. Das eine Modell könnte Deutschland etwas über Exzellenz lehren und das andere Modell einiges über Effizienz. Eine andere Neuerung, eine, die mir besonders reizvoll erscheint, könnte darin bestehen, dass einige erstrangige Universitäten ihnen angeschlossene *liberal arts colleges* gründen. Für diese wäre dann ein noch strengeres Zulassungsverfahren vorstellbar. Die Professoren würden sicherlich diese Crème de la Crème der Studenten mit Freude unterrichten. An den niederländischen *liberal arts colleges*, die sämtlich Teil einer Universität sind, liegt die Absolventenquote sehr hoch. Ein Drittel der Studenten, die in Maastricht an dem dreijährigen *liberal-arts*-Studiengang teilnehmen, stammt übrigens aus Deutschland (Labi, »A New«).

In der deutschen Diskussion werden, vor allem seitens der politischen Entscheidungsträger, die Stimmen lauter, die nach einer mehr praktischen Ausrichtung des Studiums rufen. Doch die Verbindungen zwischen Bildung und Praxis können eher indirekt und subtil sein. Jede Institution braucht praktische Strategien, zunächst jedoch muss sie eine Leitidee formulieren und sich Ziele setzen, und dazu braucht sie die Philosophie und andere geisteswissenschaftliche Disziplinen, etwa die Geschichte, die uns über die Genese unserer Ideen und Ziele aufklärt und uns dadurch vor der herrschenden Tendenz der Geschichtsvergessenheit bewahrt und uns mit Alternativen zu den Klischees der Gegenwart bekannt macht. Die meisten führenden Köpfe Amerikas, sei es auf dem Feld der Künste, der Wissenschaft, der Politik oder der Wirtschaft, haben ihre Erziehung an *liberal arts colleges* oder an Universitäten erhalten, die im *undergraduate*-Studium keine praktischen oder anwendungsbezogenen Fächer lehren. Gelegentlich trifft man prominente Deutsche, die an einem *liberal arts college* in den USA studiert haben, etwa Josef Joffe, den Mitherausgeber der *Zeit*, der am Swarthmore College seinen Abschluss gemacht hat. Auch wenn die *liberal arts colleges* das Studium um seiner selbst willen fördern, erwerben ihre Absolventen dabei Fähigkeiten, die ihnen bei vielfältigen Unternehmungen von Nutzen sind (Roche, *Why Choose*).

Die Existenz kostensparender, allen offenstehender *community colleges* könnte grundsätzlich Mittel für die Universitäten freimachen, an denen hervorragend geforscht wird und die qualifiziertesten Studenten ausgebildet werden. Weil Deutschland Ausgezeichnetes auf dem Sektor der Berufsausbildung leistet, könnten die *community colleges* nicht nur berufsbezogen sein, sondern auch kostengünstigere Wege zum Erwerb eines Bachelors bieten. Die dadurch entlasteten Universitäten könnten sich dann auf die begabteren Studenten im Grund- und Hauptstudium konzentrieren, und zwar sowohl auf ihre eigenen als auch auf solche, die den Übergang von den *community colleges* an die Universitäten schaffen. Die jüngsten Bemühungen, die duale Ausbildung auszubauen und zwar auf dem Niveau dualer Hochschulen, die einen Bachelorabschluss ermöglichen, wie es an der Dualen Hochschule Baden-Württemberg geschieht, sind als kreativ zu loben, vor allem weil die theoretischen und technischen Anforderungen auch in den meisten rein praktischen Berufen steigen, nicht zuletzt aufgrund des harten Wettbewerbs. Hier kann Deutschland sich auf eine große Tradition stützen und diese weiterentwickeln. Und noch ein letzter Punkt, an den hier zu denken ist: In den USA forschen Studenten an den *community colleges* und den weniger guten vierjährigen Colleges allenfalls auf einem sehr bescheidenen Niveau. Ich habe immer wieder von deutschen Professoren gehört, dass keineswegs alle ihre Studenten ein Interesse an akademischer Forschung haben. Warum diesen dann nicht andere Wege weisen, auf denen sie grundlegende Kompetenzen erwerben und bestimmte Fähigkeiten entwickeln können?

Der in Deutschland vom Bund angestoßene Wettbewerb hat bislang die Forschung gegenüber der Lehre begünstigt. Es ist gewiss richtig, dass die internationalen Ranglisten sich an der Forschung orientieren und die Qualität der Professoren über den akademischen Ruf entscheidet. Dennoch mag man sich fragen, ob man diese ausschließliche Konzentration auf die Forschung wirklich will, zumal wenn man bemüht ist, auch andere Geldquellen für die Universitäten aufzutun, etwa Spenden von Ehemaligen. Vielleicht ergibt sich da ja mit der Zeit ein Gleichgewicht. Die Reputation eines amerikanischen Colleges beruht auch stark darauf, wie gut die Studenten sind, die es anzulocken vermag. Studenten gewinnt man jedoch nicht einfach durch gute Forschung, nötig ist da auch eine gute Lehre.

Die Anhebung der Fördermittel für Forschung hat in Deutschland zu einem neuen Wettbewerbsniveau der Universitäten untereinander geführt. Ganz ähnlich haben die US-Regierung, die Bundesstaaten und Stiftungen erfolgreich in die Universitäten investiert, um die Infrastruktur zu unterstützen und interdisziplinäre Forschungsgruppen gut auszustatten. Viele Probleme sind heute ja nicht mehr von Einzelnen zu lösen, vielmehr bedarf es hierfür Gruppen von Wissenschaftlern. Dennoch gibt es in den USA weitaus mehr, sowohl staatliche als auch private, Ausschreibungen für einzelne Wissenschaftler als in Deutschland, darunter die sehr begehrte einjährige Forschungsförderung, die insbesondere für Geisteswissenschaftler wichtig ist. Außerdem ist die Zahl der Wissenschaftler in Deutschland, die in befristeten Förderprojekten arbeiten, verglichen mit anderen Ländern immens, und das heißt, ihre Zukunft ist ungewisser als die ihrer Kollegen in Ländern wie beispielsweise den USA. Der Anteil des Mittelbaus, also derer, die auf befristeten Stellen sitzen, beträgt an deutschen Universitäten 68 %, während es in den USA nur 17 % sind (Kreckel 13). In den Vereinigten Staaten sind Festanstellungen natürlich nicht garantiert, aber die Kandidaten wissen immerhin, was sie zu tun haben, um in deren Genuss zu kommen. Deutsche, die aus befristeten Fördermitteln bezahlt werden, haben keine solche Sicherheit.

Wo es um Fördermittel geht, wäre es angezeigt, den Wettbewerb zwischen Institutionen durch den zwischen Individuen zu ergänzen. Eine stärkere Unterstützung von Einzelnen käme den Anreizen näher, wie man sie traditionell in den USA findet. Auf Individuen zu setzen statt auf Standorte oder Universitäten, gewährleistet Flexibilität und Offenheit und ist ferner eine Gelegenheit, auf Kreativität und Innovation zu setzen. Ein Beispiel dafür sind die Reinhart-Koselleck-Projekte, über die von der DFG einzelne Wissenschaftler finanziert werden, die sich innovativen oder risikobehafteten Forschungen widmen. Insofern haben sie eine Ähnlichkeit zu einem Programm der Mellon Foundation, nämlich den Frederick-Burckhardt-Stipendien, die für gerade fest angestellte Wissenschaftler gedacht sind und den Zweck verfolgen, jene zu fördern, die sich in der Mitte ihrer Laufbahn befinden und deren Forschungsvorhaben es nötig machen, sich in ein zweites, ganz anderes Fach zu vertiefen.

Die Förderung von Einzelprojekten sorgt vor allem dafür, dass Wissenschaftler ihrer Berufung und ihrer Leidenschaft folgen, statt sich von den Förderbrosamen nähren zu müssen, die vom Tisch arrivierter Wissenschaftler für sie abfallen. Bezeichnend ist in diesem Zusammenhang ein Zitat des Nobelpreisträgers für Chemie, Harold Kroto, das Münch aus einem Artikel der *Süddeutschen Zeitung* anführt: »Meiner Meinung nach ist dafür absolut entscheidend, dass man jungen, vielversprechenden Forschern die Freiheit gibt, zu tun, was sie selbst für wichtig halten. [...] Die großen Durchbrüche werden in der Regel von Forschern erzielt, die ihrer ganz persönlichen Leidenschaft für eine Fragestellung folgen« (*Die akademische Elite*, 346–47). Junge Wissenschaftler, die im Rahmen von Großprojekten arbeiten, haben weniger Zeit für die Lehre und für die Verfolgung ihrer eigenen Interessen.

Die herkömmliche Assistentenstelle in Deutschland hat den Vorteil, dass die Belastung durch die Lehre sehr gering ist; in der Regel handelt es sich um zwei Veranstaltungen pro Semester. Ein ordentlicher Professor hat ein deutlich höheres Lehrdeputat. So war es Nachwuchswissenschaftlern möglich, sich zu habilitieren und damit einer ordentlichen Professur näherzukommen. Zudem steigerte es die Wettbewerbsfähigkeit solcher Nachwuchswissenschaftler, die oft mehr Veröffentlichungen als ihre ausländischen Standesgenossen vorweisen konnten. Eine Assistentenstelle oder ein Heisenberg-Stipendium anzunehmen, ist der Bewerbung auf eine der mittlerweile eingerichteten Juniorprofessuren weitaus vorzuziehen. Eine Juniorprofessur wäre nur dann von Vorteil, wenn sie wie in den USA behandelt würde, nämlich als Vorstufe zu einer Festanstellung, wobei das Lehrdeputat nicht übermäßig hoch sein sollte. Ohne Aussicht auf ein Festanstellungsverfahren könnte es gut sein, dass Juniorprofessoren je nach ihren individuellen Lehrverpflichtungen zu hart arbeiten müssten und dennoch keine guten Zukunftsaussichten hätten, was eine solche Stelle international gesehen nicht attraktiv machte. Daher ist die Ankündigung der TU München von 2012, sie plane, zum Modell der sechsjährigen Assistenzprofessur mit der dazugehörigen Entscheidung über eine Festanstellung überzugehen, eine vielversprechende Entwicklung. Danach könnte eine befristete W-2-Stelle in eine unbefristete W-3-Stelle umgewandelt werden (Wiarda).

Um langfristig mehr Stellen mit Aussicht auf eine Festanstellung zu schaffen, wäre es am besten, die DFG würde einen Teil des Geldes, das sie gegenwärtig für große Gruppenprojekte ausgibt, in ausgewählte Assistenzprofessuren fließen lassen, wie Münch es in seinem Buch *Die akademische Elite* vorschlägt, und die traditionellen Ordinarienlehrstühle mit ihren Assistentenstellen würden mit der Zeit abgeschafft oder wenigstens reduziert, um Platz für ordentliche Professuren und Stiftungsprofessuren zu machen, so wie es in den USA der Fall ist. Die Unterstützung für Professoren in den USA kommt vor allem von Gruppen unabhängiger (ihnen nicht unterstellter) Forscher, von Drittmitteln, von technischen Assistenten, die Universitätsangestellte sind, und vor allem von fortgeschrittenen Studenten und Doktoranden. Ein verändertes deutsches System würde sich dem amerikanischen annähern und wie dieses, ja wie die amerikanische Kultur überhaupt, das Individuum in den Vordergrund stellen. Zu den positiven Nebenwirkungen einer Ablösung der vielen wissenschaftlichen Mitarbeiter durch mehr Assistenzprofessoren gehörte, dass Letztere mehr lehren könnten, wodurch die Seminare kleiner würden und das Zahlenverhältnis von Studenten und Professoren günstiger ausfiele. Hinzukommt, dass Professoren nicht mehr so viel Zeit mit Verlängerungsanträgen verlören und die jüngeren Kollegen die nächsten paar Jahre in eine weniger unsichere Zukunft blickten.

Im Gegensatz zu ihren deutschen Kollegen, für die der große Geldgeber die DFG ist, steht den amerikanischen Wissenschaftlern neben Mitteln seitens der Regierung noch eine Reihe anderer Töpfe offen, so dass eine größere Vielfalt von Projekten Aussicht auf Finanzierung hat. Vorstellbar wäre, dass Deutschland im Laufe der Zeit ein System entwickelte, in dem die DFG mehrere kleinere, vollkommen eigenständige Stiftungen umfasste, die unabhängige Entscheidungen über Mittelzuweisungen fällen dürften. Oder aber man schürte das Interesse anderer Stiftungen an universitärer Forschung, insbesondere auf den nicht anwendungsbezogenen Gebieten. Als Anreiz, um solche Programme einzuführen und auszuweiten, könnte die DFG die Anschubfinanzierung übernehmen oder die Aufstockung von Fördermitteln zusagen. Eine Alternative wäre natürlich die Forschungsförderung durch die Universitäten, die dafür allerdings in die Lage versetzt werden müssten, auf Spenden insbesondere von Alumni zurückgreifen zu können. Das alles mag wie Zukunftsmusik klingen, aber wir schulden es den späteren Generationen, heute mit den ersten Schritten zu beginnen.

Die deutsche Universität ließe sich möglicherweise flexibler und wettbewerbsfähiger gestalten, indem man den Instituten oder Fachbereichen mehr Spielraum einräumt. Der Mangel an Flexibilität bringt deutsche Akademiker immer wieder dazu, in Klagelitaneien auszubrechen. Gelegentlich fällt dann das Wort vom *Besserstellungsverbot*. Ein solches mag ja ganz sinnvoll sein, wenn es bedeutet, dass ein Hochschullehrer oder ein Student nicht aus *persönlichen* Gründen bessergestellt werden darf, etwa durch die Übernahme von Mietkosten für einen Hochschullehrer, dessen Ehepartner in einer anderen Stadt lebt. Das ist schlicht eine Frage der Verfahrensgerechtigkeit. Betreut aber jemand viele Studenten, von denen zwei eindeutig besser als die übrigen sind, und möchte er eben diese beiden und keinen anderen zu einer Konferenz schicken, dann sollten akademische Verdienste die legalistische Gleichheitsrhetorik ausstechen. Überhaupt herrscht in Deutschland eine unglückliche Neigung zur Verrechtlichung. Wenn alles, wie es in Deutschland oft geschieht, per Gesetz geregelt wird, leidet die Flexibilität. Größere Offenheit ermöglicht es, kreativer und rationaler zu handeln,

Maßnahmen im Lichte gewachsener Einsichten anzupassen. In den USA ist es leichter, etwas außer Kraft zu setzen und Ausnahmen zu erwirken. Das positive Recht hat natürlich unverkennbaren Wert, aber Gesetze sollten nicht dort eingeführt werden, wo Flexibilität und gesundes Urteilsvermögen vorzuziehen sind.

2. Mittel

Hat man eine Zielvorstellung, braucht man Mittel. Die fließen einem aus dem klugen, effizienten Einsatz vorhandener Gelder wie aus der Fähigkeit zu, über verschiedene Kanäle zusätzliche Mittel aufzubringen, staatliche Zuschüsse, Studiengebühren, Stipendien und Spenden eingeschlossen. Eine Universität, die gut wirtschaftet, darf auf höhere Spenden hoffen. Die meisten Menschen werden den Universitäten nichts zukommen lassen, wenn sie meinen, diese würden weder klug noch effizient mit den Mitteln umgehen, oder wenn sie glauben, ihre Spende würde nichts Positives ausrichten, sondern nur die Lücke durch den Ausfall staatlicher Gelder schließen, oder wenn die Studenten nicht einmal einen bescheidenen Beitrag zu ihrer Ausbildung leisten oder wenn es keine Steuervorteile gibt. Soll mehr Geld in das deutsche Hochschulsystem fließen, dann geht das nur, wenn die Universitäten über seine Verwendung Rechenschaft ablegen und geeignete Anreize existieren. Außerdem werden die Universitäten profilierte Zielvorstellungen erarbeiten und eine Reihe von Fördermöglichkeiten anbieten müssen, die geeignet sind, die Fantasie der Spender zu wecken.

Eine solche Zielvorstellung – und hier verknüpfe ich sie mit der Geldfrage – könnte sich um eine bessere Betreuung der Studenten und den Aufbau einer Gemeinschaft drehen, was beides nicht nur an sich von Wert ist, sondern womöglich auch zu einer besseren finanziellen Ausstattung führt. Man sagt häufig, der Mittelpunkt einer Universität und sicherlich der Mittelpunkt einer amerikanischen Universität sei die Professorenschaft. Das ist in einer Hinsicht sicherlich richtig, man könnte aber auch behaupten, der Mittelpunkt einer guten Universität seien ihre Studenten. Warum? Nun, amerikanische Professoren werden sich in der Regel für eine Universität entscheiden, die ihnen die besten Studenten bietet, und es sind die ehemaligen Studenten, die, in Erinnerung an ihre schöne Zeit dort, der Universität etwas zurückzahlen. Das wiederum ermöglicht ihr, die besten Professoren anzustellen, die ihrerseits die besten Studenten anziehen.

Vieles spricht dafür, dass deutsche Universitäten vor allem vor einem Problem stehen: der Mittelknappheit. Sie wirkt sich auf viele Bereiche aus, auch auf das zahlenmäßige Verhältnis von Studenten und Lehrenden, und damit auf die Qualität des Studiums. Wenn Deutschland sich die Art von Mitteln erschließen möchte, für die amerikanische Universitäten bekannt sind, muss es den Verantwortlichen gelingen, an den Universitäten ein Ethos zu schaffen, das es den Studenten und Alumni ermöglicht, sich dauerhaft mit ihrer Institution zu identifizieren und diese als eine lebendige Gemeinschaft zu erfahren und wertzuschätzen. Emotionale Bande zur Universität werden in diesem Zusammenhang wichtig. Leicht ist das sicherlich nicht. Das amerikanische Modell ist davon bestimmt, dass die Studenten jünger sind, dass auf dem Campus ein reiches Sozialleben stattfindet und dass ein Collegestudium als eine Art Initiationsritus betrachtet wird. Doch auch in Deutschland sollte eine stärkere emotionale Verbundenheit möglich sein; man muss sie nur pflegen.

Anreize und Flexibilität tragen durchaus dazu bei, die Finanzmittel zu steigern. Für eine staatliche Anschubfinanzierung privater Colleges spricht, dass solche Institutionen den Staat entlasten, indem sie die Studentenzahlen an den öffentlichen Universitäten senken. Man wird dann erfolgreich Spenden einwerben können, wenn die studentische Gemeinschaft gefördert und mit der Zeit genügend Personal eingestellt wird, das sich dieser Aufgabe widmet. Außerdem könnte Deutschland von einer Änderung des Steuerrechts profitieren, so dass Spenden in höherem Maße steuerlich absetzbar sind. Das wäre ein Anreiz mehr für gemeinnützige Organisationen, darunter Universitäten, zu spenden. Während gegenwärtig in Deutschland der steuermindernde Effekt einer Spende höchstens 10 % beträgt, lassen sich Bargeldspenden in den USA zu 100 % absetzen bis hin zu 50 % des bereinigten Bruttoeinkommens, und nach amerikanischem Steuerrecht lässt sich eine Spende über einen Zeitraum von fünf Jahren abschreiben. (Effekten sind nur bis zu 30 % des bereinigten Bruttoeinkommens absetzbar, da aber Amerikaner zurzeit keine Kapitalertragssteuern auf gespendete Einkünfte zahlen, schenken Spender häufig Papiere, die im Wert gestiegen sind.) Der Kontrast ist deutlich: Während in Amerika 1,67 % des Bruttoinlandsprodukts an gemeinnützige Einrichtungen fließen, sind es in Deutschland nur 0,22 %, die Kirchensteuern nicht eingeschlossen (*International Comparisons* 6 und 10). Damit Veränderungen sich bemerkbar machen, müssen die deutschen Zahlen nicht mit den amerikanischen gleichziehen. Selbst wenn viel Zeit darüber vergeht, kann ein Land nicht umhin, langfristig zu denken. In den USA hat gerade das langfristige Denken dazu geführt, dass frühere Generationen dafür zahlen, dass auch die späteren in den Genuss kommen, an den herausragenden Privatuniversitäten zu studieren.

Die Exzellenzinitiative sieht vor, von 2006 bis 2012 1,9 Milliarden Euro und von 2012 bis 2017 noch einmal 2,7 Milliarden Euro für die Universitäten aufzuwenden. Keine geringen Summen, doch im Vergleich reicht der größere der beiden Beträge nicht einmal ganz an den heran, der von der Universität Harvard in einem Haushaltsjahr aufgewendet wird. Im Haushaltsjahr 2012 waren es vier Milliarden Dollar (*Harvard University 2012*, 17). Oder um einen anderen Vergleich heranzuziehen, die 2,7 Milliarden Euro reichen nicht ganz an die Summe heran, die von der US-Regierung im Haushaltsjahr 2011 für die vier führenden amerikanischen Universitäten bereitgestellt wurde (*Almanac* 58). Außerdem ist die Exzellenzinitiative als einmalige Finanzspritze gedacht, und das bedeutet für die Universitäten, dass sie die Mittel strategisch umwidmen oder ihre Initiativen beenden müssen, sobald der staatliche Geldfluss versiegt. Die Investitionen sind ein beachtlicher Anfang, aber reichen werden sie nicht, vor allem dann nicht, wenn man bedenkt, dass sie über eine verhältnismäßig große Anzahl von Institutionen verstreut werden. Das heißt nun nicht, es liege in der Verantwortung des Bundes, für weitere Förderungen zu sorgen, doch wenn die Bundesregierung weitere Fördermittel freigeben sollte, wäre es klug, diese mit weiteren Anreizen zu verbinden. Empfehlenswert wäre etwa ein Beschluss der Bundesregierung, nur den Ländern weitere Fördermittel zuzusagen, die vertretbare Studiengebühren einführen. Das wäre ein sinnvoller Anreiz, einer, der keine Maßnahmen diktiert, wohl aber zu Reformen einlädt und der darüber hinaus eine effiziente Mittelverwendung sicherstellt. Weitere Anreize könnten darin bestehen, dass jene Länder, die Privatuniversitäten oder andere Typen von Hochschulen, also nicht die beiden bestehenden Modelle der Universität einerseits und der Fachhochschule andererseits, fördern, auch mehr Geld bekommen. Es wäre jedoch unklug, wenn die Bundesregierung Fördermittel freigäbe, ohne gleichzeitig eine klare Strategie von Anreizen aufzustellen. Mit den Zielvorstellungen und guten Ideen des Wissenschaftsrats allein ist es nicht getan; ohne entsprechende Anreize wird es keine tiefgreifenden Reformen geben.

Möglich wäre es auch, Anreize zu schaffen, damit amerikanische Universitäten sowohl für ortsansässige als auch für ihre eigenen Studenten Dependancen errichten. Dafür müssen einige Hürden genommen werden, denn die meisten der amerikanischen Spitzenuniversitäten zeichnen sich ja durch ihren Standort aus. Dennoch haben amerikanische Universitäten dergleichen im Nahen Osten (z. B. die New York University Abu Dhabi) und in Asien (in Kooperation mit der National University of Singapore hat die Yale University ein *liberal arts college* gegründet) getan. Auch in Europa gibt es Ansätze zu einer fruchtbaren Zusammenarbeit. So hat das Bard College das European College of the Liberal Arts in Berlin als Zweigniederlassung übernommen. Eine andere Möglichkeit besteht in beratender Zusammenarbeit; die Rice University war nicht unwesentlich am Start der Jacobs University beteiligt.

Kosten einer guten Ausbildung

Qualität ist nicht umsonst zu haben. Eine große amerikanische Universität zu betreiben, ist kostspielig (Archibald und Feldman). 2011–12 gab beispielsweise die Yale University jährlich 2,8 Milliarden Dollar aus (*Yale Financial* 5), und das ist nicht einmal das obere Ende. Im Steuerjahr 2012 betrug der Haushalt von Harvard, wie schon gesagt, vier Milliarden Dollar. Allein für das Bibliotheksbudget Harvards sind zwischen 225 bis 240 Millionen Dollar pro Jahr ausgewiesen (*Harvard University 2010*, 45). Immerhin gibt Yale pro Student stolze 238.259 Dollar aus (*Yale Financial* 1 und 5). Für jedes Fakultätsmitglied wendet Yale 678.234 Dollar auf und für jeden fest angestellten Professor gar 2,7 Millionen Dollar (*Yale Financial* 5 und *Yale Facts* 1).

Einkünfte bezieht eine Universität aus verschiedenen Quellen. Einer Studie des Council of Governmental Relations zufolge setzt sich das Einkommen der in der angesehenen American Association of Universities (AAU) zusammengeschlossenen Privatuniversitäten folgendermaßen zusammen: Staatliche Fördermittel und Verträge 25 %; Verträge mit der Industrie, private Spenden und Erträge aus dem Stiftungskapital 22 %; Nettoeinnahmen aus Studiengebühren 20 %; Zusatzunternehmen (darunter fallen Kliniken, Studentenwohnheime und Sportveranstaltungen) 18 %; Verkaufserlöse und Dienstleistungen 8 % und andere Einkünfte 7 % (Krawitz und Reynolds 2). Die entsprechenden Zahlen für die staatlichen Universitäten in der AAU lauten: Bundesstaatliche, staatliche und kommunale Mittelzuweisungen 31 %; staatliche Fördermittel und Verträge 22 %; Zusatzunternehmen 14 %; Nettoeinnahmen aus Studiengebühren 13 %; Verträge mit der Industrie, private Spenden und Erträge aus dem Stiftungskapital 9 %; Verkaufserlöse und Dienstleistungen 6 % und andere Einkünfte 5 % (Krawitz und Reynolds 3).

Selbstverständlich gibt es in jeder Kategorie für die AAU und andere Universitäten eine gewisse Bandbreite. Johns Hopkins, eine führende Universität im Bereich Naturwissenschaften und Medizin, bezieht 58 % ihres Budgets aus Fördermitteln und Verträgen (*Johns Hopkins* 3). Im Haushaltsjahr 2012 trieb Johns Hopkins 2,63 Milliarden Dollar an bundesstaatlichen Fördermitteln ein (*Johns Hopkins* 3). Knapp mehr als die Hälfte seines Haushalts deckt Princeton durch Einkünfte aus Stiftungsvermögen ab (*Report* 26).[10] Die Brown University bestreitet ihren Haushalt zu einem Drittel aus Studiengebühren (*Brown University* 3). Notre Dame nimmt 27 % ihres Haushalts aus Verkaufserlösen und Dienstleistungen von Zusatzunternehmen ein, wozu der Universitätsbuchladen, wo nicht nur Bücher, sondern auch Souvenirs und Kleidungsstücke mit dem Logo von Notre Dame verkauft werden, und lizenzierte Waren gehören, während die in der amerikanischen Öffentlichkeit weniger bekannte

---

[10] Harvards Stiftungsvermögen ist mit 32 Milliarden Dollar (Stand 30. Juni 2012) zwar nicht zu überbieten, aber traditionell liegt Princetons Stiftungsvermögen pro Student höher, nämlich bei 1.895.607 Dollar verglichen mit 1.288.923 Dollar an Harvard (*Almanac 2011–12*, 10–11).

Johns Hopkins University es da gerade einmal auf 2 % bringt (*University of Notre Dame* 26 und *Johns Hopkins* 3).

Wenn wir den Blick weg von den privaten Eliteuniversitäten hin zu Privatuniversitäten im Allgemeinen lenken, bietet sich uns ein einheitlicheres Bild. Abgesehen von den Spitzenuniversitäten machen Studiengebühren den Löwenanteil ihrer Einkünfte aus: 2009–10 betrugen sie an Privatuniversitäten mit Promotionsberechtigung 60 %; an privaten Colleges mit Bachelorabschluss 93 % und an solchen mit Masterabschlüssen 95 % (*Trends in College Pricing 2012*, 24). Selbst an staatlichen Universitäten sind Studiengebühren entweder fast die größte Einnahmequelle oder tatsächlich die größte: an den öffentlichen Universitäten mit Promotionsberechtigung decken sie 34 %, an denen, die einen Bachelor vergeben, 45 % und an denen mit Masterabschlüssen 46 % der Einkünfte ab. Lediglich an den staatlichen Colleges mit zweijährigem Ausbildungszug sind es verhältnismäßig bescheidene 31 % der Einkünfte (*Trends in College Pricing 2012*, 24).

Die Zahlen für deutsche Universitäten fallen ganz anders aus: 49 % stammen aus staatlichen Mittelzuweisungen, 38 % aus Dienstleistungen, wie etwa Universitätskliniken, und 13 % aus Drittmitteln (DFG, *Förder-Ranking* 14). Ganz fehlen in der deutschen Kalkulation zwei bedeutende mögliche Quellen (Nettostudiengebühren wie auch private Spenden und Stiftungseinkünfte) sowie eine bescheidene mögliche Quelle (Verkaufserlöse).

Der höhere Aufwand für das Hochschulwesen in den USA kommt den Studenten insofern zugute, als die Professoren-Studenten-Quote sinkt und die Universitäten aufgrund der Zahlung von Studiengebühren stärker in die Pflicht genommen werden. Wollten deutsche Universitäten mehr Lehrkräfte einstellen, bräuchten sie höhere staatliche Zuschüsse, Einnahmen aus Studiengebühren, Stiftungskapital oder irgendeine Kombination dieser Quellen.

Möglichkeiten für Studiengebühren in Deutschland

Da Stiftungskapital sich nicht von heute auf morgen ansammelt und die staatlichen Gelder für die Universitäten knapp bemessen sind, scheinen als wahrscheinlichste, kurzfristig verfügbare Einkommensquelle nur Studiengebühren zu bleiben. Ohne diese Einkünfte werden die Studenten auch weiterhin unter Massenveranstaltungen leiden und zu wenig Betreuung erhalten. Die gegenwärtige Situation lässt indes wenig hoffen. Auch die letzten Länder, die noch Studiengebühren erhoben, Bayern und Niedersachsen, schaffen sie nunmehr ab: Bayern 2013 und Niedersachsen 2014.

Amerikaner bezahlen bereitwillig Studiengebühren, weil sie um den Wert einer guten Bildung im Allgemeinen und den Wert einer guten finanziellen Ausstattung ihres Colleges im Besonderen wissen. Nur so lassen sich hervorragende Professoren einstellen und die Seminare klein halten. Zwar würden viele, und nicht zu Unrecht, behaupten, Bildung sei ein öffentliches Gut, das allen zur Verfügung stehen und allen nutzen sollte, aber der persönliche Nutzen ist schließlich auch nicht zu übersehen, und deshalb darf von den Einzelnen ruhig erwartet werden, dass sie sich an den Kosten dieses Guts beteiligen. Wer einen Collegeabschluss hat, dessen Einkommen und Ansehen steigen, ganz abgesehen davon, dass Collegeabsolventen weit weniger von Arbeitslosigkeit bedroht sind. Amerika steht da nicht allein. *Weltweit ist eine deutliche Tendenz zu Studiengebühren und deren Anstieg zu beobachten (Johnstone und Marcucci 102–28). Wenn Deutschland nicht abgehängt werden möchte, müssen deutsche Politiker individuell Mut zeigen oder gemeinsam darauf hinwirken, dass ein breites Parteienbündnis für die Einführung von Studiengebühren zustande kommt, selbstverständlich verbunden mit entsprechenden Hilfen für Bedürftige.* Wie ich weiter unten ausführe, gibt es hierfür ein Spektrum praktischer Möglichkeiten. Schwarz-Weiß-Malerei führt bei diesem Thema nicht weiter, es muss, auch wenn es hochideologisch aufgeladen ist, nicht ideologisch angegangen werden, sofern man es nur richtig behandelt. Tatsächlich wird gegenwärtig das Geld von den ärmeren Schichten, die wenig Vorteile aus dem Hochschulwesen ziehen, zugunsten der wohlhabenderen umverteilt, die in höherem Maße eine Universität besuchen und bezogen auf ihr Einkommen, ihr Ansehen und die geringere Arbeitslosigkeit kräftig von ihrer besseren Bildung profitieren. Ein Studium ist sowohl ein öffentliches als auch ein privates Gut, das in Deutschland hauptsächlich Studenten aus privilegierteren Kreisen vorbehalten ist. Mit anderen Worten: So wie die Dinge jetzt liegen, sind sie ungerecht und taugen nicht als Rechtfertigung für das Nichterheben von Studiengebühren.

Zu den Bedenken, die sich gegen Studiengebühren richten, gehört, dass eine Universitätsbildung im Prinzip für alle zugänglich sein muss. *Dass sollte sie in der Tat für alle diejenigen sein, die dazu befähigt sind, aber ob sie und wie sie angeboten wird, sind zwei Paar Stiefel. Studiengebühren stellen jedenfalls nicht per se ein unüberwindbares Hindernis dar. Das beweist die Situation in den USA.* Die jüngsten Zahlen der OECD aus *Education at a Glance 2013* lauten folgendermaßen: In Deutschland nehmen 46 % der jungen Leute ein College- oder Universitätsstudium auf (rechnet man die internationalen Studenten heraus, sind es nur 40 %), in den Vereinigten Staaten sind es 72 % (Tabelle C3.1a); der Anteil der Erwachsenen mit Hochschulabschluss beträgt in Deutschland 27 % und in den USA 42 % (Tabelle A1.1a); der Anteil der Bevölkerung, die mit ihrer derzeitigen Alterskohorte einen Universitätsabschluss gemacht hat, beläuft sich in Deutschland auf 31 % und in den USA auf 39 % (Tabelle A3.1a). Die Kluft ist nicht einfach eine jüngere Erscheinung. Der Anteil der 25- bis 64-Jährigen, die 2008 den akademischen Grad eines Bachelors oder höher erworben haben, betrug 31,5 % in den USA und 16,4 % in Deutschland (Aud et al. 232). Studiengebühren stellen keinen Verstoß gegen das Sozialstaatsgebot dar (Art. 20.1 GG). In Anbetracht der kontinuierlich steigenden Immatrikulationszahlen in den USA wird man kaum behaupten können, eine Hochschulbildung sei in Amerika nicht erschwinglich. Teuer bedeutet eben nicht unerschwinglich. In den USA schreiben sich etwa 55 % der Highschoolabsolventen, deren Familien bezogen auf das Einkommen zum untersten Fünftel zählen, an einem College ein, bei denen, die aus dem obersten Fünftel stammen, sind es 80 % (Baum et al. 35). In Deutschland immatrikulieren sich nur 13 % der Jugendlichen, deren Eltern nur einen Hauptschulabschluss haben, an einer Hochschule, aus Familien, wo die Eltern einen Hochschulabschluss haben, sind es 77 % (Autorengruppe 2012, 293).

Aus einer Vergleichsstudie des Educational Policy Institute von 2005 geht hervor, dass der Zugang zu einer Hochschulbildung nicht notwendig mit der Erschwinglichkeit eines Collegeabschlusses korreliert (Usher und Cervenan). Misst man die Zugänglichkeit am Collegebesuch, an der Absolventenquote, dem Geschlechterverhältnis und dem Bildungsniveau der Eltern, dann – so das Ergebnis der Untersuchung – stehen die USA an 13. Stelle, was die Erschwinglichkeit betrifft, aber an 4. Stelle bezogen auf die Zugänglichkeit. Deutschland nimmt hingegen einen günstigeren Platz, nämlich den 8., bezogen auf die Erschwinglichkeit ein, aber in der anderen Kategorie fällt das Land dramatisch gegenüber den USA ab: Bei der Zugänglichkeit landet Deutschland auf Platz 11. Ganz ähnlich befindet der *Economist* im »Survey of Higher Education« von 2005, dass es dem marktorientierten Bildungsmodell in den USA »besser gelingt, Gerechtigkeit mit Exzellenz zu verbinden. Amerika schickt einen höheren Prozentsatz von Schulabgängern mit schlechteren Zeugnissen an ein College als etwa Deutschland, das seine gebührenfreien Universitäten damit verteidigt, dass sie allgemein zugänglich sind« (22). Auch im Lisbon Council Policy Brief von 2008, in dem Universitäten anhand solcher Faktoren wie Integration, Zugang, Leistungsfähigkeit und Attraktivität gelistet worden sind, landeten die USA auf dem 5. und Deutschland auf dem 15. Platz. Die Studiengebühren stehen demnach auch in dieser Beziehung der allgemeinen Leistungsfähigkeit des amerikanischen Hochschulsystems nicht im Wege (Ederer et al.).

Für Deutschland wäre ein System denkbar, in dem Studiengebühren so funktionieren, dass Studenten aus unterprivilegierten Schichten der Zugang zu den Hochschulen erleichtert wird, weil die Lasten auf einfallsreiche Weise von einem Teil der Bevölkerung auf einen anderen verschoben werden. Man könnte Studiengebühren einführen oder anheben und zugleich Stipendien für Bedürftige anbieten. Studenten aus unteren und mittleren Einkommensschichten erhalten dann Stipendien, die für die Studiengebühren aufkommen.

Wenn die Einkünfte zum Teil aus Studiengebühren stammen sollen, werden sich vermutlich auch die Richtlinien für die Regulierung der Studiengebühren ändern müssen. Flexibilität verbindet sich hier mit der Finanzausstattung. *Der Umstand, dass die Studiengebühren ausgesprochen niedrig sind, ist eine große einmalige Gelegenheit.* Dieser Punkt kann gar nicht genug betont werden. Deutschland gewinnt damit einen unglaublich strategischen Vorteil. Dass es gegenwärtig keine Studiengebühren gibt, gewährt den deutschen Universitäten die Freiheit, sich neue Geldquellen zu erschließen, während amerikanische Universitäten bezogen auf Studiengebühren kaum noch Luft nach oben haben. Amerikanische

Universitäten können die Studiengebühren nicht mehr dramatisch anziehen, zum einen weil sie größtenteils fast schon an der Decke angekommen sind, und zum anderen, weil Universitäten nicht fortfahren können, die Studiengebühren in unhaltbarem Maße zu erhöhen. Amerikas Hochschulsystem hängt finanziell bereits von den Studiengebühren ab, es ist daher nicht imstande, einen so kühnen Schritt zu machen, wie die Zahl der Studenten um 50 % zu senken, damit die Studenten-Professoren-Quote günstiger wird; wollten sie das tun, bräuchten sie andere Geldmittel. *Da Deutschland nicht von Studiengebühren abhängig ist und auch noch nicht in ein bestimmtes System von Stipendien und Darlehen investiert hat, stehen ihm noch alle möglichen Wege offen und es kann aus den amerikanischen Fehlern lernen. Daher kann und sollte das Land Experimente wagen.* Deutschland könnte beispielsweise die Studentenzahlen an ausgewählten Universitäten drastisch senken, gleichzeitig aber einige nicht so kostspielige Lehruniversitäten gründen, oder es könnte die Gelder aus den Studiengebühren für neue Professorenstellen verwenden, was sowohl dem Lehr- als auch dem Forschungsauftrag der Universität zugutekäme. So gesehen verfügt Deutschland, jedenfalls potenziell, über eine größere Flexibilität als die US-Universitäten, die diese Einkommensquelle ausgereizt haben.

Auch was die Ausgestaltung der Studiengebühren und die Studienbeihilfe betrifft, gibt es potenzielle Flexibilität. Wie ließe sie sich in Deutschland nutzen? Wie könnten Studiengebühren in Deutschland aussehen? Vor der Beantwortung dieser Fragen (und teilweise auch bei ihrer Beantwortung) muss Deutschland sich mit den drei Hauptbedenken gegen Studiengebühren beschäftigen. Erstens: Ärmere Studenten, etwa viele, die in der ersten Generation eine Universität besuchen, werden ausgeschlossen. Zweitens: Studiengebühren und Wettbewerb führen wahrscheinlich zu einer Hierarchisierung der Universitäten, einige werden als Gewinner, andere als Verlierer dastehen. Drittens: Der Staat könnte seine Mittelzuwendungen kürzen, wenn Studiengebühren erhoben werden, was eine Katastrophe wäre, da angesichts des damit verbundenen Vertrauensverlustes in die Regierung Anreize für künftige Reformen zerstört würden und eine weitere, vermutlich noch größere Katastrophe sich aus der Einbuße der Finanzmittel selbst ergäbe.

Was zunächst die Zugangsfreiheit nach Einführung der Studiengebühren betrifft, so eröffnen sich mehrere Möglichkeiten. Langfristig ist es leichter, Sponsoren für die finanzielle Unterstützung von Studenten zu finden, da deren Loyalität der Institution gegenüber aus den Erfahrungen ihres Studentenlebens resultiert. Aber auch kurz- und mittelfristig ergeben sich zahlreiche Optionen. Darunter diese:

- Ärmere Studenten und solche, die in der ersten Generation eine Universität besuchen, werden von Studiengebühren befreit.
- Alle zahlen den gleichen Betrag, für ärmere Studenten gibt es aber Erleichterung in Form von Stipendien, Darlehen oder Anstellungen als wissenschaftliche Hilfskraft; in Amerika nennt man das Nachlass der Studiengebühren (*tuition discounting*).
- Studenten und ihre Eltern zahlen das, wozu sie laut Steuerbescheid in der Lage sind, aber nie mehr als 50 % der Ausbildungskosten pro Student.
- Studenten, die bestimmte Laufbahnen im öffentlichen Dienst einschlagen, wird das Studentendarlehen erlassen.
- Darlehen werden erst auf der Grundlage eines bestimmten Einkommensniveaus zurückgezahlt; wie hoch dann die Tilgungssumme ist, hängt von der Höhe des Einkommens ab. Verdient jemand nicht genug oder kann er das Darlehen nicht innerhalb einer bestimmten Anzahl von Jahren zurückzahlen, wird es erlassen.
- Die Studiengebühren werden aufgeschoben, d. h. zunächst einmal muss nicht gezahlt werden, aber jeder verpflichtet sich vertraglich, die Studiengebühren später zu zahlen, nämlich dann, wenn die Absolventen genug verdienen; diese Praxis besteht bereits in Australien, Neuseeland und Wales sowie an der Universität Witten-Herdecke in Deutschland.
- Partnerschaften werden mit dem Privatsektor vereinbart, wobei Firmen die Studiengebühren für Studenten bezahlen und dafür Studenten aussuchen können, die bei ihnen Praktika machen und sich verpflichten, nach Studienabschluss eine Reihe von Jahren für die Firma zu arbeiten. Solche Verträge sind vor allem in drei Bereichen von Vorteil: auf Feldern, auf denen die Konkurrenz um die besten Köpfe sehr hart ist; auf Feldern, in denen qualifizierte Arbeitskräfte gesucht werden; und für Firmen, die fertige Akademiker in Länder schicken wollen, deren Sprachen nur wenige Deutsche beherrschen, etwa nach China.

Es gibt keinen Grund, warum Deutschland sich nur für eine dieser vielen, attraktiven Möglichkeiten entscheiden sollte. Denn sie lassen sich vielfältig kombinieren. Würden in Deutschland mit der Einführung von Studiengebühren zugleich auch Pläne dafür vorgelegt, wie die finanzschwächeren Studenten aufgefangen werden, sollten sich die politischen Verwerfungen, mögen sie zunächst auch heftig sein, langfristig sicherlich in Grenzen halten. *Dass es heute praktisch keine Studiengebühren gibt, verschafft Deutschland also einen doppelten Vorteil: Erstens lassen sich so mehr Mittel erschließen und zweitens lassen sich die Studiengebühren, einschließlich der Stipendien und Darlehen, auf eine einfallsreiche, vernünftige und sozial ausgewogene Weise gestalten.* Diese Chance muss beim Schopfe gepackt werden, und zwar am besten, bevor man sich gezwungen sieht, Studiengebühren zu erheben, wie es heute in den USA der Fall ist.

Meine Empfehlung wäre, dass Deutschland dabei neue Wege einschlägt, und sich nicht die USA zum Vorbild nimmt, deren System unter Umständen zu unhaltbaren Schulden führt. Ich würde zwei Formen von Studiengebühren einführen, erstens einen geringen Semesterbetrag, der während des Studiums zu zahlen ist, unter der Maßgabe, dass Studenten aus Familien mit geringem Einkommen davon befreit sind. Auf diese Weise ist gewährleistet, dass die Studenten und ihre Familien in die Ausbildung investieren und sie mehr in die eigene Hand nehmen. Das deutsche Hochschulwesen würde von den neuen Mittelzuflüssen ebenso wie von der besseren Motivation profitieren und immer noch sozial gerecht sein. Zweitens würde ich den Aufschub von Studiengebühren einführen, dergestalt, dass diese nicht sofort zu zahlen sind, wohl aber in Abhängigkeit des Einkommens nach dem Studium. Ab einem bestimmten Verdienst müsste ein bescheidener Betrag, weniger als 10 % des Einkommens, so lange an die Universität zurückfließen, bis das Darlehen getilgt ist. Ist es nach fünfzehn Jahren überhaupt nicht oder nur zum Teil zurückgezahlt worden, erlischt die Verpflichtung dazu. Daneben sollte es, so mein Rat, eine Reihe von Anreizen geben, die es den Studenten ermöglichen, ganz von der Rückzahlung befreit zu werden: Firmen, welche die Kosten für die Studenten übernehmen; Wegfall der Studiengebühren in bestimmten Arbeitsbereichen und Dienstleistungssektoren, an deren Förderung der Staat interessiert ist; und Wegfall der aufgeschobenen Studiengebühren für Studenten, die in der ersten Generation an die Universität gehen und aus finanzschwächeren Familien kommen, damit mehr Kinder der unteren Schichten sich für eine akademische Laufbahn entscheiden. Außerdem würde ich dafür sorgen, dass die Studiengebühren unter dem internationalen Durchschnitt liegen: Erstens um internationale Studenten anzulocken, zweitens um Mittelschichtsfamilien, die noch nichts für die Ausbildung ihrer Kinder zurückgelegt haben, durch die Umstellung nicht über Gebühr zu strapazieren und drittens um genügend Spielraum nach oben zu haben, sollte dann später einmal eine Erhöhung notwendig werden. *Es gibt selbstverständlich mehrere Optionen, doch drei Grundsätze scheinen mir von zentraler Bedeutung zu sein: Die Universitäten brauchen dringend mehr Geld; Familien (d. h. Eltern und ihre Sprösslinge), die es sich leisten können, einen leicht zu schulternden Betrag in ihre Ausbildung zu investieren, sollten dies tun, denn Bildung ist zwar ein öffentliches Gut, aber der daraus gezogene Nutzen ist auch sehr persönlich; für welche Form von Studiengebühren man sich letztlich auch entscheidet, sie dürfen Kinder aus den unteren Schichten nicht daran hindern, eine Universität zu besuchen.*

Ob nun mit oder ohne Studiengebühren, eine Folge der institutionellen Differenzierung wird sicherlich sein, dass einige Universitäten akademisch mehr zu bieten haben werden als andere. Man kann darin durchaus einen Vorteil sehen, denn so kommt man dem Ziel näher, einige Spitzenuniversitäten zu haben, an denen die besten Studenten voneinander lernen können, und man sorgt zudem dafür, dass die weniger qualifizierten Studenten nicht mit anspruchsvollen Studiengängen konfrontiert werden, die für sie wenig sinnvoll sind. Dass es diese Differenzierung bis zu einem gewissen Grad in Deutschland bereits gibt, steht außer Zweifel, nur wird es selten ausgesprochen, und Studenten wissen nicht so richtig, woran die Qualitätsunterschiede der Universitäten zu erkennen sind. Wäre es da nicht besser, sie transparent zu machen? Differenzierung ist auch für die Gesellschaft von Nutzen, sofern sie ja daran interessiert ist, dass ihre Bürger und Entscheidungsträger die bestmögliche Ausbildung erhalten, und sie selbst international konkurrenzfähig sein möchte. Das bedeutet jedoch, dass weniger gut qualifizierte Studenten Einrichtungen besuchen sollten, deren Curriculum auf ihre Bedürfnisse zugeschnitten ist. Im gegenwärtigen Klima der Mittelknappheit und der hohen Immatrikulationszahlen lautet die Alternative zur Differenzierung: allgemeines Mittelmaß. Wenn wir uns an die Ausführungen zur Differenzierung weiter oben erinnern, dann ist auch in diesem Kontext relevant, dass sie horizontal verlaufen kann, nämlich bezogen auf Größe und Profil, statt vertikal, bezogen auf Qualität und finanzielle Ausstattung. Dagegen wird wohl kaum jemand etwas einzuwenden haben.

Der Verdacht, die Regierung könne im Gefolge der Einführung von Studiengebühren ihren eigenen Beitrag zurückfahren, so dass unterm Strich überhaupt keine Mittelerhöhung herauskommt, wiegt schwer. Genau das ist nämlich in Australien geschehen. »Zusammen mit der Einführung von Studiengebühren wurden die staatlichen Gelder für das Hochschulwesen gekürzt. Zwischen 1980 und 2002 gingen diese von 77,2 % auf 53,8 % der Kosten zurück« (Johnstone und Marcucci 287). In England spielt sich Ähnliches ab. Statt niedrige Studiengebühren im Gegenzug zu einer bescheidenen Kürzung der staatlichen Finanzierung zu erheben, was schon übel genug wäre, da so ja nur der Ist-Zustand erhalten bliebe, gibt es sehr hohe Studiengebühren und drastische Mittelkürzungen seitens der Regierung, insbesondere in den Geisteswissenschaften, die ökonomisch anscheinend weniger hermachen. Die deutschen Bundesländer müssen, zumindest über einen längeren Zeitraum, von allen Parteien getragene verbindliche Zusagen hinsichtlich der Mittelaufwendungen machen, wenn sie von den Hochschulen und der Öffentlichkeit ein positives Echo auf die Einführung bzw. Anhebung von Studiengebühren erhalten wollen. Wenn sich alle Parteien darauf verständigten, wären auch die politischen Auswirkungen begrenzt.

3. Das Problem der Integration

Es ist faszinierend zu beobachten, wie sich die deutsche Hochschullandschaft an mehreren Fronten verändert. *In Deutschland wird gleichzeitig an drei Fronten reformiert.* Erstens hat der Bologna-Prozess den Studienablauf und die Abschlüsse der Studenten sowie die Verpflichtungen des Lehrkörpers reformiert. Bei dieser Reform geht es um das Curriculum und die Anforderungen an die Studenten, also um Lehre und Lernen. Zweitens hat die Exzellenzinitiative die Forschung ins Auge gefasst, mit dem Ziel, die Universitäten über die Forschung stärker zu differenzieren. Drittens erleben wir, dass die Verwaltungsstruktur der Universität anhaltend umgestaltet wird. Die Universitäten werden autonomer und flexibler, die Befugnisse des Präsidentenamts werden erweitert, außerdem wird eine unterschiedliche Besoldung der Professoren mit Hinblick auf Anreize und Rechenschaftspflicht eingeführt. Wir können hier von einer Verwaltungsreform sprechen. *Was alle drei Bereiche verbindet, sind wirtschaftliche Erwägungen: Die Studenten sollen zügiger studieren und mit Blick auf den Arbeitsmarkt ausgebildet werden, bei der Mittelzuweisung soll mehr auf Drittmittel und Wettbewerb gesetzt werden, die Verwaltungsstrukturen sollen Effizienz und Konkurrenzfähigkeit fördern. Während der ökonomische Aspekt bei allen drei Punkten unverkennbar ist, bleibt jedoch unklar, ob die Reformen auch in anderer Hinsicht sinnvoll ineinandergreifen bzw. ob sie sich von einer umfassenden philosophischen Vision leiten lassen.*

In meiner Darstellung des amerikanischen Hochschulwesens habe ich auf Kategorien verwiesen, die, im positiven wie im negativen Sinn, auf vielfältige Weise miteinander verwoben sind. Da die Universitäten um hohe Einsätze konkurrieren, sind sie schneller zu Reformen gezwungen, als es sonst der Fall wäre. So gesehen sorgt der Wettbewerb für mehr Flexibilität. Obwohl die US-Regierung die Universitäten in den USA nicht kontrolliert, kann sie vermittelt über Anreize, Forschungsförderung und finanzielle Unterstützung der Studenten durchaus Einfluss nehmen. Die ungeheuer hohen Fördermittel der Bundesregierung machen aus einzelnen Professoren und Professorenteams Unternehmer, die flexibel sein müssen, wenn sie aus den Fördertöpfen bedacht werden wollen; Anreize und Konkurrenz wirken so Hand in Hand, um zu Flexibilität und Initiative anzuregen. Die Fakultät hat die Motivation, die besten Professoren zu berufen, denn der Wettbewerb unter den Universitäten führt dazu, dass die insgesamt besten Universitäten, und das sind die mit den hervorragendsten Professoren, erstklassige Studenten und das meiste Geld bekommen. Die staatlichen Universitäten konkurrieren in den USA nicht nur miteinander, auch die privaten Universitäten sind ihre Konkurrenten. Die Vielfalt belebt hier den

Wettbewerb. Außerdem ist Vielfalt gut für die Effizienz; in einem System, das keine Vielfalt kennt, kann es passieren, dass unqualifizierte Studenten, die vielleicht nie einen Abschluss machen werden, von vorzüglichen Forschungsprofessoren unterrichtet werden, obwohl sie doch eher hervorragende Lehrer bräuchten, die, weil sie mit Forschung nichts zu tun haben, all ihre Zeit und Mühe auf diese Studenten verwenden können, um ihnen zu helfen, ihre akademischen Unzulänglichkeiten zu überwinden. Die Anreize müssen jeweils zur Zielvorstellung einer Universität passen. Die höher dotierten Stipendien, von denen weiter oben die Rede war, sind ein Beispiel unter mehreren für Initiativen, die nicht nur Wettbewerb, sondern auch Anreize und Rechenschaftspflicht ansprechen. Und schließlich ist es leichter, Maßnahmen zur Regelung der Verantwortlichkeit zu akzeptieren, wenn es in dem Bewusstsein geschieht, die Verantwortlichkeiten so zu regeln, dass man einen gemeinsamen Zweck verfolgt und eine Gemeinschaft bildet.

Auch negative Dominoeffekte lassen sich beobachten. Ein Mangel an Vielfalt oder Flexibilität behindert den Wettbewerb. Der Staat wird keine Mittel vergeben, wenn es keine vertrauensbildende Verantwortungsstruktur gibt, und ohne Gelder ist eine Universität weder imstande, nach außen hin konkurrenzfähig zu sein, noch nach innen hin Anreize zu bieten. Spenden von Ehemaligen werden sicherlich nicht den Etat erhöhen, wenn es keine universitäre Kultur gibt, der vor allem am Wohl der Studenten gelegen ist und die einen tragfähigen Gemeinschaftssinn erzeugt. Und wenn es der Universität an einem normativen pädagogischen Ideal fehlt, wird diese Lücke von einer Verwaltung und einer Studentenschaft ausgefüllt werden, die dann allenfalls von Kundenzufriedenheit reden. Die Universität wird dann das Opfer einer falschen Vorstellung von der Konzentration auf die Studenten werden, einer Dienstleistungsmentalität ohne zielführende Vision. Wenn Rechenschaftspflicht und Anreize nicht von der richtigen Vision beseelt werden, werden sie destruktiv.

Sollte Deutschland seinen Reformkurs fortsetzen, wird es darauf achten müssen, dass die Bedingungen für ein einheitliches Handeln vorliegen, und darauf, wie die einzelnen Reformen zusammenwirken. Ein Land kann sich zum Beispiel nicht zum abstrakten Ideal des Wettbewerbs bekennen, ohne eine Reihe von konkreten Anreizen zu schaffen, die der Motor sinnvoller Konkurrenz sind. Es wäre fatal, einen Wettbewerb auszuschreiben, aus dem Gewinner und Verlierer hervorgehen, ohne entweder einen Plan zu haben, was aus den Universitäten werden soll, die weniger Geld und weniger gute Studenten erhalten, oder ohne ihnen die Selbstbestimmung einzuräumen, dank der Entwicklung eines spezifischen Profils auch mit weniger Geld zurechtzukommen. Will man unterschiedliche Typen von Universitäten haben, geht das nicht ohne Dezentralisierung des Hochschulwesens und ohne größere Flexibilität. Man kann nicht vom großen Wert der Flexibilität reden und gleichzeitig verordnen, dass keine Studiengebühren erhoben werden dürfen, oder falls doch, dafür eine Obergrenze festsetzen. Auch verträgt es sich nicht mit dem Bekenntnis zur Flexibilität, wenn jeder Studiengang, der von der Fakultät konzipiert und gebilligt worden ist, dann noch von Akkreditierungsgremien und den Ministerien anerkannt werden muss. Obgleich Verantwortlichkeit und leistungsbezogene Mittelvergabe oft genutzt werden, um Exzellenz zu fördern, kann man nicht gleichzeitig ein festes Punktesystem einführen, so dass die Kriterien von der Leitidee der Universität abweichen, gegen Flexibilitätsgrundsätze verstoßen oder das Urteilsvermögen der Fakultät infrage stellen.

Wenn Universitäten möchten, dass auf jeden Dozent nur so viel Studenten fallen, wie es für eine gute Betreuung vertretbar ist und gegenüber den besten amerikanischen Universitäten konkurrenzfähig macht, dann muss entweder die Zahl der Professoren steigen oder die der Studenten sinken. Man kann nicht allen mit Hochschulreife die Zulassung zu einem Universitätsstudium garantieren und dann die Universitäten finanziell so schlecht ausstatten, dass sie den gestiegenen Anforderungen nicht mehr gewachsen sind. Jedenfalls wird man schwerlich Exzellenz erwarten dürfen, wenn man auf diesem Weg ohne neue Finanzierungsmöglichkeiten fortschreitet.

Soll die Qualität der Studenten steigen und die Universitäten an den Absolventenquoten gemessen werden, müssen die Universitäten selbst Studenten anwerben und auswählen dürfen. Zulassungsbeschränkungen könnten sowohl zu weniger Studenten (und damit kleineren Seminaren) als auch zu besseren und höher motivierten Studenten führen, was wohl nicht nur den Professoren gefiele, sondern auch ein Klima erzeugte, in dem die Studenten sehr wahrscheinlich mehr voneinander lernten. Einem Bewerber zu sagen, er oder sie sei, den Noten oder der Motivation nach zu urteilen, nicht geeignet, mag hart erscheinen, doch damit hilft die Universität dem Studenten auch, schneller nach einem alternativen Studiengang zu suchen oder überhaupt einen anderen Lebensweg einzuschlagen. Für solche Studenten werden verschiedene Typen von Hochschulen gebraucht, etwa erweiterte Fachhochschulen oder *community colleges*. Möchte man, dass Promovierte oder Privatdozenten, die keine Professur erhalten, nicht in einer Sackgasse landen, muss Deutschland nach dem Vorbild der USA eine Vielfalt von Colleges und Universitäten schaffen, die sich hinsichtlich ihrer Aufgaben und der von ihnen angebotenen Stellen unterscheiden.

Möchte man den Hochschulrat, den Präsidenten oder den Dekan mit mehr Entscheidungs- und Durchführungsbefugnissen ausstatten, sollte dafür gesorgt sein, dass vom Lehrkörper genügend Unterstützung für die Veränderungen kommt, dass Spannungen und Reibereien als unbeabsichtigte Nebenfolgen ausbleiben. Motivation und Vertrauen stellen sich nicht über Nacht ein. Noch wichtiger als administrative Veränderungen ist es, die Hochschullehrer für eine weitgespannte Idee zu gewinnen und ihnen das Zutrauen einzuflößen, dass diese zu realisieren ist. So werden sie bereit sein, auch schnelle, einiges Vertraute über den Haufen werfende Veränderungen zu akzeptieren. Hochschullehrer wollen vor allem eines: forschen und gute Studenten unterrichten; alles, was von diesen zentralen Zwecken ablenkt, bedarf der Rechtfertigung. Andernfalls sinkt die Moral, und das wohl gerade bei den besten Professoren, die sich von ihrer Berufung abgelenkt fühlen.

Sollte es wenigstens noch an einigen Universitäten die Einheit von Forschung und Lehre geben, dann müssen diese Universitäten mit der Ausschreibung von Lehrprofessuren vorsichtig sein. Zu viele, ausschließlich für die Lehre zuständige Dozenten wären da untunlich. Lehrer im Hochschuldienst halten zwar die Seminare kleiner, doch wenn sie keine Forschung betreiben, stellen sie nicht die Verbindung von Forschung und Lehre her, die doch das Markenzeichen einer Forschungsuniversität ist. Es ist ohne Zweifel wirtschaftlicher, Dozenten zu haben, die sich ganz der Lehre widmen und keinerlei Forschungsverpflichtungen unterliegen. Sollte es allerdings der Auftrag der Universität sein, die Studenten an die

Forschung heranzuführen, ist es nicht klug, zu viele Stellen dieser Art zu schaffen, es sei denn, es geht um ganz Grundsätzliches, etwa Sprachunterricht. Statt innerhalb einer großen Universität zwischen Lehrern und Wissenschaftlern zu unterscheiden, wäre es ratsamer, zwischen verschiedenen Typen von Universitäten zu unterscheiden, zwischen solchen, die Forschung und Lehre integrieren, und solchen, die Grundwissen vermitteln. Zu bedenken sind auch die Auswirkungen, die eine Senkung des Lehrdeputats für hervorragende Forscher hat, sie schlagen sich ja auf das Lernklima nieder, es sei denn, Professoren, die weniger mit Forschung beschäftigt sind, widmen sich verstärkt der Lehre oder die Universität hat genug Geld, um weitere Stellen auszuschreiben.

Bologna

Von allen Reformen der letzten Jahre ist vermutlich keine harscher und eingehender kritisiert worden als der Bologna-Prozess, der gemeinsame Standards in ganz Europa einführen wollte.

Der Bologna-Prozess hat zweifellos seine Meriten. In den Geisteswissenschaften lehrten die Dozenten mitunter, was sie wollten, ohne sich groß um die Bedürfnisse der Studenten, vor allem um die der Erstsemester, zu scheren. In Fächern, in denen es zuvor daran fehlte, werden nun Einführungs- und Überblickskurse angeboten. Trotz mancher Klagen der Professoren war das frühere System, wo jeder entscheiden konnte, welche Seminare er macht und welche Scheine er erwirbt, nicht ideal. Als ich Ende der 70er Jahre in Tübingen studierte, war es nicht ungewöhnlich, dass Erstsemester mit Proseminaren etwa zu Kants *Kritik der reinen Vernunft*, Schellings *Über das Verhältnis der bildenden Künste zur Natur* und Heideggers *Sein und Zeit* in die Philosophie eingeführt wurden. Da ich von einem *liberal arts college* kam, wo philosophische Überblicksveranstaltungen angeboten werden, konnte ich mich zurechtfinden, aber meine deutschen Kommilitonen fühlten sich oft verloren. Ein Sammelsurium von Seminaren ist für die Mehrheit der Studenten nicht gerade eine gute Einführung in die Philosophie. Neben thematisch fokussierten Seminaren brauchen sie sowohl systematische als auch historische Einführungen. Als ich in den 90er Jahren die Universität Essen besuchte, hatte der Fachbereich von sich aus damit begonnen, Studenten auf diese Weise in die Philosophie einzuführen. Heute sind solche Einführungen gang und gäbe. Darüber hinaus stellt das neue Leistungspunktesystem sicher, dass Studenten auch ihnen unliebsame, aber gleichwohl wichtige Veranstaltungen besuchen, z. B. ein Lyrikseminar in den Literaturwissenschaften. Seit Bologna liegen auch ein Qualifikationsrahmen, Lernziele oder vergleichbare Studienabschlüsse vor, eine bewundernswerte Leistung, insbesondere weil im Mittelpunkt die wichtige Frage steht: Was sollen die Studenten eigentlich lernen (im Gegensatz zu: Was decken die Dozenten ab)? Mit dem BA werden nun mehr Studenten mit einem Abschluss in der Tasche die Universität verlassen, statt einfach nur Veranstaltungen besucht zu haben und irgendwann zu gehen. Verkürzte Studiengänge tragen zum Sinken der Abbruchquoten bei und vermitteln den Studenten eine abgerundete Studienerfahrung. Zu den wichtigsten Zielen der Initiative gehörte die Förderung der Internationalisierung und der Mobilität. Studienprogramme zu konzipieren, die für eine wechselseitige Anerkennung sorgen, ist sinnvoll. Und schließlich helfen die Graduiertenschulen, den Studenten eine vielseitige Ausbildung zu geben und sie intensiver eine intellektuelle Gemeinschaft erleben zu lassen.

Während die frühere Bundesbildungsministerin Annette Schavan den Bologna-Reformen bescheinigte, »eine europäische Erfolgsgeschichte« zu sein, behaupten mehr als 96 % derjenigen, die sich an einer Umfrage des deutschen Hochschulverbandes beteiligt haben, das Gegenteil (»Zukunftstauglich«, DHV-Newsletter). Als Nachteile von Bologna lassen sich die folgenden Punkte aufzählen. Aufgrund einer Tendenz zur Gleichmacherei und dem geradezu zwanghaften Drängen auf Konformität werden nationale Unterschiede in Europa missachtet, auch wo sie von Vorteil waren, etwa die Stärke der *artes liberales* in Schottland oder der deutsche Diplomingenieur. Wenn weitreichende Reformen eingeführt werden, sollten Flexibilität und mögliche Ausnahmeregelungen mitbedacht werden. Wenn der deutsche Diplomingenieur der weltweit beste Abschluss dieser Art ist, ergibt es wenig Sinn, ihn abzuschaffen. Er setzt bereits selbst Maßstäbe. Die Internationalisierung sollte nicht gesunde Vielfalt beseitigen oder Maßstäbe senken. Ein BA in Rechtswissenschaften und in der Medizin wäre nicht nur deshalb wenig sinnvoll, weil ein solcher Abschluss auf dem Arbeitsmarkt ziemlich wertlos ist und er auch kein Äquivalent in anderen Ländern hat, etwa in den USA, sondern auch, weil die Abbruchquoten bezogen auf die höheren Abschlüsse in diesen beiden Disziplinen recht niedrig sind; sie bewegen sich im einstelligen Bereich (Autorengruppe 2010, 297). Die Einführung eines niederen Abschlusses ist daher schlicht überflüssig. Hier sind entschieden mehr Flexibilität und Differenzierung gefragt. Die neu konzipierten Kurse auf Collegeniveau sind zu einem Gutteil von Stoffhuberei und Verschulung geprägt, und was einst den Unterschied zwischen Schule und Studium ausmachte, nämlich das unabhängige Denken, löst sich so auf. 2011 beklagte ein deutscher Student in einer persönlichen Mitteilung, dass »ein freies, selbstbestimmtes und persönlichkeitsbildendes Studium« nicht mehr möglich sei. Studenten in Deutschland müssen nun bis zu 10 Kurse pro Semester belegen, zwanzig in einem Jahr. Das ist der Inbegriff von Verschulung. Studenten wählen Kurse nicht aus Interesse, sondern weil sie vorgeschrieben sind oder eine bestimmte Punktzahl bringen. Statt eine kleine Zahl substanzieller Hausarbeiten anzufertigen, legen sie kurze mündliche Prüfungen in der Gruppe ab und schreiben vielleicht nicht mehr als sieben Seiten im ganzen Kurs. An einer erstklassigen US-Universität besuchen Studenten je nach Universität vier bis fünf Kurse pro Semester; sechs sind die große Ausnahme und normalerweise braucht man dafür eine Erlaubnis. Deutsche Studenten berichten, dass sich in Anbetracht all dieser neuen Anforderungen, verbunden mit einem fehlenden allgemeinen Punktesystem und allgemeinen Standards für die Studiengänge, ein Auslandssemester schwieriger gestalten als vorher. Die Zahlen bestätigen tatsächlich, dass die Mobilität, nachdem sie zunächst stagnierte, im Gefolge der Bologna-Reformen abgenommen hat (Grigat). Es geht mehr um Anwesenheitszeiten als um Kenntnisstand, eine Tendenz, die der Haltung in den USA entgegengesetzt ist; dort richtet man sich eher nach neuesten pädagogischen Erkenntnissen. Nur wenige Studenten mit einem BA fühlen sich für den Arbeitsmarkt gerüstet, obwohl es doch gerade ein Ziel von Bologna war, eine Art Berufsqualifikation zu vermitteln. In Umfragen haben sich Studenten nach Bologna nicht besonders lobend über »Aufbau und Struktur des Studiengangs« geäußert (Autorengruppe 2012, 134). Die Einführung von drei Studienphasen, die zum Bachelor, Master und zur Promotion führen, macht aus Doktoranden fortgeschrittene Studierende (*doctoral students*) anstelle von heranwachsenden Mitarbeitern oder Kollegen. Mit der Zeit könnte das dazu führen, dass Maßstäbe und Erwartungen sinken.

Die Aufnahme der Bologna-Reformen in Deutschland ist durch eine fehlende kreative Umsetzung noch getrübt worden. Meistens wurde Bologna über einen Leisten geschlagen, statt darauf zu setzen, dass der Prozess von einer Leitidee über das Mögliche, durch angemessene finanzielle Zuwendungen sowie durch Flexibilität und kreative Vielfalt bestimmt wurde. Die Deutschen übernahmen einige Modelle, die eine Differenzierung erlaubten, beispielsweise »mindestens drei Jahre« bis zum Bachelor oder die Schaffung verschiedener Lernpfade, aber oft geschah das in Anpassung an den geringstmöglichen Standard (*Der Europäische Hochschulraum*). Es hat den Anschein, als hätten nun externe Bürokraten, nicht akademische Entscheidungsträger, das Sagen an den deutschen Universitäten ergriffen – und das, obwohl sie nicht vom europäischen Parlament, vom Bund, von den Ländern oder von den Hochschulen selbst dazu ermächtigt worden sind. Die Hochschullehrer ließen sich dann auf Linie bringen, verbesserten, was verbesserungswürdig war, und zerstörten ohne nennenswerten Widerstand, was bewahrt zu werden verdient hätte. Den Bologna-Reformen war es nicht in erster Linie um Reglementierung und die Abschaffung von Flexibilität zu tun, aber es scheint, als hätte man sie so interpretiert. In drei Studienjahren derartig viele Anforderungen zu packen, ist ein Fehler und verträgt sich nicht mit dem Geist ambitionierter Lernziele für die Studenten. Dass dieses Problem weniger mit dem ursprünglichen Gedanken als mit seiner Durchführung zusammenhängt, wird durch die Sicht eines deutschen Professors erhärtet, der damals als Dekan wirkte. Er meint, dass »die häufig beklagten Folgen und Nebenwirkungen aus dem Umsetzungsprozess selbst und nicht aus den ursprünglichen Vereinbarungen heraus entstanden sind« (Schuck 191).

Vor Bologna war ein deutscher Professor freier in der Wahl seines Lehrstoffes, und nur wenige Studenten nahmen seine Zeit ernsthaft in Anspruch. Die Folgen der Bologna-Reformen – Studenten kamen und stellten Forderungen und die Professoren mussten mehr Pflichtkurse geben und mehr Prüfungen abnehmen – veränderten die Landschaft schnell und tiefgreifend, so dass leicht zu sehen ist, warum Professoren, ganz unabhängig von den objektiven Schwächen der Reformen, wohl wenig Grund hatten, ihnen wohlwollend zu begegnen. Und da es unverkennbar war, dass Professoren ihren Tätigkeitsschwerpunkt würden verlagern müssen, verloren ihre Proteste an Glaubwürdigkeit. Da sie sich nicht aus eigenem Antrieb reformiert hatten, wurden sie zur Zielscheibe für gerechtfertigte Kritik und Forderungen nach Veränderung von außerhalb der Universität.

Die Umsetzung hatte nicht das große Ganze im Auge, geschah nicht in dem Bewusstsein, dass wir mit den Studenten pädagogisch kreativer umgehen und den Grundstock zukünftiger Spenden legen, das Curriculum im Lichte neuer Lernziele überdenken oder Studium und Karriere integrieren könnten. Viele Reformen waren überstürzt und alles andere als gut durchdacht. Schon der Begriff *Module* deutet daraufhin, dass hier an die Teile, nicht an das Ganze gedacht wurde. Diese Horizontverengung wirkt sich auf die intellektuelle Qualität und den Inhalt aus; der Sinn für das große Ganze geht dabei verloren und stattdessen werden Informationsbrocken gesammelt. Wolfgang Eßbach beklagt, dass »die Modularisierung den Aufbau von Lern- und Bildungsbiographien, die Entfaltung von Interessen und die Bindung an wissenschaftliche Fragestellungen« zerstört (21). Welch eine Ironie, dass sowohl die Reformen als auch die studentischen Erfahrungen eine gewisse Ähnlichkeit aufweisen: Sie stellen Ad-hoc-Aktivitäten dar, die jede ideale Vorstellung eines zusammenhängenden Ganzen vermissen lassen, also das, was einst das belebende Prinzip einer Hochschulausbildung war.

Fragen der Infrastruktur wurden nicht gestellt. Einige Räumlichkeiten waren zu klein, um die Studenten zu fassen, die zur Vorlesung gekommen waren. Und wenn sie noch so viele Sprechstunden abhalten, gibt es einfach nicht genug Hochschullehrer, um die Studenten so zu betreuen, wie die Bologna-Reformen es voraussetzten und erwarteten. Man kann keinen BA einführen, ohne zusätzliche Mittel freizugeben, denn schließlich entstehen versteckte Kosten, vor allem bezogen auf die Arbeitszeit des Lehrkörpers, und an diese scheint man keinen Gedanken verschwendet zu haben. Soll ein international konkurrenzfähiger Bachelorstudiengang angeboten werden, dann ist das nur mit hinreichend kleinen Kursen und einer guten Betreuung der Studenten möglich. Bei Bologna herausgekommen ist stattdessen die Abkehr vom niveauvollen Lernen hin zum Auswendiglernen, denn das lässt sich, vor allem bei großen Gruppen, leichter prüfen (Krüger 125).

Man kann keinen Bachelorgrad einführen und meinen, die Absolventen würden schon eine Arbeitsstelle finden, wenn nicht bewusst daran gearbeitet wird, verschiedene geistige Fähigkeiten zusammen mit dem jeweiligen Fachwissen einzuüben: Wie hört man aufmerksam zu, legt seine Gedanken klar dar und drückt sich überzeugend aus; wie entdeckt man fehlerhafte Annahmen und Argumente, formuliert sinnvolle Fragen, wägt widersprüchliche oder grundverschiedene Belege ab und erkennt, was von höherem oder geringerem Wert ist; wie rezipiert man neue Ideen, trägt verschiedenes Material zusammen und stellt Informationen zusammenhängend dar; wie lernt man Vielfalt schätzen und verstehen, was uns gemeinsam ist und was uns unterscheidet? Vor allem aber möchte man, dass die Liebe zum Lernen geweckt wird, der Wunsch, lebenslang zu lernen. Die Fähigkeit, sich auf Wandel und Neuerungen einzustellen und sich auch darauf einzulassen, ist besonders wichtig in einer Umgebung, in der aufgrund der technischen und kulturellen Veränderungen und nicht zuletzt aufgrund der Marktkräfte Arbeitgeber wie Arbeitnehmer ständig vor neuen Aufgaben stehen. In den USA ist man sich darüber völlig im Klaren. Ein junger Amerikaner, der mindestens zwei Jahre lang ein College besucht hat, kann heute damit rechnen, dass er bis zu seiner Verrentung wenigstens elf Mal seinen Arbeitsplatz wird wechseln müssen (Sennett 22). Es überrascht daher nicht, dass eine Umfrage in den USA von 2013 ergeben hat, dass nahezu alle Arbeitgeber (93 %) meinen, »es ist nicht so wichtig, welches Hauptfach ein Bewerber studiert hat, wenn er nur beweist, dass er in der Lage ist, kritisch zu denken, sich klar auszudrücken und komplexe Probleme zu lösen« (Hart Research 1). Den Erwerb von Fähigkeiten in den Vordergrund zu stellen, bedeutet nun nicht, Fachwissen geringzuschätzen oder den Wert des Wissens um seiner selbst willen herabzusetzen; schon Platon hat im 2. Buch des *Staates* gezeigt, dass einige Güter, wie etwa das Sehen, sowohl an sich als auch vermittelt einen Wert haben; einige Güter lieben wir ebenso um ihrer selbst wie um ihrer Folgen willen (357b-c). Eine Universitätsausbildung ist solch ein Gut.

Außerdem sollte es ein Karrierezentrum auf dem Campus geben, das die Studenten auf den Arbeitsmarkt vorbereitet, Firmen ermuntert, Studenten zu Vorstellungsgesprächen einzuladen, und solche Gespräche direkt auf dem Campus veranstaltet. Ebenso wichtig ist es, in der Öffentlichkeit für den Wert und die Qualifikationen eines Bachelorabschlusses zu werben, etwa indem man zeigt, wie gut Bachelorabsolventen auf dem amerikanischen Arbeitsmarkt dastehen.

Da das Abitur auf zwölf Jahre verkürzt worden ist und der Bachelor ein dreijähriges Studium voraussetzt, entspricht er nicht mehr dem herrschenden internationalen Standard, wie er in den USA entstanden ist, nämlich einem vierjährigen Studium. Auch ist der amerikanische BA, was selten erkannt und noch weniger reflektiert wird, vom deutschen BA sehr verschieden. Während die deutsche Promotion traditionell breiter angelegt war als die amerikanische – ein zweites Hauptfach oder zwei Nebenfächer waren erfordert –, ist der deutsche BA im Gegensatz zum amerikanischen schmalspuriger. In den USA werden nur etwa 25 % der Kurse im Hauptfach belegt (in Deutschland sind es 100 %). Die übrigen Kurse verteilen sich auf ein breites Fächerspektrum, so dass am Ende eine gediegene Bildung vermittelt worden ist. Außerdem haben die neuen Bachelorstudiengänge in Deutschland manchmal so ausgefallene Schwerpunkte, dass sie nicht einmal ein Fach abdecken.

Wenn das Ziel darin besteht, die Studenten, sei es auch nur auf bescheidenem Niveau, mit der Forschung vertraut zu machen, dann ist das deutsche Modell sinnvoller. Denn das gelingt wahrscheinlich besser, wenn der Bachelor stärker auf ein Fach konzentriert wird, obwohl die Bachelorkandidaten an den besten amerikanischen Colleges in der Regel ebenso forschen. Auch ist der mehr fachspezifische Bachelor eine vernünftige Sache, wenn es darum geht, denjenigen, die später in einem engeren Bereich weiterforschen wollen, schon früh eine erste und intensive Starthilfe zu geben. Aber wie viel Prozent der deutschen Studenten werden einmal Wissenschaftler werden? Wenn der Gedanke der ist, Menschen auszubilden, die die Universität mit breitgefächerten intellektuellen Fähigkeiten wie auch mit vielfältigen Kenntnissen und sozialen Kompetenzen verlassen, dann ist das deutsche System weniger sinnvoll. Tatsächlich ist nicht einmal die Hälfte der deutschen Studenten heute davon überzeugt, dass ihre Ausbildung dazu beiträgt »überfachliche Qualifikationen« zu erwerben (Woisch et al. 11).

Berücksichtigt man, dass die Qualifikationen seitens der Studenten allgemein abnehmen und dass viele Fächer von Natur aus miteinander zusammenhängen, sind integrierte Studiengänge eine vernünftige Sache. Man denke an germanistische Studiengänge, in denen auch Kurse in Geschichte, Religion und Philosophie zu belegen sind. Hier sind viele sinnvolle Kombinationen vorstellbar. Es scheint jedoch nur begrenzt über die verschiedenen Optionen und Studiengänge diskutiert worden zu sein, außer darüber, wie schon vorhandene Erwartungen fachlichen Wissens auf eine geringere Stufe der Vertiefung abgesenkt werden könnten. Anscheinend gibt es nur die Wahl zwischen mehr Wissenschaft oder mehr Praxis, doch die Vorstellung, über die Geisteswissenschaften eine Brücke zwischen beiden zu schlagen und so indirekt praktische Fähigkeiten zu entwickeln, scheint nicht aufzutauchen, es sei denn im Privaten. Soll nicht bloß der Status quo verändert werden, bedarf es einer Vision, auch der Vision von einer Allgemeinbildung, deren Wert nicht hinter dem der Forschung zurücksteht.

Ein interessantes Erbe der deutschen Universität des 19. Jahrhunderts ist, dass das Ideal der Einheit des Wissens zum größten Teil aufgegeben worden ist, jedenfalls in der Praxis, mag es auch in der Theorie bei Philosophen wie Jaspers und Hösle fortleben. Als das Gemeinsame aller Disziplinen wurden stattdessen die wissenschaftliche Methode und mit ihr der Forschungsanspruch hervorgehoben, und diese Gemeinsamkeit führte zu der Idee, dass das Universitätsstudium sich der tiefen Durchdringung eines einzigen Gegenstands widmet. Es ist dies indes nicht das einzig mögliche Modell. In diesem Zusammenhang ist es nicht unwichtig, dass das amerikanische Ideal einer guten Allgemeinbildung (*the American ideal of a liberal education*) auf einem Boden gedieh, wo sowohl visionäre, unternehmerische Präsidenten als auch Studenten anzutreffen waren, deren Eltern es selbstverständlich fanden, für die bestmögliche Erziehung ihrer Kinder hohe Studiengebühren zu zahlen.

Hier noch einige Vorschläge und Fragen, die sich im Lichte des Bologna-Prozesses ergeben:

- Der deutsche Bachelor unterscheidet sich vom amerikanischen insofern, als jenseits des Atlantiks mehrere Fächer studiert werden, aus denen sich schließlich ein Hauptfach herauskristallisiert. Welches Muster, das amerikanische oder deutsche, bereitet besser auf den unmittelbaren Übergang in die Arbeitswelt vor? Hängt die Antwort vom Studiengebiet oder dem Hauptfach ab? Das deutsche Modell neigt zu der Annahme, dass es entweder keiner allgemeinbildenden Erziehung bedarf oder dass sie schon im Gymnasium geleistet worden ist. Ist eine gediegene Allgemeinbildung die notwendige Voraussetzung dafür, dass man entweder als Akademiker oder im Leben Erfolg hat? Und wenn ja, kann man von allen, die in Deutschland eine Universität besuchen, annehmen, dass sie eine solche Erziehung erhalten haben?
- Wenn das Leistungspunktesystem des BA so viele Kurse vorsieht, dass kaum noch Zeit zum Nachdenken bleibt, sollten dann nicht Anpassungen vorgenommen werden? Warum nicht als Teil einiger Bachelorprogramme ein Auslandspflichtsemester einführen oder eine bestimmte Anzahl von Wahlpflichtkursen in anderen Disziplinen?
- Wäre es, vor allem angesichts der verkürzten gymnasialen Oberstufe, nicht sinnvoll, den Bachelor auf 6–8 Semester auszulegen und mehr vierjährige Bachelorabschlüsse anzubieten, so dass den Studenten mehr Freiheit bliebe und auf diese Weise Aspekte des älteren deutschen Modells aufgegriffen werden könnten? Die zusätzlichen zwei Semester ließen sich für ein Auslandsstudium nutzen, für die Entwicklung eines zweiten Interessenbereichs oder einfach nur dafür, dass die Studenten die Muße haben, sich wieder dem Humboldt'schen Ideal zu nähern und, wenngleich unter der Aufsicht von Dozenten, aber unabhängig von durchstrukturierten Kursen, in Freiheit zu studieren. Der Master würde dann nur 1–2 Jahre dauern und die Promotion weitere 2–3 Jahre. Nicht alle Studenten lernen gleich schnell und auf dieselbe Weise. Eine gewisse Flexibilität scheint auch hier geraten.
- Weil sie es gewohnt sind, aus den bestehenden Angeboten zu wählen, stellen sich nur sehr wenige Studenten in den Vereinigten Staa-

ten selbst ein Studienhauptfach zusammen, obwohl die Möglichkeit dazu an vielen Universitäten und Colleges besteht. Wir nennen das einen *self-designed major.* Bedenkt man die lange Tradition, die das selbständige Studium an deutschen Universitäten hat, wäre es ideal, wenn die allerbesten Studenten einen Bachelorgrad erwerben könnten, dessen Fächerkombination den Studenten überlassen bliebe. So ließe sich etwas von der Selbstbestimmung des alten deutschen Systems bewahren. Die Studenten würden sich den interdisziplinären Studiengang oder ihr Hauptfach selbst entwerfen, benötigten dann aber die Zustimmung ihres Mentors und eines Fakultätsausschusses. Zum Wesen der Bildung gehört es, dass die Studenten einen wünschenswerten Grad an Selbstbestimmung anstreben; ein solcher Studiengang würde Kreativität und Selbstbildung fördern. Deutschland könnte in diesem Punkt leicht an den USA vorbeiziehen.

- Könnte man nicht verschiedene Studiengänge konzipieren, von denen einige spezialisierter und einige breiter angelegt wären? Warum nicht ein paar Programme einführen, die einem Studium generale nahekommen? Für Studenten, die nach drei oder vier Jahren die Universität verlassen oder die sich für Journalismus, Politik oder Wirtschaft interessieren, wäre das sicherlich sinnvoll. Dies könnte sogar die ideale Grundlage für ein weiterführendes Studium in einigen Geistes- und Sozialwissenschaften sein.

- Wäre es nicht eine gute Idee, für herausragende Studenten eine Überholspur einzurichten, damit sie mehr Flexibilität haben und beispielsweise schon in den ersten Semestern mehr Hauptseminare besuchen oder unter Anleitung eines Professors selbstbestimmter studieren können?

- Da das Bachelorstudium zum Teil sehr detaillierte Studienpläne enthält, wäre es da nicht möglich, nach amerikanischem Vorbild mit *honors programs* zu experimentieren, so dass den hervorragendsten Studenten auf der Grundlage ihrer früheren Leistungen und den Empfehlungen der Professoren eine Verbindung von geregeltem und freiem Studieren wie auch einige ausgewählte interdisziplinäre Kurse angeboten werden? Der Wissenschaftsrat hat zwar erkannt, dass kleinere, in die Universitäten integrierte Colleges attraktiv wären, aber es ist nicht die Rede davon, aus ihnen Eliteeinheiten für Topstudenten zu machen (*Empfehlungen zur Differenzierung* 69–70); im Gegenteil: Der Wissenschaftsrat schlägt sogar vor, solche

Programme mit Dozenten zu bestücken, die an Forschung weniger interessiert sind. So lässt sich natürlich Geld sparen, doch ein amerikanisches *honors college* verfolgt ganz andere Ziele: Es möchte hervorragende Wissenschaftler mit *undergraduates* zusammenbringen. Die besten Studenten könnten so der Massenuniversität und der Verschulung entfliehen, in kleineren Seminaren in engem Austausch mit den Professoren studieren und größere Freiheit genießen, wozu auch etwas gehörte, das wertvoller ist als soundsoviele Leistungspunkte, nämlich die Art von rigorosem Examen, das einst das Markenzeichen eines deutschen Universitätsabschlusses gewesen ist. Zu erwägen wäre auch, ob man diesen Studenten nicht einige hochkarätige Kurse anbieten sollte, die sich aus der Perspektive verschiedener Fächer mit bedeutenden, interdisziplinär relevanten Fragen beschäftigen. Zudem könnte man diesen Studenten, die vermutlich beeindruckende Bachelorarbeiten einreichen werden, im Prinzip direkt, unter Umgehung des Masters, eine Promotion erlauben, eine Praxis, wie sie vordem im deutschen Hochschulwesen nicht unüblich gewesen ist. (An amerikanischen Spitzenuniversitäten beginnen die Studenten in fast allen Fächern außer in Theologie unmittelbar im Anschluss an einen Bachelor mit ihrer Promotion, den Master machen sie schlicht nebenher, d. h. normalerweise müssen sie dafür keine eigene Arbeit schreiben, die bestandenen Kurse und Prüfungen reichen vollkommen. So erhalten diejenigen, die gut, aber nicht gut genug sind, um zu promovieren, einen höheren Abschluss, und für die anderen ist der Master einfach ein Übergang auf dem Weg zur Promotion.)

- Was spräche dagegen, eine größere Bandbreite von integrativen oder interdisziplinären Hauptfächern zu entwerfen, beispielsweise in den Bereichen der Mediävistik, der Afrika- oder Lateinamerika-Studien? Warum nicht Abschlüsse in zwei Hauptfächern, etwa in Chinesisch und Betriebswirtschaftslehre?
- Wäre es nicht prinzipiell denkbar, den Bachelor nicht nur an Forschungsuniversitäten anzubieten, sondern auch an *liberal arts colleges* und *community colleges*?

4. Hoffnung

Trotz meiner Kritik am gegenwärtigen Zustand des deutschen Hochschulwesens, die in vielen Punkten nur ein Echo dessen ist, was man auch von deutschen Professoren und Studenten vernimmt, möchte ich an den Beginn dieses Buches anknüpfen, an die Größe der deutschen Universität, und mit einem optimistischen Ausblick schließen. Deutschland ist durchaus in der Lage, wieder wahre Spitzenuniversitäten hervorzubringen.

Es gibt Grund zur Hoffnung. Erstens haben die deutschen Universitäten nicht völlig den Anschluss an ihre große Tradition verloren. Man sollte niemals unterschätzen, dass die Tradition eine historische Kraftquelle, eine Quelle der beflügelnden Verpflichtung ist. Eine große Vergangenheit kann Wunder wirken, wenn es gilt, normative Ideale für die Zukunft aufzustellen. Die Hoffnung kann aus der Erinnerung schöpfen.

Zweitens sind einige Aspekte der deutschen Universität bereits vorzüglich oder immer noch vorzüglich, ja überlegen. Es gibt ein Fundament, auf dem sich gut bauen lässt, zum Beispiel die Betonung des intrinsischen Werts des Lernens, unabhängig von dessen praktischer Anwendung; die exzellente Ausbildung der besten Studenten in Deutschland; die hohen Forschungsstandards und die Kultur der kleinen Zirkel intellektueller Gemeinschaften; und die Tatsache, dass viele Probleme, die in den USA zu beobachten sind, weitgehend vermieden werden, zumindest in ihrer extremsten Version, man denke nur an die hohen Studiengebühren und die Noteninflation. Außerdem hat kein anderes Land, abgesehen von den USA und England, so viele gute Universitäten wie Deutschland (Berchem). Einige von ihnen sind bereits herausragend. Im Vergleich zu Nachbarländern wie Frankreich steht Deutschland gut da. Ein untergründiger Vorteil mag zudem darin liegen, dass zwischen dem Anstreben eines BA und dem eines MA in Deutschland nicht eine so große Kluft besteht, wie es in den USA der Fall ist. Etwa zwei Drittel der Studenten studieren in Deutschland, sei es an den Universitäten oder an den Fachhochschulen, nach dem Bachelor weiter, um auch noch einen Master oder einen anderen höheren akademischen Grad zu erwerben (Autorengruppe 2012, 136). In den USA wäre das undenkbar. In Deutschland werden alle Studenten so behandelt, als seien sie künftige Wissenschaftler; in den USA ist das nur an den besten Colleges und Universitäten der Fall. Der Prozentsatz der Studenten, die gut genug ausgebildet sind, um wissenschaftlich zu arbeiten, liegt in Deutschland höher als in den USA. Obgleich keine staatliche Universität in Deutschland an die sehr hohen Absolventenquoten der besten amerikanischen Universitäten heranreicht – in einigen Fällen betragen sie mehr als 95 % –, ist die durchschnittliche Absolventenquote mit 72 % (65 % an den Universitäten) in Deutschland höher als der amerikanische Durchschnitt mit weniger als 60 %. Vermutlich liegt das daran, dass in Deutschland weniger und bessere Studenten eine Hochschule besuchen (Aud et al. 226 und Autorengruppe 2012, 136).

Geht es darum, mehr Vielfalt zu fördern, so täten deutsche Philosophen beispielsweise gut daran, die deutsche Philosophie nicht einfach von der analytischen Tradition verdrängen zu lassen; zwar ist manches von der analytischen Tradition zu lernen, aber dennoch sollte auch die eigene Tradition gepflegt werden, die der Welt einiges zu sagen hat. Die analytische Tradition, die sich letztlich von der sokratischen Idee, dass die Philosophie dem Leben dient, weit entfernt hat, treibt selbst einer Krise entgegen (McIntyre). Es ist sehr sinnvoll, unter Rückgriff auf die Tradition spezifische Schwerpunkte auszubilden. Deutschland sollte sich nicht in falscher Bescheidenheit üben und seine Errungenschaften nicht nur in der Philosophie, sondern auch in der Theologie, Geschichte, Kunstgeschichte, in der Philologie wie auch in den Natur- und Ingenieurwissenschaften, um nur einige wenige Bereiche zu nennen, nicht geringachten; sie zu bewahren und zu stärken, sollte vielmehr das Ziel sein.

Drittens hat Deutschland damit begonnen, dringende Reformen in Angriff zu nehmen, und bereits viele vorzügliche Merkmale des amerikanischen Hochschulwesens übernommen. In einigen Hinsichten ist Deutschland den USA sogar voraus. Auch wenn Deutschland sich von den USA unterscheidet und diese zum Glück nie sklavisch kopieren wird, sind Reformen eingeleitet worden oder noch auf den Weg zu bringen, die sämtliche von mir oben betonten Kategorien bereichern.

Deutschland hat den Weg zu mehr Vielfalt bereits eingeschlagen. Schon die Einrichtung von Fachhochschulen hat die Hochschullandschaft etwas differenziert. Diese stehen für einen klaren, spezifischen Typ von Hochschulausbildung, der in den USA fehlt. Zwar betreuen die Fachhochschulen immer noch einen kleineren Anteil an Studenten als die Universitäten, aber zwischen 2000 und 2009 sind ihre Immatrikulationszahlen um 52 % gestiegen, während es an den Universitäten nur 8 % waren (Autorengruppe 2012, 130). Die erste Empfehlung in einer wichtigen Veröffentlichung des Wissenschaftsrats von 2006, *Empfehlungen zur künftigen Rolle der Universitäten im Wissenschaftssystem*, betrifft den Ruf nach mehr Vielfalt (41). Die Exzellenzinitiative hat jüngst die Universitätslandschaft um neue Initiativen und mehr Wettbewerb bereichert und sie infolgedessen auch stärker differenziert. Bereits 1985 hat der Wissenschaftsrat eine hilfreiche Stellungnahme zum Wettbewerb veröffentlicht, aber heute besteht kein Zweifel mehr daran, dass der Wettbewerb endlich Fahrt aufnimmt und wahrscheinlich noch mehr an Fahrt gewinnen wird.

Autonomie bedeutete in Deutschland ursprünglich akademische Freiheit und Selbstbestimmung, auch wenn diese zum Teil dadurch eingeschränkt war, dass Professoren von den Ministerien ernannt und die Examen staatlich beaufsichtigt wurden; heute kommt noch eine weitere Dimension der Autonomie hinzu, die zunehmende Flexibilität der Verwaltung. Einige Bundesländer gehen darin sogar weiter als andere. Niedersachen beispielsweise hat in den letzten zehn Jahren die staatliche Kontrolle tatkräftig abgebaut und den Universitäten mehr Autonomie eingeräumt (Oppermann). Viele deutsche Universitäten genießen heute die Flexibilität, am Ende des Haushaltsjahres das Geld nicht wie wild ausgeben zu müssen, sondern es mit ins nächste Jahr nehmen zu können, um künftige Schwerpunkte zu fördern. Auf einem Gebiet erfreut man sich in Deutschland sogar größerer Flexibilität als in den Vereinigten Staaten. Drittmittel von bundesstaatlichen Agenturen werden in den USA immer nur für ein spezifisches Programm ausgeschüttet, auch wenn viele von ihnen eine gewisse Vielfalt zulassen. In Deutschland hingegen kann ein Professor einfach mit seiner Projektidee an die DFG herantreten, ohne dass er sie zuvor in irgendeine vorgeschriebene Rubrik hat einpassen oder eine jährliche Frist hat einhalten müssen.

Wettbewerb und Anreize sind auch stärker im Spiel. Die Gehälter sind enger an die Leistung und den Markt gekoppelt, so dass auch in diesem Punkt mehr Wettbewerb stattfindet. Das Hochschulranking des Centrums für Hochschulentwicklung (CHE) ist zwar umstritten, hat aber den Vorteil, benutzerfreundlich zu sein, d. h. jeder, der auf die Internetseite geht, kann die für ihn wichtigen Kriterien in einer guten visuellen Aufbereitung abrufen, etwa die Qualität der Bibliothek oder der Betreuung. Verglichen mit dem beliebtesten Ranking in den USA, dem *U.S. News & World Report*, das recht allgemein bleibt, ist das eine wesentliche Verbesserung. Das von der Europäischen Kommission in Auftrag gegebene U-Multirank soll, wenn es so weit ist, ähnlich vielschichtig und benutzerfreundlich sein (van Vught und Ziegele). Daneben hat der Wissenschaftsrat Pilotforschungen zu einem vielschichtigen Ranking in ausgewählten Disziplinen lanciert. Vorausgesetzt sie sind erfolgreich, darf man davon weitaus mehr Effizienz und Berechenbarkeit erwarten, als die langsamen und unvorhersagbaren fachspezifischen Rankings von Graduiertenprogrammen seitens des National Research Council (NRC) in den USA leisten. Deutschland profitiert in diesem Punkt von einem für alle Disziplinen zuständigen Bundesministerium für Forschung, das es so in den USA nicht gibt. Das Department of Education kümmert sich traditionell vor allem um die Primar- und Sekundarschulen, und sofern die Collegeausbildung überhaupt in seinen Zuständigkeitsbereich fällt, betrifft das hauptsächlich die Studentendarlehen, und der NRC, eine private, gemeinnützige Einrichtung, die weniger einflussreich und wirksam als der Wissenschaftsrat ist, konzentriert sich auf die Natur-, Ingenieur-, Technik- und Gesundheitswissenschaften.

Verantwortlichkeit ist ein Thema, dessen man sich in Deutschland sehr wohl bewusst ist. Der Benchmarking-Club Technischer Universitäten, ein Zusammenschluss von sieben Technischen Universitäten, hat sich seit 1996 über Leistungsdaten und bewährte Praktiken ausgetauscht und gemeinsame Probleme erörtert. Seit 2003 arbeiten 21 große deutsche Universitäten im »Benchmarking G 21: Qualitätsinitiative großer Universitäten« zusammen, um Daten auszutauschen, gemeinsame Probleme zu diskutieren, Forschung und Lehre zu verbessern und voneinander zu lernen. 2012 tat sich eine Gruppe von Forschungsuniversitäten zum German U15 e.V. zusammen, um die Bedingungen für exzellente Forschung und eine forschungsgeleitete Lehre, die Förderung des wissenschaftlichen Nachwuchses und die Rolle der Universität im öffentlichen Leben zu diskutieren. Auch in diesem Punkt steht Deutschland potenziell besser da als die USA, denn nur eine Minderheit amerikanischer Universitäten bildet akademische Vereinigungen; wenn sie es tut, geschieht das häufig nur im Sportsektor. In Deutschland ist eine Reihe von Kooperationen zustande gekommen, darunter auch gemeinsame Studiengänge, die es ermöglichen, an mehr als einer Universität zu studieren. Dieses Modell sorgt für Effizienz und ist in den USA verhältnismäßig selten anzutreffen, während es in Deutschland immer mehr Schule macht. Man denke etwa an die über mehrere baden-württembergische Universitäten verteilten Studiengänge, die sich die unterschiedlichen Stärken der jeweiligen Universitäten auf Gebieten wie der Biotechnologie, der Umwelttechnologie und der Pädagogik zunutze machen (Frankenberg 43). Diese Art von Innovation trägt wesentlich dazu bei, dass die Bildungslandschaft eines Landes gedeiht, und Deutschland hat hier im Verhältnis zu den USA einen riesigen Vorteil: die geografische Nähe der Universitäten.

Überall in Deutschland trifft man auf kleine Gruppen, in denen die Studenten gut betreut werden und Gemeinschaft erlebt wird. Diese lassen sich ebenfalls ausbauen, sofern man sich über die Erfolge austauscht, bescheidene Anstrengungen unternimmt und vor allem für eine bessere Quote von Professoren und Studenten sorgt. So werden wieder vermehrt Rituale zelebriert, etwa Semesterabschlussfeiern und das Tragen von Talaren zu besonderen Gelegenheiten. Das stärkt das Bewusstsein der kollektiven Identität und die Achtung vor der Tradition der Hochschulbildung im Allgemeinen und der eigenen Hochschule im Besonderen. Bereits seit den späten 1990er Jahren werden in Leipzig und Dresden Fackelzüge veranstaltet (Bretschneider und Pasternack 9–10). Seit 2005 veranstalten die Universität und die Stadt Münster einmal im Jahr unter dem Titel »Elternalarm: Münsters Studierende bekommen Besuch« einen Tag der offenen Tür für Eltern. Diese anscheinend sehr beliebte Veranstaltung gleicht stark dem, was an amerikanischen Universitäten üblich ist (Labi, »In Germany«). Ebenfalls seit 2005 werden die Abschlussdiplome an der Universität Bonn in einer feierlichen Zeremonie überreicht und die Graduierten zu einem Empfang geladen (Heeg).

Zu den jüngeren Neuerungen für die Studenten zählt das Orientierungsstudium wie etwa das einjährige *studium naturale* an der Technischen Universität München (TUM), das den Studenten anhand von Projekten auf universitärem Niveau Einblick in diverse naturwissenschaftlich-mathematische Disziplinen anbietet, bevor sie sich für ein Fach entscheiden müssen. Daneben bietet die TUM auch ein verkürztes Studium an: Besonders begabte Studenten können sich direkt nach dem Abitur von Mai bis September in ein besonders betreutes Programm einschreiben und danach unmittelbar ins dritten Semester wechseln. Die Absolventenquote an der Technischen Universität Darmstadt ist infolge einer Kombination mehrerer Innovationen sprunghaft gestiegen: Prospektive Studenten, deren Notendurchschnitt unterhalb eines bestimmten Niveaus liegt, werden zu einem Gespräch geladen; die Studenten können schon sehr früh, dank einer Zusammenarbeit mit der Industrie, praktische Erfahrungen sammeln, damit sie besser verstehen, worin der Wert ihres Studiums besteht; Professoren führen Einzelgespräche mit den Studenten, in denen sie ihren Leistungsstand mit ihnen besprechen; und wenn nötig, wird ihnen eine pädagogische und psychologische Beratung angeboten (Balzter).

Die Exzellenzinitiative hat Graduiertenschulen unterstützt, sichert damit die Einheit von Forschung und Lehre für Doktoranden und trägt dazu bei, dass der intellektuelle Austausch und die Betreuung ebenso gefördert werden wie die Promotionsquote. Der Wettbewerb, wie er infolge der Exzellenzförderung in Deutschland entbrannt ist, hat neue Initiativen ausgelöst, z. B. die Konzentration darauf, den Doktoranden, die keine akademische Karriere anstreben, vielseitig einsetzbare Kenntnisse und Fertigkeiten zu vermitteln, auf die Ausbildung künftiger Lehrer und auf die verstärkte Einbindung der Doktoranden in interdisziplinäre Programme. Für all das steht exemplarisch die Dahlem Graduate School an der FU Berlin. Aus der Exzellenzförderung sind Pilotprojekte hervorgegangen, die, mutatis mutandis, auch für andere Bereiche fruchtbar gemacht werden könnten.

Die große Zahl von Akademikern, auch von solchen in Führungspositionen, die viele Erfahrungen in anderen Ländern gesammelt haben, kommt Deutschland ebenfalls zugute. Hans Weisler etwa, der Gründungsrektor der Europa-Universität Viadrina in

Frankfurt (Oder), hat sich eloquent über einige der Vorteile des amerikanischen Systems geäußert, darunter auch über die intensive Betreuung der Studenten (Weisler). Darüber hinaus hat die Zahl der Workshops und Seminare für Personal und Verwaltungsspitzen der Universitäten enorm zugenommen und damit ein reger Austausch über besonders erfolgreiche Vorgehensweisen.

Viertens gibt es, trotz der gegenwärtigen Unterfinanzierung, gute Chancen, sich neue Finanzierungsquellen zu erschließen, sowohl durch Spendeneinwerbung als auch durch Studiengebühren. Diese stellen einen Mittelzufluss in Aussicht, mit dessen Potenzial die USA angesichts der dort bestehenden internen wie externen Hürden für eine Anhebung von Studiengebühren nicht leicht wird konkurrieren können.

Fünftens ist Deutschland, dem ganzen Händeringen zum Trotz, ein Magnet für internationale Studenten. Unter allen nicht englischsprachigen Ländern zieht es die meisten ausländischen Studenten an, nämlich 6,3 % aller im Ausland studierenden Studenten. Deutschland läuft sogar Australien den Rang ab (Education at a Glance 2013 Tabelle C4.4). 2012 waren mehr als 265.000 ausländische Studenten an deutschen Hochschulen immatrikuliert, so viele wie noch nie (*Wissenschaft weltoffen* 6). Damit setzt Deutschland eine ehrwürdige Tradition fort. Überdies sind gezielt Anstrengungen unternommen worden, noch mehr Studenten anzuziehen. Der Deutsche Akademische Austauschdienst (DAAD) und die Humboldt-Stiftung gelten weltweit als Vorbild für internationale Kooperationen und die Unterstützung ausländischer Studenten und Wissenschaftler, die an einer deutschen Universität mit deutschen Wissenschaftlern zusammenarbeiten wollen. Darauf kann Deutschland ebenso aufbauen wie auf dem immer noch guten Ruf, den seine Universitäten genießen. Nebenbei bemerkt liegt darin auch ein noch nicht erschlossenes finanzielles Potenzial. Die USA nehmen auf jeder Studienstufe Gebühren von vielen ausländischen Studenten ein, auch wenn fast alle guten Studenten im Promotionsstudium finanziell unterstützt werden. Zwar wird es auch weiterhin in Deutschland wünschenswert sein, vielen Studenten von auswärts ein Stipendium anzubieten, aber trotzdem ist zu erwägen, ob nicht von einigen internationalen Studenten Studiengebühren erhoben werden sollten, sobald die Rahmenbedingungen dafür geschaffen worden sind.

Auch mehrere Faktoren, die mit den Universitäten nichts zu tun haben, sind dem Rang und dem weiteren potenziellen Aufstieg der deutschen Universitäten förderlich.

Sechstens sind die Schulen in Deutschland ausgezeichnet, ja allem, was man im Durchschnitt aus den USA kennt, weit überlegen. Im Lichte von Untersuchungen, die klar zeigen, dass »die unterschiedliche Hochschulreife junger Menschen aus privilegierten und unterprivilegierten Schichten *die* entscheidende Determinante in den unterschiedlichen Studienerfolgen ist«, kommt diesem Umstand besondere Bedeutung zu (Bowen, Kurzweil und Tobin 224).

Siebtens ist Deutschland im Großen und Ganzen ein Land, in dem eine gute Bildung Ansehen genießt. Lernen steht in Deutschland wie nur in wenigen anderen Ländern hoch im Kurs, und niemand zweifelt an der Notwendigkeit gut aufgestellter Universitäten. Das Land kann sich auf die traditionelle Hochachtung vor Studium und Wissenschaft stützen. Man vergleiche nur die unterschiedlich hohe Wertschätzung, die Lehrern, sowohl symbolisch als auch in harter Münze, in Deutschland und in den Vereinigten Staaten entgegengebracht wird. Dass kulturell ein Sinn für den intrinsischen Wert des Studiums besteht, ist ein Grund dafür, dass sich nur 8 % der deutschen Studenten in Betriebswirtschaftslehre (BWL) immatrikulieren, während 21 % der amerikanischen Bachelorstudenten BWL als Hauptfach wählen (*Statistisches Jahrbuch 2011*, 150 und *Digest of Education* Tabelle 316). Umfragen unter deutschen Studenten zeigen, dass eine gute Allgemeinbildung nach wie vor vielen erstrebenswert scheint und dass verglichen mit den USA das Interesse an Bildung und der Entfaltung von Ideen viel höher rangiert als Einkommen und gesellschaftlicher Status (Almanac 2009–10, 18; Simeaner et al. 25–26).

Wie sehr die Hochschulbildung in Deutschland geschätzt wird, geht indirekt aus der großen Anzahl von Intellektuellen im öffentlichen Leben hervor. Während neun der neunzehn Politiker, die die Geschicke des Landes nach dem Krieg, sei es als Kanzler oder als Bundespräsident, gelenkt haben, promoviert waren, hatte Amerika in seiner ganzen Geschichte nur einen Präsidenten mit Doktorhut: Woodrow Wilson. Die Vorstellung, dass eine Gesellschaft ihre Intellektuellen braucht, hat in Deutschland eine viel größere Tradition als in den USA, wo im Gegenteil der Anti-Intellektualismus weit verbreitet ist. Ein weiteres Zeichen für den Wert einer Hochschulbildung ist, dass *Education at a Glance 2013* zufolge 2,7 % der Deutschen einen Doktor machen. Das ist einer der höchsten Prozentsätze in der Welt, der nur von der Schweiz und von Schweden übertroffen wird, die USA hingegen liegen bei 1,7 %, was dem Durchschnitt in der EU entspricht (Tabelle A3.2c). Rechnet man die ausländischen oder internationalen Studenten heraus, ist Deutschland mit 2,3 % Weltspitze und hat auch hier einen beträchtlichen Vorsprung vor den USA mit 1,3 % (Tabelle A3.1a). Da in Deutschland der Prozentsatz von Bachelorstudenten niedriger ist, liegt zudem der Anteil derjenigen, die dann noch eine Promotion anstreben, noch höher; sieht man von der Medizin ab, »schließt etwa jede/r Sechste nach dem universitären Erstabschluss eine Promotion ab« (Autorengruppe 2010, 131). Eine wirklich beeindruckende Zahl und ein klares Zeichen von Qualität. Diese Gelehrten bereichern das Geistesleben auch jenseits der Universitäten.

Achtens verfügt die deutsche Kultur bereits über einige Aspekte, die an den Universitäten noch nicht Sitte sind, es jedoch leicht werden könnten. Deutsche sind mit Ritualen vertraut. Ich war einmal zu einer deutschen Konfirmationsfeier geladen, die sich von 9 Uhr morgens bis 9 Uhr abends hinzog: Da war nicht nur die Feier selbst, es gab auch einen Empfang mit Reden, gemeinsamem Essen, Aktivitäten im Freien. Es wurde gesungen, Fotos wurden gezeigt, ein von dem Konfirmanden ausgewählter Bibelabschnitt gelesen und diskutiert usw. In den USA findet man solche Rituale kaum. Auch deutsche Abiturfeiern sind meistens opulenter als entsprechende Feiern in den USA. Die Universitäten brauchen nur von anderen Bestandteilen der deutschen Kultur und ihrer eigenen Vergangenheit zu lernen und diese dann aufzugreifen.

Und schließlich versteht man sich in Deutschland darauf, etwas in Bewegung zu setzen. Das bezeugen Bereiche wie etwa die dynamische Wirtschaft und der Einsatz für soziale Gerechtigkeit, aber auch ein Blick auf einige der aufschlussreichen Statistiken in *Education at a Glance*, die ich oben angeführt habe. Obwohl da noch manch eine Lücke klafft, verzeichnen die deutschen Statistiken in einem Bereich nach dem anderen Fortschritte, und in vielen Fällen schließt man Jahr für Jahr näher zu den USA auf, was ganz offensichtlich eine Folge der Zielstrebigkeit und der Disziplin ist, mit der die gegenwärtigen Zustände reformiert und verbessert werden. Das trifft auf den Zugang zu den Hochschulen ebenso zu wie auf die Absolventenquoten und den in die Hochschulausbildung fließenden Prozentsatz des Bruttosozialprodukts. Ein konkretes Beispiel für einschlägige deutsche Initiativen ist das Jahrestreffen des German Academic International Networks (GAIN), das im September 2012 zum zwölften Mal in Boston zusammenkam. Mehr als hundert Deutsche, darunter Universitätspräsidenten, Abgeordnete, Vertreter von Regierung, Stiftungen und akademischen Einrichtungen, nehmen regelmäßig an diesem jährlichen Ereignis teil. 400 deutsche Doktoranden, Postdoktoranden und Assistenzprofessoren von führenden nordamerikanischen Universitäten werden in der Absicht zum Gespräch und zu Veranstaltungen geladen, sie zu einer Fortsetzung ihrer akademischen Karriere in Deutschland zu bewegen.

Das gegenwärtige Klima bietet Deutschland vielleicht die große Chance, von den besten und schlechtesten Praktiken in anderen Kulturen zu lernen, deren Universitäten früher und schneller Innovationen durchgesetzt haben. Kühne und gut durchdachte Reformen könnten ein Hochschulwesen schaffen, das von Neuem zu den führenden der Welt gehört. Mehr Flexibilität in der Evaluierung der Fakultät; das Recht der Universitäten, sich die Studenten selbst auszusuchen; eine Umgebung, in der Studenten intensiver betreut werden und einen stärkeren Gemeinschaftssinn entwickeln, den sie auch noch als Alumni bewahren; die Förderung unterschiedlicher Typen von Universitäten; mehr Anreize, Flexibilität und Verantwortlichkeit innerhalb der Universitäten; sozialverträgliche Studiengebühren und die Einwerbung bescheidener, namentlich genannter Spenden für Studentenstipendien oder besondere universitäre Veranstaltungen, beispielsweise Exkursionen oder Theateraufführungen: das alles sind Innovationen, die mit der Zeit eine andere, bessere Kultur hervorbringen.

Im Allgemeinen sollten Reformen nicht die Vergangenheit abschütteln, d. h. sie sollten an den Aspekten des deutschen Bildungswesens festhalten und sie, die weiterhin glänzend dastehen, zum Ausgangspunkt nehmen. Deutschland sollte genügend Zutrauen zu sich selbst haben, um nicht seine spezifische Größe zu verlieren. Flexibilität und der Wille zu Reformen sollten daher mit einem Sinn dafür gepaart sein, was es zu bewahren gilt. Noch ist Zeit, den

Bachelorstudiengang so umzugestalten, dass er nicht bloß ein Abklatsch des amerikanischen Bachelor ist, sondern die Aspekte des deutschen Systems beibehält, denen es traditionell besser gelungen ist, die besten Studenten zur Selbständigkeit zu erziehen.

Im Mittelpunkt der Reformen sollten unbedingt Leitideen, Leistungen und Ergebnisse stehen und nicht so sehr Strukturen, Organisation und Verfahren. Nur auf diesem Weg wird Deutschland im Wettbewerb bestehen. Gestützt auf seine früheren, noch immer vorhandenen Stärken und unter Vermeidung der Schwächen des amerikanischen Systems hat das deutsche Hochschulwesen eine unverkennbare Chance, in eine glanzvolle Zukunft aufzubrechen.

Zitierte Literatur

2011 College-Bound Seniors. Total Group Profile Report, New York 2011, Web.

AAUP Contingent Faculty Index 2006, Washington, D.C. 2006.

Abschlussbericht der Hochschulstrukturkommission, Stuttgart 1998.

Academic Ranking of World Universities 2013, Shanghai 2013, Web.

Alden, Edward, *The Closing of the American Border*, New York 2008.

Almanac 2013–14, Chronicle of Higher Education, 23. August 2013.

Almanac 2012–13, Chronicle of Higher Education, 31. August 2012.

Almanac 2011–12, Chronicle of Higher Education, 26. August 2011.

Almanac 2010–11, Chronicle of Higher Education, 27. August 2010.

Almanac 2009–10, Chronicle of Higher Education, 28. August 2009.

Altbach, Philip G. (Hg.), *The International Academic Profession: Portraits of Fourteen Countries*, San Francisco 1996.

The American College President, 2012, Washington, D.C. 2012.

Anderson, Nick, »Default Rate for Repayment of For-Profit College Loans Hits 25 %«, *The Washington Post*, 4. February 2011, Web.

Approaches to Attract and Fund International Students in the United States and Abroad, Washington, D.C. 2009.

Archibald, Robert B. and David H. Feldman, *Why Does College Cost so Much?*, Oxford 2011.

Arum, Richard and Josipa Roksa, *Academically Adrift: Limited Learning on College Campuses*, Chicago 2011.

Ash, Mitchell G., »The Humboldt Illusion«, *The Wilson Quarterly* 30.4 (Frühjahr 2006): 45–48.

Ashburn, Elyse, »The U of Arizona's President Finds an Unexpected New Field of Employment«, *Chronicle of Higher Education,* 1. Juli 2011: A11.

Association of University Technology Managers, *AUTM U.S. Licensing Activity Survey: FY2011*, Deerfield, Illinois 2012.

Astin, Alexander W., »How the Liberal Arts College Affects Students«, *Daedalus* 128.1 (1999): 77–100.

– »Involvement in Learning Revisited: Lessons We Have Learned«, *Journal of College Student Development* 37 (1996): 123–33.

– *What Matters in College? Four Critical Years Revisited*, San Francisco 1993.

Astin, Alexander W. and Mitchell J. Chang, »Colleges That Emphasize Research and Teaching: Can You Have Your Cake and Eat It Too?« *Change* (September/Oktober 1995): 45–49.

Aud, Susan, et al., *The Condition of Education 2011,* Washington, D.C. 2011.

Autorengruppe Bildungsberichterstattung, Bundesministerium für Bildung und Forschung, *Bildung in Deutschland 2012. Ein indikatorengestützter Bericht mit einer Analyse zur kulturellen Bildung im Lebenslauf*, Bielefeld 2012.

Autorengruppe Bildungsberichterstattung, Bundesministerium für Bildung und Forschung, *Bildung in Deutschland 2010. Ein indikatorengestützter Bericht mit einer Analyse zu Perspektiven des Bildungswesens im demografischen Wandel*, Bielefeld 2010.

Avery, Christopher, Mark E. Glickman, Caroline M. Hoxby, and Andrew Metrick, »A Revealed Preference Ranking of U.S. Colleges and Universities«, National Bureau of Economic Research, *NBER Working Paper Series* (Oktober 2004): Number 10803.

Bain, Ken, *What the Best College Teachers Do,* Cambridge 2004.

Baker, Ray Stannard, *Woodrow Wilson: Life and Letters. Princeton. 1890–1910*, Garden City, New York 1927.

Balzter, Sebastian, »Himmel und Hölle für Ingenieure«, *Frankfurter Allgemeine Zeitung*, 16.–17. Oktober 2010: C 14.

Bastedo, Michael N. and Ozan Jaquette, »Running in Place: Low Income Students and the Dynamics of Higher Education Stratification«, *Educational Evaluation and Policy Analysis* 33 (2011): 318–39.

Baum, Sandy, Jennifer Ma, and Kathleen Payea, *Education Pays 2010. The Benefits of Higher Education for Individuals and Society*, New York 2010.

Baum, Sandy and Saul Schwartz, *Is College Affordable? In Search of a Meaningful Definition*, Washington, D.C. 2012, Web.

Bell, Nathan E., *Graduate Enrollment and Degrees: 1999 to 2009*, Washington, D.C. 2010.

Ben-David, Joseph, *Centers of Learning: Britain, France, Germany, United States*, 1977, London 1992.

– *The Scientist's Role in Society. A Comparative Study*, Englewood Cliffs 1971.

Bender, Thomas, »What's Been Lost in History«, *Chronicle of Higher Education*, 17. Februar 2012: B4–B5.

Bennis, Warren, *On Becoming a Leader*, 1989, New York 2009.

Berchem, Theodor, »Maßnehmen an der Spitzengruppe: Wie wettbewerbsfähig ist die deutsche Universität?«, *Forschung und Lehre* 12 (2005): 234–39.

Beyerchen, Alan D., *Scientists under Hitler: Politics and the Physics Community in the Third Reich*, New Haven 1977.

Bianco, Anthony, »The Dangerous Wealth of the Ivy League«, *Businessweek*, 10. Dezember 2007: 38–44.

Biemiller, Lawrence, »Gifts to Colleges Rose 8.2 % in 2011, but the Gains Went to a Fortunate Few«, *Chronicle of Higher Education*, 24. Februar 2012: A20.

Bildung und Forschung in Zahlen 2013: Ausgewählte Fakten aus dem Daten-Portal des BMBF, Bonn 2013.

Bok, Derek, *Our Underachieving Colleges: A Candid Look at How Much Students Learn and Why They Should be Learning More*, Princeton 2006.

Bolman, Lee G. and Terrence E. Deal, *Reframing Organizations: Artistry, Choice, and Leadership*, 3. Aufl., San Francisco 2003.

Bourque, Susan C., »Reassessing Research: Liberal Arts Colleges and the Social Sciences«, *Daedalus* 128.1 (1999): 265–72.

Bowen, William G., Matthew M. Chingos, and Michael S. McPherson, *Crossing the Finish Line: Completing College at America's Public Universities*, Princeton 2009.

Bowen, William G., Martin A. Kurzweil, and Eugene M. Tobin, in collaboration with Susanne C. Pichler, *Equity and Excellence in American Higher Education*, Charlottesville 2006.

Bowen, William G. and Sarah A. Levin, *Reclaiming the Game: College Sports and Educational Values*, Princeton 2003.

Brandt, Reinhard, *Wozu noch Universitäten? Ein Essay*, Hamburg 2011.

Branham, Leigh, *The 7 Hidden Reasons Employees Leave: How to Recognize the Subtle Signs and Act before It's Too Late*, New York 2005.

Bretschneider, Falk and Peer Pasternack, »Rituale der Akademiker«, *hochschule ost. leipziger beiträge zu hochschule & wissenschaft* 3–4 (1999): 9–46.

Bright, David F. and Mary P. Richards, *The Academic Deanship: Individual Careers and Institutional Roles*, San Francisco 2001.

Brown University Financial Statements June 30, 2012 and 2011, Providence 2012.

Burrelli, Joan, Alan Rapoport, and Rolf Lehming, »Baccalaureate Origins of S&E Doctorate Recipients«, *InfoBrief SRS. Science Resource Statistics*, July 2008, Web.

Bush, Vannevar, *Science: The Endless Frontier*, Washington D.C. 1945.

Carnevale, Anthony P. and Stephen J. Rose, *Socioeconomic Status, Race/Ethnicity, and Selective College Admissions*, New York 2003.

Carnevale, Anthony P. and Jeff Strohl, *Separate and Unequal: How Higher Education Reinforces the Intergenerational Reproduction of White Racial Privilege*, Washington, D. C. 2013.

Cech, Thomas R., »Science at Liberal Arts Colleges: A Better Education?«, *Daedelus* 128.1 (1999): 195–216.

Clark, William, *Academic Charisma and the Origins of the Research University*, Chikago 2006.

Clotfelter, Charles T., *Big-Time Sports in American Universities*, New York 2011.

– *Buying the Best: Cost Escalation in Elite Higher Education*, Princeton 1996.

Cohen, Arthur M. and Carrie B. Kisker, *The Shaping of American Higher Education: Emergence and Growth of the Contemporary System*, 2. Aufl., San Francisco 2010.

Cole, Jonathan R., *The Great American University: Its Rise to Pre-eminence, its Indispensable National Role, Why it Must Be Protected*, New York 2010.

Commission on the Humanities and Social Sciences, *The Heart of the Matter*, Cambridge 2013.

Cowley, W. H., *Presidents, Professors, and Trustees: The Evolution of American Academic Government*, San Francisco 1980.

Creech, Joseph D. and Jerry Sheehan Davis, »Merit-based versus Need-based Aid: The Continual Issues for Policymakers«, *Financing a College Education: How It Works, How It's Changing*, hrsg. v. Jacqueline E. King, Phoenix 1999: 120–36.

Cross, John G. and Edie N. Goldenberg, *Off-Track Profs: Nontenured Teachers in Higher Education*, Cambridge 2009.

Deutsche Forschungsgemeinschaft, *Förder-Ranking 2009. Institutionen – Regionen – Netzwerke*, Weinheim 2009.

– *Statistische Informationen zur Entwicklung des Heisenberg-Programms*, Bonn 2013.

– *Statistische Informationen zur Entwicklung des Heisenberg-Stipendiums*, Bonn 2011.

– *Jahresbericht 2011*, Bonn 2012.

– *Jahresbericht 2012*, Bonn 2013.

»DHV-Newsletter 9/2012«, Deutscher Hochschulverband, Web.

Diener, Thomas, *Growth of an American Invention: A Documentary History of the Junior and Community College Movement*, New York 1986.

Digest of Education Statistics: 2012, Washington, D.C. 2013, Web.

Douthat, Ross Gregory, *Privilege: Harvard and the Education of the Ruling Class*, New York 2005.

Doyle, Kenneth O. Jr., *Evaluating Teaching*, Lexington 1983.

Dunham, Stephen S., »Government Regulation of Higher Education: The Elephant in the Middle of the Room«, *Journal of College and University Law* 36 (2010): 749–89.

Eckel, Peter D., Bryan J. Cook, and Jacqueline E. King, *The CAO Census: A National Profile of Chief Academic Officers*, Washington D.C. 2009.

Ederer, Peer, Philipp Schuller, and Stephen Willms, *University Systems Ranking: Citizens and Society in the Age of Knowledge*, Brussels 2008.

Edmundson, Mark, »Do Sports Build Character or Damage It?«, *Chronicle of Higher Education*, 20. Januar 2012: B6–B9.

Education at a Glance 2013, OECD Indicators, Paris 2013, Web.

Education at a Glance 2012, OECD Indicators, Paris 2012, Web.

Ellwein, Thomas, *Die deutsche Universität: Vom Mittelalter bis zur Gegenwart*, Wiesbaden 1997.

Empty Promises: The Myth of College Access in America, A Report of the Advisory Committee on Student Financial Assistance, Washington, D.C. 2002.

Engels, Maria, *Die Steuerung von Universitäten in staatlicher Trägerschaft: Eine organisationstheoretische Analyse*, Wiesbaden 2001.

Entscheidungen des Bundesverfassungsgerichts, hrsg. von den Mitgliedern des Bundesverfassungsgerichts, Tübingen 1952 ff.

Esch, Camille, »Higher Ed's Bermuda Triangle«, *Washington Monthly*, September/Oktober (2009), Web.

Eßbach, Wolfgang, »Jenseits der Fassade: Die deutsche Bachelor-/Master-Reform«, *Die Illusion der Exzellenz: Lebenslügen der Wissenschaftspolitik*, 2. Aufl., Berlin 2009: 14–25.

Eulenburg, Franz, *Die Frequenz der deutschen Universitäten. Von ihrer Gründung bis zur Gegenwart*, Leipzig 1904.

Der Europäische Hochschulraum. Gemeinsame Erklärung der Europäischen Bildungsminister, 19. Juni 1999, Bologna, Web.

Evans, Richard J., *Cosmopolitan Islanders: British Historians and the European Continent*, Cambridge 2009.

Fichte, J. G., »Deduzierter Plan einer in Berlin zu errichtenden höheren Lehranstalt«, In *Die Idee der deutschen Universität. Die fünf Grundschriften aus der Zeit ihrer Neubegründung durch klassischen Idealismus und romantischen Realismus*, hrsg. v. Ernst Anrich, Darmstadt: Gentner, 1956: 125–217.

Field, Kelly, »Faculty at For-Profits Allege Constant Pressure to Keep Students Enrolled«, *Chronicle of Higher Education*, 13. Mai 2011: A1–A12.

Fischer, Klaus, »Fehlfunktionen der Wissenschaft«, *Erwägen Wissen Ethik* 18.1 (2007): 3–16.

Fish, Stanley, *Save the World on Your Own Time*, New York 2008.

Fisher, James L. and James V. Koch, *Presidential Leadership: Making a Difference*, Phoenix 1996.

Frankenberg, Peter, *17 Thesen zur Hochschulreform. Strategien einer ganzheitlichen Hochschulentwicklung in Deutschland*, Stuttgart 2003.

Freytag-Loringhoven, Konstantin von, *Erziehung im Kollegienhaus: Reformbestrebungen an den deutschen Universitäten der amerikanischen Besatzungszone 1945–1960*, Stuttgart 2012.

Geiger, Roger L., *Research and Relevant Knowledge: American Research Universities Since World War II*, New York 1993.

– *To Advance Knowledge: The Growth of American Research Universities, 1900–1940*, New York 1986.

»Gewonnen und Verloren: Die Ergebnisse der Exzellenzinitiative«, *Forschung und Lehre* 19 (2012): 553–54.

Giamatti, A. Bartlett, *A Free and Ordered Space: The Real World of the University*, New York 1988.

Golden, Daniel, *The Price of Admission: How America's Ruling Class Buys Its Way into Elite Colleges – and Who Gets Left Outside the Gates*, 2006, New York 2007.

Graham, Hugh Davis and Nancy Diamond, *The Rise of the American Research Universities: Elites and Challengers in the Postwar Era*, Baltimore 1997.

Green, Kenneth C., *The 2011 Inside Higher Ed Survey of College and University Admissions Directors*, Washington, D.C. 2011.

Grigat, Felix, »Bologna als Mobilitätsbremse: Ergebnisse von aktuellen Studien«, *Forschung und Lehre* 18 (2011): 656–57.

Hall, G. Stanley, *Life and Confessions of a Psychologist*, New York 1923.

Hardwick Day, »The Value and Impact of the College Experience: a Comparative Study«, Commissioned by the Annapolis Group, November 2011, Web.

Hart, James Morgan, *German Universities: A Narrative of Personal Experiences*, New York 1874.

Hart Research Associates, *It Takes More Than a Major: Employer Priorities for College Learning and Student Success*, Washington, D.C. 2013.

Hartley, Harold V. III, and Eric E. Godin, *A Study of Chief Academic Officers of Independent Colleges and Universities*, Washington, D.C. 2010.

Harvard University Financial Report. Fiscal Year 2012, Cambridge 2012.

Harvard University Financial Report. Fiscal Year 2010, Cambridge 2010.

Hausmann, Christopher J., Rebecca Bryant-Fritz, Elizabeth A. Covay, Brian J. Miller, Jeffrey M. Seymour, and Yuting Wang, »Sociology Departments and Article Production«, 2007, Web.

Heeg, Markus-J., »Neue Maßstäbe: Abschlussfeier der Universität Bonn«, *philanthropie und stiftung* 1 (2012): 17.

Heinzel, Matthias, *Anforderungen deutscher Unternehmen an betriebswirtschaftliche Hochschulabsolventen: Zur Marktorientierung von Hochschulen*, Wiesbaden 1997.

Hepp, Gerd F., *Bildungspolitik in Deutschland: Eine Einführung*, Wiesbaden 2011.

Hörisch, Jochen, *Die ungeliebte Universität: Rettet die Alma mater!* 2. Aufl., München 2006.

Hösle, Vittorio, »Die Idee der Hochschule angesichts der Herausforderungen des 21. Jahrhunderts«, *Philosophie und Öffentlichkeit*, Würzburg 2003: 43–62.

How America Pays for College 2012, Newark 2012.

Howard, Caroline, »Ranking America's Top Colleges 2013«, *Forbes*, 24. Juli 2013, Web.

Howard, Philip K., *The Death of Common Sense: How Law Is Suffocating America*, New York 2011.

Humboldt, Wilhelm von, *Werke in fünf Bänden*, hrsg. v. Andreas Flitner und Klaus Giel, Darmstadt 1960–81.

International Comparisons of Charitable Giving, Kent 2005.

»Jailhouse Blues«, *The Economist*, 11. Februar 2010, Web.

Jaschik, Scott, »How to Cut Ph.D. Time to Degree«, *Inside Higher Ed.*, 17. Dezember 2007, Web.

Jaspers, Karl, *Die Idee der Universität*, Berlin 1946.

Jencks, Christopher and David Riesman, *The Academic Revolution*, New York 1968.

Johns Hopkins University Financial Statements. June 30, 2012 and 2011, Baltimore 2012.

Johnson, Jean and Jon Rochkind, with Amber N. Ott and Samantha DuPont, *With Their Whole Lives Ahead of Them*, New York 2009.

Johnson, Valen E., *Grade Inflation: A Crisis in College Education*, New York 2003.

Johnstone, D. Bruce and Pamela N. Marcucci, *Financing Higher Education Worldwide. Who Pays? Who Should Pay?*, Baltimore 2010.

Jones, Diane Auer, »The Federal Regulatory Compliance Fee«, *Inside Higher Ed.*, 12. Januar 2010, Web.

Kalaitzidakis, Pantelis, Thanasis Stengos, and Theofanis P. Mamuneas, »Rankings of Academic Journals and Institutions in Economics«, *Journal of the European Economic Association* 1 (2003): 1346–66.

Kamenz, Uwe and Martin Wehrle, *Professor Untat: Was faul ist hinter den Hochschulkulissen*, Berlin 2007.

Kant, Immanuel, *Werkausgabe*, hrsg. v. Wilhelm Weischedel, 12 Bde., Frankfurt 1968.

Kaplan, Thomas, »The Sad, Suffering Ivy League«, *Vanity Fair*, Juli 2009, Web.

Karabel, Jerome, *The Chosen: The Hidden History of Admission and Exclusion at Harvard, Yale, and Princeton*, Boston 2005.

Kaube, Jürgen, »Tipps und Tricks für Akkrediteure«, *Frankfurter Allgemeine Zeitung*, 12. Juni 2013, Web.

Keup, Jennifer R., and Ellen Bara Stolzenberg, *The 2003 Your First College Year (YFCY) Survey: Exploring the Academic and Personal Experiences of First-Year Students*, Columbia 2004.

Kimball, Bruce and Benjamin A. Johnson, »The Inception of the Meaning and Significance of Endowment in American Higher Education, 1890–1930«, *Teachers College Record* 114 (2012): 1–33.

Kiplinger. Best College Values 2012, Washington, D.C. 2011.

Kirp, David L., *Shakespeare, Einstein, and the Bottom Line: The Marketing of Higher Education*, Cambridge 2003.

Knox, William E., Paul Lindsay, and Mary N. Kolb, *Does College Make a Difference? Longterm Changes in Activities and Attitudes*, Westport 1993.

Kolesar, Jim, »What's the Price of a Williams Education?«, *Williams Alumni Review*, Juni 2008: 14–17.

Kolodny, Annette, *Failing the Future: A Dean Looks at Higher Education in the Twenty-first Century*, Durham 1998.

Krautz, Jochen, *Ware Bildung: Schule und Universität unter dem Diktat der Ökonomie*, 2. Aufl., München 2009.

Krawitz, Natalie and Yoke San Reynolds, *Finances at Research Universities*, Washington, D.C. 2003.

Kreckel, Reinhard, »Habilitation versus Tenure: Karrieremodelle an Universitäten im internationalen Vergleich«, *Forschung und Lehre* 19 (2012): 12–14.

Kronman, Anthony T., *Education's End: Why Our Colleges and Universities Have Given Up on the Meaning of Life*, New Haven 2007.

Krüger, Wilfried, »Reformsetzung als Irrenhaus«, *Bologna-Schwarzbuch*, hrsg. v. Christian Scholz und Volker Stein, Bonn 2009: 119–30.

Kuh, George D., Jillian Kinzie, John H. Schuh, Elizabeth J. Whitt, and Associates, *Student Success in College: Creating Conditions that Matter*, San Francisco 2005.

Kuh, George D., Ty M. Cruce, Rick Shoup, Jillian Kinzie, and Robert M. Gonyea, »Unmasking the Effects of Student Engagement on First-Year College Grades and Persistence«, *Journal of Higher Education* 79 (2008): 540–63.

Kuhn, Thomas S., *The Structure of Scientific Revolutions*, 2. Aufl., Chicago 1970.

Labi, Aisha, »A New Notion in Europe: The Liberal-Arts College«, *Chronicle of Higher Education*, 13. Mai 2001: A24–26.

– »In Germany, Parents' Weekend Is a Novelty«, *Chronicle of Higher Education*, 13. Januar 2006: A 64.

Lederman, Doug, »The Academic Pork Barrel, 2010«, *Inside Higher Ed.*, 29. April 2010, Web.

Levine, David O., *The American College and the Culture of Aspiration, 1915–1940*, Ithaca 1987.

Lewis, Harry R., *Excellence Without a Soul: How a Great University Forgot Education*, New York 2006.

Light, Richard, *Making the Most of College: Students Speak Their Minds*, Cambridge 2001.

Lombardi, John V., Elizabeth D. Phillips, Craig W. Abbey, and Diane D. Craig, *The Top American Research Universities. 2011 Annual Report*, Tempe 2011.

Lovitts, Barbara E., *Leaving the Ivory Tower: The Causes and Consequences of Departure from Doctoral Study*, New York 2001.

Lucas, Christopher J., *American Higher Education: A History*, 2. Aufl., New York 2006.

Mael, Fred and Blake E. Ashforth, »Alumni and Their Alma Mater: A Partial Test of the Reformulated Model of Organizational Identification«, *Journal of Organizational Behavior* 13 (1992): 103–23.

Marsden, George, *The Soul of the American University: From Protestant Establishment to Established Nonbelief*, New York 1994.

Matuschek, Stefan, »Zerreißprobe: Zur gegenwärtigen Hochschulreform«,

Einsamkeit und Freiheit: Zum Bildungsauftrag der Universität im 21. Jahr-hundert, hrsg. v. Christoph Jamme und Asta von Schröder, München 2011: 125–38.

McIntyre, Lee, »Making Philosophy Matter – or Else«, *Chronicle of Higher Education*, 16. Dezember 2011: B9–B10.

McPherson, Michael S. and Morton Owen Schapiro, *The Student Aid Game: Meeting Need and Rewarding Talent in American Higher Education*, Princeton 1998.

Mittelstraß, Jürgen, *Die unzeitgemäße Universität*, Frankfurt 1994.

Münch, Richard, *Die akademische Elite*, Frankfurt 2007.

– *Akademischer Kapitalismus: Über die politische Ökonomie der Hochschul-reform*, Frankfurt 2011.

Munk, Nina, »Rich Harvard, Poor Harvard«, *Vanity Fair*, August 2009, Web.

National Science Foundation, *Funding Rate by State and Organization*, Arlington 2012, Web.

The National Task Force on Civic Learning and Democratic Engagement, *A Crucible Moment: College Learning and Democracy's Future*, Washington, D.C. 2012.

Newman, John Henry Cardinal, *The Idea of a University Defined and Illustrated in Nine Discourses Delivered to the Catholics of Dublin in Occasional Lectures and Essays Addressed to Members of the Catholic University*, hrsg. v. Martin J. Svaglic, Notre Dame 1982.

Oakley, Francis, »The Humanities in Liberal Arts Colleges: Another Instance of Collegiate Exceptionalism?« *Daedalus* 128.1 (1999): 35–51.

Oberdorfer, Don, *Princeton University: The First 250 Years*, Princeton 1995.

Office of Science and Technology Policy, *Analysis of Facilities and Administrative Costs at Universities*, Washington, D.C. 2000.

Olson, Keith W., »The Astonishing Story: Veterans Make Good on the Nation's Promise«, *Educational Record* (Fall 1994): 16–26.

On Assuming a College or University Presidency: Lessons and Advice From the Field, Washington, D.C. 1989.

Oppermann, Thomas (Hg.), *Vom Staatsbetrieb zur Stiftung. Moderne Hoch-schulen für Deutschland*, Göttingen 2002.

Paletschek, Sylvia, »Die Erfindung der Humboldtschen Universität. Die Konstruktion der deutschen Universitätsidee in der ersten Hälfte des 20. Jahrhunderts«, *Historische Anthropologie* 10 (2002): 183–205.

Panas, Jerold, *Mega Gifts: Who Gives Them, Who Gets Them*, Chicago 1984.

Pascarella, Ernest T. and Patrick T. Terenzini, *How College Affects Students. Volume 1. Findings and Insights from Twenty Years of Research*, San Francisco 1991.

Paulsen, Friedrich, *Die deutschen Universitäten und das Universitätsstudium*, Berlin 1902.

Pauly, Markus, »Berkeley oder deutsche Elite-Universität? Erfahrungen eines deutschen Professors«, *Forschung und Lehre* 18 (2011): 672–74.

Peltz, Mark, »Essay on How Liberal Arts Colleges Promote Leadership«, *Inside Higher Ed.*, 14. Mai 2012, Web.

Pennington, Bill, »Rise of College Club Teams Creates a Whole New Level of Success«, *The New York Times*, 3. Dezember 2008, Web.

Perry, Bliss, *And Gladly Teach: Reminiscences*, New York 1935.

Pew Research Center, *Is College Worth It? College Presidents, Public Assess Value, Quality and Mission of Higher Education*, Washington, D.C. 2011.

Ph. D. Completion and Attrition: Findings from Exit Surveys of Ph.D. Completers, Washington, D.C. 2009.

The Philosophical Gourmet Report, hrsg. v. Brian Leiter, New York 2011.

Pryor, John H, and Sylvia Hurtado, Victor B. Saenz, José Luis Santos, and William S. Korn, *The American Freshman: Forty Year Trends*, Los Angeles 2007.

QS World University Rankings 2012/2013, London 2012, Web.

Quinterno, John, *The Great Cost Shift: How Higher Education Cuts Undermine the Future Middle Class*, New York 2012.

– *Making Performance Funding Work for All*, Chevy Chase 2012.

Report of the Treasurer. 2011–12, Princeton 2012.

Ritzen, Jo, *A Chance for European Universities. Or: Avoiding the Looming University Crisis in Europe*, Amsterdam 2010.

Roche, Mark W., *Why Choose the Liberal Arts?* 2010, Notre Dame 2012.

– *Why Literature Matters in the 21st Century*, New Haven 2004.

Rockey, Sally, »Rock Talk. 13 January 2012«, Bethesda 2012, Web.

Röhrs, Hermann, *The Classical German Concept of the University and its Influence on Higher Education in the United States*, Frankfurt 1995.

Rojstaczer, Stuart and Christopher Healy, »Where A Is Ordinary: The Evolution of American College and University Grading, 1940–2009«, *Teachers College Record* 114.7 (2012): 1–23.

Rosenbaum, Joseph E., *Beyond College for All: Career Paths for the Forgotten Half*, New York 2001.

Rosovsky, Henry, *The University: An Owner's Manual*, New York 1990.

Rüegg, Walter (Hg.), *A History of the University in Europe*, 4 Bde., Cambridge 1992–2010.

Russo, Joseph A., *The Art and Science of Student Aid Administration in the 21st Century*, Washington, D.C. 2010.

Sacks, Peter, *Tearing Down the Gates: Confronting the Class Divide in American Education*, Berkeley 2007.

Schelsky, Helmut, *Abschied von der Hochschulpolitik oder Die Universität im Fadenkreuz des Versagens*, Bielefeld 1969.

– *Einsamkeit und Freiheit: Ideen und Gestalt der deutschen Universität und ihrer Reformen*, Hamburg 1963.

Schleiermacher, Friedrich, *Gelegentliche Gedanken über Universitäten in Deutschem Sinn*, Berlin 1808.

Schuck, Karl Dieter, »Warum ich mich am Bologna-Prozess beteiligt habe«, *Schöne neue Bildung: Zur Kritik der Universität der Gegenwart*, hrsg. v. Ingrid Lohmann, Sinah Mielich, Florian Muhl, Karl-Josef Pazzini, Laura Rieger und Eva Wilhelm, Bielefeld 2011: 189–93.

Schuster, Jack H. and Martin J. Finkelstein, *The American Faculty: The Restructuring of Academic Work and Careers*, Baltimore 2006.

Science and Engineering Indicators 2010, Arlington 2010, Web.

Science and Engineering Indicators 2012, Arlington 2012, Web.

Sennett, Richard, *The Corrosion of Character: The Personal Consequences of Work in the New Capitalism*, New York 1998.

Simeaner, H., M. Ramm und C. Kolbert-Ramm, *Datenalmanach Studierendensurvey 1993–2010. Studiensituation und Studierende an Universitäten und Fachhochschulen* (Heft 59), Konstanz 2010.

Sloan, Douglas, *The Scottish Enlightenment and the American College Ideal*, New York 1971.

Sonnert, Gerhard, and Gerald Holton, *What Happened to the Children who Fled Nazi Persecution*, New York 2008.

Sperber, Murray, *Beer and Circus: How Big-Time College Sports is Crippling Undergraduate Education*, New York 2000.

Statistisches Jahrbuch 2012. Deutschland und Internationales, Wiesbaden 2012.

Statistisches Jahrbuch 2011. Für die Bundesrepublik Deutschland mit »Internationalen Übersichten«, Wiesbaden 2011.

Stripling, Jack and Andrea Fuller, »Pay Gap Widens Between Presidents and Faculty«, *Chronicle of Higher Education*, 9. Dezember 2011: A1–A4.

»Survey of Higher Education«, *The Economist*, 8. September 2005.

Teichler, Ulrich, Akira Arimoto, and William K. Cummings, *The Changing Academic Profession: Major Findings of a Comparative Study*, Dordrecht 2013.

Thelin, John R. *A History of American Higher Education*, Baltimore 2004.

Thurgood, Lori, Mary J. Golladay, and Susan T. Hill, *U.S. Doctorates in the 20th Century*, Arlington 2006.

Thwing, Charles Franklin, *The American and the German University. One Hundred Years of History*, New York 1928.

Times Higher Education World University Rankings 2012–2013, London 2012, Web.

Toma, J. Douglas, *Football U.: Spectator Sports in the Life of the American University*, Ann Arbor 2003.

Toomajian, Charles R., Associate Dean and Registrar of Williams College, Letter to the Author of 4 November 2011.

Trends in College Pricing 2012, New York 2012.

Trends in College Pricing 2010, New York 2010.

Trends in Student Aid 2011, New York 2011.

Trends in Student Aid 2012, New York 2012.

»Trustees: More Willing than Ready«, *Chronicle of Higher Education*, 11. Mai 2007: A11–A21.

Turner, James and Paul Bernard, »The German Model and the Graduate School: The University of Michigan and the Origin Myth of the American University«, *The American College in the Nineteenth Century*, hrsg. v. Roger Geiger, Nashville 2000: 221–241.

Turner, R. Steven, »University Reformers and Professorial Scholarship in Germany, 1760–1806«, *The University in Society*, Ed Lawrence Stone, Princeton 1974: 2: 495–531.

University of Michigan 2012 Financial Report, Ann Arbor 2012.

University of Notre Dame Annual Report 2012, Notre Dame 2012.

Usher, Alex and Amy Cervenan, *Global Higher Education Rankings: Affordability and Accessibility in Comparative Perspective 2005*, Toronto 2005.

U.S. News and World Report Best Colleges. 2013 Edition, Washington, D.C. 2012.

van Vught, Frans A. and Frank Ziegele (Hg.), *Multidimensional Ranking: The Design and Development of U-Multirank*, Heidelberg 2012.

Vest, Charles M., *The American Research University from World War II to World Wide Web: Governments, the Private Sector, and the Emerging Meta-University*, Berkeley 2007.

Veysey, Laurence R., *The Emergence of the American University*, Chicago 1965.

Walker, George E., Chris M. Golde, Laura Jones, Andrea Conklin Bueschel, Pat Hutchings, *The Formation of Scholars: Rethinking Doctoral Education for the 21st Century*, San Francisco 2008.

Washburn, Jennifer, *University, Inc.: The Corporate Corruption of Higher Education*, New York 2006.

Washington Monthly College Guide 2012, Washington, D.C. 2012, Web.

Weisler, Hans N., »Wieviel sind amerikanische Erfahrungen bei einer Universitäts-Neugründung wert?« *Qualitätssicherung in Hochschulen. Forschung – Lehre – Management*, hrsg. v. Detlef Müller-Böling, Gütersloh 1995: 242–57.

Wendler, Cathy, Brent Bridgeman, Fred Cline, Catherine Millett, Joann Rock, Nathan Bell, and Patricia McAllister, *The Path Forward: The Future of Graduate Education in the United States*, Princeton 2010.

»What Presidents Think about Higher Education, Their Jobs, and Their Lives«, *Chronicle of Higher Education*, 4. November 2005: A25 – A39.

Wiarda, Jan-Martin, »Hoch die Leiter«, *Die Zeit*, 9. August 2012, Web.

Wildavsky, Ben, *The Great Brain Race: How Global Universities are Reshaping the World*, Princeton 2010.

Wilkinson, Rupert, *Aiding Students, Buying Students: Financial Aid in America*, Nashville 2005.

Williams, Ross, Gaetan de Rassenfosse, Paul Jensen, and Simon Marginson, *U21 Rankings of National Higher Education Systems*, Melbourne 2012.

Wissenschaft weltoffen 2013. Daten und Fakten zur Internationalität von Studium und Forschung in Deutschland, Bonn 2013.

Wissenschaftsrat, *Empfehlungen zur Differenzierung der Hochschulen*, Köln 2010.

– *Empfehlungen zur künftigen Rolle der Universitäten im Wissenschaftssystem*, Köln 2006.

– *Empfehlungen zum Wettbewerb im deutschen Hochschulsystem*, Köln 1985.

Woisch, Andreas, Andreas Ortenburger und Frank Multrus, *Studienqualitätsmonitor 2012: Studienqualität und Studienbedingungen an deutschen Hochschulen*, Konstanz 2013.

Wolniak, Gregory C., Tricia A. Seifert, and Charles F. Blaich, »A Liberal Arts Education Changes Lives: Why Everyone Can and Should Have This Experience«, Center of Inquiry in the Liberal Arts, Crawfordsville 2004, Web.

Woo, Jennie H. and Susan P. Choy, *Merit Aid for Undergraduates: Trends from 1995–96 to 2007–08*, Washington D.C. 2011.

Yale Daily News Staff, *The Insider's Guide to the Colleges, 2012: Students on Campus Tell You What You Really Want to Know*, 38. Aufl., New York 2011.

Yale Facts and Statistics, New Haven 2013, Web.

Yale Financial Report 2011–12, New Haven 2013.

»Zukunftstauglich dank Bologna«, Bundesministerium für Bildung und Forschung, Pressemitteilung, 8. August 2012, Web.

Danksagungen

Weitaus mehr als in Deutschland ist es in den USA Sitte, am Anfang oder am Ende eines Buches der Gemeinschaft derjenigen Menschen zu danken, die den Autor bei seiner Arbeit unterstützt haben. Das vorliegende Buch hat über mehrere Jahre Gestalt angenommen, ja manches davon verdankt sich Jahrzehnten des Nachdenkens über die jeweiligen Stärken und Schwächen des amerikanischen und deutschen Hochschulwesens. Gemessen an den vielen Gesprächen, die ich in all den Jahren darüber geführt habe, kann ich leider nur einem kleinen Kreis meinen Dank sagen.

Die Vorträge, die ich in Bamberg, Bielefeld, Halle und Heidelberg zum Thema gehalten habe, boten mir Gelegenheit zu einem fruchtbaren Gedankenaustausch mit vielen Kollegen, so mit Christian Illies, Friedhelm Marx und Richard Münch in Bamberg, mit Wolfgang Braungart in Bielefeld, mit Gunnar Berg, Daniel Fulda, Rainer Godel, Barry Murnane und Udo Sträter in Halle sowie mit Ann-Kathrin Hake und Helmuth Kiesel in Heidelberg.

Viele Kollegen an anderen Universitäten haben freundlicherweise Themen mit mir erörtert, die in diesem Buch zur Sprache kommen. Ich nenne: Peter-André Alt (FU Berlin), Hendrik Birus (Jacobs), Joachim Dyck (Oldenburg), Martin Groos (Eichstätt), Wolfgang Herrmann (TU München), Michael Jaeger (FU Berlin), Larissa Kühler (Jacobs), Andreas Lob-Hüdepohl (Eichstätt), Dirk Oschmann (Leipzig) und Thomas Pittroff (Eichstätt).

Es spricht für die Internationalisierung der Hochschulen, dass einige der Wissenschaftler, mit denen ich mein Buchprojekt an deutschen Universitäten diskutiert habe, heute in anderen Ländern lehren, so auch Andreas Spahn (Eindhoven, Niederlande) und Christian Spahn (Daegu, Korea).

Von Gewinn waren für mich die Perspektiven einiger Heidelberger Studenten – Meike Roesch, Jonathan Schaake und Torben Tannig –, die mir ihre persönlichen Erfahrungen mit den Bologna-Reformen schilderten.

Bernd Krummbein und Christian Schnoor, zwei Kollegen, die vor vielen Jahren in Tübingen meine Kommilitonen waren, hielten mich über die jüngsten Entwicklungen in Deutschland auf dem Laufenden und teilten mir ihre Sicht der Dinge mit.

Drei Studenten der University of Notre Dame – Kristen Drahos, Leo Hall und Erik Larsen – haben mir dabei geholfen, Daten zu recherchieren und die bibliografischen Angaben zu überprüfen.

Von Nutzen waren zudem Gespräche über die Lage in Deutschland, die ich mit mehreren meiner Kollegen an der Universiy of Notre Dame geführt habe: Jan Hagens, Vittorio Hösle, Jim McAdams, Hildegund Müller und Robert Norton. Vittorio Hösle hat sich kritisch zu einer ersten Inhaltsübersicht des Buches geäußert und einige hilfreiche Vorschläge zur Gliederung des Stoffes gemacht. Carsten Dutt und Kathy Cunneen waren so freundlich, das gesamte Manuskript zu lesen und mit hilfreichen Anmerkungen zu versehen.

Sachkundige Kollegen haben meine Ausführungen über verschiedene Themenbereiche kritisch gelesen: Brandon Roach über bürokratischen Aufwand, Joe Russo über Ausbildungsförderung und Jean Gorman über Spendeneinwerbung.

Für die Vorbereitung der Publikation bin ich Marcel Simon-Gadhof dankbar, der das Manuskript für den Felix Meiner Verlag engagiert und kenntnisreich betreut hat, Christiana Goldmann, die eine ausgezeichnete Übersetzung angefertigt hat, sowie Carsten Dutt, der mir bei der Durchsicht und Überarbeitung der Übersetzung mit eindrucksvollen stilistischen Vorschlägen zur Hand ging.

Gewidmet sei dieses Buch meiner Frau Barbara, die während der 17 Jahre meiner administrativen Tätigkeit so geduldig war, ihren Lebensrhythmus dem meinen anzupassen, und die vor etwa 37 Jahren meine ersten Erfahrungen an einer deutschen Universität mit mir teilte.

Reinhard Brandt

Wozu noch Universitäten?

Ein Essay

Reinhard Brandt
Wozu noch Universitäten?
Ein Essay
Blaue Reihe. 250 Seiten
978-3-7873-2142-1
Kartoniert **18,90**

Die heutige Zivilgesellschaft braucht unabhängige Universitäten als Institutionen kritischer Erkenntnis in den Natur- und Geisteswissenschaften. Diese Erkenntnis strukturiert die Lehre und Forschung der freien Universität, nicht die positive Wissensvermittlung mit praktischer Zielsetzung in der Marktverwertung.

»Wozu noch Universitäten?« verfolgt am Leitfaden der Unterscheidung von akkumulierbarem Wissen und kreativer Erkenntnis die Lehre und Forschung von der Antike bis zur Gegenwart.

Die Antike mit ihren vielen naturwüchsigen Wissenschaften bildete die Grundlage der mittelalterlichen Universitäten, die im 19. Jahrhundert zwar formal in der Vier-Fakultäten-Ordnung weiter bestanden, sich jedoch faktisch in die duale Anlage von Natur- und Geistes- oder Kulturwissenschaften verwandelte.

Heute treten an die Stelle fester Fächerordnungen häufig föderative Bündnisse, die sich um die Lösung neuer Probleme bemühen. – Die Zäsur von 1968 führte zur Einebnung der Differenz zwischen den der Erkenntnis gewidmeten Universitäten einerseits und den an der Praxis orientierten Hochschulen andererseits. Die sog. Bologna-Reformen nach 1999 schließlich waren der Vorwand für eine bürokratische Betonierung des Studiums auf Provinzniveau. Das Versagen von »Bologna« ist offenkundig, schon das Bezugsfeld Europa ist für die Wissenschaft, die weltweit denkt und vernetzt ist, eine eklatante Fehlleistung. Die Universität sollte sich behutsam befreien von der – pädagogisch zubereiteten – Zwangsordnung und ihr die eigenen Maßstäbe in Forschung und Lehre entgegenstellen. Kritische Erkenntnis und Begründung sind der Kern der weltweiten Universitäten, wie jede Zivilgesellschaft sie braucht und vom Staat einfordern kann.

Meiner 100 Jahre

Philosophischer Kalender 2015

Freundschaft

Das Thema Freundschaft zieht sich wie ein roter Faden durch die abendländische Philosophiegeschichte. Von Sokrates' Klage »Oh Freunde, es gibt keinen Freund …!« über Montaignes Idealisierung wahrer Freundschaft als »Verschmelzung zweier Seelen« bis zu Ernst Blochs Bemerkung, Freundschaft sei die »Gartenform« der Gesellschaft, reflektieren Philosophinnen und Philosophen die Bedeutung und das Glück des Befreundetseins. In der Erfahrung von Freundschaft bündeln sich viele Bestandteile eines gelingenden Lebens: Sie ist damit aus unterschiedlicher Perspektive Anlass philosophischer Betrachtung.

Der »Philosophische Kalender 2015« erkundet Woche für Woche das Thema Freundschaft, wie es in 2000 Jahren von der Philosophie diskutiert worden ist. Dabei gibt es neben berühmten auch viele heute nicht mehr so bekannte Denker zu entdecken.

Der Anhang enthält kurze biographische Informationen zu den einzelnen Autorinnen und Autoren sowie die genauen Zitatnachweise.

Gestaltet wurde der Kalender von der in Basel lebenden Grafikerin Heike Ossenkop, Text- und Bildredaktion besorgten Martin Eberhardt und Andrea Lassalle.

Philosophischer Kalender 2015
Freundschaft

Konzept und Gestaltung: Heike Ossenkop
Redaktion / Bildauswahl: Martin Eberhardt und Andrea Lassalle
56 Blätter im Format 24,0 × 29,7 cm
978-3-7873-2687-7. Wire-O-Bindung **19,90** (sofort erhältlich)

meiner.de/kalender